Jahrbuch für Liturgik und Hymnologie

42. Band

2003

V&R

Jahrbuch für Liturgik und Hymnologie

42. Band – 2003

Herausgegeben von
Karl-Heinrich Bieritz
Ada Kadelbach
Andreas Marti
Jörg Neijenhuis
Wolfgang Ratzmann
Alexander Völker

in Verbindung mit
der Internationalen Arbeitsgemeinschaft für Hymnologie,
dem Interdisziplinären Arbeitskreis Gesangbuchforschung Mainz,
dem Liturgiewissenschaftlichen Institut Leipzig,
der Liturgischen Konferenz Deutschlands

Vandenhoeck & Ruprecht

Begründet 1955 von Konrad Ameln, Christhard Mahrenholz
und Karl Ferdinand Müller

Schriftleiter:
Dr. theol. Jörg Neijenhuis, Jägerpfad 7, D-69250 Schönau bei Heidelberg
(Liturgik; ab Bd. 40/2001)
Prof. Dr. theol. Andreas Marti, Könizstraße 252, CH-3097 Liebefeld
(Hymnologie)

**Manuskripte und Rezensionsexemplare
bitte nur an die Schriftleiter schicken.**

Bibliografische Information Der Deutschen Bibliothek

Die Deutsche Bibliothek verzeichnet diese Publikation in der
Deutschen Nationalbibliografie; detaillierte bibliografische Daten sind
im Internet über <http://dnb.ddb.de> abrufbar

ISBN 3-525-57212-3

Gesamtherstellung: Hubert & Co., Göttingen

Gedruckt auf alterungsbeständigem Papier.

Inhalt

Literaturberichte zur Hymnologie

Register

Geleitwort

Die Beiträge zur Liturgik werden mit einem historischen Aufsatz zu Valentin Thalhofer, dem großen Liturgiewissenschaftler des 19. Jahrhunderts, eröffnet. Der römisch-katholische Theologe Reinhold Malcherek verfasste diesen Beitrag im Anschluss an seine Dissertation und weist auf das Ökumenische im Werk Thalhofers hin.

Es folgen drei Beiträge, die aktuelle Fragen des evangelischen Gottesdienstlebens aufgreifen. Zunächst geht der reformierte Theologe Thomas Bornhauser der Frage nach, in welchem Maße eine Vielfalt an Gottesdiensten und Gottesdienstformen sinnvoll und praktizierbar, aber auch notwendig ist. Anschließend stellt Wolfgang Ratzmann die Frage nach der missionarischen Bedeutung von Liturgie und rechnet mit einer Vielfältigkeit bei den Gottesdiensten: Ohne sie könnte Liturgie auf die unterschiedlichsten Lebenssituationen nicht eingehen. Kai Horstmann legt in dem dritten Beitrag zwar den traditionellen Gottesdienst zu Grunde, geht aber der Möglichkeit nach, TZI – die Themenzentrierte Interaktion von Gruppengesprächen – auf die Gottesdienstgestaltung hin anzuwenden.

Ebenfalls aktuell, aber aus ganz anderer Perspektive, befasst sich Alexander Völker mit dem Ordinarium der Messe, das Christa Wolf in ihrem Erzählband „Hierzulande Andernorts“ in dem Text „Dünn ist die Decke der Zivilisation“ aufgenommen und interpretiert hat, wobei sie aber Kyrie und Sanctus nicht verwendet hat. Gegenwartsfragen und traditionelle Texte treten in diesem Beitrag in einen spannungsvollen Dialog ein.

Joachim Conrad rezensiert zwei neue Kasualagenden – das Taufbuch für die EKU und die Konfirmationsagende für VELKD und EKU. Er geht dabei kritisch auf den allgemeinen Trend ein, neue Agenden wie kleine Lehrbücher zu gestalten. Jörg Neijenhuis schließt den Liturgik-Teil mit dem Literaturbericht für das Jahr 2001 ab.

Der hymnologischen Teil bringt einen Beitrag, der an Umfang und Gründlichkeit einer Liedmonographie gleichkommt: Der Altphilologe Gebhard Kurz untersucht den Hymnus *Intende qui regis Israel / Veni redemptor gentium* und dokumentiert die Interdisziplinarität des Faches auf einem bisher noch wenig bearbeiteten Gebiet. Gerade im Umfeld der zur Zeit entstehenden Liedkommentare – der Literaturbericht zur Hymnologie orientiert über den Stand dieser Arbeiten – sind solche exemplarisch umfassenden Untersuchungen als Maßstab für historisch-kritische Präzision unerlässlich.

Ein altes Postulat hymnologischer Forschung ist eine eigentliche Gesangbuchgeschichte. Angesichts der hier herrschenden Verästelung ist die Voraussetzung dafür eine genügende Anzahl von regionalen Untersuchungen. In diesem Band wird eine solche Darstellung für das südliche Thüringen und das Vogtland – das Gebiet der Grafen bzw. Fürsten von Reuß – von Stefan Michel vorgelegt.

Der Fortschritt hymnologischer Forschung führt laufend zur Korrektur und Ergänzung von Autorendaten; Wolfgang Herbst hat sich dieser oft geradezu detektivischen Kleinarbeit angenommen und bietet ein weiteres Mal Nachträge zum 2. Teil des Handbuchs zum Evangelischen Gesangbuch.

Mit dem aktuellen Stand der Hymnologie befassen sich die beiden Beiträge des Schriftleiters; es geht um eine Bilanz der seinerzeit von Konrad Ameln aufgestellten Postulate und um Perspektiven für die Weiterarbeit sowie um den Bericht über ein hymnologiedidaktisches Symposium, das unter anderem auch erste Schritte für die Nutzung des Internets für die hymnologische Lehre skizziert hat. Ein Bericht von Heike Wennemuth informiert über das umfangreiche Mainzer Bibliographieprojekt, und wie üblich orientieren Literaturberichte über hymnologisch relevante Neuerscheinungen im deutschen und französischen Sprachgebiet.

Bern, Ihlow, Leipzig, Lübeck, Minden und Schönau im Juli 2003 — Die Herausgeber

Valentin Thalhofer (1825–1891) und protestantische Theologie

Die liturgiewissenschaftliche Reflexion protestantischer Positionen im „Handbuch der katholischen Liturgik"*

Reinhold Malcherek

Einleitung

In seinen Überlegungen zum Selbstverständnis katholischer Liturgiewissenschaft betont Franz Kohlschein, dass die ökumenische Forschung zum wesentlichen Instrumentarium liturgiewissenschaftlichen Arbeitens im Kontext katholischer Theologie gehört.[1] Auch für Angelus A. Häußling liegt es auf der Hand, dass es „wissenschaftliche Theologie in unseren Tagen nicht anders mehr denn als ökumenisch orientiert geben kann"[2], so dass auch die Liturgiewissenschaft als dezidiert theologische Disziplin ökumenisch dimensioniert sein muss.[3] Nach Teresa Berger ist zu bedenken, dass einerseits der Gegenstand der Liturgiewissenschaft, nämlich der „gottesdienstliche Lebensvollzug der Kirche", immer „in und durch eine konkrete Kirche manifestiert" ist, was jedoch andererseits bedeutet, dass die Liturgiewissenschaft die „ökumenische Ausrichtung auf die (gottesdienstliche) Wirklichkeit des ganzen Gottesvolkes

---

* Ich widme diesen Artikel mit Dank meinem Lehrer Prälat Prof. Dr. Franz Kohlschein in Bamberg. Er hat mich mit der Wissenschaftsgeschichte der Liturgiewissenschaft im 19. Jahrhundert, die eine vielfältige liturgiewissenschaftliche Handbuch-Tradition vorzuweisen hat, vertraut gemacht und mein Interesse für Valentin Thalhofer geweckt.

1 Vgl. Franz Kohlschein: Liturgiewissenschaft – Selbstverständnis einer Konzilswissenschaft, in: Theologie in der Universität. Wissenschaft – Kirche – Gesellschaft. FS 350 Jahre Theologie in Bamberg. Hg. v. Georg Kraus. Frankfurt 1998 (Bamberger Theologische Studien 10) 192–207, hier: 203; dazu auch ders.: Liturgiewissenschaft im Wandel? Fragmentarische Überlegungen zur Situation und Zukunft einer theologischen Disziplin, in: LJ 34 (1984) 32–49, hier: 42–43.

2 Angelus A. Häußling: Was heißt: Liturgiewissenschaft ist ökumenisch? In: Gottesdienst – Weg zur Einheit. Impulse für die Ökumene, hg. v. Karl Schlemmer, Freiburg 1989 (QD 122) 62–88, hier: 62.

3 Vgl. Angelus A. Häußling: Liturgiewissenschaftliche Aufgabenfelder vor uns, in: LJ 38 (1988) 94–108, hier: 98–99.

nicht verleugnen" darf.[4] Von daher ist eine „bewußt ökumenische Grundlegung der Liturgiewissenschaft, die sich der Suche nach einer ökumenisch konsensfähigen Theologie der Liturgie und der ökumenischen Konvergenz im gottesdienstlichen Leben verpflichtet weiß"[5] dringlich. In der Festschrift für den ökumenisch engagierten evangelisch-reformierten Theologen Bruno Bürki betont neuestens auch die katholische Liturgiewissenschaftlerin Irmgard Pahl gleich zu Beginn ihres Beitrags programmatisch: „Liturgiewissenschaftliche Forschung kann heute gar nicht mehr anders denn als ökumenisch orientiert verstanden werden".[6] Diese Stimmen bringen ins Wort, was für heutige katholische Liturgiewissenschaft weithin als wissenschaftlicher Standard angesehen wird: die ökumenische Fundierung.[7]

Auch protestantische Theologen, die sich im Kontext der Praktischen Theologie mit Fragen des gottesdienstlichen Lebens der Kirche befassen, heben die Bedeutung ökumenischer Fragestellungen hervor. So machte bereits 1978 Karl-Heinrich Bieritz geltend, dass sich die „Lehre vom Gottesdienst" nicht „auf partikuläre Traditionen und Konzeptionen beschränken" und sich genauso wenig wie die Ekklesiologie „von ihrer ökumenischen Verpflichtung dispensieren" kann; sie muss „ökumenische Liturgik" sein, was „nicht nur ein praktisches, sondern im eigentlichen Sinne theologisches Postulat" darstellt.[8]

---

4 Teresa Berger: Art. Liturgiewissenschaft, in: ^{3}EKL Bd. 3, Göttingen 1992, 158–161, hier: 158.

5 Berger, Liturgiewissenschaft (s. Anm. 4) 160. Vgl. dazu auch dies.: Prolegomena für eine ökumenische Liturgiewissenschaft, in: ALw 29 (1987) 1–18; dazu die kritische Stellungnahme Angelus A. Häußling: Bemerkungen zu Teresa Bergers „Prolegomena für eine ökumenische Liturgiewissenschaft", in: ALw 29 (1987) 242–249.

6 Irmgard Pahl: „Coena Domini". Ökumenisch-liturgiewissenschaftliche Forschung im Dienst der liturgischen Erneuerung, in: Liturgia et Unitatis. Liturgiewissenschaftliche und ökumenische Studien zur Eucharistie und zum gottesdienstlichen Leben in der Schweiz, FS Bruno Bürki, hg. v. Martin Klöckener, Arnaud Join-Lambert. Freiburg, Schweiz 2001, 218–225, hier: 218. Vgl. dazu auch Dies.: Ökumenische Liturgiewissenschaft und Liturgik heute und künftig, in: Arbeitsstelle Gottesdienst. Informations- und Korrespondenzblatt der Gemeinsamen Arbeitsstelle für gottesdienstliche Fragen der Evangelischen Kirche in Deutschland, Nr. 39 (2001) 41–59.

7 In diesem Sinne hält auch das Papier „Zur Standortbestimmung der Liturgiewissenschaft", das 1991 von der „Arbeitsgemeinschaft katholischer Liturgikdozentinnen und -dozenten im deutschen Sprachgebiet" verabschiedet wurde, fest, dass die Liturgiewissenschaft als theologische Disziplin nur in ökumenischer Perspektive betrieben werden kann, vgl. Albert Gerhards, Birgit Osterholt-Kootz: Kommentar zur „Standortbestimmung der Liturgiewissenschaft", in: LJ 42 (1992) 122–138, hier: 126. Exemplarisch sei noch auf weitere Stimmen aus der katholischen Liturgiewissenschaft zu deren ökumenischer Dimension hingewiesen, ohne Anspruch auf Vollständigkeit zu erheben: Benedikt Kranemann: Art. Liturgiewissenschaft/Liturgik, in: ^{3}LThK 6, Freiburg 1997, 989–992, hier: 989. – Friedrich Lurz: Für eine ökumenische Liturgiewissenschaft, in: TThZ 108 (1999) 273–290. – Gabriele Winkler, Reinhard Meßner: Überlegungen zu den methodischen und wissenschaftstheoretischen Grundlagen der Liturgiewissenschaft, in: ThQ 178 (1998) 229–243, hier: 240. – Reinhard Meßner: Einführung in die Liturgiewissenschaft. Paderborn 2001, 17. – Emil Joseph Lengeling: Art. Liturgie/Liturgiewissenschaft, in: NHThG 3, München 1991, 279–305, hier: 298–299.

8 Karl-Heinrich Bieritz: Chancen einer ökumenischen Liturgik, in: ZKTh 100 (1978) 470–483, hier: 471.

In dieser Intention macht Peter Cornehl geltend, dass „unterschiedliche gottesdienstliche Auffassungen und Feierstile [...] zur Signatur des ökumenischen Zeitalters gehören", was für ihn „Reichtum, nicht Schwäche" bedeutet und eine Einübung des „Volkes Gottes in die liturgische ‚Mehrsprachigkeit'" erfordert.[9] Jüngst stellt Christian Grethlein die Unverzichtbarkeit der ökumenischen Perspektive mit Blick auf die Liturgik im Rahmen der evangelischen Praktischen Theologie heraus.[10] Schließlich sei noch einmal auf den bereits benannten Bruno Bürki verwiesen, der Zeuge und Promotor einer ökumenisch fundamentierten Liturgiewissenschaft im Bereich reformierter Theologie ist.[11]

Die so herausgestellte und als eine permanente Aufgabe begriffene liturgiewissenschaftliche Arbeit im Kontext der Ökumene steht im Gesamt der Entwicklung der katholischen Liturgiewissenschaft zu einer eigenständigen Disziplin der universitären Theologie. Weitreichend und richtunggebend ist dabei vor allem die Wegmarke, die das II. Vatikanische Konzil (1962–1965) gesetzt hat: In dem ersten Dokument dieses Konzils, der am 4. Dezember 1963 verabschiedeten Konstitution über die heilige Liturgie „Sacrosanctum Concilium" (SC), wird in Nr. 16 bestimmt, dass die Liturgiewissenschaft an den Theologischen Fakultäten zu den Hauptfächern zu zählen ist.[12] Vom II. Vatikanum wird im Übrigen auch die ökumenische Ausrichtung dieses neuen Hauptfachs gefordert, wenn im Dekret über den Ökumenismus „Unitatis redintegratio" (UR) die Theologie insgesamt auf die konstitutive ökumenische Perspektive verwiesen wird.[13] So wichtig dieser Einschnitt des II. Vatikanischen Konzils ist, es gab natürlich eine vorhergehende Entwicklung hin zu der von diesem Konzil vorgenommenen Aufwertung der wissenschaftlichen Befassung mit der Liturgie der Kirche. Vor allem im 19. Jahrhundert kommt es innerhalb der katholischen Theologie aufbauend auf Entwicklungen des vorausgehenden Jahrhunderts mit der geistesgeschichtlichen Bewegung der Aufklärung zu einer zunehmenden Konturierung und Profilierung einer eigenständigen wissenschaftlichem Anspruch verpflichteten Reflexion des liturgischen Handelns der Kirche, die als Liturgiewissenschaft zu bezeichnen ist. Dabei spielt immer wieder auch die Auseinandersetzung mit protestantischen Positionen eine Rolle. Da die Wissenschaftsgeschichte der katholischen Liturgiewissenschaft noch wenig

9 Peter Cornehl: Art. Gottesdienst. VIII. Evangelischer Gottesdienst von der Reformation bis zur Gegenwart, in: TRE 14, Berlin 1985, 54–85, hier: 82–83. Vgl. dazu auch: Hans-Christoph Schmidt-Lauber: Art. Liturgiewissenschaft/Liturgik, in: TRE 21, Berlin 1991, 383–401. – Rainer Volp: Liturgik. Die Kunst, Gott zu feiern. 2. Band: Theorie und Gestaltung, Gütersloh 1994, 885.

10 Vgl. Christian Grethlein: Grundfragen der Liturgik. Ein Studienbuch zur zeitgemäßen Gottesdienstgestaltung, Gütersloh 2001, 82–87.

11 Vgl. Martin Klöckener: Liturgiewissenschaft in ökumenischer Sicht. Das wissenschaftliche Wirken von Bruno Bürki, in: Ders., Join-Lambert, Liturgia (s. Anm. 6) 31–41.

12 SC 16: „Das Lehrfach Liturgiewissenschaft ist in den Seminarien und den Studienhäusern der Orden zu den notwendigen und wichtigen Fächern und an den Theologischen Fakultäten zu den Hauptfächern zu rechnen. Es ist sowohl unter theologischem und historischem wie auch unter geistlichem, seelsorglichem und rechtlichem Gesichtspunkt zu behandeln." Vgl. Kohlschein, Liturgiewissenschaft (s. Anm. 1) 196–197. – Lengeling, Liturgie (s. Anm. 7) 303.

13 Vgl. UR 9–10.14–15.17.22–23.

untersucht ist und eine Gesamtdarstellung fehlt, kann dieser Aspekt nur punktuell für einzelne Vertreter des Faches erhellt werden.[14]

Hier setzt der vorliegende Beitrag an. Es geht darum, einen Fachvertreter der sich etablierenden katholischen Liturgiewissenschaft aus dem 19. Jahrhundert nach seiner Beziehung zu und seinem Umgang mit liturgiewissenschaftlich relevanten Positionen protestantischer Theologen zu befragen: Nimmt er solche Positionen wahr? Wie wird diese Wahrnehmung protestantischer Stimmen in seinem Werk verortet? Wie werden Positionen protestantischer Theologen liturgiewissenschaftlich reflektiert? Wie ist diese Reflexion zu qualifizieren? Gemeint ist der katholische Pastoraltheologe Valentin Thalhofer (1825–1891), der seine Konzeption von Liturgiewissenschaft in dem zweibändigen „Handbuch der katholischen Liturgik" ausgeführt hat.[15]

I. Valentin Thalhofer – Skizze zu Leben und Werk

Bevor auf den spezifischen Aspekt von Art und Umfang der Auseinandersetzung Valentin Thalhofers mit liturgiewissenschaftlichen Positionen protestantischer Theologen eingegangen wird, gilt es einen Blick auf Biographie und li-

---

14 Vgl. zur Wissenschaftsgeschichte der katholischen Liturgiewissenschaft: Liturgiewissenschaft – Studien zur Wissenschaftsgeschichte, hg. v. Franz Kohlschein, Peter Wünsche. Münster 1996 (LQF 78). – Benedikt Kranemann: Grenzgängerin zwischen den theologischen Disziplinen. Die Entwicklung der deutschsprachigen Liturgiewissenschaft im 19. und 20. Jahrhundert, in: TThZ 108 (1999) 253–272. – Ders.: Liturgiewissenschaft angesichts der „Zeitenwende". Die Entwicklung der theologischen Disziplin zwischen den beiden Vatikanischen Konzilien, in: Die katholisch-theologischen Disziplinen in Deutschland 1870–1962. Ihre Geschichte, ihr Zeitbezug, hg. v. Hubert Wolf, Paderborn 1999 (Programm und Wirkungsgeschichte des II. Vatikanums 3) 351–375. – Ders., Liturgiewissenschaft (s. Anm. 7) 990–991. – Balthasar Fischer: Schwerpunkte der liturgiewissenschaftlichen Forschung im deutschen Sprachgebiet im 19. und 20. Jahrhundert, in: Nordisk Kollokvium IV i Latinsk Liturgiforskning. 15. – 17. Juni 1978 på Lysebu/Oslo. Institutt for kirkehistorie Universitetet i Oslo. Oslo 1978, 11–36. – Lengeling, Liturgie (s. Anm. 7) 296–298. – Meßner, Einführung (s. Anm. 7) 19–23; zur Wissenschaftsgeschichte der evangelischen Liturgiewissenschaft: Schmidt-Lauber, Liturgiewissenschaft (s. Anm. 9) 385–395. – Alfred Ehrensperger: Motive und Tendenzen zur Bildung einer Gottesdiensttheorie im deutschsprachigen späten Aufklärungsprotestantismus, in: Kohlschein, Wünsche, Studien (s. o.) 305–369.

15 Vgl. Valentin Thalhofer: Handbuch der katholischen Liturgik, 2 Bände, Freiburg 1883/1890; zu Thalhofer ausführlich: Reinhold Malcherek: Liturgiewissenschaft im 19. Jahrhundert. Valentin Thalhofer (1825–1891) und sein „Handbuch der katholischen Liturgik", Münster 2001 (LQF 86); ferner: Franz Kohlschein: Zur Geschichte der Liturgiewissenschaft im katholischen deutschsprachigen Bereich, in: Ders., Wünsche, Studien (s. Anm. 14) 1–72, hier: 37–41. – Walter Dürig: Valentin Thalhofer (1825–1891), in: Katholische Theologen Deutschlands im 19. Jahrhundert, 3. Band, hg. v. Heinrich Fries, Georg Schwaiger, München 1975, 106–124. – Theodor Maas-Ewerd: Lehrer vieler Priester. Valentin Thalhofer (1825–1891) als Liturgiker in Eichstätt, in: EuA 68 (1992) 34–47. – Ders.: Art. Thalhofer, Valentin, in: [3]LThK 9, Freiburg 2000, 1379–1380. – Erich Naab: Art. Thalhofer, Valentin, in: BBKL 11, Hamm 1996, 766–769. – Elmar Spöttle: Erinnerung an Valentin Thalhofer. Notizen von einer späten „Begegnung" mit einem großen Liturgiker des 19. Jahrhunderts, in: KlBl 71 (1991) 196–199.

turgiewissenschaftliches Werk dieses katholischen Theologen des 19. Jahrhunderts zu werfen. Das kann im Zusammenhang dieses Artikels natürlich nur in Form einer Skizze geschehen.

1. Zur Biographie

Valentin Thalhofer[16] wurde am 21. Januar 1825 im schwäbischen Unterroth bei Ulm geboren. Nach dem Studium der Theologie an der Katholisch-Theologischen Fakultät der Universität München mit anschließender Promotion ebendort erfolgte 1848 die Ordination zum Priester. Im Oktober diesen Jahres wurde Thalhofer zum Präfekt am Dillinger Priesterseminar ernannt. Dort begann seine liturgiewissenschaftliche Forschungs- und Lehrtätigkeit, denn er war in Dillingen neben der pastoraltheologischen Ausbildung auch für die Liturgik zuständig. Für Thalhofer war es klar, dass es bei letzterem Fach um eine gleichermaßen geistliche und geistige Reflexion der Liturgie der Kirche gehen muss und eine rein am praktisch-handwerklichen orientierte Rubrizistik nicht ausreichte.[17]

1863 nahm Thalhofer den Ruf auf den Lehrstuhl für Pastoraltheologie an der Katholisch-Theologischen Fakultät der Universität München an, den er bis 1876 inne hatte. Damit verbunden war das Amt des Regens am dortigen Herzoglichen Priesterseminar Georgianum. Thalhofer entfaltete eine vielfältige Forschungs- und Lehrtätigkeit und legte den Schwerpunkt in der Pastoraltheologie auf die Liturgik, die damals deren Teilfach war. In seiner Münchener Zeit unternahm er erste Vorarbeiten zu seinem Handbuch der Liturgik.[18]

Im Januar 1877 übernahm Thalhofer nach einem gesundheitlich bedingten

---

16 Vgl. zur Biographie Thalhofers: Andreas Schmid: Dr. Valentin Thalhofer, Dompropst in Eichstätt. Lebensscizze, Kempten 1892. – Lucas Brinkhoff: Art. Thalhofer, Valentin, in: LitWo 2, Roermond 1968, 2661–2662. – Dürig, Thalhofer (s. Anm. 15). – Ludwig Eisenhofer: Thalhofer, Valentin, Dompropst und Lyzealprofessor in Eichstätt 1825–1891, in: Lebensläufe aus Franken, 2. Band, hg. v. Anton Chroust, Würzburg 1922, 445–449. – Maas-Ewerd, Lehrer (s. Anm. 15). – Ders., Thalhofer (s. Anm. 15). – Rainer Albert Müller: Art. Thalhofer, in: Bosls bayerische Biographie. 1983, 773. – Naab, Thalhofer (s. Anm. 15). – Malcherek, Liturgiewissenschaft (s. Anm. 15) 21–46. Die von Andreas Schmid ein Jahr nach Thalhofers Tod publizierte Lebensskizze (s. o.) muss nach Klaus Unterburger vor dem damaligen Zeithintergrund kritisch gelesen werden. Er weist anhand der autobiographischen Aufzeichnungen Thalhofers, die Grundlage der schließlich publizierten Lebensskizze waren, nach, dass Andreas Schmid diese purgiert und im Sinne des Ultramontanismus bewusst umgestaltet hat. Vgl. Klaus Unterburger: Die purgierte Autobiographie Valentin Thalhofers (1825–1892 [sic!]). Ein mentalitätsgeschichtlicher Beitrag zur Ultramontanisierung des bayerischen Klerus und zur Tendenzkritik für eine Geschichte der Münchener Theologischen Fakultät, in: BABKG 45 (2000) 179–209. Vgl. zur Bibliographie Thalhofers: Franz Sales Römstöck: Personalstatistik und Bibliographie des Bischöflichen Lyceums in Eichstätt. Ingolstadt 1894, 164–169. – Dürig, Thalhofer (s. Anm. 15) 111–124. – (aktualisiert) Malcherek, Liturgiewissenschaft (s. Anm. 15) 194–212.

17 Thalhofer bringt die Ziele seiner Lehrtätigkeit in einer Antrittsrede zum Ausdruck, die programmatischen Charakter hat. Vgl. Schmid, Thalhofer (s. Anm. 16) 15–17.

18 Walter Dürig zufolge trat der Verlag Herder an Thalhofer heran, ein den „Bedürfnissen der

Stellenwechsel das Amt des Domdekans in Eichstätt und wurde im März zum Professor am dortigen Lyzeum ernannt.[19] Er lehrte mit Beginn des Sommersemesters 1877 das Fach Liturgik, das seit 1843 zum Vorlesungsplan des Eichstätter Lyzeums zählte.[20] Nach erneutem Wechsel wurde er Anfang des Jahres 1889, unter Beibehaltung seiner Professur, zum Eichstätter Dompropst ernannt. In Eichstätt gelang es Thalhofer, die Liturgik weiter zu entwickeln und wissenschaftlich zu profilieren, d. h. über eine bloß anwendungsorientierte Rubrizistik hinauszuführen. Es ging für ihn nicht mehr einfach darum, bloß in die kirchlichen Zeremonien einzuführen. Thalhofer „veredelte", wie Ludwig Eisenhofer es treffend formuliert hat, „die Rubrikenlehre zur wissenschaftlichen Liturgik".[21]

In Eichstätt entstand schließlich die Summe von Thalhofers liturgiewissenschaftlichem Arbeiten, sein bedeutendstes literarisches Werk: das „Handbuch der katholischen Liturgik" in zwei Bänden, das zunächst in je zwei Teilbänden publiziert wurde.[22] Der umfangreichere erste Band (917 S.) bietet in acht Hauptstücken die „Allgemeine Liturgik", die vor allem die theoretischen Grundlagen zum Thema hat. Der „Speziellen Liturgik" ist der zweite Band (564 S.) gewidmet. Hier werden die einzelnen liturgischen Vollzüge (Feier der Messe und der Tagzeitenliturgie, Feier der Sakramente und Sakramentalien sowie das Kirchenjahr) wissenschaftlich behandelt. In seinem Handbuch verfolgt Thalhofer eine doppelte Absicht: die systematisch-wissenschaftliche Darstellung der Theorie und Praxis der katholischen Liturgie sowie die liturgischpraktische Hilfestellung für den adäquaten Vollzug liturgischer Handlungen. In den zahlreichen Rezensionen, die Thalhofers Handbuch erfahren hat, wird das Werk aufgrund der umfassenden, systematischen und wissenschaftlichen Prinzipien verpflichteten Bearbeitung des Stoffes überwiegend positiv gewürdigt.[23] Nach der Einschätzung von Angelus A. Häußling, ist Thalhofer als der bedeutendste katholische Liturgiewissenschaftler des 19. Jahrhunderts anzusehen.[24]

Zeit entsprechendes Handbuch" für die Reihe „Theologische Bibliothek" zu verfassen. Dürig, Thalhofer (s. Anm. 15) 115.

19 Die Lyzeen waren höhere, semi-universitäre Klerus-Bildungsanstalten, die zumeist in jesuitischer Trägerschaft einen dreistufigen Ausbildungsgang aus Philologie, Philosophie und Theologie boten. Vgl. Rainer M. Müller: Art. Lyzeum, Lyzeen, in: ^{3}LThK 6, Freiburg 1997, 1159–1160.

20 Vgl. Walter Dürig: Marginalien eines Bischofs zur Seelsorge. Briefe des Augsburger Bischofs Pankratius Dinkel (1811–1894) an Professor Valentin Thalhofer (1825–1891), Augsburg 1996 (JVABG Sonderreihe 3) 23. – Maas-Ewerd, Lehrer (s. Anm. 15) 40.

21 Eisenhofer, Thalhofer (s. Anm. 16) 448.

22 Vgl. Valentin Thalhofer: Handbuch der katholischen Liturgik I 1, Freiburg 1883; I 2. 1887; II 1. 1890; II 2. 1893. Bei den später zusammengebundenen Teilbänden ist der erste Band (I 1 und I 2) auf das Jahr 1883 und der zweite (II 1 und II 2) auf das Jahr 1890 datiert.

23 Vgl. Malcherek, Liturgiewissenschaft (s. Anm. 15) 12–19.

24 Vgl. Angelus A. Häußling: Rezension zu: Erich Naab, Thalhofer, Valentin, in: Biographisch-Bibliographisches Kirchenlexikon 11, Herzberg 1996, 766–769, in: ALw 40 (1998) 83. – Ders.: Rezension zu: Theodor Maas-Ewerd, Lehrer vieler Priester. Valentin Thalhofer (1825–1891) als Liturgiker in Eichstätt, in: EuA 68. 1992, 34–47, in: ALw 34 (1992) 218. – Ders.:

Thalhofer kam in der Ausführung des zweiten Handbuchbandes nur noch bis zum „Officium defunctorum“ der Tagzeitenliturgie. Am 17. September 1891 starb er in seinem Heimatort Unterroth. Andreas Schmid, sein Münchener Nachfolger auf dem pastoraltheologischen Lehrstuhl und im Amt des Regens am Georgianum, hatte seine wissenschaftlichen Ausarbeitungen geerbt und vollendete den zweiten Band des Handbuches, das somit posthum vollständig vorlag.

2. Zum liturgiewissenschaftlichen Werk

In Valentin Thalhofers liturgiewissenschaftlichem Werk, besonders in seinem Handbuch, kommt seine Konzeption von Liturgiewissenschaft zum Ausdruck.[25] Diese soll im folgenden unter drei Aspekten skizziert werden.

a) Liturgik als Wissenschaft

Thalhofer verfolgt in seinem Handbuch an erster Stelle das Ziel, Liturgie nach wissenschaftlichen Prinzipien zu erschließen. Liturgik ist für ihn keine rein anwendungsorientierte Disziplin, weshalb er sie immer wieder von der nur an praktischen Fragestellungen interessierten Rubrizistik abgrenzt.[26] Thalhofer versteht Liturgik als „Wissenschaft der Liturgie“ bzw. „Wissenschaft des katholischen Kultus“.[27] Sie ist diejenige Disziplin, „in welcher die Liturgie der katholischen Kirche oder der katholische Cultus wissenschaftlich behandelt wird“[28]. Dazu bedarf es „wissenschaftlich feststehender Principien“[29], die vor allem in der Einleitung des ersten Handbuchbandes im Sinne einer Wissen-

---

Das Jahrbuch für Liturgiewissenschaft, in: Jahrbuch für Liturgiewissenschaft. Register zu allen von 1921 bis 1941 erschienenen 15 Bänden, Münster 1982, 1–16, hier: 1. Vgl. zu dieser Einschätzung auch: Waldemar Trapp: Vorgeschichte und Ursprung der liturgischen Bewegung vorwiegend in Hinsicht auf das deutsche Sprachgebiet, Regensburg 1940, 285 Anm. 31. – Kohlschein, Geschichte (s. Anm. 15) 41. – Ders., Liturgiewissenschaft (s. Anm. 1) 195. – Dürig, Thalhofer (s. Anm. 15) 117–122. – Maas-Ewerd, Lehrer (s. Anm. 15) 45–46.

25 Vgl. ausführlich Malcherek, Liturgiewissenschaft (s. Anm. 15) 50–172.

26 Vgl. Thalhofer, Handbuch I (s. Anm. 15) 8. Franz Kohlschein weist von der Wissenschaftsgeschichte der katholischen Liturgiewissenschaft her nach, dass es für das 19. Jahrhundert nicht zutreffend ist Liturgik schlichtweg als bloß anwendungsorientierte Rubrizistik zu verstehen. Vgl. Kohlschein, Geschichte (s. Anm. 15) 3–9.29–30.50–51.

27 Thalhofer, Handbuch I (s. Anm. 15) 1.

28 Valentin Thalhofer: Art. Liturgik, in: ²WWKL 8, Freiburg 1893, 37–49, hier: 37. Bereits 1851 definiert der katholische Theologe Johann Baptist Lüft (1801–1870) im Kirchenlexikon die Liturgik als „wissenschaftliche Darstellung des Cultus“, die sich von der „bloßen populären Auslegung des Gottesdienstes und seiner einzelnen Theile unterscheidet“. Johann Baptist Lüft: Art. Liturgik, in: ²WWKL 6, Freiburg 1851, 555–557, hier: 555. Vgl. zu Johann Baptist Lüft: Franz Kohlschein: Auf dem Wege zur Liturgik als Wissenschaft – Johann Baptist Lüft (1801–1870) als Liturgiker, in: Ders., Wünsche, Studien (s. Anm. 14) 234–290. – Ders.: Art. Lüft, Johann Baptist, in: ³LThK 6, Freiburg 1997, 1105.

29 Thalhofer, Liturgik (s. Anm. 15) 40–41.

schaftstheorie, die die „Logik der Forschung“[30] systematisch reflektiert, entwickelt werden.

Näherhin bestimmt Thalhofer die Liturgik als eine „positive“ und „theologische“ Wissenschaft, da ihr Objekt, der „thatsächlich vorhandene Kultus der Kirche“, ihr als empirisches Phänomen von ebendieser vorgegeben ist.[31] Von daher ist die Liturgik auch wesentlich eingebunden in die Kirche, was einen doppelten Bezug meint: Die Autorität der Kirche ist Korrektiv für die liturgiewissenschaftliche Arbeit, und zugleich ist erstere in ihrer Verantwortung für die Liturgie auf die Erkenntnisse der Liturgiewissenschaft angewiesen.[32] Mit Blick auf die Kirche hat die liturgiewissenschaftliche Forschung durchaus eine „kritisch beurtheilende Thätigkeit“[33] wahrzunehmen, was ihre Kirchlichkeit nicht schmälert. Ein weiterer Grundzug der liturgiewissenschaftlichen Konzeption Thalhofers ist die Verbindung von Theorie und Praxis. Die Liturgik muss sowohl eine theologische Theorie liturgischen Handelns entwickeln als auch dadurch Hilfestellung für die liturgische Praxis vermitteln. So wird der Grundsatz aufgestellt: Je wissenschaftlicher die Liturgik betrieben wird, desto wertvoller ist sie für den praktischen Umgang mit Liturgie.[34] Damit ist die grundlegende Zielsetzung des gesamten Handbuches angesprochen: Liturgie aus wissenschaftlichem Verstehen sachgerecht zu feiern.[35] Schließlich integriert Thalhofer in seine Wissenschaftstheorie ein Theorem aus der protestantischen Praktischen Theologie insofern er die Liturgiewissenschaft als „historisch-ideales Wissen“ qualifiziert.[36] Darauf ist unten noch ausführlich zurück zu kommen.

---

30 Peter Hünermann: Art. Wissenschaft/Glaubenslehre, in: NHThG 5, München 1991, 250–262, hier: 259.

31 Thalhofer, Handbuch I (s. Anm. 15) 5–6. Andernorts bezeichnet Thalhofer den „thatsächlich bestehenden kirchlichen Cultus in allen seinen Einzelheiten“ als das „empirisch Gegebene“. Thalhofer, Liturgik (s. Anm. 28) 39.

32 Vgl. Thalhofer, Handbuch I (s. Anm. 15) 25–26.

33 Thalhofer, Handbuch I (s. Anm. 15) 7. Vgl. dazu auch ebd. 6. Deutlich betont Thalhofer im Sinne dieser kritischen Intention in einer Rezension, dass die Behauptung zu weit gehe, der Liturgiewissenschaftler habe „lediglich von der gegebenen Liturgie auszugehen“ und „hiernach zu construiren“, und es sei nicht erlaubt, sie „nach dem Maßstab wissenschaftlicher Principien zu messen“, und einzelne „Cultvorschriften als einer Aenderung resp. Verbesserung bedürftig zu bezeichnen“. Ders.: Rezension zu: Pastoraltheologie von Michael Benger, 1. Band, Regensburg 1861, in: KLZ 9 (1862) 209–211, hier: 210.

34 Vgl. Thalhofer, Handbuch I (s. Anm. 15) 6. – Ders.: Rezension zu: Handbuch der katholischen Pastoral. Von Dr. Anton Kerschbaumer, Wien ²1871, in: ThLBl(B) 6 (1871) 197–200, hier: 197–198. – Ders., Rezension Benger (s. Anm. 33) 209.

35 Vgl. Thalhofer, Handbuch I (s. Anm. 15) 6. – Ders., Rezension Kerschbaumer (s. Anm. 34) 197–198. – Ders., Rezension Benger (s. Anm. 33) 209.

36 Vgl. Thalhofer, Handbuch I (s. Anm. 15) 7. – Ders., Liturgik (s. Anm. 28) 40.

b) Liturgik im Kontext der Theologie

Die Liturgik oder, wie es aufgrund der von Thalhofer vorgenommenen wissenschaftstheoretischen Fundierung und dieser entsprechend heißen müsste, die Liturgiewissenschaft hat ihren Ort innerhalb der universitären katholischen Theologie. Jedoch stellt sie keine eigenständige theologische Disziplin dar. So gilt für Thalhofer: Trotz ihrer Qualifizierung als theologische Wissenschaft hat die Liturgiewissenschaft keinen Anspruch auf das „Pädicat einer selbständigen theologischen Disciplin"[37]. Sie ist „Theil" der „Pastoraltheologie",[38] d.h. deren „Zweigdisciplin"[39] im Verbund mit Katechetik, Homiletik und Seelsorgelehre. Jedoch nimmt innerhalb der Pastoraltheologie, die Thalhofer als die wissenschaftliche Reflexion der Grundvollzüge der katholischen Kirche versteht,[40] die Liturgik den „ersten Rang" ein, da sie die unter den „erlöserischen Thätigkeiten" Christi wichtigste zum Objekt hat, nämlich die „priesteramtliche".[41] Als Teil der Pastoraltheologie steht die Liturgiewissenschaft auch im Konnex mit den übrigen theologischen Disziplinen und wendet deren Erkenntnisse für die wissenschaftliche Erschließung der Liturgie an.[42]

c) Liturgik als methodisch geleitete Reflexion

Die liturgiewissenschaftliche Befassung mit der Liturgie der Kirche erfolgt bei Thalhofer durch spezifische methodische Ansätze, die das Phänomen liturgische Feier unter bestimmten Perspektiven erfassen und sich gegenseitig zu einer wissenschaftlichen Gesamtschau ergänzen. Vier solcher Ansätze lassen sich in den Reflexionen im Handbuch entdecken.

Grundlegende Erkenntnisse liturgischer Vollzüge vermittelt zunächst der anthropologische Ansatz. Thalhofer stellt fest: Eine „Theorie des katholischen Kultus" kann „nur auf der allgemein menschlichen, auf der naturgesetzlichen Grundlage jeglichen religiösen und öffentlichen Kultus" erarbeitet werden.[43] In diesem Sinne reflektiert er detailliert „Religion" und „Kult" – mit deutlicher Akzentuierung der Kategorie „Opfer" – als fundamentale Begriffe für das adäquate Verstehen der christlichen Liturgie. Dann nimmt Thalhofer im historischen Ansatz die Frage nach der geschichtlichen Entwicklung auf. Für ihn ist die Liturgie zugleich göttliche Stiftung in ihren Grundformen und geschichtlich gewordene Gestalt.[44] Ohne die liturgiegeschichtliche Perspektive kann es

---

37 Thalhofer, Handbuch I (s. Anm. 15) 8.

38 Thalhofer, Handbuch I (s. Anm. 15) 22.

39 Thalhofer, Liturgik (s. Anm. 28) 38.

40 Vgl. Thalhofer, Handbuch I (s. Anm. 15) 8–9.20–22. – Ders., Liturgik (s. Anm. 28) 38–39.

41 Thalhofer, Handbuch I (s. Anm. 15) 21. Vgl. dazu auch ebd. 8.19.

42 Neben Kirchengeschichte, Exegese, Kirchenrecht und Moraltheologie nimmt Thalhofer schwerpunktmäßig auf die Dogmatik Bezug. Er verfolgt das Ziel, der Liturgiewissenschaft „durchweg eine feste dogmatische Basis" zu geben. Thalhofer, Handbuch I (s. Anm. 15) VIII.

43 Thalhofer, Handbuch I (s. Anm. 15) 148.

44 Vgl. Thalhofer, Handbuch I (s. Anm. 15) 5–6.332–338.

kein Verstehen der liturgischen Vollzüge geben.[45] Deshalb gehört das „historisch-kritische Verfahren“[46] unverzichtbar zum Instrumentarium der Liturgiewissenschaft. Der dritte Ansatz bündelt anthropologische und historische Erkenntnisse und führt sie theologisch weiter. Es gilt, eine Theologie der Liturgie zu entwerfen. In dieser Intention reflektiert Thalhofer die in der menschlichen Natur begründete und in der Geschichte gewachsene Liturgiefeier der Kirche in der Perspektive der Gotteslehre, der Christologie und der Pneumatologie sowie mit Blick auf die Ekklesiologie. In dieser theologischen Reflexion ist das Thema „Opfer“ leitend und kommt als Schwerpunkt zum Ausdruck.[47] Der theologische Ansatz steht im Zentrum der liturgiewissenschaftlichen Konzeption von Thalhofer. Von diesem Zentrum her führt er den wissenschaftlichen Weg weiter in die Praxis. Der liturgisch-praktische Ansatz ist die Schnittstelle zwischen Liturgietheologie und liturgischer Praxis. Die liturgiewissenschaftlichen Erkenntnisse müssen in den praktischen Umgang mit den liturgischen Formen vermittelt werden, damit so ein sachgemäßer Vollzug möglich wird.[48] Deshalb betont er im Handbuch den Wert liturgischer Bildung der ordinierten Vorsteher und auch der Laien.[49]

II. Die liturgiewissenschaftliche Reflexion protestantischer Positionen bei Valentin Thalhofer

Die vorangehenden Ausführungen haben einen Einblick in die Konzeption von Liturgiewissenschaft gegeben, wie sie bei Valentin Thalhofer vorzufinden ist. Zu dieser Konzeption gehört nun auch der Blick auf liturgiewissenschaftliche Aspekte im Kontext protestantischer Theologie. Dahingehend ist zunächst festzuhalten, dass entsprechende Überlegungen auf der einen Seite auf der Ebene der wissenschaftlichen Befassung mit Grundsatz- und Detailfragen der Liturgie kontinuierlich zu finden sind, und auf der anderen Seite diese Aus-

45 Vgl. Thalhofer, Handbuch I (s. Anm. 15) 7.97. – Ders., Liturgik (s. Anm. 28) 40.

46 Thalhofer, Handbuch I (s. Anm. 15) 85.

47 Thalhofer sieht das Messopfer als das „pulsirende Herz der gesammten katholischen Liturgie“ an, weshalb eine „Theorie des katholischen Kultus ohne Theorie des Opfers nicht denkbar“ ist. Von daher weist er darauf hin, dass er auf die „centrale Stellung des eucharistischen Opfers [...] durchweg das größte Gewicht gelegt“ hat. Thalhofer, Handbuch I (s. Anm. 15) VIII. Vgl. zur Opfertheorie z. B. ebd. 181–245.262–275. – Malcherek, Liturgiewissenschaft (s. Anm. 15) 104–120. – Erich Naab: Das Opfer Christi und die Kirche bei Valentin Thalhofer (1825–1891). Ein Beitrag aus Anlaß seines 100. Todestages am 17. September 1991, in: KlBl 71 (1991) 199–202. – Ders.: Kirchen- und Amtsverständnis bei Valentin Thalhofer, in: FoKTh 5 (1989) 291–301. – Wilhelm Imkamp: Eine Dillinger Diskussion um das hl. Messopfer, in: JVABG 29 (1995) 38–47.

48 Vgl. Thalhofer, Handbuch I (s. Anm. 15) VIII-IX.6.23–24.79–80.116.392.419.424. – Ders., Liturgik (s. Anm. 28) 40–41.

49 Vgl. Thalhofer, Handbuch I (s. Anm. 15) 23.247.419.421.

einandersetzung auf der Ebene der Wissenschaftstheorie eine bedeutende Rolle einnimmt. Diesem ersten Befund gilt es im genaueren Zusehen auf den Grund zugehen.

1. Die Ebene der liturgiewissenschaftlichen Reflexion

a) Die Leitlinie der Auseinandersetzung

„Es hätte meiner Natur mehr zugesagt und wäre jedenfalls viel bequemer gewesen, die umfängliche protestantische Literatur über das Wesen des christlichen Kultus unberücksichtigt zu lassen, wie ja auch die Protestanten von unserer katholischen Literatur vielfach wenig oder keine Notiz nehmen. Allein ein solches Verfahren erschien mir [...] nicht als wissenschaftlich.“[50] So kündigt Thalhofer bereits im Vorwort seines Handbuches die Auseinandersetzung mit dem Protestantismus an und begründet diese mit dem Wissenschaftscharakter der Liturgiewissenschaft.

Hier bringt er auch gleich sein leitendes Interesse zur Sprache: „ein genauerer Einblick in die bunten Kultustheorien der Protestanten werde ganz vorzüglich dazu dienen, das Wesen unserer katholischen Liturgie und den Werth der ihr zu Grunde liegenden Kultprincipien in's hellste Licht zu setzen.“[51] Als hermeneutischen Grundsatz formuliert Thalhofer daraufhin bündig: „contraria juxta se posita magis elucescunt“[52] – Gegensätzliches, das nebeneinander gesetzt ist, leuchtet um so mehr auf. In seinem Artikel „Liturgik“ im Kirchenlexikon bekundet er in dieser Intention ebenfalls, dass der Liturgiewissenschaftler „selbst die Liturgien und liturgischen Arbeiten der Protestanten“ schon deshalb „nicht ganz unberücksichtigt lassen“ darf, „weil am Gegensatz und durch denselben Manches noch klarer wird“.[53] Damit ist das Ziel der Auseinandersetzung mit protestantischen Positionen offen gelegt: Es geht um eine vergleichende Reflexion mit apologetischer Prämisse. Dabei stellt kritische Distanzierung den Grundansatz dar.

In der Umsetzung dieser leitenden Intention gewinnt vor allem der historische Ansatz für Thalhofer an Bedeutung. Die historische Erschließung des Ursprungs und der Genese der liturgischen Formen ist die Basis für das sachgerechte Verstehen ihres Wesens.[54] Von daher sind die liturgischen Quellen und liturgiegeschichtlichen Zeugnisse wissenschaftlich zu untersuchen. Für Thalhofer ist das historisch-kritische Vorgehen unerlässlich, soll die „gründliche wissenschaftliche und möglichst allseitige Widerlegung der grundstürzenden

50 Thalhofer, Handbuch I (s. Anm. 15) VIII. Vgl. dazu auch Ders., Liturgik (s. Anm. 28) 40–41.

51 Thalhofer, Handbuch I (s. Anm. 15) VIII.

52 Thalhofer, Handbuch I (s. Anm. 15) VIII. Vgl. dazu auch ebd. 262.

53 Thalhofer, Liturgik (s. Anm. 28) 41–42.

54 Thalhofer, Handbuch I (s. Anm. 15) 7.97. – Ders., Liturgik (s. Anm. 28) 40.

protestantischen Kultprincipien“[55] erreicht werden. Er wirft den protestantischen Theologen vor, dass gerade mangelhafte Kenntnisse der Liturgiegeschichte zu Missdeutungen der Liturgie führen mussten.[56] Katholischerseits stellt er als Reaktion auf die Infragestellung römischer Liturgie durch die Reformation einen Aufschwung liturgiegeschichtlicher Forschung fest, was der Verteidigung und Profilierung der katholischen Liturgie zugute kam.[57] Ist diese Position auch apologetisch zu nennen, so warnt Thalhofer jedoch davor, dass bei der Erschließung liturgischer Dokumente „blinder Partei-Eifer“[58] die Feder führt.[59] Auch anerkennt er beachtenswerte Leistungen protestantischer Theologen namentlich auf dem Gebiet der Liturgiegeschichte.[60]

Unter apologetischer Prämisse sowie unter steter liturgiegeschichtlicher Rücksicht geht Thalhofer bei der Behandlung des liturgiewissenschaftlichen Stoffes im Handbuch kontinuierlich auf liturgisch relevante Positionen der Reformatoren sowie protestantischer Autoren ein und profiliert so die katholische Auffassung.

b) Exemplarische Aspekte zur konkreten Umsetzung im Handbuch

Die von Thalhofer postulierte Auseinandersetzung katholischer Liturgiewissenschaft mit protestantischer Liturgie in Theorie und Praxis findet in formaler Hinsicht Ausdruck durch die Berücksichtigung protestantischer Fachliteratur. In der Einleitung zum Handbuch bietet er eine detaillierte „Literaturgeschichte der Liturgik“ von frühchristlicher Zeit bis in die zeitgenössische Gegenwart.[61] Das gehört für ihn zum wissenschaftlichen Anspruch der Litur-

---

55 Thalhofer, Handbuch I (s. Anm. 15) 84.

56 Vgl. Thalhofer, Handbuch I (s. Anm. 15) 7. Für Thalhofer ist Martin Luthers Formula Missae „schlagender Beweis, wohin man bei Cultreformen mit bloßen sogen. Principien und ohne genauere Kenntniß der Cultgeschichte kommt“. Ders., Liturgik (s. Anm. 28) 40. Vgl. dazu auch ebd. 46.

57 Vgl. Thalhofer, Handbuch I (s. Anm. 15) 81–92. – Ders., Liturgik (s. Anm. 28) 45.

58 Thalhofer, Handbuch I (s. Anm. 15) 84.

59 So verweist Thalhofer auf die „Magdeburger Centuriatoren“, einem von protestantischen Theologen erarbeiteten achtbändigen kirchengeschichtlichen Werk (Basel 1559–1574), das „vielfach im Partei-Interesse gehalten“ und der „objectiven Wirklichkeit nicht entsprechend“ sei. Thalhofer, Handbuch I (s. Anm. 15) 85. Der katholische Kirchenhistoriker Caesar Baronius (1538–1607) habe das in seinen Annales ecclesiastici „ohne Polemik in einfach thetischer Weise dargethan“. Ebd. Allerdings merkt Thalhofer redlicherweise gleich an, dass auch Caesar Baronius „trotz all seiner Objectivität nicht selten Fehlgriffe machte“, was „nicht bloß protestantische Schriftsteller“, sondern auch katholische Autoren nachgewiesen hätten. Ebd. Vgl. Eckehart Stöve: Art. Magdeburger Centuriatoren, in: ^{3}LThK 6, Freiburg 1997, 1185. – Klaus Ganzer: Art. Baronius, Caesar, in: ^{3}LThK 2, Freiburg 1994, 31.

60 Vgl. Thalhofer, Handbuch I (s. Anm. 15) 140–147. An anderer Stelle verlangt Thalhofer, dass schon in der Einleitung eines liturgischen Werkes auch die „bessern Leistungen“ der Protestanten, die „bekanntlich auf liturgischem Gebiete in neuester Zeit sehr rührig“ sind, berücksichtigt werden. Ders.: Rezension zu: Liturgische Erklärung der heiligen Messe von Dr. Joseph Kössing, Regensburg ^{3}1869, in: ThLBl(B) 4 (1869) 976–980, hier: 980.

61 Vgl. Thalhofer, Handbuch I (s. Anm. 15) 57–147.

gik; bibliographische Vollständigkeit sowie Kenntnisnahme der Werke sind dabei die Leitprinzipien.[62] Im Kontext dieser Literaturgeschichte der Liturgiewissenschaft rezensiert er vom katholischen Standpunkt aus kritisch wie positiv zustimmend auch protestantische Werke verschiedener Epochen, die er größtenteils bei der Reflexion liturgiewissenschaftlicher Detailfragen berücksichtigt.[63] Darin zeigt sich Thalhofers Bestreben, wissenschaftlichen Ansprüchen gerecht zu werden, und Versäumnisse wie Leistungen der Protestanten auf liturgischem Gebiet möglichst redlich zur Sprache zu bringen. Auffällig ist, dass er in seiner detaillierten liturgiewissenschaftlichen Quellenkunde keine protestantischen Agenden als liturgische Quellen aufführt, einige davon aber im Kontext der Literaturgeschichte benennt.[64] Offensichtlich misst er ihnen als Quellen der Liturgiewissenschaft keine Bedeutung zu.

Mit Blick auf die inhaltliche Auseinandersetzung wird bei der Reflexion liturgiewissenschaftlicher Details die Hermeneutik des Gegensatzes erkennbar, die es Thalhofer ermöglicht, das katholische Liturgieverständnis klar konturiert zu profilieren. Dazu seien exemplarisch einige Themenbereiche kurz skizziert. So führt er mit Blick auf die reiche sinnenhaft-symbolische Feiergestalt der katholischen Liturgie protestantische Kritik an: Die katholische Liturgie sei „überladen mit symbolischen Handlungen und stehenden Symbolen", was auf „Liturgen und Volk nur zerstreuend wirken" könne und „zum todten Mechanismus, zu hohler Aeußerlichkeit führen" müsse.[65] Dabei geht er seinerseits davon aus, dass es dem protestantischen Gottesdienst „an Abwechslung und Gliederung fehlt", der „Individualität des Einzelnen gar wenig Rechnung getragen" wird, und es diesem „zumeist fast ganz an latreutischen Elementen gebricht", so dass „Niemand die Hände zum Gebete faltet, Niemand vor dem majestätischen Gott das Knie beugt, Niemand reuig an die Brust klopft, […] nur gepredigt, langweilig gesungen und das eine oder andere langathmige Gebet vorgesprochen, darauf aber vom Volke nicht einmal Amen gesagt wird".[66] Vor diesem Hintergrund stellt Thalhofer heraus, dass die Feier der Liturgie notwendig eine durch Symbole und symbolische Handlungen bestimmte sinnenhafte Gestalt braucht: Sie entspricht der Sinnenhaftigkeit des Menschen, schafft Gliederung und Abwechslung, ist allgemein verständlich und verleiht der katholischen Liturgie Popularität.[67] Er verdeutlicht die Be-

62 Vgl. Thalhofer, Handbuch I (s. Anm. 15) VII-VIII.

63 Vgl. Thalhofer, Handbuch I (s. Anm. 15) 106–107.116–117.140–147.

64 Vgl. Thalhofer, Handbuch I (s. Anm. 15) 32–57. In der Literaturgeschichte nennt Thalhofer die „officielle" Agende für die evangelisch-lutherische Kirche in Bayern mit vorangestellter Ordnung und Form des Hauptgottesdienstes an Sonn- und Festtagen. 1. Auflage, Nürnberg 1856; 2. Auflage. 1879, und führt Agenden als „Privatarbeiten" an: Agende der Hannoverschen Kirchenordnungen, mit historischer Einleitung, liturg. Erl. u. erg. Zugaben zum erneuerten Gebrauch bearb. u. hrsg. von Ludwig Adolf Petri, Hannover 1852. – Wilhelm Löhe: Agende für christl. Gemeinden des lutherischen Bekenntnisses, 2. Auflage, Nördlingen 1859. Vgl. ebd. 146.

65 Thalhofer, Handbuch I (s. Anm. 15) 390. Vgl. dazu auch ebd. 392.

66 Thalhofer, Handbuch I (s. Anm. 15) 392–393.

67 Vgl. Thalhofer, Handbuch I (s. Anm. 15) 390–393; zur anthropologischen Grundlegung

deutung der liturgischen Symbolgestalt mit Hinweis auf die reich ausgestalteten Feiern des Triduum Paschale, die jedem nach seinen Möglichkeiten den Mitvollzug ermöglichen.[68] Zur Bekräftigung führt er an, dass selbst Nicht-Katholiken die Kraft des symbolischen Ausdrucks wahrnehmen und bestätigen. Um der protestantischen Kritik zu begegnen verweist er argumentativ geschickt auf den Protestanten Wilhelm Roßmann. Er beschreibt in seinem Werk „Gastfahrten" im Kapitel „Die Passion im St. Peter zu Rom" Erfahrungen, die er 1869 bei der Teilnahme an den Feiern der Karwoche von Palmsonntag bis Ostersonntag in Rom gemacht hat.[69] Thalhofer hebt hervor, welchen nachhaltigen Eindruck die katholischen Feiern gerade auf den Protestanten Wilhelm Roßmann gemacht haben, so dass dieser tief beeindruckt motiviert wurde, sich mit der Bedeutung des Symbolischen in den religiösen Kulten zu beschäftigen.[70]

Interessant ist in diesem Zusammenhang festzuhalten, dass Thalhofer sich in seiner negativen Charakterisierung protestantischer Liturgie ausdrücklich auf die Kritik protestantischer Theologen beruft. Vor allem führt er mehrfach den badischen Protestanten und späteren Oberkirchenrat Karl Bähr (1801–1874) an.[71] Dieser ist nach Ulrich Wüstenberg als Erneuerer der evangelischen Kirche und ihres Gottesdienstes anzusehen. Es gelang ihm durch sein „liturgisch-hymnologisches Reformwerk" als „Wissenschaftler und kirchlicher Praktiker", „neue Maßstäbe für die Gestaltung des Gottesdienstes in einer der Unionskirchen (badische evangelische Kirche) und darüber hinaus der gesamten evangelischen Kirche zu setzen".[72] Karl Bähr legt sein liturgisches Reformprogramm in der 1850 publizierten kritischen Gottesdienstschrift „Der protestantische Gottesdienst, vom Standpunkt der Gemeinde aus betrachtet" vor und versteht sich darin als Anwalt der feiernden Gemeinde.[73] Auf dieses

---

ebd. 152–154. Dass die Liturgie eine sinnenhafte Gestalt braucht und wie im Unterschied dazu die protestantische Position zu bewerten ist, thematisiert Thalhofer auch bei der Behandlung der „Ceremonien". Vgl. ebd. 374–376.

68 Vgl. Thalhofer, Handbuch I (s. Anm. 15) 391–392.

69 Vgl. Wilhelm Roßmann: Gastfahrten. Reise-Erfahrungen und Studien, Leipzig 1880, 1–107. Des weiteren beschreibt er in diesem Werk folgende Reiseerfahrungen: „Die Passion auf der Bühne zu Oberammergau", „Ein Besuch bei den Mönchen auf dem Berge Athos" sowie „Eine Fahrt nach Jerusalem". Bereits 1872 veröffentlichte Wilhelm Roßmann in zweiter Auflage seine römischen Ostererfahrungen, die er dann in den „Gastfahrten" 1880 in überarbeiteter und detaillierterer Fassung erneut vorlegte. Vgl. Wilhelm Roßmann: Eine protestantische Osterandacht im Sanct Peter zu Rom. Supplement zu des Verfassers Werk: „Vom Gestade der Cyklopen und Sirenen.", Oldenburg ^{2}1872.

70 Vgl. Thalhofer, Handbuch I (s. Anm. 15) 391, Anm. 1. Wilhelm Roßmann spricht mit Blick auf die Osterfeiern von einem „tiefen und erhebenden Eindruck". Roßmann, Gastfahrten (s. Anm. 69) VII. Vgl. dazu auch ebd. 30. Diesem gibt er in seinen emotional geprägten Schilderungen beredten Ausdruck. Vgl. dazu auch Ders., Osterandacht (s. Anm. 69) 1–4.

71 Vgl. Friedrich Wilhelm Bautz: Art. Bähr, Karl Christian Wilhelm Felix, in: BBKL 1, Hamm 1975, 339. – Ulrich Wüstenberg: Karl Bähr (1801–1874). Ein badischer Wegbereiter für die Erneuerung und die Einheit des evangelischen Gottesdienstes, Göttingen 1996 (VLHthKM 30).

72 Wüstenberg, Bähr (s. Anm. 71) 13.

73 Vgl. Karl Christian Wilhelm Felix Bähr: Der protestantische Gottesdienst vom Standpunkt

Werk bezieht sich Thalhofer.[74] Dabei hebt er hervor, dass Karl Bähr die mangelnde Akzeptanz des Gottesdienstes bei den evangelischen Christen beklagt. Dieser Akzeptanzverlust wird vor allem auf dessen langatmige Wortlastigkeit mit Überbetonung der Predigt sowie die Vernachlässigung der symbolischen Gestalt gottesdienstlichen Feierns zurückgeführt.[75]

Die Arbeit mit dem Gegensatz kommt auch bei der Befassung mit den theologischen Grundlagen der liturgischen Heiligenverehrung zum Tragen. Thalhofer konstatiert bei den Reformatoren eine „juridische Rechtfertigungstheorie“[76], die nach seinem Verständnis ein „rein forensischer Act von Seiten Gottes, eine pur äußerliche Zurechnung des Verdienstes Christi auf Grund der sola fides“ ist und „keine innere Heiligkeit“ bewirkt.[77] Dieser Auffassung stellt er die katholische Lehre gegenüber.[78] Für Thalhofer kann nur in katholischer Tradition von wahrer Heiligkeit die Rede sein, die konsequent in der liturgischen Heiligenverehrung ihren rechtmäßigen Ausdruck erhält. Ferner setzt er auch mit Blick auf den Kirchenbau und den liturgischen Raum den Gegensatz als Mittel ein, um die katholische Position zu profilieren: Während die insbesondere von der Predigt her strukturierten „Hörsaalkirchen“ der Protestanten „nicht Wohnstätten Gottes“ sind, findet sich die „besondere Gegenwart Gottes an der Kultusstätte“ bei den Katholiken verwirklicht, so dass „deren Kultusstätten in Wahrheit Wohnstätten Gottes sind“.[79]

Immer wieder arbeitet Thalhofer in der Reflexion protestantischer Aussagen zur Liturgie deren Mangelhaftigkeit und damit Ergänzungsbedürftigkeit heraus. So z. B. auch hinsichtlich der auf Friedrich Schleiermacher (1768–1834) zurückgehenden Gottesdiensttheorie protestantischer Theologen.[80] Thalhofer

---

der Gemeinde aus betrachtet, Heidelberg 1850. – Wüstenberg, Bähr (s. Anm. 71) 138–172. Ulrich Wüstenberg zufolge wendet Karl Bähr sich in dieser „Aufsehen erregenden Schrift“ kritisch gegen „liturgischen Klerikalismus“ und „vielfach eingebürgerte Liturgenwillkür“ mit dem Ziel, der Gemeinde „ihr ureigenes liturgisches Recht wieder einzuräumen“, ebd. 138.

74 Thalhofer urteilt, dass es sich um ein „äußerst interessantes Schriftchen“ handelt, in dem die „Mängel des protestantischen Gottesdienstes, wie er durch den Rationalismus geworden war, in einschneidender Weise dargelegt und namentlich die Alleinherrschaft der Predigt gegeißelt wird“. Thalhofer, Handbuch I (s. Anm. 15) 146. Im Kirchenlexikon bezeichnet er Karl Bähr als „gelehrt“ und „orthodox gesinnt“. Ders., Liturgik (s. Anm. 28) 49.

75 Vgl. Thalhofer, Handbuch I (s. Anm. 15) 116–117.146.266.274–275.392–393. – Wüstenberg, Bähr (s. Anm. 71) 143–145.149–154.

76 Thalhofer, Handbuch I (s. Anm. 15) 323.

77 Thalhofer, Handbuch I (s. Anm. 15) 300.

78 Vgl. Thalhofer, Handbuch I (s. Anm. 15) 300.

79 Thalhofer, Handbuch I (s. Anm. 15) 163–164.

80 Vgl. zu Friedrich Daniel Ernst Schleiermacher: Hermann Fischer: Art. Schleiermacher, Friedrich Daniel Ernst, in: TRE 30, Berlin 1999, 143–189. – Günter Meckenstock: Art. Schleiermacher, Friedrich Daniel Ernst, in: [3]LThK 9, Freiburg 2000, 158–159; zum Gottesdienstverständnis: Eberhard Jüngel: Der Gottesdienst als Fest der Freiheit. Der theologische Ort des Gottesdienstes nach Friedrich Schleiermacher, in: ZdZ 30 (1984) 264–272. – Hans-Christoph Schmidt-Lauber: Art. Liturgiewissenschaft/Liturgik, in: TRE 21, Berlin 1991, 383–401, hier: 387–388. – Volp, Liturgik (s. Anm. 9) 794–823. – Cornehl, Gottesdienst (s. Anm. 9) 64–65. – Christoph Albrecht: Schleiermachers Liturgik. Theorie und Praxis des Gottesdienstes bei Schleiermacher und ihre geis-

spricht pauschal von „den Schleiermacherianern"[81], ohne konkrete Autoren zu benennen. Er setzt sich mit ihnen im Kontext der anthropologischen Überlegungen zum Kult auseinander.[82] Dabei kritisiert er, dass diese Theologen im Anschluss an Friedrich Schleiermacher, den Gottesdienst „ausschließlich als ‚darstellendes Handeln'", als „Darstellung innerer Frömmigkeit" auffassen.[83] Dagegen stellt er heraus, dass liturgischen Handlungen zwar darstellender Charakter zukommt, diese jedoch „auch ‚wirksames' Handeln" sind, d.h. „mitverdienstlich" im Hinblick auf die durch das „freie Dienen vor der göttlichen Majestät" erwirkte Gnade.[84] So setzt Thalhofer gegen die seiner Meinung nach von den „Schleiermacherianern" vorgenommene Reduktion der Liturgie auf darstellendes Handeln die seiner Auffassung nach umfassendere sowie anthropologisch und theologisch sachgerechtere katholische Auffassung von der auch gnadenwirksamen Qualität liturgischen Handelns.

c) Opfer und Priestertum als Schwerpunkte der inhaltlichen Auseinandersetzung

Zuvor wurden exemplarisch einzelne Aspekte der liturgiewissenschaftlichen Reflexion im Spannungsfeld protestantischer und katholischer Liturgie in Thalhofers Handbuch namhaft gemacht, die den hermeneutischen Zugriff vom Gegensatz her verdeutlichen und das gesamte Werk durchgehend prägen. Andererseits reflektiert er aber auch in konzentrierter Weise in einem eigenen Paragraphen den „fundamentale[n] Unterschied zwischen dem Kultus der Katholiken und dem der Protestanten": Wurde auf diesen „tief inneren Unterschied" bis dahin „nur im Vorbeigehen" wiederholt hingewiesen, so soll dieser jetzt „noch eingehender und im Zusammenhang erörtert" werden.[85] Dazu ruft Thalhofer im einleitenden Abschnitt seinen bereits im Vorwort benannten hermeneutischen Grundsatz in Erinnerung. Demzufolge ist am Gegensatz die eigene Position zu profilieren. Damit gibt er die erkenntnisleitende Prämisse sei-

---

tesgeschichtlichen Zusammenhänge, Göttingen 1963 (VEGL 13). – Ralf Stroh: Schleiermachers Gottesdiensttheorie. Studien zur Rekonstruktion ihres enzyklopädischen Rahmens im Ausgang von „Kurzer Darstellung" und „Philosophischer Ethik", Berlin 1998 (TBT 87). – Hans Martin Müller: Evangelischer Gottesdienst nach Luther und das Verständnis des christlichen Cultus bei Schleiermacher, in: Über die Religion. Schleiermacher und Luther, hg. v. Joachim Heubach, Erlangen 2000 (Veröffentlichungen der Luther-Akademie e.V. Ratzeburg 30) 89–117, hier: 106–117.

81 Thalhofer, Handbuch I (s. Anm. 15) 155.

82 Vgl. Thalhofer, Handbuch I (s. Anm. 15) 154–156.

83 Thalhofer, Handbuch I (s. Anm. 15) 155. Vgl. zum Begriff „Darstellung" bei Friedrich Schleiermacher: Christiane Braungart: Mitteilung durch Darstellung. Schleiermachers Verständnis der Heilsvermittlung, Marburg 1998 (MThSt 48), insbesondere zum darstellenden Handeln in der Liturgie 263–269. – Stroh, Gottesdiensttheorie (s. Anm. 80). – Dietrich Rössle: Unterbrechungen des Lebens. Zur Theorie des Festes bei Schleiermacher, in: „In der Schar derer, die da feiern". Feste als Gegenstand praktisch-theologischer Reflexion, FS Friedrich Wintzer, hg. v. Peter Cornehl, Martin Dutzmann, Andreas Strauch, Göttingen 1993, 33–40.

84 Thalhofer, Handbuch I (s. Anm. 15) 155. Vgl. dazu auch ebd. 156–160.

85 Thalhofer, Handbuch I (s. Anm. 15) 262. Vgl. zum Gesamt ebd. 262–275.

ner nachfolgenden Überlegungen zu erkennen.[86] In dieser zusammenhängenden Darstellung der Differenz zwischen protestantischer und katholischer Liturgieauffassung treten zwei Schwerpunkte der inhaltlichen Auseinandersetzung mit dem Protestantismus zu Tage, die im Handbuch insgesamt dominant sind: Opfer und Priestertum. Dem ist im folgenden nachzugehen.

Der „Hauptunterschied zwischen katholischem und protestantischem Kult" ist nach Thalhofers Überzeugung darin zu sehen, dass die „Katholiken in der eucharistischen Feier eine eigentliche Opferfeier" als „tragenden Mittelpunkt ihres gesammten Kultes" erkennen, während die Protestanten die „Eucharistie als Opfer verwarfen".[87] Ausgehend von der Ablehnung des Opfercharakters der Messe durch die Reformatoren geht er auf weitere theologische Reflexionen dieser Position bei Lutheranern und Reformierten ein.[88] Er stellt fest, dass der Verlust der Eucharistie als Opfer den Verlust der Eucharistie als Sakrament direkt zur Folge hat, da „zum Opfermahl auch das Opfer gehört und es consequenterweise ein Opfermahl ohne Opfer nicht geben kann".[89] Für Thalhofer ist dieser fundamentale Verlust der „wundeste Fleck des öffentlichen Kultus der Protestanten" und der „deutlichste Beweis für seine Abweichung von Christi Satzung".[90] In der weiteren Entwicklung innerhalb des Protestantismus erkennt er das seiner Auffassung nach problematische Bestreben, das verlorengegangene Messopfer durch Surrogate zu ersetzen. So wurden die Begriffe „Sacrificium" und „Sacrament" umgedeutet. Dagegen hält Thalhofer fest, dass Schriftlesung und Predigt nicht als „Surrogat für das Sacrament der Eucharistie" verstanden und „Sacrificium" nicht auf das „subjective religiöse Thun der Gemeinde" bezogen werden können.[91] Ferner konstatiert er mit Blick auf den Protestantismus, dass dessen Ablehnung des Messopfers weitreichende Konsequenzen für den protestantischen Gottesdienst und seinen Kontext hat: Dieser wird reduziert vor allem auf Predigt und Gebet, die Eucharistie kommt an Sonn- und Festtagen außer Übung, die Tagzeitenliturgie fällt

---

86 Vgl. Thalhofer, Handbuch I (s. Anm. 15) 262.

87 Thalhofer, Handbuch I (s. Anm. 15) 262.

88 Vgl. Thalhofer, Handbuch I (s. Anm. 15) 263–264.

89 Thalhofer, Handbuch I (s. Anm. 15) 264. Hier wirkt die Trennung von Opfer und Sakrament bei der Eucharistie nach. Thalhofer betont sehr den primär latreutischen Charakter des Messopfers und unterscheidet davon die Eucharistie als Sakrament, d. h. „Gnadenmittel". Vgl. ebd. 31.236–238. Diese Trennung wird auch daran deutlich, dass er in der „Speziellen Liturgik" den zweiten Hauptteil der Messfeier in „Ritus der heiligen Messe als Oblation und Opfer" sowie „Ritus der heiligen Messe als Opfermahl" unterteilt und das Messopfer nicht in die Sakramente einordnet, sondern dort nur die Kommunion behandelt. Vgl. ders., Handbuch II (s. Anm. 15) 1–2.132.254.514. Andererseits stellt Thalhofer deutlich heraus, dass Opfer und Opfermahl notwendig zusammengehören und deshalb die Kommunion als Opfermahl integrierender Bestandteil des ganzen Opfervollzuges ist, und bei der Messfeier mit zu der einen Liturgie zählt. Vgl. ebd. 12.254–258. Diese Einheit von Opfer und Opfermahl ist es auch, die seiner Forderung zugrunde liegt, die Laien sollten regelmäßig am Opfermahl beteiligt werden, d. h. innerhalb der Messe sakramental kommunizieren. Vgl. ebd. 257.285–286.

90 Thalhofer, Handbuch I (s. Anm. 15) 264.

91 Thalhofer, Handbuch I (s. Anm. 15) 266. Vgl. dazu auch ebd. 265.267–268.272–273.

aus und die Sakramente wie die Sakramentalien gehen verloren.[92] Auch der „Charakter des Kirchenjahres“ verändert sich zu einer „nuda commemoratio“, d. h. zur bloßen „Erinnerung an Heilsthatsachen“, die der „Geschichte verfallen“ sind und nicht durch Vollzug des Messopfers anamnetisch vergegenwärtigt werden.[93] Das „Fehlen des Opfers“ ist schließlich auch die Ursache dafür, dass dem protestantischen Kirchenraum das „Gepräge des Erhebenden und Mysteriösen“ abgeht.[94]

„Opfer und Priesterthum“ sind für Thalhofer „correlate Begriffe“, weshalb der Verlust des eucharistischen Opfers mit dem des Priestertums einhergeht.[95] Damit ist der zweite gravierende Unterschied zwischen katholischem und protestantischem Liturgieverständnis angesprochen. In der katholischen Liturgie nimmt der Priester eine „mittlerische Stellung“ ein und handelt demzufolge „allererst nomine Christi mediatoris“, während die protestantischen Vorsteher „lediglich Delegirte der Gemeinde“ sind.[96] Thalhofer konstatiert, dass es im Protestantismus kein „specielles Priesterthum“ gibt und „am allerwenigsten von einem Mittleramt“ die Rede sein kann.[97] Zwar anerkennt er, dass Theologen der altlutherischen Richtung in der Auffassung vom kirchlichen Amt dem katholischen Verständnis nahe kommen. Aber der entscheidende Punkt, dem ordinierten Vorsteher wirkliche Mittlerfunktion zuzusprechen, bleibt unerfüllt.[98] Thalhofer bezieht sich hier auf Martin Chemnitz (1522–1586), Theodor Kliefoth (1810–1895) und Carl von Zezschwitz (1825–1886).[99] Infolge der Ablehnung des Priestertums kam es zu einer „ausschließlichen Geltendmachung des Laienpriesterthums“, das jedoch nach seiner Einschätzung zur „leeren Phrase“ wurde, da die Gemeinde in der gottesdienstlichen Feier ganz von der „‚freien Subjectivität‘ des Pastors“ dominiert wird.[100] In dieser Kritik greift Thalhofer erneut auf Karl Bährs kritische Äußerungen zurück.

Die hier vorgestellten Überlegungen Thalhofers lassen deutlich erkennen, dass das Messopfer den fundamentalen Unterschied zwischen katholischer

92 Vgl. Thalhofer, Handbuch I (s. Anm. 15) 262–269.

93 Thalhofer, Handbuch I (s. Anm. 15) 269–270.

94 Thalhofer, Handbuch I (s. Anm. 15) 270. Bereits in seinen anthropologischen Überlegungen betont Thalhofer, dass die protestantischen Kirchen, da ohne Feier des Messopfers, keine „Wohnstätten Gottes“ sind. Vgl. ebd. 163–166.

95 Thalhofer, Handbuch I (s. Anm. 15) 270.

96 Thalhofer, Handbuch I (s. Anm. 15) 270.

97 Thalhofer, Handbuch I (s. Anm. 15) 271–272.

98 Vgl. Thalhofer, Handbuch I (s. Anm. 15) 273–274.

99 Vgl. Theodor Mahlmann: Art. Chemnitz, Martin, in: [4]RGG 2, Tübingen 1999, 127–128. – Friedrich Wilhelm Kantzenbach: Art. Kliefoth, Theodor, in: TRE 19, Berlin 1990, 268–271. – W. Jannasch: Art. Zezschwitz 1. Carl Adolf Gehard von, in: [3]RGG 6, Tübingen 1962, 1907. Thalhofer bezeichnet Theodor Kliefoth als einen verdienstvollen Liturgiehistoriker und geht vor allem detailliert auf dessen mehrbändiges Werk „Liturgische Abhandlungen“ (1854 ff.) ein. Vgl. Thalhofer, Handbuch I (s. Anm. 15) 144–146.

100 Thalhofer, Handbuch I (s. Anm. 15) 274–275. Andernorts führt Thalhofer an, dass die Laien im protestantischen Gottesdienst „fast ausschließlich passiv“ und „receptiv“ sind, und „vielfach nicht einmal mittelst des ‚Amen‘ an den Pastor sich anschließen“ können. Ebd. 420.

und protestantischer Liturgie begründet. Dieses Opfer bildet seinem Verständnis nach den „eigentlichen Krystallisationskern des gemeinsamen Gottesdienstes der Christen"[101] und somit den „Mittelpunkt des katholischen Gottesdienstes"[102]. Es ist „Liturgie im vollsten Sinn des Wortes"[103]. Deshalb kann die Kluft zum Protestantismus auch bei noch so vielen Berührungspunkten mit dem Katholizismus nur dann überwunden werden, wenn von Seiten des ersteren die Eucharistie als Opfer anerkannt wird. Vor diesem Hintergrund ist es nach Thalhofers Verständnis folgerichtig, dass er im Vergleich mit der katholischen Liturgieauffassung zu einem negativen Urteil kommen muss: „Eine Liturgie im bisher besprochenen Sinne haben die Protestanten nicht, da sie ja mittlerisches Priesterthum und Opfer verwerfen."[104] Deshalb, so betont er in diesem Kontext, kann es innerhalb der protestantischen Theologie auch keine Liturgiewissenschaft im katholischen Sinne geben, denn es fehlt ja das Objekt dieser Disziplin: die Liturgie.[105] So erklären sich für ihn auch das „Schwanken der Protestanten in Bestimmung des Begriffes und Umfanges der Liturgik"[106] und die Einseitigkeit ihrer „Kultustheorien".[107] Seine vergleichenden Überlegungen resümierend bezeichnet Thalhofer den Protestantismus als die „‚antiliturgische Häresie'" und schließt sich damit seinem Bekunden nach an das Urteil Prosper Guérangers an.[108] Das Messopfer ist die leitende Prämisse, die Thalhofers Beurteilung des protestantischen Gottesdienstes prägt, was der Dominanz der Opferthematik im Gesamt seiner Liturgietheologie im Handbuch entspricht.

2. *Die Ebene der liturgiewissenschaftlichen Wissenschaftstheorie*

Die vorangehenden Ausführungen haben deutlich gemacht, dass Thalhofer in unterschiedlicher Gewichtung Aspekte protestantischer Liturgietradition und -theorie kontinuierlich in der Reflexion liturgiewissenschaftlicher Detailfragen

---

101 Thalhofer, Handbuch I (s. Anm. 15) 239.

102 Thalhofer, Handbuch I (s. Anm. 15) 226. Vgl. dazu auch ebd. 30–31.236.242–243.

103 Thalhofer, Handbuch I (s. Anm. 15) 27. In diesem Sinne merkt Thalhofer andernorts an: „Der Katholik denkt daher, wenn von einem Gottesdienst, z. B. von einem Gottesdienst für Verstorbene, von einem Dank- oder Bittgottesdienst die Rede ist, mit Recht immer an eine Opferfeier." Ders., Handbuch II (s. Anm. 15) 10 Anm. 1.

104 Thalhofer, Handbuch I (s. Anm. 15) 3.

105 Vgl. Thalhofer, Handbuch I (s. Anm. 15) 3–4.

106 Thalhofer, Handbuch I (s. Anm. 15) 4. Vgl. dazu auch ebd. 1.3. – Ders., Liturgik (s. Anm. 28) 37–38.

107 Vgl. Thalhofer, Handbuch I (s. Anm. 15) 6.

108 Thalhofer, Handbuch I (s. Anm. 15) 82. Vgl. dazu auch Ders., Liturgik (s. Anm. 28) 45; zu Prosper Guéranger Arno Schilson: Art. Guéranger, Prosper-Louis-Pascal, in: ^{3}LThK 4, Freiburg 1995, 1091–1092. Thalhofer gibt keine Fundstelle für dieses Zitat an. Es bezieht sich offensichtlich auf das 14. Kapitel der Institutions liturgique. Vgl. Prosper Guéranger: Institutions liturgique, 1. Band, 2. Auflage, Paris 1878, 388–407: 14. De l'hérésie antiliturgique et de la réforme protestante du XVIe siècle, considérée dans ses rapports avec la liturgie.

in seinem Handbuch wahrnimmt und kritisch bearbeitet. Dieses Vorgehen ist für ihn konzeptionell darin begründet, dass die Liturgiewissenschaft als Wissenschaft die Grenzen der eigenen Tradition überschreiten und Liturgie im Kontext anderer Traditionen reflektieren muss. Das stellt jedoch die katholische Position als Norm nicht in Frage. Die Auseinandersetzung mit nichtkatholischen Positionen ist aber nicht allein auf die Ebene der liturgiewissenschaftlichen Detailreflexion beschränkt. Sie betrifft auch grundlegend die von Thalhofer entwickelte Wissenschaftstheorie der Liturgiewissenschaft. Denn er rezipiert das Theorem des „historisch-idealen Wissens“ von dem protestantischen Theologen Theodosius Harnack. Das ist nachfolgend zu untersuchen.

a) Theodosius Harnack und seine praktisch-theologische Konzeption

Theodosius Harnack, 1816 in Petersburg geboren und 1889 in Dorpat (Livland, heute Tartu, Estland) verstorben, war Vater von Adolf von Harnack.[109] Nach theologischen Studien in Dorpat, Berlin, Bonn und Erlangen wurde Harnack 1843 Dozent für Praktische Theologie in Dorpat und übernahm dort 1848 die ordentliche Professur für dieses Fach und das Amt des Universitätspredigers. 1853 erhielt er einen Ruf nach Erlangen und lehrte an der dortigen Fakultät bis 1866 Praktische Theologie. Nach Manfred Seitz und Michael Herbst bildete die Zeit in Erlangen den „Höhepunkt eines Lebens, in dem akademisches Lehren, theologisches Beraten der Kirche und wissenschaftliches Forschen eine überzeugende Gestalt fanden“[110]. Hans-Christoph Schmidt-Lauber urteilt, dass in Erlangen die „konfessionelle Liturgik“ durch „umfassende liturgiegeschichtliche und -theologische Studien“ am „deutlichsten“ entfaltet wurde und nennt hier vor allem auch Harnack.[111] 1866 kehrte er nach

---

109 Vgl. zu Biographie und Werk von Theodosius Harnack: Manfred Seitz, Michael Herbst: Art. Harnack, Theodosius (1816–1889), in: TRE 14, Berlin 1985, 458–462 (Lit.!). – Bernd Schröder: Die Wissenschaft der sich selbst erbauenden Kirche: Theodosius Harnack, in: Geschichte der Praktischen Theologie. Dargestellt anhand ihrer Klassiker, hg. v. Christian Grethlein, Michael Meyer-Blanck, Leipzig 1999 (APrTh 12) 151–206 (Lit.!). – Heinrich Wittram: Die Kirche bei Theodosius Harnack. Ekklesiologie und Praktische Theologie, Göttingen 1963 (APTh 2), 11–46.187–189. – Volker Drehsen: Konfessionalistische Kirchentheologie. Theodosius Harnack (1816–1889), in: Profile des neuzeitlichen Protestantismus. 2. Band: Kaiserreich Teil 1, hg. v. Friedrich Wilhelm Graf, Gütersloh 1992, 148–181 (Lit.!).

110 Seitz, Herbst, Harnack (s. Anm. 109) 459. Vgl. dazu auch Wittram, Kirche (s. Anm. 109) 32–40. – Eckhard Lessing: Geschichte der deutschsprachigen evangelischen Theologie von Albrecht Ritschl bis zur Gegenwart. 1. Band: 1870 bis 1918, Göttingen 2000, 255–256; zur theologischen Fakultät in Erlangen Martin Hein: Art. Erlangen, in: TRE 10, Berlin 1982, 159–164, hier: 161–163; zur Praktischen Theologie der Erlanger Schule: Henning Schröer: Art. Praktische Theologie, in: TRE 27, Berlin 1997, 190–220, hier: 201–202. – Schröder, Wissenschaft (s. Anm. 109) 157–160. – Lessing, Geschichte (s. o.) 252–258.

111 Schmidt-Lauber, Liturgiewissenschaft (s. Anm. 80) 388. Harnack publizierte 1854 ein bedeutendes Werk über den urchristlichen und altkirchlichen Gemeindegottesdienst. Vgl. Theodosius Harnack: Der christliche Gemeindegottesdienst im apostolischen und altkatholischen Zeitalter, Dorpat 1854. Sein Verständnis protestantisch-lutherischer Liturgik und Liturgie hat er in einem Handbuchartikel ausführlich dargelegt. Vgl. Ders.: Art. Liturgik. In: Handbuch der theologischen

Dorpat zurück und vertrat das Fach Praktische Theologie bis er 1875 krankheitshalber die Professur niederlegen musste. Nach seiner Emeritierung erschien 1877/78 seine Praktische Theologie in zwei Bänden, die eine Art zusammenfassendes Lebenswerk darstellt.[112]

Heinrich Wittram erkennt bei Harnack ein Denken, das von Theologie und Liturgie bestimmt ist, wobei dem Gottesdienst große Bedeutung hinsichtlich des Verständnisses der Kirche und ihres Handelns zukommt.[113] Auch Manfred Seitz und Michael Herbst halten fest, dass „im Mittelpunkt seines Denkens" der „Lebensvollzug der Kirche, ihre Praxis" und ihre „Gesamteinsicht in die Schriftoffenbarung, das Dogma, [...] eng miteinander verbunden" stehen.[114] Eine kurze Skizze zur praktisch-theologischen Konzeption[115] vermittelt einen Einblick in das theologische Denken von Harnack und legt Parallelen zu Thalhofers Konzeption von Liturgiewissenschaft offen.

Harnack sieht die Theologie als „Wissenschaft vom Christenthum"[116]. Obwohl das Christentum an sich keine wissenschaftliche Erkenntnis benötigt, ergibt sie sich aus der Tatsache, dass der „gläubige Geist" kein anderer ist als der „mit der wissenschaftlichen Anlage" ausgestattete „menschliche Geist".[117] Wissenschaftliche Theologie kommt durch die Auseinandersetzung der Kirche mit der Welt zustande. Damit ist die Theologie von ihrem Ursprung her eine kirchliche Wissenschaft, wobei diese Kirchlichkeit weder ihre Freiheit einschränkt noch eine kritische Position ausschließt.[118] Für Harnack ist die Kritik ein Postulat des Glaubens selbst, denn sie ermöglicht erst „Wissenschaft vom christlichen Glauben", insofern Wissenschaft „ohne positive Kritik unmöglich und unhaltbar" ist.[119] Theologie ist „Action" des „gläubigen Lebens", und damit „Selbstvollziehung des Glaubens nach der intellectuellen Seite" und intendiert „Erkenntniss des Christenthums um des Christenthums willen".[120] Die Einbettung der Theologie in den Kontext der Kirche sichert die organische Verbindung von Theorie und Praxis. Nach Harnack ist die Theologie, in allen ihren Disziplinen als praktisch anzusehen, da es „kein tieferes, inneres Ver-

---

Wissenschaften in encyklopädischer Darstellung, 4. Band, hg. v. Otto Zöckler, 3. Auflage, Nördlingen 1890, 399–469; zu seinen liturgischen Arbeiten: Wittram, Kirche (s. Anm. 109) 42–46.116–125. – Schröder, Wissenschaft (s. Anm. 109) 187–190. – Hans Kressel: Die Liturgik der Erlanger Theologie. Ihre Geschichte und ihre Grundsätze, Göttingen ²1948, 40–45.

112 Vgl. Theodosius Harnack: Praktische Theologie, 2 Bände, Erlangen 1877–1878. – Schröder, Wissenschaft (s. Anm. 109) 170. – Seitz, Herbst, Harnack (s. Anm. 109) 459.

113 Vgl. Wittram, Kirche (s. Anm. 109) 46.116–125. – Schröder, Wissenschaft (s. Anm. 109) 170. – Seitz, Herbst, Harnack (s. Anm. 109) 460–461.

114 Seitz, Herbst, Harnack (s. Anm. 109) 459. Vgl. dazu auch Kreßel, Liturgik (s. Anm. 111) 71–76.

115 Vgl. Harnack, Theologie (s. Anm. 112). – Schröder, Wissenschaft (s. Anm. 109) 170–196. – Wittram, Kirche (s. Anm. 109) 104–116. – Schröer, Theologie (s. Anm. 110) 201.

116 Harnack, Theologie I (s. Anm. 112) 1.

117 Harnack, Theologie I (s. Anm. 112) 2.

118 Vgl. Harnack, Theologie I (s. Anm. 112) 5.

119 Harnack, Theologie I (s. Anm. 112) 13.

120 Harnack, Theologie I (s. Anm. 112) 17–18.

ständniss des Christenthums auf dem Wege bloss theoretischer Erkenntnis"[121] geben kann.

Die Praktische Theologie im engeren Sinne definiert er als „Wissenschaft von der Selbstbethätigung der Kirche zur Auswirkung ihrer Idee auf dem Grund ihrer Vergangenheit für die Fortbildung zu ihrer Zukunft" zur „Selbsterbauung der Kirche".[122] Harnack versteht die Praktische Theologie als Wissenschaft vom „kirchlichen Handeln", womit die „Thätigkeiten der Kirche" gemeint sind, in denen sie „als solche thätig" ist, und zwar durch die ihr „eignen Mittel und Organe" für ihren „besonderen Beruf in der Welt nach Innen und Aussen".[123] Es geht um die Grundvollzüge der Kirche, die sich aus ihrem Wesen ergeben und ohne die der Selbstvollzug der Kirche nicht möglich ist: „die Gnadenmittel des Worts und der Sacramente"[124]. Von daher ist die Praktische Theologie als „Wissenschaft von der sich selbst erbauenden Kirche"[125] zu bestimmen. Sie hat „Anweisung" zu geben, die „Kirche der Gegenwart" so zu verstehen und zu leiten, dass sie „Kirche der Zukunft" werden kann, und somit kommt ihr die Aufgabe zu, in der Praxis die „Idee", d.h. das Wesen, im Bewusstsein zu halten, damit die Kirche nicht im Status quo erstarrt.[126] Deshalb gehört es zur Praktischen Theologie, die kirchliche Praxis zu „kritisiren", zu „rectificiren" und zu „normiren".[127] Um dem gerecht zu werden sind auf der einen Seite historische Erkenntnisse unumgänglich, die davor bewahren an der wirklichen Kirche vorbei eine „aprioristische Construction"[128] zu entwerfen. Auf der anderen Seite muss zum historisch Gegebenen, der „Empirie" bzw. „empirischen Praxis", die „Idee", also die Kenntnis vom Wesen des kirchlichen Lebens, hinzukommen. So ist die Praktische Theologie für Harnack „historisch" und doch nicht „empirisch", „ideal" und doch nicht „abstract doctrinär".[129] Sie setzt „Urbild", „Werden" und „gegebene Zustände" in Bezug zueinander.[130]

Die Praktische Theologie ist dazu bestimmt, den unvermeidlichen Gegensatz zwischen „Wesen und Erscheinung" oder „Wahrheit und Wirklichkeit" des Lebens und Handelns der Kirche aufzuheben.[131] Deshalb zielt sie auf „historisch-ideales Wissen" ab: Es ist historisch, geht aber nicht im historisch Faktischen auf, und ist „ideal", nämlich vom „Wesen" des kirchlichen Lebens bestimmt, aber nicht jenseits der konkreten Wirklichkeit der Kirche. Dieses „historisch-ideale Wissen" vermittelt der Praxis der Kirche die leitenden Prinzi-

121 Harnack, Theologie I (s. Anm. 112) 19. Vgl. dazu auch ebd. 22.
122 Harnack, Theologie I (s. Anm. 112) 23.
123 Harnack, Theologie I (s. Anm. 112) 23–24.
124 Harnack, Theologie I (s. Anm. 112) 25. Vgl. dazu auch ebd. 26.51–56.
125 Harnack, Theologie I (s. Anm. 112) 26.
126 Harnack, Theologie I (s. Anm. 112) 28.
127 Harnack, Theologie I (s. Anm. 112) 28.
128 Harnack, Theologie I (s. Anm. 112) 50.
129 Harnack, Theologie I (s. Anm. 112) 28.
130 Harnack, Theologie I (s. Anm. 112) 48.
131 Harnack, Theologie I (s. Anm. 112) 47.

pien, die aus der Idee und der Geschichte des kirchlichen Lebens entwickelt werden.[132] Somit muss die Praktische Theologie vom „Grunde des Ursprünglichen“ ausgehen, um daran das „Vorhandene zu prüfen, zu bewähren und fortzubilden“.[133]

b) Die Rezeption der praktisch-theologischen Konzeption Theodosius Harnacks bei Valentin Thalhofer

Die von Harnack entwickelte Konzeption Praktischer Theologie lässt mehrere Berührungspunkte zur Konzeption von Liturgiewissenschaft bei Thalhofer erkennen: so die Bindung der Theologie an die Kirche, die kritische Funktion theologischer Erkenntnisse im Gegenüber zur Kirche und die Einheit von theoretischer und praktischer Ausrichtung.[134] Die im hier zu untersuchenden Zusammenhang bedeutendste wissenschaftstheoretische Position, die er ausdrücklich mit Quellenangabe benannt von Harnack rezipiert, ist das Theorem des „historisch-idealen Wissens“. So konstatiert Thalhofer: „Was Harnack (prakt. Theologie Bd. I S. 50) von der sogenannten ‚praktischen Theologie‘ im Allgemeinen sagt, das gilt auch und zwar ganz speciell von der Liturgik: ‚sie ist ein historisch-ideales Wissen‘.“[135] So soll die Liturgiewissenschaft, wie Thalhofer dem Protestanten Harnack folgend ausführt, eine „allseitige“ und „wahrhaft ideale“ sowie „positive Kenntniß“ der Liturgie vermitteln.[136] Dazu gilt es die historische Entwicklung der Liturgie insgesamt wie auch ihrer Einzelelemente zu untersuchen, denn das Wesen der Liturgie bzw. die den liturgischen Handlungen „zu Grund liegende Idee“[137] kann nur historisch erkannt werden.[138] Die Erkenntnis des Idealen, die durch historische Forschung gewonnen wird, ist aber notwendig, um liturgiewissenschaftliche Maßstäbe zu entwickeln, die kritisch an die Praxis der Kirche angelegt werden können und der Weiterentwicklung der Liturgie dienen. Das „historisch-ideale Wissen“ meint somit eine komplementäre Beziehung zwischen der Geschichte und dem Wesen der Liturgie.

So formuliert Thalhofer unter dem Einfluss von Harnack fundamentale Züge seiner Wissenschaftstheorie. Er zeigt durch diese Rezeption, dass er die wissenschaftliche Bedeutung Harnacks erkannt hat und öffnet sich unvoreingenommen seinem wegweisenden Verständnis von Kirche und Theologie.

---

132 Vgl. Harnack, Theologie I (s. Anm. 112) 28–29.47.

133 Harnack, Theologie I (s. Anm. 112) 48. Vgl. dazu auch ebd. 50.

134 Vgl. oben unter 2. die Ausführungen zur liturgiewissenschaftlichen Konzeption Thalhofers.

135 Thalhofer, Handbuch I (s. Anm. 15) 7. Vgl. dazu auch Ders., Liturgik (s. Anm. 28) 40.

136 Thalhofer, Handbuch I (s. Anm. 15) 7.

137 Thalhofer, Handbuch I (s. Anm. 15) 8.

138 Vgl. Thalhofer, Handbuch I (s. Anm. 15) 7–8. – Ders., Liturgik (s. Anm. 28) 40.

III. Schlussresümee

Die vorangehenden Ausführungen zusammenfassend kann festgehalten werden, dass im „Handbuch der katholischen Liturgik“ von Valentin Thalhofer vielfach die Auseinandersetzung mit protestantischen Positionen nachzuweisen ist. Dieses Vorgehen stellt für ihn ein Gebot der Wissenschaftlichkeit der Liturgiewissenschaft dar, und hat insofern fundamentale Bedeutung. Thalhofer reflektiert Positionen liturgischer Theorie und Praxis des Protestantismus, trotz aller wissenschaftlichen Redlichkeit, vor allem in apologetischer Absicht, um den katholischen Standpunkt durch eine Hermeneutik des Gegensatzes zu profilieren. Im Kern ist dabei die katholische Lehre vom Messopfer in Einheit mit der vom ordinierten Priestertum die für ihn unhintergehbare erkenntnisleitende Prämisse. So kommt er letztlich zu einem negativen Urteil über die Liturgie im Protestantismus. Bemerkenswert ist, dass Thalhofer trotz dieser ablehnenden Haltung als wesentliches Element seiner liturgiewissenschaftlichen Wissenschaftstheorie das Theorem des „historisch-idealen Wissens“ aus der praktisch-theologischen Konzeption des protestantischen Theologen Theodosius Harnack zustimmend rezipiert.

Angesichts dieses Befundes ist positiv festzuhalten, dass Thalhofer in seiner Konzeption von Liturgiewissenschaft für deren Bereich relevante protestantische Theologie und Praxis in den Blick nimmt. Für ihn ist dieses Vorgehen notwendig, soll eine wissenschaftlichen Prinzipien folgende Reflexion der katholischen Liturgie erfolgen. Protestantische Liturgie in Theorie und Praxis werden von Thalhofer nicht von vornherein ausgeblendet, sondern wahrgenommen, in Beziehung zur eigenen katholischen Position gesetzt und in die wissenschaftliche Auseinandersetzung mit dieser einbezogen. Darin ist Thalhofer eine Wegmarke in der Entwicklung hin zur heutigen Liturgiewissenschaft, die von ihrem Status als theologische Disziplin her die ökumenische Orientierung zu den unhintergehbaren Grunddaten ihres Faches zählt.[139] So verdient er Beachtung und differenzierte Wahrnehmung seiner Konzeption im Kontext der Wissenschaftsgeschichte der Liturgiewissenschaft. Ein im Rahmen dieses Beitrages nicht zu leistender vergleichender Blick auf Handbücher der Liturgik, die vor Thalhofers Werk publiziert wurden, wie von Franz Xaver Schmid (1800–1871), Johann Baptist Lüft (1801–1870) und Jakob Fluck (1810–1864), kann zeigen, dass er z. B. in Umfang und Kontinuität der Berücksichtigung protestantischer Positionen sowie in Systematik der Reflexion seine Vorgänger übertrifft und so Maßstäbe setzt.[140]

---

139 Vgl. vor allem auch neuestens die instruktive und detaillierte Reflexion der Methode einer ökumenischen Liturgiewissenschaft bei Friedrich Lurz: Friedrich Lurz: Die Feier des Abendmahls nach der Kurpfälzischen Kirchenordnung von 1563. Ein Beitrag zu einer ökumenischen Liturgiewissenschaft, Stuttgart 1998 (PTHe 38). – Ders., Liturgiewissenschaft (s. Anm. 7).

140 Vgl. Malcherek, Liturgiewissenschaft (s. Anm. 15) 60. – Kohlschein, Geschichte (s. Anm. 15) 38. Die Auseinandersetzung mit dem Protestantismus findet sich bereits bei dem Aufklärungsliturgiker Vitus Anton Winter (1754–1814). Vgl. Franz Kohlschein: Die Liturgie der Buße in der späten deutschen Aufklärung. Eine Studie zu den „Beichtakten“ im Rituale von Vitus Anton

Der hier erhobene Befund legt aber zugleich auch die deutlich sichtbaren Grenzen und Horizontverengungen in Thalhofers Handbuch offen. Die von ihm selbst insbesondere für die reformatorische Tradition reklamierte Hermeneutik des Gegensatzes qualifiziert sein erkenntnisleitendes Interesse als ein primär apologetisches[141]: Von dem dunklen Hintergrund protestantischen Gottesdienstes hebt sich strahlend die römisch-katholische Feiergestalt als die Liturgie schlechthin ab. Sie allein hat die umfassende Kontinuität zur Stiftung durch Jesus Christus in allen ihren Formen bewahrt, und ist als die dem Menschen angemessenste Liturgie anzusehen. Thalhofer bemüht sich zwar, die außerkatholischen Traditionen zu verstehen, aber schlussendlich gelingt es ihm nicht sich auf die Perspektive der anderen Konfession einzulassen. Sein eigener katholischer Standpunkt, der weitgehend als Status quo unhinterfragt bleibt, erweist sich als zu dominant. Diese Dominanz ist inhaltlich primär dogmatisch durch die Messopfer- und Amtsfrage bestimmt. Opfer und ordiniertes Priestertum sind für Thalhofer unabdingbare theologische Grundelemente von Liturgie, so dass deren Fehlen defizitäre Feierformen bedingt und letztendlich den Verlust von Liturgie nach sich zieht. Darin zeigt sich der Einfluss zeitgenössischer dogmatischer Theologie, hier vor allem der im 19. Jahrhundert virulenten Diskussion um die Messopfertheorien, auf die Theologie der Liturgie.[142] Infolgedessen ist seine Erkenntnisperspektive in großen Teilen auf die Differenz eingeengt, was die Wahrnehmung von Gemeinsamkeiten, Anknüpfungspunkten sowie von Anfragen an den eigenen Standpunkt seitens der anderen Tradition erschwert. So weist Thalhofers liturgiewissenschaftliches Vor-

---

Winter, in: Aufklärungskatholizismus und Liturgie. Reformentwürfe für die Feier von Taufe, Firmung, Buße, Trauung und Krankensalbung, hg. v. Franz Kohlschein, St. Ottilien 1989 (PiLi 6) 5–92, hier: 18–26.

141 Vgl. Max Seckler: Art. Apologetik I. Begriff, in: ^{3}LThK 1, Freiburg 1993, 834–836.

142 Vgl. Burkhard Neunheuser: Art. Messopfertheorien, in: ^{2}LThK 7, Freiburg 1962, 350–352. – Hans Jorissen: Art. Meßopfer I. Theologiegeschichtlich, in: ^{3}LThK 7, Freiburg 1998, 178–184, hier: 181–182. Thalhofers liturgietheologische Reflexion der Messfeier ist von seiner dogmatischen Auffassung vom Messopfer geprägt, wobei die Destruktionstheorie erkenntnisleitend ist. Hier wird nicht die Liturgie dogmatisch beeinflusst, sondern die theologische Reflexion ihrer vorgegebenen Feiergestalt. So geht Thalhofer von der konkreten liturgischen Handlung aus und interpretiert z. B. die separate Konsekration von Brot und Wein im Sinne der Destruktionstheorie als Trennung von Fleisch und Blut Christi und damit als Zerstörung des Lebens, wie bei der Kreuzigung Jesu, die nach dieser Theorie die eucharistische Konsekration zu einem eigentlichen Opfer macht. Vgl. Thalhofer, Handbuch I (s. Anm. 15) 211–214. – Gisbert Greshake: Art. Destruktionstheorien, in: ^{3}LThK 3, Freiburg 1995, 112. In diesem Zusammenhang ist der von Friedrich Lurz für das 19. Jahrhundert behauptete Einfluss der Dogmatik auf die Liturgie kritisch anzufragen. Er konstatiert pauschal ohne konkrete Belege: „In der Theologie des 19. Jh. gilt es, die durch die Dogmatik festgelegten Glaubenssätze in der Liturgie umzusetzen, so daß der Liturgiewissenschaft dabei nicht der Charakter einer theologischen Disziplin zukommt, sondern sie als reine Anwendungswissenschaft, wenn nicht sogar Rubrizistik verstanden wird." Lurz, Feier (s. Anm. 139) 43. Andernorts spricht er in diesem Sinne von der „Degradierung der Liturgiewissenschaft zur Anwendungswissenschaft im 19. Jh., die die durch die Dogmatik festgelegten Glaubenssätze in der Liturgie umzusetzen hatte". Ders., Liturgiewissenschaft (s. Anm. 7) 286. Das trifft so jedenfalls für Thalhofer nicht zu und müsste für weitere Fachvertreter des 19. Jahrhunderts im Detail überprüft werden.

gehen neben dem apologetischen auch ein kontroverstheologisches Moment auf, wenn es ihm im Bereich der Liturgie um die „theol. Auseinandersetzung mit Andersgläubigen [...] über vermeintlich od. tatsächlich kirchentrennende Lehre u. Lebenspraxis"[143] zu tun ist.

Heutiger ökumenisch fundierter Liturgiewissenschaft geht es darum, vom eigenen, konfessionell gebundenen und historisch wie theologisch reflektierten Standort aus andere Liturgien als Zeugnisse für die „liturgische Mehrsprachigkeit" zu verstehen, die in ihren vielfältigen Feiergestalten das „eine gnadenvolle Handeln Gottes feiern", die je spezifisch kontexturierte Aktualisierung der fortwährenden Vergangenheit, Gegenwart und Zukunft umgreifenden heilschaffenden Begegnung des dreifaltigen Gottes mit den Menschen jeder Zeit.[144] Davon ist Thalhofer mit seinem „Handbuch der katholischen Liturgik" noch weit entfernt, stellt jedoch auf dem Weg dorthin mit seiner Konzeption von Liturgiewissenschaft eine wichtige Station dar.

143 Heribert Smolinsky: Art. Kontroverstheologie, in: ³LThK 6, Freiburg 1997, 333–335, hier: 333.

144 Teresa Berger: Prolegomena für eine ökumenische Liturgiewissenschaft, in: ALw 29 (1987) 1–18, hier: 15.

Gottesdienst und Vielfalt

Thomas Bornhauser

Dieser Beitrag skizziert die Situation im Blick auf die gottesdienstliche Vielfalt im deutschsprachigen Raum (I). Es werden exemplarische Stimmen vorgestellt, die mehr bzw. weniger Vielfalt fordern (II). Im Spannungsfeld zwischen Einheitlichkeit und Vielfalt gibt es ein Gefälle (III); daraus können einige Perspektiven für die zukünftige liturgische Arbeit abgeleitet werden (IV).

I. Zur Situation

1. Eine Frage der Definition

Vor einigen Jahren habe ich im Rahmen eines Kongresses in der Schweiz einen reformierten Gottesdienst besucht. Neben mir sass ein bekannter lutherischer Liturgiker. Nach dem Gottesdienst sagte er zu mir, er habe jetzt eine wirklich nette Feier erlebt; ein Gottesdienst sei das aber nicht gewesen. Ihm hatten Elemente gefehlt, die in seinen Augen konstitutiv sind für einen Gottesdienst, insbesondere das Abendmahl.

Diese Anekdote macht deutlich: Je enger wir definieren, was ein Gottesdienst sei (formal und inhaltlich), desto weniger ist gottesdienstliche Vielfalt möglich, denn vieles, was in unseren Kirchen geschieht, gerät dann gar nicht als Gottesdienst in den Blick. Ich halte einen solchen Ansatz für unerspriesslich. Was ein Gottesdienst zu sein hat, ist nicht ein für alle Mal festgelegt. Es liesse sich nicht einmal in biblizistischer Manier eine eindeutige Definition aus der Bibel erheben.[1]

Es lohnt sich, sich bewusst zu machen, dass gottesdienstliche Vielfalt sich auf ganz verschiedenen Ebenen manifestieren kann. Man kann davon sprechen in Bezug auf einen einzelnen Gottesdienst, der in sich vielfältig ist. Gottesdienstliche Vielfalt kann aber auch heissen, dass in einer Gemeinde während des Jahreslaufs viele verschiedene Gottesdienste angeboten werden, die aber je in sich selber einheitlich sind. Vielfalt kann auch in einem Kirchengebiet herr-

1 In der Bibel wird von zahlreichen Handlungen berichtet, die wir als Gottesdienst bezeichnen könnten: Der Tempelkult, das persönliche Opfer, die Versammlung von Gläubigen in den Häusern, die individuelle, gottwohlgefällige Lebensführung und mehr.

schen, in dem die unterschiedlichen Gemeinden aber je immer gleiche Gottesdienste anbieten. Schliesslich kann auch an eine ökumenische Vielfalt gedacht werden, innerhalb derer die einzelnen Konfessionen aber einheitliche Gottesdienste praktizieren. Unterschieden werden kann weiter zwischen einer formalen und einer inhaltlichen Vielfalt, wobei bei der inhaltlichen Vielfalt wiederum differenziert werden kann zwischen vielfältigen Themen und vielfältigen theologischen Ansätzen.

2. Zur Entwicklung der letzten Jahre

Es gibt Anzeichen dafür, dass in vielen Kirchen im deutschsprachigen Raum die Vielfalt seit den 1960er-Jahren in fast jeder Hinsicht zugenommen hat. Sicheren Aufschluss darüber könnten nur grossflächige empirische Längsschnittstudien geben, die aber nicht existieren. So sind wir auf Indizien angewiesen. Ein wichtiges Indiz ist die Übereinstimmung in der Wahrnehmung von Beobachtern und -innen.[2] Ich kenne keine Stimme, die in jüngster Zeit nicht eine Pluralisierung wahrgenommen hätte. Ein weiteres Indiz sind neue Agenden, die mehr Freiraum lassen. Das 1972 in der reformierten Deutschschweiz erschienene Liturgiebuch für den Sonntagsgottesdienst bemerkt im Vorwort: „Da fast alle schweizerischen Kirchen keinen gesetzlichen Liturgiezwang kennen, herrscht ... eine immer grössere Freiheit, Mannigfaltigkeit und Verschiedenheit."[3] Aufbau und Inhalt des Gottesdienstes würden oft von Ort zu Ort, von Amtsvorgänger zu Amtsnachfolger, sogar von Sonntag zu Sonntag wechseln. Darum will das Liturgiebuch lediglich Modelle anbieten.[4] Nicht ganz so weit geht das Evangelische Gottesdienstbuch (1999) von VELKD und EKU. Aber auch die dort angebotenen Formulare sind keine festen Ordnungen, sondern können nach Zeit („aktuelle Ausgestaltung") und Raum („situationsbezogene Varianten") abgeändert werden.[5] Die in den sechziger Jahren aufgekommenen Gottesdienste in „neuer" bzw. „anderer" Gestalt werden als „offene Formen" aufgenommen und somit quasi „legalisiert".[6] Zu den innovativsten

---

2 Z.B. Frieder Schulz: Was sollte eine Agende heute leisten? 12 Thesen, in: Jörg Neijenhuis/Wolfgang Ratzmann (Hg.): Der Gottesdienst zwischen Abbildern und Leitbildern. Beiträge zu Liturgie und Spiritualität, Bd. 5, Leipzig 2000, 116–120, hier: 116f. und Arno Schilson: Medienreligion. Zur religiösen Signatur der Gegenwart, Tübingen/Basel 1997, 32.

3 Liturgie, hg. im Auftrag der Liturgiekonferenz der evangelisch-reformierten Kirchen in der deutschsprachigen Schweiz, Bd. I Sonntagsgottesdienst, Bern 1972, 8f.

4 A.a.O., 9. Weniger offen ist das neue Liturgiebuch der Reformierten in Deutschland, aber auch es „kommt nicht als Verordnung daher": Reformierte Liturgie, im Auftrag des Moderamens des Reformierten Bundes, Wuppertal/Neukirchen-Vluyn 1999, 7.

5 Evangelisches Gottesdienstbuch. Agende für die Evangelische Kirche der Union und für die Vereinigten Evangelisch-Lutherischen Kirchen Deutschlands, Berlin 1999, 17.

6 Vgl. Frieder Schulz: Agende – Erneuerte Agende – Gottesdienstbuch. Evangelische Agendenreform in der 2. Hälfte des 20. Jahrhunderts (Texte aus der velkd 89/1999), 17f., 20, sowie Friedrich Lurz: Die Einführung des Evangelischen Gottesdienstbuches – ein Ereignis von ökumenischer Relevanz, in: ThLZ 125 (2000) 231–250, hier: 237.

Gottesdiensten in „anderer“ Gestalt gehören sicher die Frauengottesdienste. Weitere Zielgruppengottesdienste[7] richten sich an bestimmte Alters-, Frömmigkeits-[8], Milieu-[9] oder Betroffenheitsgruppen. Auf katholischer Seite hatte das 2. Vatikanische Konzil einen Pluralisierungsschub gebracht, auch dort verstummen die Stimmen nicht, die mehr Zeitgemäßheit und Bedürfnisnähe fordern, wenn auch meist moderater als auf evangelischer Seite.[10] Freikirchliche Gottesdienste erfuhren in der 2. Hälfte des 20. Jahrhunderts ebenfalls eine Diversifizierung. Wobei diese ähnlich wie bei vielen Zielgruppengottesdiensten volkskirchlicher Gemeinden vorab die Form erfasst (denn sie ist nur „Verpackung“[11]), nicht aber den Inhalt (der muss „das unverfälschte Evangelium“[12] sein). Gewisse ökumenische Gottesdienste sind in sich sehr vielfältig, weil alle beteiligten Seiten einbringen, was ihnen wichtig ist (das ergibt einen kumulativen Charakter etwa bei der Lima-Liturgie und den „Thomasmessen“).

3. Pluralisierung ist inhärent

Wie stark die Pluralisierung heute ist, wie sehr die durch die Agenden gewährte Freiheit genutzt wird, ist aus den genannten Indizien nicht herauszulesen. Sicher ist, dass ein Pluralisierungsprozess stattfindet, seit es Gottesdienste gibt. Jedes Kulturhandeln des Menschen neigt zur Ausdifferenzierung, auch wenn diese durch verschiedene Maßnahmen immer wieder zurückgebunden wird. Im gottesdienstlichen Bereich wurde die Pluralisierung z. B. durch Kirchenordnungen, Eingriffe der staatlichen Gewalt oder Verpflichtung auf Agenden und Gesangbücher eingeschränkt.

Spätestens seit der Aufklärungszeit kommt es mitunter aber auch zu einer bewussten Förderung der Vielfalt.[13] Mittel dazu waren und sind die Gewäh-

---

7 Vgl. Jörg Knoblauch/Heiko Bräuning: Gottesdienst à la carte. Warum wir zielgruppenorientierte Gottesdienste brauchen, Asslar 1999.

8 Vgl. Klaus Douglass: Gottesdienste für Kirchendistanzierte. Einer der kommenden Megatrends in der Kirche?, in: idea Dokumentation 5 (2000) 3–11, hier: 8.

9 Vgl. Hartmut Becks: Der Gottesdienst in der Erlebnisgesellschaft. Zur Bedeutung der kultursoziologischen Untersuchung Gerhard Schulzes für Theorie und Praxis des Gottesdienstes, Waltrop 1999, 314.

10 Charakteristisch Anselm Bilgri: Die Vermittlung befreiender Gottesbilder im Gottesdienst. Überlegungen zur Verkündigung der christlichen Heilsbotschaft in der Postmoderne, in: Ders./Bernhard Kirchgessner (Hg.): Liturgia semper reformanda (FS Karl Schlemmer), Freiburg i. B. 1997, 223–233.

11 Klaus Douglass (s. Anm. 8), 69.

12 Ebd.

13 Vgl. Hanns Kerner: Die Erneuerung des Gottesdienstes – Gottesdienst als Gestaltungsaufgabe, in: Hans-Christoph Schmidt-Lauber/Karl-Heinz Bieritz (Hg.), Handbuch der Liturgik. Liturgiewissenschaft in Theologie und Praxis der Kirche, Leipzig/Göttingen 1995, 971–984, hier: 971, sowie Arno Schilson: Medienreligion. Zur religiösen Signatur der Gegenwart, Tübingen/Basel 1997, 32.

rung der Kultusfreiheit, die historisch-kritische Lektüre der Bibel, der Einfluss liturgischer Bewegungen vor allem im 20. Jahrhundert, die Pluralisierung der Dogmatik, der ganzheitlichere Einbezug aller Sinne, die stärkere Beteiligung der Gemeinde, die Zulassung der Volkssprache, die Aufhebung bzw. Lockerung des Agendenzwangs usw. Dabei gibt es beträchtliche regionale und konfessionelle Unterschiede. Es darf daher nicht erstaunen, dass unter dem Namen ‚Gottesdienst' heute mannigfaltige Veranstaltungen stattfinden wie katholische Messen, orthodoxe Liturgien, Predigtgottesdienste, Friedensgebete, Weihehandlungen, Agapen, Tagzeitenfeiern, Heilungsveranstaltungen, Taufgedenkfeiern, Bussrituale und zunehmende Varianten von Kasualien. Und eine klare Abgrenzung gegenüber Altenandachten, Sitzungen der Kirchenvorsteherschaft, dem Frauenfrühstück, der Hauskreisversammlung, dem Gemeindeseminar und vieles andere mehr gibt es nicht: auch dort sind liturgische Elemente anzutreffen.

4. Trends

Betrachtet man die grossen Linien, kann man im Blick auf die gottesdienstliche Vielfalt drei Trends im Rahmen der gesamtgesellschaftlichen Entwicklung entdecken. In prä-moderner Zeit dominierte das Streben nach dem Monopol. Mit diesem ökonomischen Begriff meine ich, dass die Anhänger eines bestimmten gottesdienstlichen Stils danach strebten, das gesamte gottesdienstliche Leben diesem Stil zu unterwerfen. Die Moderne brachte, wieder ökonomisch gesprochen, die Konkurrenz. Die Vielfalt auf dem Markt der Möglichkeiten wurde akzeptiert, aber man versuchte, das eigene ‚Produkt' möglichst besser zu ‚verkaufen' als die Anderen (symptomatisch dafür sind die Zielgruppengottesdienste). In der Postmoderne zeichnet sich ein Trend ab, den ich mit ‚Komplementarität' bezeichnen möchte.[14] Demgemäss hat jeder Beitrag zur Vielfalt seine Legitimität und je nach Zeit und Ort sein eigenes Recht (ein Symptom für diese Entwicklung sind die zunehmenden Formen von Kasualgottesdiensten). Dieser Trend steckt wie die Postmoderne selbst noch in zarten Anfängen. Im Sinne einer Gleichzeitigkeit des Ungleichzeitigen gab es stets neben den dominierenden ‚Megatrends' auch andere Bestrebungen.

So sieht es auch Gustav A. Krieg für die Gegenwart. Er unterscheidet in der heutigen Liturgik drei Strömungen, die je anders mit Vielfalt umgehen: eine konservative, eine liberale und eine postmoderne. Kristallisationspunkt der unterschiedlichen Auffassungen ist das Verständnis von „Wahrheit". Die konservative Position gehe von einer „unwandelbaren und in der Begriffssprache der

---

14 Vgl. Lothar Ullrich: Differenzierter Konsens und Komplementarität. Mögliche Wege zur Einheit in Verschiedenheit, in: Harald Wagner (Hg.), Einheit – aber wie? Zur Tragfähigkeit der ökumenischen Formel vom „differenzierten Konsens", Freiburg i. Br. 2000, 102–137, hier: 113–117.

Dogmatik definierten Einen Wahrheit“[15] aus und die Messe sei die Gestalt dieser Einen Wahrheit.[16] Im liberalen Modell sei die Vorstellung einer Einen Wahrheit zwar nicht aufgegeben. Aber dogmatische Positionen bildeten keinen unmittelbaren Zugang zu ihr, da Kunst und Religion je eigenständige Wege zur Wahrheit kennen. Aus den pluralen Zugängen zur Wahrheit ergebe sich auch eine liturgische Vielfalt und Wandelbarkeit.[17] Mit Bezug auf Rainer Volp sagt Krieg über das postmoderne Modell, dass in ihm zwar „positionell“ gültige Wahrheiten zum Ausdruck kommen könnten, nicht aber eine endgültige.[18] Und bei Sybille Fritsch-Oppermann findet er die Vorstellung, dass zwar eine „totale Wahrheit“ vorausgesetzt werden könne, dass diese aber nicht in Begriffe zu fassen, sondern nur in Symbolen erfahrbar sei. Damit „geht die postmoderne Liturgik in der Akzeptanz gottesdienstlicher Pluriformität weit über die liberale hinaus.“[19] Der Umgang mit Symbolen und Texten werde spielerisch, ironisch: Wahrheit werde zur Erfahrung des Wechsels.[20]

Krieg behauptet also, dass ein unterschiedlicher Umgang mit der Wahrheitsfrage zu unterschiedlichen Gottesdienstverständnissen führt.[21] Liturgische Vielfalt ist im Rahmen des konservativen Modells nur beschränkt möglich, weil von Gott her gesetzt ist, was und wie der wahre Gottesdienst zu sein hat. Das liberale Modell lässt Vielfalt zu, aber in der Darstellung Kriegs nur aus Toleranz gegenüber der Kontingenz und Unzulänglichkeit der menschlichen Versuche, der Wahrheit näher zu kommen, die ebenfalls als gesetzt betrachtet wird. Beim postmodernen Ansatz im Sinne von Krieg scheint so etwas wie Vielfalt um ihrer selbst willen auf.

II. Gegensätzliche Forderungen

1. Mehr Einheitlichkeit!

Angesichts der neueren Entwicklungen gibt es kaum Stimmen, die zur Beibehaltung des status quo aufrufen. Entweder wird noch mehr Vielfalt gefordert, oder aber wieder mehr Einheitlichkeit. Für viele Menschen bringt die Postmoderne mit ihrer Unübersichtlichkeit und ihrem stetigen Wandel eine grosse

---

15 Gustav A. Krieg: Der verstummende Diskurs. Praktische Theologie der Postmoderne im Spiegel ihrer Liturgik, in: ZThK 91 (1994) 346–374, hier: 359.

16 A. a. O., 360. Vgl. jüngst die päpstliche Enzyklika „Ecclesia de Eucharistia“ vom 17. April 2003.

17 A. a. O., 363.

18 A. a. O., 356f.

19 A. a. O., 368.

20 A. a. O., 370f.

21 Nach meiner Wahrnehmung gibt es sogar ganze konservative, liberale und postmoderne Syndrome, komplexe Gebilde, in denen vieles zusammenhängt – neben Wahrheits- und Gottesdienstverständnis auch das Gottesbild, das Bibelverständnis usw.

Unsicherheit und eine Gefühl der Heimatlosigkeit mit sich. So ist der Gottesdienst in dieser Krise der Ort, an dem sie sich Klarheit, Eindeutigkeit und Geborgenheit erhoffen.

Arno Schilson z. B. stellt fest, dass sich die Moderne „als eine Zeit wachsender Differenzierung und Dissoziierung, also einer stetig zunehmenden Komplexität, Auseinanderentwichlung“[22] zeigt. „Genau das aber fordert und überfordert den Menschen, und exakt unter dieser Rücksicht wirkt die Moderne selbst religionsproduktiv.“[23] Die Religion, von der Schilson hier spricht, gewährleistet Ordnung, Geborgenheit und Dauerhaftigkeit. Ihr Mittel ist der Gottesdienst: „Dass mitten in der Zeit das Zeitenthobene im Glauben und in seiner gottesdienstlichen Feier erfahren werden kann und aller Beschleunigung widersteht, bleibt eine tragende christliche Grundüberzeugung.“[24] „Deshalb dürfte es langfristig ein kaum verheissungsvoller Weg, eher schon ein Irrweg sein, wenn man die Gottesdienste zum Experimentierfeld und zur Spielwiese freier Kreativität und Spontaneität geraten lässt.“[25] „Nicht einer letztlich arbiträren Beliebigkeit und grenzenlosen Vielfalt verschiedenster Gottesdienstgestalten also ist das Wort zu reden und der Vorzug zu geben.“[26] Ganz offensichtlich geht es Schilson um „Trost, Stärkung und Aufrichtung des christlichen Glaubens ... Stabilisierung und Erhaltung des Ich ... Halt und Ruhe inmitten dahineilender Zeit.“[27] Schilson hat eine bestimmte Form der Frömmigkeit (die eben auf Stabilisierung, Halt und Ruhe Wert legt) vor Augen, die er kurzerhand mit dem Christlichen gleichsetzt. Er zeigt sich darin auch als Anhänger eines statischen Wahrheitsverständnisses: „Nur was mitten in der Zeit sich als dem Lauf der Zeit überlegen darstellt, kann in der Liturgie als wahrhaft göttliche Tat gelten.“[28] In der Liturgie soll darum zum Ausdruck kommen, was Bestand gibt, „was sich als tragfähig und dauerhaft erweist, was der ständigen Überholung des Neuen durch das noch Neuere entnommen und so zugleich als wahrhaft zukunftsträchtig erweist, obwohl es aus der Vergangenheit kommt.“[29] In diesen Zitaten wird deutlich, wie sehr systematisch-theologische Prämissen auf das Liturgieverständnis wirken. Auch auf evangelischer Seite kommt das vor. Für Hans-Christoph Schmidt-Lauber soll Liturgie „bergende Heimat“[30], ein „Haus der Gnade“ [31] sein, einladend und wohnlich, wo

---

22 Arno Schilson (s. Anm. 2), 32.

23 A. a. O., 34.

24 A. a. O., 57.

25 A. a. O., 112.

26 Arno Schilson: Die Inszenierung des Alltäglichen und ein neues Gespür für den (christlichen) Kult? Das Verhältnis von Liturgie und Kult heute, 80 Jahre nach Romano Guardinis ‚Vom Geist der Liturgie‘ (1918) und 75 Jahre nach ‚Liturgische Bildung‘ (1923), in: Ders./Joachim Hake (Hg.): Drama ‚Gottesdienst‘, Stuttgart 1998, 13–67, hier: 57.

27 A. a. O., 63–65.

28 Arno Schilson (s. Anm. 2), 162.

29 A. a. O., 163.

30 Hans-Christoph Schmidt-Lauber: Kreative Vielfalt und die Tradition im Gottesdienst, in: JLH 40 (2001) 64–71, hier: 68.

man sich wohl fühlen kann. Zwecke des Gottesdienstes sind „heimatliche Geborgenheit, Vergewisserung, Hoffnung und neue Zuversicht“[32]. Unzulässig pauschal bemerkt Schmidt-Lauber, dass es „keinen erkennbaren Unterschied zwischen lutherischer, unierter und reformierter Liturgik“ mehr gebe. Sie sei überall konsensorientiert.[33] Ganz ähnlich argumentiert Frieder Schulz, der in diesen Konsens auch die Katholiken mit einbeziehen will. Er propagiert eine ökumenische Annäherung der katholischen und evangelischen Gottesdienste durch die „Beschäftigung mit der Frühzeit des christlichen Gottesdienstes.“[34]

In der Kontroverse um mehr oder weniger liturgische Vielfalt spielen auch Charaktermerkmale der beteiligten Liturgiker und -innen eine Rolle. Axel Denecke meint, in kirchlichen Kreisen werde Beständigkeit viel höher bewertet als Wandel, Gehorsam höher als Phantasie. Damit zögen die Kirchen vorzüglich Ordnungsliebhaber an. Das wirkt zurück auf die Gottesdienste, die, um die Terminologie Deneckes zu verwenden, eine „zwanghafte Schlagseite“ haben.[35] Hans-Günther Heimbrock kann in der Suche nach Geborgenheit im Ritual geradezu pathologische Züge erkennen.[36] Und Hans Werner Dannowski bezeichnet ein vorschnelles Befriedigen der Bedürfnisse nach Sicherheit und Schutz im Gottesdienst als weltfremden „Pseudotrost“.[37]

2. *Mehr Vielfalt!*

Schauen wir uns die Argumente der anderen Seite an. Es werden zahlreiche Gründe geltend gemacht, um mehr Vielfalt im gottesdienstlichen Leben zu fordern. Da sind die potentiell sehr vielen Funktionen, die Gottesdienste haben können,[38] da sind die unterschiedlichen Milieus, aus denen die Teilnehmenden kommen, das unterschiedliche Alter der Teilnehmenden, der ständig sich ändernde gesellschaftliche und kulturelle Kontext – das alles verlange nach im-

31 Ders.: Die Zukunft des Gottesdienstes. Von der Notwendigkeit lebendiger Liturgie, Stuttgart 1990, 12 f.

32 A. a. O., 11.

33 Ders.: Kreative Vielfalt und die Tradition im Gottesdienst (s. Anm. 30), 66. Es erstaunt, dass Schmidt-Lauber diese Sätze ausgerechnet anlässlich eines Symposiums zum 70. Geburtstag von Theophil Müller formulierte, einem reformierten Theologen, der alles andere als konsensorientiert ist (s. u.).

34 Frieder Schulz: Gottesdienstreform im ökumenischen Kontext. Katholische Einflüsse auf den evangelischen Gottesdienst, in: LJ 47 (1997) 202–220, hier: 218.

35 Vgl. dazu Axel Denecke: Persönlich predigen. Anleitungen und Modelle für die Praxis, Gütersloh 1979, 126–128.

36 Hans-Günter Heimbrock: Gottesdienst. Spielraum des Lebens. Sozial- und kulturwissenschaftliche Analysen zum Ritual in praktisch-theologischem Interesse, Kampen/Weinheim 1993, 57.

37 Hans-Werner Dannowski: Kompendium der Predigtlehre, Gütersloh ^{2}1990, 54

38 Vgl. Christoph Dinkel: Was nützt der Gottesdienst? Eine funktionale Theorie des evangelischen Gottesdienstes, Gütersloh 2000, 21 f.; Wolfgang Ratzmann: Zwischen Erlebnis und Risiko. Neue Spiritualität und alter Gottesdienst?, in: Ders./Reinhold Morath (Hg.): Herausforderung Gottesdienst, Leipzig 1997, 12–22, hier: 20 f.

mer neuen Antworten.[39] Weiter soll der Gottesdienst dem Einzelnen ein persönliches Glaubenswachstum ermöglichen statt es zu blockieren. Neue Entwicklungen in der Theologie (z. B. feministische Theologie und Prozess-Theologie) sollen (nicht nur in der Predigt) ihren Ausdruck finden können – liturgische Stücke hinken in der Regel dem Entwicklungsstand der Theologie hinterher.

Des Weiteren kann man „Gottesdienst" als Dienst an Gott verstehen. Der Gott, dem wir dienen wollen, hat unendlich viele Seiten – Aspekte, die noch gar nicht alle entdeckt sind. Dieser Gott kann mit unserem Dienst an ihm nur zufrieden sein, wenn wir uns bemühen, ihn in möglichst vielen seiner Facetten wahrzunehmen. Verstehen wir umgekehrt Gottesdienst als Dienst Gottes an uns Menschen, so ergibt sich die Forderung nach Vielfalt daraus, dass ein grosser und vielseitiger Gott uns auch immer wieder mit Neuem überrascht und uns Dinge offenbart, die wir noch nicht kennen. Weiter gehört es zum Wesen des Lebens, dass wir immer wieder mit Neuem konfrontiert werden, dass von außen Dinge an uns herantreten, die dem nicht entsprechen, was bei uns schon vorhanden ist. Eilert Herms spricht von einem „Pluralismus aus Prinzip", der davon ausgeht, dass Vielfalt ihre „Gründe in der Verfassung des Daseins selber hat."[40] Ganz auf dieser Linie plädiert Theophil Müller in der Spannung „zwischen Kontinuität / Stabilität / Identität / Einheit einerseits und Flexibilität / Kreativität / Spontaneität / Vielfalt andererseits"[41] insbesondere für den reformierten Gottesdienst für die zweite Seite: „Offenheit für Neues kann die besondere Chance einer reformierten Liturgik sein."[42] Liturgische Verschiedenheit ist für ihn nicht Zerrissenheit, sondern Reichtum. Darum hält er es auch nicht für sinnvoll, eine Einheitsliturgie anzustreben,[43] nicht einmal auf einem kleineren Kirchengebiet. Vielmehr sollen Menschen so mit der Vielfalt von Gottesdiensten umgehen lernen, dass sie gerade darin zuhause sein können.[44]

Zuhause sein (oder besser: sich lebendig entfalten) kann eine vielfältige Spiritualität des Einzelnen nur in vielfältigen Gottesdiensten. Darum plädiere auch ich dafür, dass sämtliche Aspekte der menschlichen Frömmigkeit im gottesdienstlichen Leben einen Widerhall finden. Ich nenne hier nur ganz skizzenhaft einige Gestalten der Frömmigkeit und deren mögliche Konsequenzen

---

39 Vgl. Jörg Neijenhuis: Erwägungen zum Bild des Gottesdienstes im Angesicht der Erlebnisgesellschaft, in: Ders./Wolfgang Ratzmann (Hg.): Der Gottesdienst zwischen Abbildern und Leitbildern, Leipzig 2000, 81–93, bes. 98–91, sowie Jörg Knoblauch/Heiko Bräuning (s. Anm. 7), 48–50.

40 Eilert Herms: Pluralismus aus Prinzip, in: Rainer Bookhagen e. a. (Hg.): ‚Vor Ort' – Praktische Theologie in der Erprobung (FS Peter C. Bloth), Berlin 1991, 77–95, hier: 85–91.

41 Theophil Müller: Evangelischer Gottesdienst. Liturgische Vielfalt im religiösen und gesellschaftlichen Umfeld, Stuttgart 1993, 14.

42 A. a. O., 15.

43 A. a. O., 18.

44 A. a. O., 22.

für den Gottesdienst.[45] Dies soll bewusst machen, wie einseitig viele unserer Gottesdienste sind.

- *Ekstase, das Ausleben von Gefühlen.* Konsequenz: Im Gottesdienst wollen Gefühle zum Ausdruck gebracht werden können; die Zugehörigkeit zum guten, bergenden Gott möchte ekstatisch und ohne formale Einschränkung ausgelebt werden, aber auch Ängste wollen wahrgenommen werden, Trost soll gespendet werden.
- *Gehorsam gegenüber Gott, das Einhalten von Regeln.* Konsequenz: Im Gottesdienst sollen die Richtlinien Gottes verkündet werden; mit korrekten, gleich bleibenden Ritualen möchte Gehorsam ausgedrückt und zeitlose Sicherheit erfahren werden. Richtiges Verhalten will gelobt, falsches soll getadelt werden. Gehorsam und Untertänigkeit sind die dominierenden Gefühle.
- *Das Pflegen der Freundschaft mit Gott und Kollegialität unter den Menschen.* Konsequenz: Im Gottesdienst sollen Gottes Grosszügigkeit und Vergebung zum Ausdruck kommen können. Gottes begleitendes Dabeisein mit der Gemeinde muss zur Darstellung kommen. Gefühle der verschworenen Kollegialität stehen im Vordergrund.
- *Unabhängiger, selbstverantwortlicher, tatkräftiger Einsatz für Projekte.* Konsequenz: Im Gottesdienst möchten Schritte im Blick auf gemeinsame Ziele und Projekte unternommen werden. Das Gefühl der Verantwortung, das Vertrauen in die eigene Tatkraft herrscht hier vor.
- *Begegnung mit dem Fremden, Neugier auf Ungewohntes, auch Widersprüchliches.* Konsequenz: Im Gottesdienst soll Begegnung mit dem Fremden möglich sein – mit dem Fremden an Gott, an den Mitmenschen, der Natur. Vorherrschend sind hier Neugier, Buntheit, Abwechslung.
- *Mystisches Aufgehen im grossen Ganzen, meditative Versenkung.* Konsequenz: Im Gottesdienst braucht es meditative Elemente, die Versenkung ermöglichen: Stille, ruhige Musik, langsame Tänze.

Jede Leserin, jeder Leser möge selber beurteilen, wie angemessen die genannten Aspekte der Frömmigkeit in den ihnen bekannten Gottesdiensten berücksichtigt werden. So weit ich sehe, müsste die Berücksichtigung der erwähnten Formen zu einer starken Diversifizierung des gegenwärtigen gottesdienstlichen Lebens führen.

Natürlich kann sich auch das Streben nach Vielfalt und Wandel mitunter zu stark in den Vordergrund drängen. In den von Axel Denecke ins Spiel ge-

---

45 Mein Formulierungen lehnen sich an Stufentheorien der Glaubensentwicklung an, vgl. Fritz Oser/Paul Gmünder: Der Mensch – Stufen seiner religiösen Entwicklung, Gütersloh 1996; James W. Fowler: Stufen des Glaubens, Gütersloh 2000. Während die genannten Autoren glauben, dass ein Mensch in seiner Entwicklung bestimmte Frömmigkeitstypen nacheinander durchschreitet und mit einem neuen den vorherigen ablegt (sie sprechen daher von Stufen), vertrete ich die Ansicht, dass ein Mensch sich idealer Weise verschiedene Frömmigkeitstypen aneignet, ohne die vorherigen abzulegen; vgl. Thomas Bornhauser: Gott für Erwachsene. Ein Konzept kirchlicher Erwachsenenbildung im Zeichen postmoderner Vielfalt, Stuttgart [3]2002, 138–140.

brachten Kategorien[46] wäre dann statt von zwanghafter von hysterischer Religiosität zu sprechen. Aber ich bin mit Denecke darin einig, dass die Schlagseite unserer Kirchen stärker beim Zwanghaften als beim Hysterischen liegt. Einzig in sehr charismatischen Gottesdiensten habe ich gelegentlich den Eindruck einer übertriebenen Hysterie. Aber bei dieser Einschätzung ist selbstredend auch mein eigener Charakter beteiligt.

III. Spannungen

Martin Voigt spricht von einer unauflöslichen Spannung zwischen Identitätswahrung bzw. -findung der Kirche einerseits und Relevanz des christlichen Glaubens andererseits. Diese Spannung differenziert und verdeutlicht er mit Hilfe weiterer Begriffspaare: Doxologie und Diakonie; Ritual und Kreativität; Tradition und Situation; Distanz und Engagement; Entlastung und Tat; Ekklesia und Diaspora; Sammlung und Sendung.[47] Voigt schildert jeweils die Wichtigkeit beider Extreme des Spannungsbogens und schliesst daraus, der Gottesdienst müsse „von der Spannung, die zwischen Identität und Relevanz im Blick auf die Nachfolge des Gekreuzigten besteht, bestimmt bleiben, wenn er sinnvoll bleiben soll."[48]

Die Unauflöslichkeit solcher Spannungen lässt sich auch mit der so genannten „Chaostheorie" begründen, wobei die Enden des Spannungsbogens allerdings eine ungleiche Gewichtung erfahren. In den Natur- und Humanwissenschaften hat sich dank der Chaostheorie die Erkenntnis etabliert, dass bei einer gelingenden Entwicklung des Lebens chaotische und geordnete Zustände sich abwechseln müssen. Wobei das Leben die Tendenz zeigt, sich auf höhere Komplexitätsstufen hin zu bewegen. Einfach gesagt müssen also Ordnungen immer wieder gestört werden, damit sie sich auf einer höheren Ebene wieder neu organisieren können, wenn denn Leben sich entfalten können soll.[49] Vorausgesetzt, dass auch religiöse Aktivitäten der Entfaltung des Lebens dienen sollen, sind auch sie dem Wechsel von Chaos und Ordnung unterworfen.[50] Dabei kommt es auf das richtige Mass an. Zuviel Ordnung oder Ordnung zur falschen Zeit kann die Entwicklung behindern, zuviel Chaos oder Chaos zur falschen Zeit kann einen Rückfall auf eine geringere Komplexitätsebene bewirken. Das richtige Maß ist schwer einzuschätzen. Es darf darum nicht erstaunen, dass auch unter Menschen, die gleichermaßen an der Entfaltung des Le-

46 Die Kategorien gehen zurück auf Fritz Riemann: Grundformen der Angst. Eine tiefenpsychologische Studie, München/Basel [33]2000.

47 Martin Voigt: Zwischen Verlegenheit und Chance. Wir brauchen die breite Palette gottesdienstlicher Formen, in: LM 25 (1986) 458–463, hier: 461–463.

48 A. a. O., 463.

49 Vgl. Georg Singe: Gott im Chaos. Ein Beitrag zur Rezeption der Chaostheorie in der Theologie und deren praktisch-theologische Konsequenzen, Frankfurt a. M. 2000, 29–68, bes. 57.

50 Vgl. a. a. O., 74–82.

bens interessiert sind, Meinungsunterschiede über die Angemessenheit von Zeitpunkt und Ausmaß von Chaos bzw. Ordnung entstehen.

Eine weitere Ursache von Spannungen liegt in der ungleichen Bedürfnislage der Menschen. Je nach Lebensphase und Lebenslage braucht ein Individuum mehr Ordnung, welche durch Einheitlichkeit besser gewahrt ist, während unter anderen Umständen mehr Vielfalt gut tut, welche einen chaotischen Eindruck machen kann. Nun sind Chaos und Vielfalt jedoch nicht dasselbe. Der Schritt zu mehr Vielfalt bringt eine Ordnung zunächst in Unordnung. Wenn wir bejahen, dass eine gelingende Entwicklung des Lebens zu mehr Vielfalt tendiert, müssen wir beidem, der Ordnung und dem Chaos, zur rechten Zeit ihr Recht einräumen. Wir müssen uns darum auch im liturgischen Bereich immer aufs Neue der Diskussion stellen, wie viel Ordnung bzw. Einheitlichkeit und wie viel Chaos bzw. Vielfalt nötig und angemessen sind. Das ist eine Dauerspannung. Aus dem Gesagten ergibt sich indessen, dass in der Spannung ein „Gefälle" besteht. Denn es kann nicht um ein kompromisshaftes Gleichgewicht zwischen Einheitlichkeit und Vielfalt gehen. Wenn es denn richtig ist, dass das Leben eine Tendenz zur Ausdifferenzierung in sich trägt, dann ist die Vielfalt höher zu werten als die Einheitlichkeit. Als Devise muss darum gelten: So viel Einheitlichkeit wie nötig, so viel Vielfalt wie möglich!

IV. Perspektiven

Die Postmoderne ist gekennzeichnet durch Vielfalt. Eine gelingende Religiosität muss sich „transversal"[51] durch die Vielfalt bewegen können. Persönliche Identität sollte sich nicht mehr aus einem festen Standpunkt ergeben, sondern aus den Kriterien, nach denen man sich in der Vielfalt bewegt. Die Gottesdienste, die das postmoderne Individuum besucht, sollten in sich vielfältig sein, oder sie sollten, wenn in sich einheitlich, ergänzt werden durch alternative Gottesdienste oder durch andere kirchliche Angebote (Erwachsenenbildung, Gemeindefeste usw.). In sich einheitliche Gottesdienste wären dann allerdings nicht „Zielgruppengottesdienste", sondern „Zielinteressengottesdienste". Denn das postmoderne Individuum lässt sich nicht homogenen Zielgruppen zuteilen. Es will aber gelegentlich gezielt einzelne seiner Interessen wahrnehmen, und zwar zusammen mit anderen vielfältig interessierten Menschen. Voraussetzung wäre für jeden Einzelnen eine „liturgische Mehrsprachigkeit"[52]: das selbstverständliche Beherrschen und Praktizieren mehrerer liturgi-

---

51 Vgl. das Kapitel „Transversale Vernunft" in Wolfgang Welsch: Unsere postmoderne Moderne, Weinheim [3]1991, 295–318.

52 Der Begriff wird hier in einem weiter gehenden Sinn verstanden als etwa von Peter Cornehl und Teresa Berger. Um die Positionen der Anderen zu verstehen und um den Abwesenden eine Stimme zu verleihen bedarf es gemäß Cornehl einer „Mehrsprachigkeit" (Sprache der Unterschicht, evangelikaler, pietistischer Code) des Einzelnen: Peter Cornehl: Homiletik und Konzliarität, in: WPKG 65 (1976) 490–506, hier: 500. Berger geht es um die Toleranz zwischen den Besucher und -innen unterschiedlicher Gottesdienste. Da die Vorlieben für einzelne Formen durch den

scher ‚Sprachen'. So käme es dann im Gottesdienst darauf an, „die dort aus den unterschiedlichsten Motiven versammelten Menschen nicht von einer bestimmten Option zu überzeugen, sondern die Verschiedenartigkeit bestimmter christlicher Sichtweisen bewusst zu artikulieren und nebeneinander wirken zu lassen."[53]

Karl-Fritz Daiber hat den Eindruck, dass es zwar einen Pluralismus von subjektiven Orientierungsmustern innerhalb der grossen Kirchen Deutschlands gibt, dass dieser Pluralismus aber im Leben der örtlichen Gemeinden wenig zum Ausdruck kommt. Kirchenmitglieder, die nicht dem kerngemeindlichen Umfeld entstammen, „kommen am ehesten noch im Bereich der nichtkirchlichen Medien zu Wort. ... Dort wird am stärksten auch der allgemeine religiöse Pluralismus öffentlich zum Ausdruck gebracht."[54] Nicht aber im gemeindlichen Gottesdienst. Hier besteht Handlungsbedarf. Gestalten und Inhalte der Gottesdienste müssen, wie erwähnt, abhängig vom übrigen Gemeindeleben bestimmt werden. Wie groß die sich gegenseitig ergänzende Vielfalt innerhalb eines Gottesdienstes, einer Gemeinde, einer Kirche sein soll, musst abhängig vom jeweiligen Kontext bestimmt werden: Dem einzelnen Gemeindeglied müsste es möglich sein, in einem erreichbaren Umfeld eine vielfältige Spiritualität zu pflegen. Da sind die Gottesdienste nur ein Stein im Mosaik. Man darf von ihnen auch nicht zu viel verlangen. Volkskirchen sind aber auf jeden Fall dem Pluralismus verpflichtet. Dass in ihnen eine vielfältige Spiritualität gelernt und gepflegt werden kann, ist ein Dienst an der postmodernen Gesellschaft, welche Orte braucht, wo ein konstruktiven Umgang mit Vielfalt geübt wird. Zu bedenken ist überdies, dass für die nichtkirchliche Öffentlichkeit nach wie vor der Gottesdienst die Visitenkarte von Gemeinden und Kirchen ist. Und so lange das so ist (es muss nicht so bleiben), sollte der (Haupt-) Gottesdienst auch ein repräsentatives Abbild der gesamten kirchlichen Vielfalt sein. Für die volkskirchlichen Gottesdienste plädiere ich daher für ein Nebeneinander von in sich vielfältigen „Regelgottesdiensten" (vor allem am Sonntagmorgen) und alternativen Sonderformen.[55] Der „Regelgottesdienst" sollte sanft weiter entwickeln werden, entsprechend dem Schwerpunkt der Entwicklung der Frömmigkeit in den jeweiligen Kirchen. Die Spezialgottesdienste sollten daneben nicht nur avantgardistische, sondern auch historische Frömmig-

---

jeweiligen sozialen Kontext bedingt sind, plädiert sie für eine „liturgische Mehrsprachigkeit". Damit ist aber nicht gemeint, dass einzelne Individuen gleichzeitig mehrere „liturgische Sprachen" sprechen sollen. Berger stellt sich vor, dass man eine alte Sprache verlernt, während man eine neue lernt: Theresa Berger: Sei gesegnet, meine Schwester. Frauen feiern Liturgie, Würzburg 1999, 181 f., 223 f.

53 Hartmut Becks: Der Gottesdienst in der Erlebnisgesellschaft. Zur Bedeutung der kultursoziologischen Untersuchung Gerhard Schulzes für Theorie und Praxis des Gottesdienstes, Waltrop 1999, 344.

54 Karl-Fritz Daiber: Religion in Kirche und Gesellschaft. Theologische und soziologische Studien zur Präsenz von Religion in der gegenwärtigen Kultur, Stuttgart 1997, 149 f.

55 So auch Hanns Kerner (s. Anm. 13), 973.

keitsstile pflegen (wie es z. T. in charismatischen und pietistischen Gottesdiensten geschieht). Das alles ist mit grossem Aufwand verbunden. Die einzelne Kirchengemeinde ist damit überfordert. Besonders für die Spezialgottesdienste empfiehlt es sich daher, übergemeindlich zusammen zu arbeiten.

Gemäss Karl-Fritz Daiber verlangt Pluralismus als Werthaltung „tolerantes Umgehen miteinander, verständnisvolle Suche nach Kompromissen und die Bereitschaft zum Diskurs über Grundüberzeugungen ... Eine derartige gesellschaftliche und kirchliche Praxis ist allerdings in hohem Masse anstrengend."[56] Es ist eine Anstrengung, die Liturgen und -innen in besonderer Weise abverlangt wird. Das kann leicht zur Überforderung führen.[57] Alfred Ehrensperger diagnostiziert bei vielen eine Orientierungslosigkeit.[58] In dieser Situation sehen sie sich mitunter auch noch mit dem Misstrauen ihrer eigenen Kirchen konfrontiert. Die deutsche lutherisch-unierte Agende von 1999 unterstellt experimentierenden Liturgen und -innen den „falschen Subjektivismus" einer „peinlichen Geschwätzigkeit, des persönlichen Überschwangs, der Dürftigkeit der nur eigenen Anliegen, Gedanken, Sprachformen."[59] Das ist schon fast beleidigend. Auch eine Entscheidung für das Agendarisch-Herkömmliche müsste nämlich je und je neu verantwortet werden, denn das Herkömmliche (oft aus Bequemlichkeit gewählt!) kann genauso fehl am Platz sein wie das Selbsterfundene. Insgesamt aber weist das Evangelische Gottesdienstbuch mit seinen Freiheiten hinsichtlich der Zeit („aktuelle Ausgestaltung") und des Raums („situationsbezogene Varianten") in eine gute Richtung.[60] Ein ähnliches Modell kennt die reformierte Deutschschweiz. Diese Modelle sind anspruchsvoll für die Beteiligten und überlassen ihnen viel Verantwortung. Liturgen und -innen brauchen reflektierte und verantwortete Zielvorstellungen: Wer Gottesdienste vorbereitet und durchführt, muss wissen, worauf er bzw. sie damit hinaus will. Der postmoderne „Markt der Möglichkeiten" fordert vor allem das theologische Unterscheidungsvermögen,[61] die Fähigkeit, nach verantwor-

---

56 Karl-Fritz Daiber (s. Anm. 54), 152.

57 Es ist auch eine Herausforderung für die theologische Ausbildung, vgl. Frieder Schulz (s. Anm. 2), 119.

58 Dies beklagt er namentlich im Rückblick auf eine Agendenreform in der Schweiz (Zürich 1960–1970), sie „überliess es weitgehend den Praktikern, aus dem angebotenen Textmaterial frei auszuwählen. Diese Unverbindlichkeit führte in den folgenden Jahren zu einem schmerzlichen Wildwuchs, ja geradezu in eine gewisse liturgische Verwahrlosung in vielen Gemeinden." Alfred Ehrensperger: Die Gottesdienstreform der evangelisch-reformierten Zürcher Kirche von 1960–1970 und ihre Wirkungsgeschichte, in: Bruno Bürki/Martin Klöckener (Hg.): Liturgie in Bewegung. Actes du Colloque Renouveau Liturgique des Eglises en Suisse au XXe Siècle, Freiburg Schweiz 2000, 192–205, hier: 197. Auch katholischerseits hat Paul M. Zulehner für Einzelne wie für Institutionen in der Gegenwart eine Orientierungskrise diagnostiziert: Paul M. Zulehner: Pastoraltheologie Bd. 1. Fundamentalpastoral. Kirche zwischen Auftrag und Erwartung, Düsseldorf 1989, 49.

59 Evangelisches Gottesdienstbuch (s. Anm. 5), 8.

60 A. a. O., 17.

61 Reformierte Liturgie (s. Anm. 4), 27.

teten Kriterien Optionen aus der Vielfalt zu ergreifen sowie die Wirkung der Gottesdienste zu evaluieren. Dies alles sind Gesichtspunkte, die man eher der Ethik als der klassischen Liturgik zuordnen würde. Weil diese Gesichtspunkte weiter an Bedeutung zunehmen dürften, sei hier als letzte Perspektive genannt: Die Forderung nach einer neuen Teildisziplin der Liturgik, einer ‚Liturgischen Ethik'.

Missionarische Liturgie?

Überlegungen zu einem umstrittenen Phänomen*

Wolfgang Ratzmann

Einleitung

Eine der häufig gestellten Fragen zum Gottesdienst, denen ich in unterschiedlicher Gestalt gegenwärtig in Kirche oder akademischer Theologie begegne,[1] ist die nach der Möglichkeit und der Notwendigkeit einer „missionarischen Liturgie". Dabei wird das Problem manchmal direkt, oftmals auch eher indirekt angesprochen.

So berichtete mir z. B. ein landeskirchlicher Gottesdienstexperte, er sei bei seinen Ausführungen zum Gottesdienst im Predigerseminar von den Vikarinnen und Vikaren gefragt worden, ob nicht der übliche agendarische Gemeindegottesdienst zu wenig missionarisch sei. Er habe ihnen gegenüber aber deutlich erklärt, dass der Gottesdienst zur Glaubensstärkung der versammelten Christen da sei und nicht zur Mission.

Oder im Beirat einer relativ neuen Heimvolkshochschule wird die Frage diskutiert, ob es nicht künftig in diesem Haus eine geistliche Tages- oder Wochenstruktur geben solle. Viele Beiratsmitglieder befürworten das. Einer weist allerdings darauf hin, dass man eine Form finden müsse, die es auch Nichtchristen und kirchlich Distanzierten ermöglichen würde, daran teilzunehmen. Andere stimmen zu. Eine kleine Arbeitsgruppe soll die entsprechende offene Form ausarbeiten.

Wie ist es: Geben wir dem zitierten Gottesdienst-Experten recht? Oder fragen wir eher mit dem Predigerseminarskurs und mit dem genannten Beiratsmitglied, ob der Gottesdienst, ob kirchliche Feierformen nicht doch stärker

---

* Überarbeitete Fassung eines Vortrages beim Dies academicus des Predigerseminars Braunschweig im März 2003.

1 Auffällig ist, dass sich die akademische Praktische Theologie bzw. Liturgiewissenschaft bisher wenig mit dieser Fragestellung beschäftigt hat, vgl. aber Klemens Tilmann: Die Liturgie. Missionarisch gesehen, Freiburg i. B. 1949; Johannes Hofinger: Mission und Liturgie. Der Kongreß in Nimwegen 1959, Mainz 1960; George Guiver: Von der Mission zum Bund in der Liturgie, in: Karl Schlemmer (Hg.): Ausverkauf unserer Gottesdienste? Ökumenische Überlegungen zur Gestalt von Liturgie und zu alternativer Pastoral, Würzburg 2002, 58–71, und die Anm. 4 genannte Aufsatzsammlung „Gott feiern in nachchristlicher Gesellschaft".

missionarisch, im Hinblick auf die, die normalerweise nicht zum Gottesdienst oder zu einer Andacht gehen, zu verstehen und zu gestalten wären? Sind Liturgie und Mission zwei völlig getrennte kirchliche Lebensäußerungen? Oder gehören sie nicht doch stärker zusammen?

Ich will mich dem Thema in vier Teilen widmen:

1. Zunächst nehme ich das jetzt schon angedeutete Pro und Contra zum Thema auf und vertiefe es.
2. Dann wende ich mich liturgischen Formen zu, die sich ausdrücklich als „missionarisch" verstehen.
3. Im dritten Teil will ich mit der missionstheologischen Diskussion nach dem Verständnis von Mission fragen und deren Impulse auf die liturgiewissenschaftliche Fragestellung anwenden.
4. Und schließlich will ich einige handlungsbezogene Konsequenzen formulieren.

I. Pro und Contra zur „missionarischen Liturgie"

Lassen Sie uns mit dem *Contra* beginnen, zu dem sich der schon erwähnte Gottesdienst-Experte bereits deutlich bekannt hatte. Wer den Sinn einer „missionarischen Liturgie" bezweifelt, begründet das in aller Regel zunächst liturgietheologisch. Im Gottesdienst gehe es primär nicht um irgendwelche Absichten von Menschen oder für Menschen, sondern es gehe zentral um ihn, um den lebendigen, heiligen Gott. Er solle angebetet und verehrt, sein Wort solle gehört, sein Lob solle gesungen werden.

Oft folgen solchen liturgietheologischen Bekenntnissen auch weitere stützende Hinweise, z. B. historische Beispiele, die die Gefährlichkeit einer solchen missionarischen Zielrichtung und die Gefahr jeder Funktionalisierung des Gottesdienstes belegen sollen. So wird gern auf den Gottesdienst der Aufklärung verwiesen, den man in damaliger pädagogisch-missionarischer Art als lebensweltbezogen-nützlich und der Vernunft entsprechend umzugestalten suchte und der gerade so zu seiner inneren Entleerung beigetragen hat.[2] Oder es wird auf die Kirchenreform-Experimente der 60er und 70er Jahre des 20. Jahrhunderts hingewiesen, mit denen man auf die Herausforderungen des säkularen Zeitalters auch liturgisch reagieren wollte, auf Ernst Langes Liturgik und die hier betonte Unterordnung der „Sammlung" der Gemeinde – also des Gottesdienstes – unter die „Sendung", unter die Herausforderungen des Alltags der Welt.[3] Diese Liturgien haben sich – aufs Ganze gesehen – wenig

---

2 Ganz von dieser Verfallstheorie bestimmt ist die epochale liturgiehistorische Darstellung von Paul Graff: Geschichte der Auflösung der alten gottesdienstlichen Formen in der evangelischen Kirche Deutschlands, Göttingen, Bd. 1, 1937, Bd. 2, ^{2}1939.

3 Ernst Lange: Chancen des Alltags. Überlegungen zur Funktion des christlichen Gottesdienstes in der Gegenwart, Stuttgart/Gelnhausen 1965.

durchsetzen können. Wenn man sie heute betrachtet und deren Texte liest, dann erinnern sie uns manchmal an manches kirchliche Bauwerk jener Jahre, das sich durch seinen kalten Funktionalismus wenig Sympathien erworben hat.

Und wer sich in der liturgietheologischen Diskussion der Gegenwart umsieht, würde Positionen finden, die den Gottesdienst nicht nur in seiner Verflochtenheit mit der Gesellschaft, sondern im Gegenteil in seiner Eigenständigkeit, als „Gegenkultur" zur modernen gesellschaftlichen Kultur verstehen, wie es z. B. Karl-Heinrich Bieritz verschiedentlich formuliert hat. Der Rostocker Praktische Theologe rät damit der Kirche, sich nicht einfach den kulturellen Zwängen der „gefräßigen Allgewalt des Erlebniskultes" oder wie er im Anschluss an Albrecht Grözinger formuliert: der „Erlebnismaschine" mit ihrer „Simulationskultur" auszuliefern. Im Gottesdienst gehe es „um eine ‚Kultur des Lebens', in der die Erlebnisspirale zum Stillstand kommt. Um Lebensformen, Lebensmöglichkeiten jenseits von Recycling und Simulation, Beschleunigung und Enttäuschung"[4]. Liegt nicht in der Tat die Gefahr nahe, aus vermeintlich missionarischen Gründen sich auch liturgisch den Bedürfnissen der Zeit anzupassen und sich mit deren Formen auch bald Geist und Inhalt der Erlebnisgesellschaft mit ihren Unterhaltungs-Events zur liturgischen Norm zu machen? Gibt es für solche Tendenzen nicht bereits zahlreiche Beispiele aus Kinder- und Familiengottesdiensten, von Kirchentagen und aus der alternativen Gottesdienstszene?[5]

Doch nun zum *Pro*: So schlüssig diese Contra-Argumente zunächst klingen mögen, finden sich dennoch andere Meinungen, die Liturgie und Mission enger aneinander rücken möchten. Dabei spielt sicher eine Rolle, dass beide große Kirchen in Deutschland – die Kirchen viel stärker als die akademische Theologie – das Missionsthema gegenwärtig deutlich auf die Tagesordnung ihrer Synoden, einzelner Arbeitsgruppen und der Gemeinden gesetzt haben[6]. Offensichtlich lassen sich aus dem systematischen und historischen Nachdenken über den Gottesdienst durchaus auch Argumente für eine missionarische Liturgie entwickeln.

So finden sich im Vorwort einer jüngst erschienenen Aufsatzsammlung mit dem Titel „Gott feiern in nachchristlicher Gesellschaft" (Untertitel: „Die mis-

---

4 Karl-Heinrich Bieritz: Erlebnis Gottesdienst. Erlebniskultur und gottesdienstliche „Kultur des Lebens", in: Benedikt Kranemann/Klemens Richter/Franz-Peter Tebartz-van Elst (Hg.): Gott feiern in nachchristlicher Gesellschaft. Die missionarische Dimension der Liturgie, Stuttgart 2000, 32–44, Zitat 44.

5 Vgl. die Kritik des Journalisten Peter Iden an Gottesdiensten als „Mitspiel-Show", abgedruckt bei Michael Meyer-Blanck/Birgit Weyel: Arbeitsbuch Praktische Theologie, Gütersloh 1999, 106f.

6 Vgl. für die EKD die Ergebnisse der EKD-Synodaltagung von Leipzig 1999, epd Dokumentation Hefte 47/99 bis 50/99; außerdem: Kirchenamt der EKD (Hg.): Das Evangelium unter die Leute bringen, EKD-Texte 68, Hannover 2000, und für die katholische Kirche das Papier „Zeit zur Aussaat". Missionarisch Kirche sein, Sekretariat der Deutschen Bischofskonferenz, Bonn 2000.

sionarische Dimension der Liturgie") folgende Sätze: „Kaum vorstellbar ist…, dass die Kirche eine missionarische Kraft entfalten kann, ohne dabei die Liturgie ins Spiel zu bringen. Den Glauben allein auf der Basis von Lehrsätzen und Katechismen weitergeben zu wollen, wäre eine absurde Vorstellung! Tatsächlich werden die Christen heute wie bereits in den Frühzeiten der Kirche in ihrem Glauben fast ausschließlich durch das geprägt, was ihnen der Gottesdienst vermittelt."[7]

Dieses Zitat lenkt uns zunächst wieder auf das geschichtliche Gelände. Offensichtlich lassen sich hier nicht nur Argumente *gegen* ein missionarisches Verständnis der Liturgie finden, sondern auch andere Thesen, die *für* eine solche Wechselbeziehung eintreten. Welche könnten das sein? Zwei Beispiele sollen genügen:

„‚Wir wussten nicht, ob wir im Himmel oder auf der Erde waren!', so berichtet die altrussische Nestor-Chronik von dem überwältigenden Eindruck der Gesandten des Großfürsten Vladimir von Kiew, als sie ihren ersten orthodoxen Gottesdienst in der Hagia Sophia in Konstantinopel erlebt hatten. Und sie fuhren fort: ‚Auf Erden gibt es einen solchen Anblick nicht oder eine solche Schönheit; und wir vermögen es nicht zu beschreiben. Nur das wissen wir, dass dort Gott bei den Menschen weilt. Und ihr Gottesdienst ist besser als der aller (anderen) Länder. Wir aber können jene Schönheit nicht vergessen.'"[8] Die – wenn man so will: missionarisch-ästhetische – Wirkung dieses Gottesdienstes sei so stark gewesen, dass durch ihn der Großfürst und das ganze Volk der Rus zur Annahme des orthodoxen Glaubens veranlasst worden sei.

Dabei müssen wir uns historisch aber nicht nur in den anderen christlichen Konfessionen umsehen. Auch Martin Luther spricht in seiner programmatischen Vorrede zur Deutschen Messe von einer Ordnung, die „vmb der eynfeltigen leyen willen geordent werden" soll. Unter denen seien viele, „die noch nicht gleuben odder Christen sind / sondern / das mehrer teyl da steht und gaffet / das sie auch etwas newes sehen / gerade / als wenn wyr mitten vnter den türcken odder heyden auff eym freyen platz odder felde Gottis dienst hielten". Deshalb müsste der Gottesdienst eben auch verstanden und gestaltet werden als eine „offentliche reytzung zum glauben vnd zum Christèthum"[9]. Luther hat also keinerlei Skrupel, dem Gottesdienst auch eine missionarische Aufgabe zuzuweisen, und er versteht seine ordnenden Empfehlungen zugleich als Hilfe dazu.

Wie auch immer man die Argumente gegen einen Zusammenhang von Gottesdienst und Mission beurteilen mag: Fest steht, dass der Gottesdienst offensichtlich eine Wirkung ausübt – und zwar für die, die ihn mehr oder weniger selbstverständlich mit feiern wie auch für die, die sich eher gelegentlich einmal

7 Gott feiern in nachchristlicher Gesellschaft (s. Anm. 1), 5.

8 Aus: Eugen Hämmerle/Heinz Ohme/Klaus Schwarz: Zugänge zur Orthodoxie, Bensheimer Hefte 68, Darmstadt 1988, 38.

9 Zit. nach Wolfgang Herbst (Hg.): Evangelischer Gottesdienst. Quellen zu seiner Geschichte, Göttingen 1992, 71.

einfinden oder die indirekt von ihm hören. Wie könnte es anders sein, wenn der Gottesdienst der zentrale Glaubensvollzug der Christen, der Kirche, ist? Oder anders gesagt: Müsste es nicht ein bedenkliches Zeichen sein, wenn der Gottesdienst keinerlei positive Wirkung für die Mitfeiernden oder für die Beobachter auslöste bzw. wenn er völlig ohne Wirkung bliebe, weil man ihn gar nicht mehr beachtete? Kann es so gesehen überhaupt einen christlichen Gottesdienst geben, der seinen Namen verdient und der nicht zugleich auch „missionarisch" wirkt?

Der katholische Liturgiewissenschaftlicher Benedikt Kranemann hat die Notwendigkeit der missionarischen Dimension in der Liturgie auch mit anthropologischen Argumenten unterstrichen: Im Gottesdienst gehe es auch darum, den heutigen Menschen mit seiner Gottferne ernst zu nehmen. Hier trete doch der Mensch mit seinem Leben vor Gott. Und deswegen sei es legitim und für die Gestaltung maßgeblich, dass die Liturgie den Menschen von heute in ihrer Gottessuche zur Seite stehe und dass sie ihnen die Gottesbotschaft so nahe bringe, dass diese „für den christlichen Glauben gewonnen und in ihrem Glauben gestärkt werden". Einer missionarischen Liturgie sei „die eigene theologische Mitte ebenso bewusst wie die Sorge um den Menschen der Gegenwart und seine Gottesnot und Gottessuche."[10]

Dass Kranemann die „eigene theologische Mitte" hier in besonderer Weise betont, hat wohl mit den Gefährdungen zu tun, denen ein Gottesdienstkonzept ausgesetzt ist, das die missionarischen Herausforderungen anzunehmen versucht und dabei seine eigene Substanz einbüßen kann. Insofern sind die verschiedenen „Contra"-Argumente durchaus ernst zu nehmen. Aber sie können wohl nicht bedeuten, dass Liturgie und Mission *prinzipiell* voneinander zu trennen wären. Erst recht nicht in einer unverkennbar missionarischen Situation, in der sich die Kirchen im Osten und zunehmend auch im Westen Deutschlands befinden.

II. Tendenzen missionarisch-liturgischer Gottesdienstkonzepte

Nicht nur in den theologisch-theoretischen Debatten, sondern auch in der praktisch-liturgischen Wirklichkeit finden sich viele Beispiele für den Versuch, Gottesdienste so zu konzipieren, dass Menschen von heute – dabei wird vor allem an jüngere Erwachsene gedacht, die zum traditionellen Gottesdienst selten oder nie kommen – leichter Zugang finden und durch sie im Glauben gestärkt oder für den Glauben gewonnen werden. Dabei lasse ich einmal außer Betracht, wo solche alternativen Gottesdienstmodelle vielleicht weniger den kulturellen oder geistlichen Bedürfnissen der Zielgruppe entsprechen, für die man sie konzipieren will, als vielmehr stärker den theologischen und kulturel-

10 Gott feiern in nachchristlicher Gesellschaft (s. Anm. 1, 7 u. 71).

len Gottesdienstidealen ihrer Autoren.[11] Auffällig ist jedenfalls, dass sich auch nach der Einführung des Evangelischen Gottesdienstbuches mit seiner integrativen Tendenz dennoch in der evangelischen Kirche, regional sicher in unterschiedlicher Dichte, eine vielfältige Gottesdienstlandschaft präsentiert, deren Anliegen mehr oder weniger deutlich missionarisch zu verstehen ist. Dabei denke ich an:

- Gottesdienstprojekte, die vom amerikanischen Willow-Creek-Modell geprägt sind wie GoSpecial in Frankfurt/Niederhöchstadt und ähnliche Versuche, die ihrerseits von den Frankfurtern beeinflusst sind;
- die Nacheulengottesdienste in Ludwigsburg, die eine relativ lange Predigt mit Meditationsübungen und Körpererfahrungen verbinden;
- die Senfkorngottesdienste in Heilsbronn und ähnliche Versuche, die vor allem die gottesdienstliche Verkündigung ganzheitlich veranschaulichen und auf die heutige Lebenswelt beziehen wollen;
- und schließlich an die unterschiedlichen Formen, das Modell der Thomasmesse in die jeweiligen Verhältnisse zu übertragen.[12]

So unterschiedlich die verschiedenen Modelle auf den ersten Blick erscheinen mögen und so unterschiedlich zugleich auch deren Initiatoren theologisch denken mögen, so sehr fallen zugleich bestimmte gemeinsame Tendenzen auf. Sieht man genauer zu, entdeckt man:

- Es geht ihnen immer, wenn auch in etwas unterschiedlicher Weise, um eine *Anpassung der Gottesdienste an Lebensgefühl und Lebensstil* der potentiellen Gottesdienstbesucherinnen und -besucher, also der Menschen, für die Orgelmusik und Gesangbuchlieder zu kulturell fremden Welten geworden sind. Unbestimmt bleibt, inwieweit dennoch die uralten liturgischen Traditionen der Kirche, vielleicht auch nur einzelne Stücke daraus, wenn man sie kompetent umzusetzen und einzubeziehen vermag, nach wie vor ein gewisses relatives Recht haben. Und umstritten ist auch, inwieweit einzelne als fremd empfundene liturgische Handlungen im Gottesdienst selbst durch elementare Erläuterungen erklärt und damit auch gerechtfertigt werden, wie z. B. im erwecklichen „08/16-Gottesdienst“[13], der dem GoSpecial-Typ ein wenig verwandt ist. Praktisch unterstreicht die Thomasmesse in ihrer Weise die Attraktivität eines großen historischen Rituals, das freilich nicht unverändert gelassen, sondern mit den heutigen Erwartungen produktiv verknüpft wird.
- In unterschiedlicher Weise eröffnen die neuen Gottesdiensttypen *Spielräume*

---

11 Vgl. dazu die interessante Analyse von Lutz Friedrichs: „Kommen Sie gut nach Hause“ – oder wie die Schwelle zur Heimat wird. Eine liturgiesoziologische Wahrnehmung alternativer Gottesdienste am Beispiel von GoSpecial, in: Irene Mildenberger/Wolfgang Ratzmann (Hg.): Jenseits der Agende. Reflexion und Dokumentation alternativer Gottesdienste, Leipzig 2003, 113–133.

12 Vgl. zu den verschiedenen Modellen ausführliche Darstellungen sowie kritische Reflexionen in: Irene Mildenberger/Wolfgang Ratzmann (Hg.): Jenseits der Agende.

13 Vgl. Heine Masemann: Der „gottesdienst 08/16“ in Bevern. Ein Beispiel für alternative Gottesdienste auf dem Land, in: Irene Mildenberger/Wolfgang Ratzmann (Hg.), a. a. O., 149–148.

individueller meditativer Selbstbesinnung. Bei ihnen scheint es sich um eine „spezifische Modernitätsanforderung ritueller Kommunikation des Religiösen“[14] zu handeln. Dazu zählen die meditativ-liturgischen Übungen im Ritual des Nachteulengottesdienstes ebenso wie der offene Gebets- und Segnungsteil bei der Thomasmesse oder die Beteiligungsmöglichkeit beim Fürbitt-Teil im GoSpecial-Modell. Den am Gottesdienst Teilnehmenden wird dabei zugleich die Freiheit eingeräumt, sich eher in die Rolle eines distanziert bleiben könnenden Publikums zu begeben statt in die Rolle eines immer innerlich und äußerlich engagierten Gemeindeglieds. Zugleich werden immer wieder auch aktive Beteiligungsmöglichkeiten, und sei es solche der schriftlichen Reaktion auf bestimmte Handlungen, angeboten.

- Ebenso setzen wohl alle Formen weniger auf die Autorität amtlicher Vollzüge und Ordnungen, wie sie sich traditionell in vorgegebenen Texten, in der traditionellen Rolle eines/r Ordinierten als Leiter bzw. Leiterin des Gottesdienstes manifestiert, sondern stärker auf die *unmittelbare religiöse Evidenz einzelner Personen,* die in besonderer Weise nach ihrer persönlichen Glaubenserfahrung, nach ihrer persönlichen Einschätzung von Situationen und nach ihrer persönlichen Antwort auf ein zu lösendes Problem gefragt sind. Das „Kreuzverhör“ von GoSpecial, in dem der Prediger sich den spontanen Fragen stellen muss, bietet für die Begegnung mit einer Person, die authentisch ihren Glauben bezeugt, ein besonders eindrucksvolles Arrangement.
- Die Modelle bemühen sich in unterschiedlicher Weise darum, den Gottesdienst nicht nur als Hörereignis zu konzipieren, sondern an der hier geschehenden Kommunikation auch *andere Sinne zu beteiligen.* Die Augen bekommen durch Anspiele oder durch festliche Prozessionen mehr zu sehen als im traditionellen evangelischen Gottesdienst. Der Gebrauch eines wohlriechenden Salböls in der Thomasmesse kann helfen, gelegentlich sogar den Geruchssinn liturgisch zu integrieren. Segnungen werden zu heilsamen Berührungen ... Was das EGb in seinem 6. Kriterium fordert, nämlich das Einbeziehen des ganzen Menschen in das liturgische Handeln und Verhalten, das prägt diese „alternativen“ Gottesdienstformen ganz deutlich – freilich auch im Blick auf dessen Grenzen: Die innere Anforderung, den Gottesdienst stets in Richtung eines originellen ganzheitlichen Events zu gestalten, kann dessen Akteure unter einen großen Innovationsdruck setzen.
- Schließlich fällt auf, dass alle alternativen Formen nicht von einer einzelnen Person vorbereitet und durchgeführt werden können, sondern dass sie von der *Kreativität eines Teams* leben. Was in ihnen geschieht, wird von diesem oder von mehreren Gruppen vorgeplant, ausgearbeitet und präsentiert. Auch wenn die Gottesdienstteilnehmenden oft eher als Publikum denn als Gemeinde betrachtet und behandelt werden, dokumentieren die verschiedenen Gottesdienstmodelle auf ihre Weise die reformatorische Grundüberzeu-

14 Lutz Friedrichs, in: Irene Mildenberger/Wolfgang Ratzmann, a. a. O., 133.

gung, dass der Gottesdienst Sache der Gemeinde ist und dass sich viele von ihren jeweiligen Gaben her an ihm beteiligen (vgl. das 1. Kriterium des EGb).

Wie lassen sich diese liturgisch-reformerischen Tendenzen verstehen? Hinter ihnen steht mehr oder weniger deutlich ein missionarisches Motiv. Man will erklärtermaßen einen „Gottesdienst für Zweifler" einrichten wie in der Thomasmesse, einen Gottesdienst für „Christen in Halbdistanz" wie im Senfkorngottesdienst bzw. für „Kirchendistanzierte" bei GoSpecial[15].

Die Mittel, die man dabei einsetzt, sind freilich damit noch nicht erklärt. Sie versteht man wohl am besten, wenn man sie auch aus kultursoziologischer Sicht zu beschreiben sucht. Es fällt auf,

- dass sie offensichtlich dem Erlebnisbedürfnis vieler Zeitgenossen Raum geben und damit in ihrer Weise auf die sogenannte „Erlebnisgesellschaft" mit ihrer ausgeprägten „Erlebnisrationalität" reagieren, wie sie G. Schulze umfangreich beschrieben hat[16];
- dass sie Wert legen auf einen Abbau von Hierarchie und auf unmittelbare Begegnung mit einzelnen authentisch wirkenden religiösen Persönlichkeiten und dass sie damit die kulturellen Tendenzen zur Entinstitutionalisierung aufgreifen;
- dass sie in einem großen Ritual dennoch der individuellen Besinnung und Betrachtung ungewohnt große Spielräume lassen und dass sie damit und mit der Publikumsrolle, die sie der Gemeinde zuweisen, den gesellschaftlichen Tendenzen der immer stärkeren Individualisierung deutlich folgen – auch wenn sie zugleich Angebote zur Gemeinschaft, z. B. zu einem sich anschließenden Glaubenskurs, entwickeln.

Lutz Friedrich, der eine erste kultursoziologische Analyse von GoSpecial vorgelegt hat, urteilt über diese Form, sie reagiere in spezifischer Weise auf den Individualisierungsdruck der Moderne. Mit dieser liturgischen Form würde nicht nur ein missionarisches Angebot für Kirchendistanzierte gemacht, sondern in ihr manifestierte sich zugleich ein der Kirche verbundenes Milieu, das – nach dem kultursoziologischen Schema von Schulze – „zwischen Integrationsmilieu (der nette Gottesdienst) und Aktionsmilieu (der aktive Gottesdienst)" anzusiedeln ist[17].

Diese soziologische Perspektive kann uns zunächst erst einmal zögern lassen, die alternativen Gottesdiensttypen vielleicht zu schnell und zu pauschal als „*die* missionarischen Liturgien" zu verstehen. Man kann deren Autoren schwer absprechen, dass sie ein missionarisches Anliegen auch mit liturgischen

---

15 Vgl. die Aufsätze von Horst Bracks, Fabian Vogt und Rolf Sturm in: Irene Mildenberger/Wolfgang Ratzmann, a. a. O., 67 ff, 103 ff, 191 ff.

16 Gerhard Schulze: Die Erlebnisgesellschaft. Kultursoziologie der Gegenwart, Frankfurt a.M./New York [4]1993.

17 Lutz Friedrichs, a. a. O., 130 f.

Mitteln verfolgen. Dabei mögen sich eigene Vorlieben durchaus mischen mit dem, was man „für andere“ zu konzipieren glaubt. Aber ist Mission nur eine Frage des Stils, des jeweiligen Milieus? Oder muss man nicht auch theologisch fragen, was dieser Begriff eigentlich inhaltlich meint und welche Konsequenzen das für den Gottesdienst hätte?

III. Was heißt „missionarisch“?

Unter missionarischem Denken und Handeln wird landläufig der Versuch verstanden, einem distanzierten Christen, besser noch: einem Nichtchristen den Zugang zum Glauben und zur Kirche zu ermöglichen. Doch ein solcher, theologisch wenig reflektierter Missionsbegriff leidet an verschiedenen Verengungen, die sich in der missionarischen Praxis manchmal verheerend auswirken können. Wichtig ist es deswegen, mit der Grunderkenntnis der neueren Missionstheologie einzusetzen, dass Mission zuerst „missio Dei“ ist[18]: Gottes Weg, Gottes Sendung zu den Menschen. Dieser Weg beginnt längst vor aller menschlichen Aktivität als Gottes Werk. Er, Gott, ist der eigentliche Missionar. Aber an ihm, an seiner Sendung sollen und können wir teilhaben.

Geht man von dieser elementaren Formel „missio Dei“ aus, dann kann es keinen Zweifel daran geben, ob denn die Kirche wirklich eine missionarische Aufgabe habe, wenn Gott selbst ein missionarischer Gott ist, zu dessen Wesen die Sendung zu den Menschen gehört. Und wenn man die „missio Dei“ als Basis versteht, dann ist klar, dass alles menschliche und kirchliche missionarische Bemühen gehorsam und kreativ den Spuren zu folgen hat, die Gott selbst vorgezeichnet hat und vorzeichnet. Da wird immer auch die eigene konfessionelle und liturgische Tradition auf den Prüfstand kommen, ob sie der Sendungsbewegung Gottes entspricht oder nicht. Und wenn man von dieser Formel ausgeht, dann kann man die traditionelle Unterscheidung zwischen einem Gottesdienst, in dem die Gemeinde unter sich ist und sich stärkt, und einer missionarischen Aktivität jenseits gottesdienstlicher Sammlung, eigentlich nicht mehr durchhalten. Dann will doch Gott mit seiner Sendung zu den Menschen und zur Welt kommen – und das doch wohl auch in den Gottesdiensten und mit ihrer Hilfe.

Die missionstheologische Begründung der Mission in der missio Dei versuche ich jetzt religionssoziologisch und liturgietheologisch weiterzuführen: Wir wissen, dass in der gegenwärtigen Gesellschaft mit ihrer Erosion des traditionellen Christentums und der selbstverständlichen Volkskirchlichkeit Religion nicht, wie das die ältere Säkularisierungsthese besagte, einfach verschwindet, sondern dass sie in pluraler, veränderter Form – z. B. in den Medien und im

---

18 Vgl. dazu etwa: Georg Vicedom: Missio Dei. Einführung in eine Theologie der Mission, München 1958; Horst Bürkle: Art. Mission VII. Systematisch-theologisch, in: TRE 23, 59–68.

Bereich der Unterhaltung – Menschen weiter begegnet. Und doch ist es unverkennbar, dass in vielen Teilbereichen des Lebens die Frage nach Gott nur noch schwach oder oft gar nicht mehr aufkommt. Dass Gott eine bestimmende Dimension des Lebens sein kann, wird kaum mehr diskutiert, auch nur höchst selten bestritten. Statt dessen wird von Gott nicht mehr gesprochen. Er wird verschwiegen. Selbst in den meisten Familien, darunter auch vielen Familien, in denen die Eltern einer Kirche angehören, ist Gott für viele aus dem Alltag des täglichen Lebens mit seinen Sorgen und Freuden ganz an den Rand, an die Peripherie des Lebens gerückt. Wenn überhaupt, dann ist von ihm nur dort, in den seltenen kontingenten Situationen, in denen das Leben als gefährdet und bedroht erlebt wird, von ihm die Rede.[19]

Auf diesem Hintergrund erhalten die christlichen Gottesdienste nicht nur eine stärkende und vergewissernde Funktion für die, die sowieso an Gott glauben, und sich wieder einmal ihres Glaubens vergewissern und ihn feiern wollen. Sie werden auch zu einem „privilegierten Ort", an dem in der Öffentlichkeit Gott genannt und das sonstige Gottes-Schweigen durchbrochen wird. „Wo in unserer Gesellschaft, wo in unserer Welt haben wir heute noch wirkliche Freiräume der Konfrontation mit dem Evangelium? Wo kann Gott noch authentisch genannt werden, ohne dass Werbung dieses Gott-Nennen unterbricht, Hektik das Weitersprechen verhindert oder gesellschaftlicher Zynismus die Rede verstummen lässt? Die Liturgie ist ein Freiraum, der Gott-Nennen immer noch möglich sein lässt", schreibt die katholische Liturgiewissenschaftlerin Teresa Berger.[20] Und sie fügt hinzu, dass es dabei – im Unterschied zu anderen Arten kirchlicher Rede – das herausragende Merkmal der Liturgie sei, dass das liturgische Gott-Nennen primär nicht innerhalb der Rede *von* und *über* Gott geschehe, sondern im Kontext des Zu-Gott-Redens. Und dieses Gottesbild, das durch dieses liturgische Gott-Nennen gekennzeichnet werde, sei auch missionarisch durchaus von Bedeutung: „Es ist das eines Gottes, der ansprechbar ist" für die Menschen und der seinerseits die Menschen anspricht.[21]

Der Gottesdienst als privilegierter Ort, Gott zu nennen und über ihn und zu ihm zu sprechen: Wenn man unter diesem Gesichtspunkt noch einmal einzelne Elemente der alternativen Gottesdienstformen bedenkt, dann treten einzelne typische Strukturelemente in besonderer Weise hervor:

- Da ist es kein Zufall, dass in der Thomasmesse dem Gebet ein solch großer Zeitraum eingeräumt wird, wie es dort üblich ist. Es sind individuelle Versuche mit dem Gebet, für die man den stützenden Rahmen eines großen ge-

19 Vgl. Ulrich Barth: Art. Säkularisierung I. Systematisch-theologisch, in: TRE 29, 603–634; Peter L. Berger/Thomas Luckmann: Die gesellschaftliche Konstruktion der Wirklichkeit. Eine Theorie der Wissenssoziologie, Frankfurt a.M. 1980.

20 Teresa Berger: Das Wort des Lebens, in: Benedikt Kranemann u. a. (Hg.): Gott feiern (Anm. 1), 60–69, Zit. 64.

21 Ebd., 64 f.

meinschaftlichen Rituals sucht, um vielleicht gerade so das dürftige individuelle Gebet im eigenen Alltag auszugleichen.

- Da geschieht beim „Kreuzverhör“ von GoSpecial genau das, was im gesellschaftlichen und sogar im familiären Alltag unüblich geworden ist: Dass eine Person über ihren Glauben direkt, ohne den Schutz von Kanzel und Amtstracht und möglichst ohne abgegriffene Formelsprache Rechenschaft ablegt und Gott bezeugt.
- Und da sind wohl auch die Anspiele in den verschiedenen Gottesdiensttypen nicht nur ein Element, um die Verkündigung möglichst ansprechend-unterhaltsam zu eröffnen, sondern da werden mit ihnen zugleich sehr alltägliche Situationen transparent zu machen versucht für die darin aufscheinende Frage nach Gott und für biblische Themen, die mit den Alltagsthemen zu verschränken sind. Die sonst so leicht übersehene Alltagsrelevanz des Glaubens soll dargestellt werden.

Freilich: Von Gott geredet und zu ihm geredet wird auch in den anderen Gottesdiensten, die sich eher als agendarisch und traditionsorientiert verstehen. Und in der Tat wäre es unsinnig zu glauben, dass allein die neuen alternativen Formen (die übrigens in vielem auch auf bewährte Traditionen zurückgreifen) das Prädikat „missionarisch“ in diesem theologisch qualifizierten Sinne verdienten. Auch ein musikalisch schön ausgestalteter Kirchweihgottesdienst nach Liturgie I des EGb kann zu einem missionarischen Geschehen werden, auch eine Taufe, in der die überlieferten Worte und Handlungen stilsicher und situationsoffen praktiziert werden ... Und es ist wohl ebenso denkbar, dass ein aus missionarischer Absicht speziell konzipierter Gottesdienst Gott eher verschweigen kann, wenn in ihm nicht mehr vom biblischen Gott, sondern nur noch von einer bedürfnisangepassten anonymen „Energie“ die Rede ist, weil man, um Menschen für Gott zu gewinnen, ihnen ganz nach dem Munde redet.

Worauf kommt es dann an, wenn wir Gottesdienste gestalten und dabei die Dimension des „Missionarischen“ berücksichtigen wollen?

IV. Einige Handlungsorientierungen

Ich beschränke mich jetzt auf vier verschiedene Gesichtspunkte, ohne sie jeweils umfangreich entfalten zu können.

a) Ich habe mich in meiner Darstellung auf sogenannte alternative Gottesdienste bezogen, die sich in aller Regel einem Motiv verdanken, das man „missionarisch“ nennen kann. Wie sinnvoll sind solche besonderen Formen nach Einführung des EGb, also jener Agende, die einer zu starken Pluralisierung der Gottesdienste wehren wollte durch Einbindung in eine gemeinsame Grundstruktur, die freilich flexibel und situationsgerecht gehandhabt werden soll? Vertragen unsere oft recht klein gewordenen Gemeinden ein solch plurales Gottesdienstangebot oder werden damit die vorhanden Kräfte überbeansprucht? Und geht die Einheit der Kirche nicht verloren durch zu viel gottesdienstliche Vielfalt?

Ich glaube, dass wir in einer immer pluraler werdenden Kultur mit immer vielfältiger werdenden Milieus in der Gesellschaft auch gottesdienstlich bestimmte Konzessionen machen müssen. Wenn wir den Menschen von heute mit ihrer so verschiedenartigen kulturellen (z. B. musikalischen, sprachlichen, verhaltensorientierten) Prägung mit dem Angebot von Gottesdiensten zur Seite stehen wollen, dann kommen wir mit einem Einheitsgottesdienst nicht aus. Wir brauchen dafür Gottesdienste von verschiedenartiger kultureller Prägung. So wie es schon in der ältesten Kirche der Fall war, dass sie sich in die jeweilige jüdische oder griechische oder römische Kultur inkulturierte, so gehörte es durch die Geschichte hindurch immer wieder zu den Grunderfordernissen kirchlicher und eben auch liturgischer Arbeit, die Substanz des christlichen Denkens und des christlichen Gottesdienstes in die wechselnden Situationen hinein zu transformieren[22]. Das kann heute, freilich in einer kulturell pluralistischen Situation, nicht anders sein. Mit der Gestaltung einzelner besonderer Gottesdienste sind freilich die einzelnen Ortsgemeinden oft überfordert. Hierbei sind eher größere Regionen gefordert, die damit zugleich als missionarisch sinnvolle territoriale Einheit neben der Parochie in Erscheinung treten[23].

Doch es gibt auch gegenläufige Entwicklungen, die ebenfalls gefördert werden sollten: Oft erweisen sich schön gestaltete Gottesdienste in der Anlehnung an die Agende oder auch Formen, die nicht zielgruppen- und milieuorientiert, sondern vom Anliegen her übergreifend konzipiert werden – ich denke hier besonders an die Friedensgebete – den Pluralisierungstendenzen zum Trotz auch als integrierend. Weil sie nicht nach einem strikten ästhetischen Einheitsmuster gestaltet sind, weil in ihnen Personen mitwirken, die man kennt oder weil sie einem Anliegen gelten, dem sich viele Menschen aus unterschiedlichen Generationen und Milieus verpflichtet wissen, gelingt es ihnen, unterschiedliche Gruppen zusammen zu führen. Die christliche Gemeinde hat wohl – auch liturgisch – eine Art Doppelaufgabe: einerseits „den Juden ein Jude und den Griechen ein Grieche" zu werden und sich auf die vielfältige Wirklichkeit des Lebens einzulassen, andererseits aber auch die Einheit im Geist immer wieder nicht nur als Idee zu behaupten, sondern gelegentlich auch symbolisch darzustellen.

b) Auch die alternativen Gottesdienste, die ganz aus dem Selbstverständnis heraus konzipiert sind, dass sie mit der Agende ganz und gar nichts zu tun haben, sind in aller Regel dennoch in ihrer Grundstruktur mit den beiden klassi-

---

22 Vgl. dazu die Berichte aus der Studienarbeit des Lutherischen Weltbundes: S. Anita Stauffer (Hg.): Gottesdienst und Kultur im Dialog. Internationale Konsultationen von Cartigny/Schweiz 1993 und Hong Kong 1994, Berlin o. J. (1995); dies. (Hg.): Christlicher Gottesdienst: Einheit in kultureller Vielfalt. Hannover 1997.

23 Vgl. dazu u. a. das Themenheft der Zeitschrift Pastoraltheologie „Region", PTh 92 (2003), H. 1.

schen Strukturen des evangelischen Gottesdienstes verwandt. Bei der Thomasmesse ist die Nähe zur liturgischen Tradition sowieso unverkennbar. Das hält die unterschiedlichen Formen dennoch strukturell und bis zu einem gewissen Grade auch inhaltlich beieinander.

Zu überlegen wäre freilich, ob nicht auch die agendarischen Formen von bestimmten liturgischen Sequenzen der neuen Formen lernen könnten, die in besonderer Weise der „missio Dei" heute dienen können. Dazu gehören nicht nur einzelne Lieder, die zunächst im Sondergottesdienst bekannt werden und manchmal, nach einer gewissen Zeit ihren Weg bis in die Gesangbücher hinein finden, sondern auch Formen des persönlichen Betens oder der persönlichen Glaubensrede, Formen der engagierten Mitbeteiligung von Laien bei der Vorbereitung und Durchführung – ähnlich wie in manchem alternativen Gestaltungsversuch.

c) Jeder Gottesdienst, gleich welcher Form, braucht eine auch ästhetisch überzeugende Gestaltung. In einer Kirche, die sich lange Zeit nicht sonderlich um Gestaltungsfragen gekümmert hat, sondern diese unter der vermeintlichen „Freiheit des Evangeliums" den einzelnen Gemeinden und Liturginnen bzw. Liturgen überlassen hat, ist es im Ganzen wichtig, dass heute ästhetische Fragen in ihrer Bedeutung neu gesehen werden. Die Ausbildung in „Liturgischer Präsenz" ist von daher ebenso zu begrüßen wie die neue Sensibilität, die viele für die gottesdienstlichen Räume entwickeln, die wachsende Kompetenz, den Gottesdienst als eine Art von „Gesamtkunstwerk" zu „inszenieren"[24]. Diese Entwicklungen sind gut und wichtig.

Zugleich macht es mich unruhig, wenn sich die inszenatorischen Kompetenzen manchmal geradezu verselbständigen. Dann wird kaum mehr danach gefragt, welcher Inhalt – in der Predigt oder mit dem gesamten Gottesdienst – vermittelt werden soll, sondern da geht es nur noch um eine stimmige, schöne Atmosphäre. „Mir war wichtig, *dass* überhaupt erst mal was passiert", so rechtfertigte ein Verantwortlicher mir gegenüber den Start eines wenig überzeugenden Gottesdienstexperiments. „Wir müssen dann sehen, wie wir nach und nach unsere Linie finden". Oder da achtet eine Liturgin so stark auf ihre überzeugende Gestik und Mimik, auf die Wärme ihrer Stimme und ihr freundliches Gesicht, dass deren Verhalten von den Gottesdienstbesucherinnen und -besuchern schnell als überzogen und als nicht echt wahrgenommen wird …

Wir sollten bei aller wünschenswerten Offenheit für das Ästhetische nicht übersehen, dass nicht die gelungene Form als solche oder der überzeugende liturgische Sänger mit seiner schönen Stimme oder die sympathische junge Pfarrerin mit ihrer farblich reizvollen Stola im Mittelpunkt stehen, sondern der, in dessen Namen wir zusammen kommen. *Ihn* sollen wir nennen mit Worten und

24 Vgl. Thomas Kabel: Handbuch Liturgische Präsenz. Zur praktischen Inszenierung des Gottesdienstes, Bd. 1, Gütersloh 2002; Michael Meyer-Blanck: Inszenierung des Evangeliums, Göttingen 1997.

Zeichen, *zu ihm* wollen wir beten, *ihn* wollen wir hören – und dazu soll das dienen, was wir gestalten. Der Gottesdienst darf nicht zum Podium unserer Eitelkeiten verkommen.

d) Letztlich entscheidend dafür, ob ein Gottesdienst „missionarisch“ genannt werden kann, ist m.E. nicht, in welchem Milieu er sich anzusiedeln sucht bzw. mit welchen spezifischen kulturellen Elementen er gestaltet ist, so wichtig die Milieufrage auch liturgisch sein mag. Noch wichtiger ist es, ob in ihm Gott genannt wird. Dabei geht es aber nicht nur um liturgische oder dogmatische Formeln. Es geht darum, von Gott zu erzählen, wie er zu den Menschen kommt – damals und heute. Es geht um einen missionarischen Gott, der nicht für sich im Himmel thront, der nicht verpackt in alten Formen und Formeln vor sich hin west und der sich auch nicht mit einem Platz am Rand des täglichen Lebens begnügt, den ihm die moderne Restreligiosität zuweisen will. Es geht um einen Gott, der auch heute unterwegs ist zu den Menschen – mitten hinein in ihren Alltag.

Davon müssten wir in den Predigten oder Anspielen, in den Zeugnissen und Kreuzverhören oder wie die Formen der Verkündigung auch immer heißen mögen, etwas spüren. Ich höre zu oft Predigten, in denen die problematische Welt intensiv analysiert wird. Mit farbigen Beispielen wird sie den Hörerinnen und Hörern nahegebracht. Dann aber soll der biblische Text damit verbunden werden. Dies geschieht meist ziemlich abstrakt. Und ganz blass wird die landläufige Predigt, wenn sie zu sagen versucht, wo und wie denn diese Zusage des Evangeliums oder jener Hinweis auf die Offenbarungswirklichkeit Gottes heute verstanden, erfahren und zur Sprache gebracht werden kann. Offensichtlich sind viele Predigerinnen und Prediger von der gleichen Sprachlosigkeit Gott gegenüber geprägt wie viele ihrer Hörerinnen und Hörer. So nennen sie Gott zwar noch, schon weil es sich liturgisch so gehört. Aber der Begriff bleibt seltsam hohl und leer. Es wird nicht gezeigt, wie er mit eigener Erfahrung gefüllt werden könnte. Genau das aber – und das gilt dann auch für das Gebet – würde die Predigt, würde die Verkündigung, würde die Liturgie missionarisch machen – in eher alternativ gestalteten oder in eher traditionellen Gottesdienstformen[25].

Ich will zum Schluss noch einmal mein Anliegen zusammenfassen: Ich würde die Frage, ob Liturgie „missionarisch“ sein kann und soll, trotz mancher Missverständnisse bejahen. Dabei geht es mir aber nicht allein um eine liturgische Öffnung für die pluralen Milieus in der Gesellschaft, denen auch gottesdienstlich stärker entsprochen werden soll. Noch grundlegender geht es mir um einen Gottesdienst, an dem heute Gott so genannt wird, dass er nicht nur als un-

25 Wichtige homiletische Hinweise dazu, die m. E. noch nicht überholt sind, finden sich bei Johannes Hempel: Die Vergegenwärtigung des Wortes. Zur Frage der Konkretisierung christlicher Verkündigung, Berlin 1973, und bei Horst Hirschler: Konkret predigen, Gütersloh 1977.

verständliche Formel, als Teil einer fremden Mythologie oder als unvermeidliches Attribut einer eindrucksvollen menschlich-religiösen Selbstdarstellung erscheint, sondern als gegenwärtige Wirklichkeit, die man bruchstückhaft erfahren und zu der man in Beziehung treten kann – im Gottesdienst selbst und mitten in unserem alltäglichen Leben heute.

Lebendige Liturgie?

Überlegungen zur Prozessorientierung des Gottesdienstes*

Kai Horstmann

I. Die Wiederentdeckung der Liturgie

Man kann wohl mit Recht von einer Wiederentdeckung des Liturgischen sprechen. Dies gilt von der theologischen Wissenschaft ebenso wie von der gemeindlichen Praxis. Viele Presbyterien haben sich ihres ius liturgicum besonnen, haben sich ihrer Gottesdienstordnungen angenommen und sie überarbeitet. Auch bei Pfarrerinnen und Pfarrern ist ein größeres Interesse an liturgischen Fragen entstanden. Die Besonderheit der Liturgie neben der Predigt wurde wahrgenommen und neu wertgeschätzt. Das ging einher mit der Einsicht in ein Defizit der Ausbildung in der so genannten zweiten Ausbildungsphase, dem Vikariat. Dieses Defizit hat der Schauspieler und Regisseur Thomas Kabel als Marktlücke entdeckt.[1] „Liturgische Präsenz" ist mittlerweile eine „registered trademark"[2].

Tatsächlich besteht im Blick auf die Atem- und Stimmtechnik, wie auf die Körper- und Sprechhaltung vieler real-praktizierender Liturgen Weiterbildungsbedarf, der die Gründung eines „Centrums für Liturgische Präsenz®" sinnvoll erscheinen lässt. Es ist jedoch fraglich, ob der Ansatz an der Form ausreicht, tiefer gehende liturgische Präsenz zu schulen.

Auch das Programm einer Lebendigen Liturgie, das nicht zuletzt mit dem Namen Henning Schröers verbunden ist,[3] steht wenigstens in der Gefahr, in vielfältigen Formexperimenten stecken zu bleiben, ohne integrierte Lebendigkeit zu erzielen.

So wichtig es ist, immer wieder neue liturgische Ausdrucksmittel zu finden (pro loco et tempore), und so unabdingbar eine gute „Performance"[4] ist, die

---

* In Erinnerung an Prof. Dr. Henning Schröer, *2. Mai 1931–†7. Februar 2002.

1 Vgl. Alexander Völker: Liturgische Präsenz. Impressionen aus einem Seminargespräch mit Thomas Kabel, in: JLH 36 (1996/97) 76–78.

2 Vgl. www.Liturgische-Praesenz.de.

3 Sybille Fritsch-Oppermann/Henning Schröer (Hg.): Lebendige Liturgie, Band I: Texte – Experimente – Perspektiven, Gütersloh 1990 und dies.: Lebendige Liturgie, Band II: Vom Kirchentag zum Kirchenalltag, Gütersloh 1992.

4 Von gottesdienstlicher Performance spricht auch Karl-Friedrich Wiggermann: „Eine Perfor-

die Entsprechung von Form und Inhalt gewährleistet,[5] so wenig entscheidet sich die Lebendigkeit eines Gottesdienstes an seiner Oberfläche; sei es das Auftreten des Pfarrers, die Spielkunst des Organisten oder ein kreativ ausgestaltetes Liturgieelement. Wenn der Gottesdienst nicht bloß sonntägliches Happening, sondern Chance des Alltags sein will,[6] muss er alltäglichen Prozessen Raum und Form geben, diese gestalten oder neu ausrichten und darf sich nicht in nur schön gestalteter oder nur phantasievoller Liturgie ergehen. Dies wenigstens ist die These, die ich im Folgenden erläutern und begründen will.

II. Die Erneuerte Agende

Das Evangelische Gottesdienstbuch, das aus der Diskussion um den so genannten Vorentwurf zur Erneuerten Agende (EA)[7] hervorgegangen ist, stellt einen Versuch dar, die liturgische Vielfalt zu ordnen, die in den letzten drei Jahrzehnten entstanden ist. Davon ausgehend, dass die „Gottesdienste in neuer Gestalt" keine Kontinuität entwickeln könnten,[8] bemühte man sich, unter Annahme der seit den späten 60er Jahren gestiegenen Formenvielfalt, die Agende zu erneuern.

Das Gottesdienstbuch ist eine erneuerte Agende.[9] In der Einführung wird allerdings der Versuch unternommen, diese von „herkömmlichen Agenden" abzuheben, indem der Werkbuchcharakter des Gottesdienstbuches herausgestellt wird:[10] „Es enthält Anregungen, Hilfen und einen Rahmen, um Gottesdienste so zu gestalten, dass sie für Menschen in einer säkularisierten, multikulturell geprägten Gesellschaft einladend wirken und mitvollzogen werden können. … Deshalb bietet das Evangelische Gottesdienstbuch neben den

---

mance im Gottesdienst kann nicht mehr traditionell agendarisch gefaßt werden, sondern erfordert neue Formen einer gottesdienstlichen Partitur." In Art.: Agende, in: RGG[4], 181.

5 Der Zusammenhang von Inhalt und Intention berührt ja nicht nur die wort-sprachlichen Regelsysteme, auf die die Sprechakt-Theorie aufmerksam macht (vgl. aus der homiletischen Literatur etwa Peter Bukowski: Predigt wahrnehmen. Homiletische Perspektiven, Neukirchen-Vluyn 1995, 36 ff.), sondern ganz wesentlich auch die Körper-Sprache. Vgl. dazu Helmut Wenz: Körpersprache im Gottesdienst. Theorie und Praxis der Kinesik für Theologie und Kirche, Leipzig ^{2}1996.

6 Vgl. Ernst Lange: Chancen des Alltags. Überlegungen zur Funktion des christlichen Gottesdienstes, München 1984.

7 Erneuerte Agende. Vorentwurf (EKU und VELKD), Hannover und Bielefeld 1990.

8 Joachim Stalmann: Gottesdienst als Gestaltungsaufgabe. Vom Strukturpapier zur Erneuerten Agende, in: PTh 77 (1988) 167.

9 Evangelisches Gottesdienstbuch. Agende für die Evangelische Kirche der Union und für die Vereinigte Evangelisch-Lutherische Kirche Deutschlands, hg. von der Kirchenleitung der VELKD und im Auftrag des Rates der EKU, Berlin ^{2}2001, 15.

10 Vgl. a. a. O., 17.

geprägten *Liturgien* ... und deren vorgeschlagenen Variationsmöglichkeiten *Weitere Gottesdienste* ... sowie *Offene Formen* ... an."[11]

Die im Zitat verwendete Begrifflichkeit ist wenigstens missverständlich. Kann es überhaupt – vom Gottesdienst im Alltag der Welt abgesehen – *unliturgische* Gottesdienste geben? Das ist nur dann der Fall, wenn man den Liturgiebegriff mit dem der Agende synonym setzt.[12] Auch wenn man davon ausgeht, dass λειτουργία schon in apostolischer Zeit,[13] spätestens aber seit Justin und Hippolyt den geordneten Gottesdienst bezeichnet habe,[14] so besteht diese Ordnung doch in einer bestimmten Syntaktik des gottesdienstlichen Geschehens, nicht in kirchengesetzlicher, agendarischer Ordnung. Ein geordneter, vernünftiger Gottesdienst[15] ist liturgisch. Es kann nur mehr oder weniger große Variationen von Gottesdiensten geben,[16] folgen Gottesdienste doch alle einer Struktur, die sich gewissermaßen logisch aus sich selbst ergibt: die Feiernden kommen zusammen, hören auf Gottes Wort, stärken sich in der Gemeinschaft mit Gott und miteinander, gehen auseinander. Entsprechend folgt auch die erneuerte Agende des Evangelischen Gottesdienstbuches dieser Grundstruktur. Das Besondere und Begrüßenswerte an der erneuerten Agende ist, dass sie diese Struktur mit den Teilen A – Eröffnung und Anrufung, B – Verkündigung und Bekenntnis, C – Abendmahl und D – Sendung und Segen erkennbar machen will.

„Diese Grundstruktur ... stellt die Basis und den Rahmen dar, wenn eine Gemeinde ihren Gottesdienst an ihrem Ort und in ihrer Situation lebendig gestaltet, und sie bedarf solcher konkreten Ausgestaltung."[17] Darum ist das Evangelische Gottesdienstbuch eben auch als „Werkbuch" konzipiert. Die prinzipielle Frage aber ist dann, warum überhaupt noch der Weg einer Agende, einer kirchengesetzlichen Vorschrift beschritten worden ist. So heißt es mit

---

11 A. a. O., 14.

12 Es sei allerdings angemerkt, dass der Begriff der Agende nicht sonderlich scharf ist. In der reformierten Tradition ist er einfach ein Wechselbegriff zu Liturgie. So findet sich etwa im EKL³ anstelle eines Artikels Agende der Hinweis auf „liturgische Bücher". Im herkömmlichen Sprachgebrauch aber meint Agende ein „Buch oder Bücher, die die feststehenden und wechselnden Stücke, also das Ordinarium und das Proprium des Gemeindegottesdienstes und der gottesdienstlichen oder Amtshandlungen enthalten." Alfred Niebergall: Art. Agende, TRE 1 (1977) und TRE 2 (1978), hier TRE 1, 756.

13 So Otto Brodde: Art. Liturgie, in: EKL³, 1132.

14 Von einer im engeren Sinne geregelten Liturgie ist wohl ab dem Ende des 1. Jh. auszugehen (vgl. etwa die Kirchenordnung der Didache). „Nahezu feststehende" liturgische Texte sind ab dem 3. Jh. bezeugt. Vgl. Paul V. Marshall: Art. Liturgie 1. Allgemein, Reformatorische Kirchen, in EKL³, 149.

15 Das Gegenbild zu dem Durcheinander, das aus 1. Kor 14 erschlossen werden kann.

16 Das erweist sich auch im Gottesdienstbuch, das unter der Überschrift Gottesdienstgestaltung in offener Form zunächst eben die „Möglichkeiten freier Gestaltung *im Rahmen der Grundstruktur*" (Hervorhebung K. H.) vorstellt (vgl. 204 ff.). Unter den „weitergehenden Möglichkeiten freier Gestaltung" werden dann Familiengottesdienste, Feierabendmahl und „Gottesdienste mit reicheren Interaktionsformen" wie Tanz, Anspiel etc. genannt. Wie das Gestaltungsbeispiel S. 220 aber zeigt, ist eben auch dieser Gottesdienst liturgisch geordnet nach den vier Schritten A bis D.

17 A. a. O., 15.

Recht: „Eine bestimmte Gestalt gottesdienstlicher Ordnung ist nicht heilsnotwendig und darf nicht als Gesetz auferlegt werden."[18] Wenn „andererseits ein gewisses Maß an Gemeinsamkeit in den Gottesdiensten um der Liebe willen notwendig geboten (ist), damit die Gemeinschaft mit anderen Gemeinden innerhalb der eigenen Kirche und mit anderen Kirchen gewahrt wird"[19], so ist damit das Ansinnen des Gottesdienstbuches berechtigt. Aber eben konsequent als ein Werkbuch, das im Verzicht auf obligatorische Formulierungen eine Grundstruktur zur Ausgestaltung anbietet, die liturgischen Sachverstand zwar fordert aber – durch die Übung in der freien Gottesdienstgestaltung – auch fördert.

Der erneuerten Agende des Gottesdienstbuches ist jedenfalls zuzugestehen, dass sie dazu beigetragen hat, die „unproduktive Scheinalternative"[20] zwischen traditionellen und neuen Gottesdienstformen zu überwinden; dass sie darauf abzielt, aus liturgischer Kompetenz heraus das Geschehen im Gottesdienstes transparent zu gestalten und so aktive Teilnahme zu ermöglichen. Als Agende aber ist sie Handlungsvorschrift, bei allen Angeboten und aller Aufforderung zur situativen Anpassung.[21]

III. Lebendige Liturgie?

Der Begriff der Lebendigen Liturgie hat seinen Ursprung in der Liturgiereform der römisch-katholischen Kirche. Aktive Teilnahme der ganzen Gemeinde wird hier zum Schlüsselkriterium gottesdienstlichen Handelns und Feierns.[22]

---

18 Ebd.

19 A. a. O., 17f.

20 Peter Cornehl: Aufgaben und Eigenart einer Theorie des Gottesdienstes. Zum Stand der Debatte, in PthI 14 (1981) 25.

21 Zur Verbindlichkeit agendarischer Ordnung sei eingeräumt, dass man es mit dieser erfreulicherweise offensichtlich nicht sonderlich ernst meint. So schreibt Alfred Niebergall: „In einer Agende findet sich stets Bleibendes und Vorübergehendes. Sie ist gewiß kein starres Buch, das dazu auffordert, sich ihm zu unterwerfen. Zu der Freiheit, die das Evangelium lehrt und gewährt, gehört im Umgang mit der Agende auch die Freiheit, die im Laufe der Zeit die Maßstäbe für das Bleibende und für das Vorübergehende in einer Agende an die Hand gibt" (TRE 2, 83). Entsprechend unscharf ist auch der Agendenbegriff von Karl-Friedrich Wiggermann (Art.: Agende, in RGG[4], 180–181), der von *ad-hoc agendarischen* Texten spricht und den eigentlichen Agenden-Gedanken (im Unterschied zum Begriff der Liturgie) letztlich auflöst.

Auch der Wiener Kirchenrechtler Gustav Reingrabner stellt fest: „„Verbindlich" kann … im Blick auf die Agende oder ihren Inhalt in gar keinem Fall heißen, dass der eine Amtshandlung oder einen Gottesdienst haltende Geistliche gezwungen werden kann, die Agende ausschließlich und Wort für Wort zu gebrauchen." In: Das Ius liturgicum und die Frage nach der Verbindlichkeit von Agenden, in: Jörg Neijenhuis (Hg.): Evangelisches Gottesdienstbuch und Kirchenrecht (Beiträge zu Liturgie und Spiritualität 7), Leipzig 2002.

Warum man angesichts dieser relativen Beliebigkeit im Blick auf die Wortwahl überhaupt noch wörtlich festgelegte Agenden mit ihrer Unterscheidung zwischen obligatorischen und fakultativen Texte beschließt, ist nicht einsichtig. Das agendarische Imbiß-Angebot (vgl. Gottesdienstbuch, 215) jedenfalls amüsiert so oder so.

22 Vgl. etwa Hans Bernhard Meyer: Lebendige Liturgie. Gedanken zur gottesdienstlichen Si-

Im Bereich der evangelischen Kirche meint der Begriff Lebendige Liturgie weniger ein Konzept als vielmehr eine bestimmte Art des Gottesdienstes; einen Gottesdienst in besonderer Gestalt.[23] Der Ursprung dieser kreativen Gottesdienste „mit reicheren Interaktionsformen“[24] liegt in der Kirchentagsbewegung.[25]

Die Bewegung hin zu einer „Lebendigen Liturgie“ kann heute in gewisser Weise verstanden werden als Parallele zu der mit dem Stichwort der Liturgischen Präsenz gekennzeichneten „Bewegung“. Denn wo Lebendige Liturgie mehr als nur Happening sein sollte, erwuchs sie aus dem Versuch, dem Gottesdienst eine stimmige Dramaturgie[26] zu geben. Eine Dramaturgie, die auch im agendarischen Gottesdienst angelegt ist und die der Schauspieler und Regisseur Thomas Kabel in seinen Fortbildungen bewusst macht. Während Kabel jedoch quasi an der Oberfläche einsetzt und an dieser arbeitet (von der real existierenden Gestaltung traditioneller Form zur dem Inhalt wirklich angemessenen Gestaltung dieser Form bzw. Rolle[27]), entwickelt die „Lebendige Liturgie“ die Dramaturgie aus dem Thema heraus und findet eigene, neue Formen: von der Mitte des Gottesdienstes, das ist im evangelischen Gottesdienst von der Verkündigung eines biblischen Textes ausgehend.[28]

Wo die Lebendige Liturgie so mehr ist als nur Happening, bleibt die Textorientierung des Gottesdienstes wesentlich unangetastet. Der Weg der Planung geht vom biblischen Text und den in ihm angelegten Möglichkeiten der kreativen Erschließung hin zu den den Gottesdienst feiernden Menschen.

Die Problematik dieses Ansatzes, der der Liturgik Ernst Langes entspricht, liegt nun aber eben genau in dieser einseitigen Konzentration auf einen vorher bestimmten Text als thematische Mitte. Der Gottesdienst will „Chance des Alltags“ sein. Darum, so Langes Konzept, soll der liturgische Gottesdienst motivieren, die alltägliche Wirklichkeit als den Ort ernst zu nehmen, dem die

---

tuation nach dem Beginn der Liturgiereform, Innsbruck/Wien/München 1966; Rudolf Ruppert: Lebendige Liturgie – ein Lernprozess der ganzen Gemeinde, Frankfurt am Main 1975; Stephan Schmid-Keiser: Aktive Teilnahme. Kriterium gottesdienstlichen Handelns und Feierns (EHS.T 250), Bern/Frankfurt/New York 1985.

23 Vgl. Alexander Völker: Lebendige Liturgie. Zum Gottesdienst in überlieferter und in besonderer Gestalt, Bielefeld 1975 (Materialien für den Dienst in der Evangelischen Kirche von Westfalen: Reihe A, Theologie und Verkündigung, H. 3).

24 Gottesdienstbuch, 219.

25 Vgl. zur „Begriffsgeschichte“ Günter Ruddat/Henning Schröer: Lebendige Liturgie – ein Programmwort und seine Geschichte, in: Wolfgang Ratzmann (Hg.), Der Kirchentag und seine Liturgien. Auf der Suche nach dem Gottesdienst von morgen (Beiträge zu Liturgie und Spiritualität 4), Leipzig 1999, 83–115.

26 Zum Begriff der Dramaturgie im Kontext des Liturgik vgl. Karl-Heinrich Bieritz: Gottesdienst als offenes Kunstwerk. Zur Dramaturgie des Gottesdienstes, in: PTh 75 (1986) 358–373.

27 Vgl. Thomas Kabel: Jeden Sonntag auf der Bühne. Wie der Schauspieler, so besetzt auch der Pfarrer eine Rolle – ob er es will oder nicht, in: Zeitzeichen 2/2003, 27 f.

28 Günter Ruddat spricht hier von „liturgischer Exegese“. Vgl. ders.: Die Liturgische Woche als liturgiedidaktische Möglichkeit der Aus- und Fortbildung, in: Jörg Neijenhuis/Wolfgang Ratzmann (Hg.): Der Gottesdienst zwischen Abbildern und Leitbildern (Beiträge zu Liturgie und Spiritualität 5), Leipzig 2000, 121–132.

Christusverheißung gilt.[29] Die Vermittlung der Verheißungsbotschaft mit dem Alltag ereignet sich in der kommunikativ gedachten Verkündigung, in der sich das „Bleiben bei der Überlieferung“ als Korrelat zum „Bleiben an der Realität“ bewähren muss.[30] Dieser Schwerpunktsetzung muss die Liturgie der „normalen örtlichen Gemeinde“[31] Folge leisten. Der Weg geht von der Verkündigung[32] zu den Hörerinnen und Hörern des Wortes in deren Alltag hinein.[33]

Menschen aber kommen zuerst aus dem Alltag in den Gottesdienst. Der Weg zur Verkündigung, zum Thema ist darum das Erste. Dem entspricht Lange durch den Gedanken, dass die Predigt aus dem Gespräch entsteht.[34] Aus der Perspektive derer aber, die zum herkömmlichen Gottesdienst kommen, erscheint der Gottesdienst thematisch zufällig, durch ein von der Perikopenordnung gesetztes Thema, bestimmt.[35] Impulse aus dem Alltagsleben können durch die Orientierung an der Perikopenordnung nicht derart aufgenommen werden, dass sie zum bestimmenden Thema werden und von da aus zu einem auf die lebensweltlich begründeten Fragen der Gottesdienstfeiernden antwortenden Text führen.[36]

Die Lebendigkeit der Liturgie kann im Rahmen dieses Konzeptes somit nur von der textimmanenten Lebendigkeit des Wortes Gottes entwickelt werden. Anregungen dazu, die Lebendigkeit der Liturgie aus dem Alltagsleben der Gottesdienstfeiernden zu entwickeln, bietet im Unterschied dazu die Themenzentrierte Interaktion (TZI).

IV. Lebendiges Lernen

Lebendiges Lernen ist das Leitbild der TZI, die von Ruth C. Cohn im Horizont ihrer Erfahrungen mit psychoanalytischer und erlebnistherapeutischer Arbeit entwickelt wurde.[37] Nach der Gründung von WILL, dem Workshop Institute

29 Vgl. Ernst Lange: Chancen des Alltags, 24 f.

30 A. a. O., 109 ff.

31 A. a. O., 138 ff.

32 Vgl. Langes Rede von der Predigt als dem „eigentlichen Kern der Bezeugungsbemühung“, a. a. O., 169.

33 „Die Welt hat also immer schon „geredet“. Aber nun habe ich mitten in dieser Welt, im Gespräch der Gemeinde das Wort Gottes, die Christusverheißung gehört. Meine Ohren sind geschärft für die Wahrheit Gottes, die ja auch die Wahrheit meines Lebens und die Wahrheit der Welt ist. Nun gehe ich mit diesen für die Wahrheit geschärften Ohren in meinen Alltag.“ A. a. O., 183.

34 A. a. O., 193 ff.

35 Ausnahme sind die im Kirchenjahr besonders hervorgehobenen Feste oder eben Kirchentage u. ä.

36 Nicht von ungefähr wird die Orientierung an der Perikopenordnung bei Gemeindefesten oder ähnlichen besonderen Anlässen im Leben einer Gemeinde aufgegeben.

37 Vgl. hierzu Alfred Farau/Ruth C. Cohn: Gelebte Geschichte der Psychotherapie. Zwei Perspektiven, Stuttgart 1984, insbesondere 214–351. Vgl. auch Ruth C. Cohn: Von der Psychoanalyse

for Living-Learning,[38] 1966 in New York und der Gründung von WILL-Europe im Jahr 1972, verbreitete sich die TZI im kirchlichen Bereich in der zweiten Hälfte der 70er Jahre.[39] Es handelt sich dabei um eine therapeutisch-pädagogische „Methode" der Gruppenarbeit, „die dazu dient, Themen und Aufgaben ins Zentrum der beteiligten Personen zu stellen (*themenzentriert*), um sie dann im Hin und Her zwischen allen Beteiligten zu bearbeiten (*interaktionell*)".[40] Die TZI stellt somit einen Ausgleich zwischen therapeutischer Zuwendung zum Einzelnen und der akademischen Sachorientierung her.

Diese „Methode", die hier in allergrößter Kürze vorgestellt werden soll[41], beruht auf der Annahme, dass jede Person, die Interaktion der Personen miteinander und das Thema von je gleicher Wichtigkeit sind. „Diese aufeinander bezogenen Schwerpunkte Ich, Wir und Thema werden hineingestellt in das jeweils konkrete Umfeld von Zeit und Situation, in den Globe."[42] „Der Wirkungszusammenhang dieser vier Faktoren wird in einer einfachen Graphik dargestellt: ein gleichseitiges, unbetontes Dreieck, von einer Kugel umgeben."[43] Dieses Dreieck in der Kugel ist gleichermaßen Planungshilfe für Gruppenleiter wie diagnostisches Instrument, um Gruppenprozesse zu analysieren. Ziel in der Leitung von Gruppen ist es dabei, den Prozess zwischen den drei Polen Ich, Wir und Thema auszubalancieren und in den einzelnen Phasen der Interaktion durch die Auswahl geeigneter Arbeitsformen ausgewogen zum Zuge kommen zu lassen. Gemeinhin wird auf Grund einer einseitigen Konzentration auf das Thema einer Zusammenkunft, das Arbeitsziel, übersehen, dass es Bedürfnisse des Ich und auch des Wir gibt, die „darauf drängen, ihren Raum zu bekommen."[44] „Wenn sinnvolle, gut durchdachte und objektiv notwendige Dinge nicht funktionieren, dann meist deshalb, weil auf der emotionalen Ebene etwas blockiert … ."[45] Die TZI nimmt diese Ebene in den Blick, ohne die Sachorientierung zu verlieren. Das Thema bleibt auch in bewusst nach der TZI geleiteten Prozessen „Fokus der Aufmerksamkeit. TZI geht davon aus, daß es

---

zur themenzentrierten Interaktion. Von der Behandlung einzelner zu einer Pädagogik für alle, Stuttgart [13]1997 (Konzepte der Humanwissenschaften).

38 Seit Juni 2002 Ruth Cohn Institute for TCI – international.

39 Vgl. Josef Mayer-Scheu: Gruppenarbeit mit der Themenzentrierten Interaktion (TZI) im kirchlichen Bereich, in: Erwachsenenbildung 23 (1977) 130–138, und in der ersten Auflage schon 1973 Matthias Kroeger: Themenzentrierte Seelsorge. Über die Kombination klientenzentrierter und themenzentrierter Arbeit nach Carl R. Rogers und Ruth C. Cohn in Theologie und schulischer Gruppenarbeit, Stuttgart/Berlin/Köln [4]1989 (Urban-Taschenbücher 605; T-Reihe).

40 Barbara Langmaack: Themenzentrierte Interaktion. Einführende Texte rund ums Dreieck, Weinheim [3]1996, 1.

41 Neben der Einführung von Barbara Langmaack, auf die im Folgenden zurückgegriffen wird, sei besonders verwiesen auf Dietrich Stollberg: Lernen, weil es Freude macht. Eine Einführung in die Themenzentrierte Interaktion, München 1982.

42 Barbara Langmaack, a. a. O., 15. Die Berücksichtigung des „Globe" ist dabei von großer Wichtigkeit, denn „wer den Globe nicht kennt, den frisst er", heißt es von Ruth Cohn.

43 Ebd.

44 Darum haben Störungen Vorrang; sie brechen sich Bahn!

45 Barbara Langmaack, a. a. O., 24.

auf der einen Seite die Themen sind, die unserem Leben und Zusammenleben Sinn und Dynamik geben, daß aber auf der anderen Seite persönliche Betroffenheit erst wirkliches Interesse am Thema weckt und erhält."[46] Deshalb wird insbesondere auf die Gruppenbildung Wert gelegt, weil erst eine echte Gruppe gleichberechtigter Partner ein konstruktives Arbeiten am Thema möglich macht.[47] TZI-Gruppen sind darum auch nicht hierarchisch strukturiert. Auch die Leitung partizipiert am Geschehen.[48]

Dem skizzierten Ziel der TZI dienen die so genannten Postulate[49] und Hilfsregeln.[50] Postulate und Hilfsregeln sind in der Geschichte der TZI oft missverstanden worden; bis dahin, dass die TZI auf diese Regeln reduziert wurde. Es wäre aber grundverkehrt die TZI auf Zitate ihrer bekannten Postulate und Hilfsregeln zu reduzieren. Es ist deshalb wichtig, darauf hinzuweisen, dass es sich bei der TZI eben nicht um eine feste Methode im Sinne einer bestimmten, festgelegten Arbeitsweise handelt („TZM"), sondern um ein Modell gelingender Gruppenarbeit.[51] Immer dann, wenn Gruppenarbeit umfassend gelingt, sind die Pole Thema, Ich und Wir gleichermaßen berücksichtigt worden, ganz gleich, ob der Leiter die Regeln der TZI kennt oder nicht. Die Regeln sind eben nur *Hilfs*regeln, die Leiter und Teilnehmer gleichermaßen helfen, in der Gruppe lebendige Lernprozesse zu gestalten.

Die TZI formuliert gewissermaßen die Weisheit gelingender Gruppenarbeit. So leitet sie an, auf Gruppenprozesse zu achten und sie in der Balance zwischen persönlich-individuellen, das Miteinander in der Gruppe betreffenden und sachlichen Aspekten zu fördern. Das Dreieck im Kreis dient dabei weni-

---

46 A. a. O., 59.

47 A. a. O. 35: „Eine neue Gruppe beginnt ja nie als Gruppe. Sie entwickelt sich über den mehr oder minder langen Weg von einer Anzahl Ichs über erste Kontaktaufnahme zu anderen schließlich bis zu einem Wir, zu einem Gefüge, dem sich die Teilnehmer emotional zugehörig fühlen. Erst dann wird es für die Teilnehmer möglich, konstruktive und echte Entscheidungen darüber zu treffen, woran man auf welche Art arbeiten will und welche Ziele, sprich Themen, man verfolgen will."

48 A. a. O., 37 ff. Insofern die TZI auch dazu beiträgt, das eigene Ich-sein zu entwickeln, ohne einer hybriden Selbstverwirklichung-Ideologie zu verfallen, leitet sie auch den Teilnehmer zur Übernahme von Eigenverantwortung, zur Selbstleitung an. Die Entsprechung zum Ideal des Priestertums aller Gläubigen liegt auf der Hand.

Unbeschadet ihrer Verwandtschaft zu den Therapieformen der Humanistische Psychologie unterscheidet sich die TZI eben darin von anderen Konzepten (insbesondere Gestalt- und Gesprächstherapie), dass sie das Wir unter Einbezug der Individualität der Gruppenteilnehmern besonders wertschätzt. Vgl. Barbara Langmaack, a. a. O., 56. Zur Humanistischen Psychologie als Richtschnur der TZI, a. a. O., 163 ff. Cohn selbst hat sich im Kapitel 18 ihrer „Gelebten Geschichte" ausführlich mit den humanistischen Grundlagen der TZI beschäftigt, a. a. O., 427–490.

49 „Sei dein eigener Chairman!" „Störungen haben Vorrang!"

50 Vor allem: „Sprich per ich anstatt per man!" „Vermeide Interpretationen!" „Führe keine Interviews". Vgl. Barbara Langmaack, a. a. O., 103 ff.

51 Die Klärung dieses besonderen Charakters der TZI-„Methodik" verdanke ich dem TZI-Graduierten (= Lehrbeauftragten) und Dozenten am Pädagogisch-Theologischen Institut in Bonn-Bad Godesberg Hans-Martin Nicolai.

ger als Kompass auf dem Weg zum Erreichen eines Lernzieles als vielmehr als Waage im Lernprozess.

Dass ein gelingender Gottesdienst „TZI“ ist, ist die These, die es nun zu entfalten gilt.

V. Gottesdienst in der Balance

Wenn auf eine pädagogische „Methode“ zur Erläuterung des gottesdienstlichen Prozesses zurückgegriffen wird, ist damit keineswegs eine Pädagogisierung des Gottesdienstes intendiert. Es geht vielmehr darum, die Prozessstruktur des Gottesdienstes nachvollziehbar zu machen, der sinnvolle Liturgie seit jeher entspricht. Liturgie als themenzentrierte Interaktion zu begreifen, bedeutet darum nichts wesentlich Neues. Im Unterschied zur Metaphorik des linearen Weges durch den Kirchraum[52] aber kann die Funktionalität des Gottesdienstes in seinem durchaus variablen, lebendigen Prozessgeschehen nach der TZI nachvollziehbar gemacht werden.

Die klassische Abfolge des Gottesdienstes macht aus sich heraus Sinn. Zwar können je nach thematischer Ausrichtung des Gottesdienstes unterschiedliche Schwerpunktsetzungen in den verschiedenen Teilen vorgenommen werden, die „regelmäßige“ Struktur aber ergibt sich organisch aus dem gottesdienstlichen Prozess, der sich im Dreieck von Ich – Wir – Thema entwickelt.

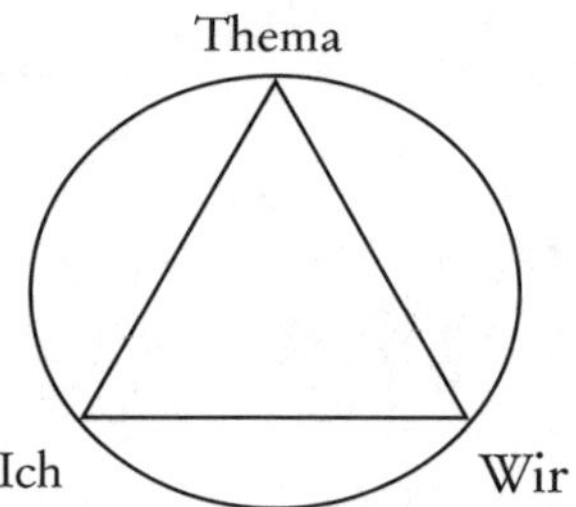

Ich komme in den Gottesdienst und treffe andere. Noch bin ich ganz bei mir. Auch noch nicht ganz da. Nötig ist darum eine Gestaltung des „Eingangsraumes“, die es möglich macht, anzukommen und die anderen, die gekommen sind, wahrzunehmen. Das gilt keineswegs nur für das Feierabendmahl,[53] sondern für jeden Gottesdienst. Ja, für jedes Fest. Ich werde, noch an der Ein-

52 Vgl. etwa die grafische Darstellung der Grundform I als Weg durch den Kirchraum bei Christian Grethlein: Abriß der Liturgik. Ein Studienbuch zur Gottesdienstgestaltung, Gütersloh ^{2}1991, 118.

53 Vgl. Gottesdienstbuch, 215. Die „freundliche Gestaltung des Vorraums“, die Begrüßung und Aufforderung, einander bekannt zu machen, wird auch im Gottesdienst nach den Grundformen oder den übrigen agendarisch zulässigen Formen nicht obsolet!

gangstür, vom Gastgeber begrüßt und gefragt „Wie geht es Ihnen?". Für die Liturgie bedeutet dies, dass sie im Eingangsteil aufnehmen muss, was außerhalb ihres begrenzten Zeitraumes geschieht. Was „draußen" ist, der GLOBE, wirkt sich aus. Wer den nicht alltäglichen Zeitraum des Gottesdienstes betritt, ist zwar in einem besonderen, gesonderten Raum, vom Alltäglichen aber eben nicht getrennt. Darum geht es nicht: Nach aktuellen Ereignissen von allgemeiner Bedeutung mit dem dem Sonntag durch das Kirchenjahr verordneten Thema über diese Ereignisse hinweg zu gehen.[54]

„Wir feiern Gottesdienst ...", höre ICH den Gottesdienstleiter sagen. WIR? Das gemeinsame Singen verbindet mich mit den anderen. Wenn es heißt „WIR feiern Gottesdienst", dann heißt es noch nicht, dass wir uns gemeinsam einem THEMA zuwenden. WIR wollen das tun. Aber mich beschäftigen noch andere Dinge, *meine* Themen, die ich erst loswerden will und muss, um mich auf das Neue einzulassen. Aber die Liturgie bietet Raum, dass ICH abladen kann, was ich mit mir herumschleppe. Das ist die Funktion etwa des Kyrie: bei Gott abzulegen, was mich hindert, mich einzustellen auf das, was kommt. Zudem führt das gemeinsame Kyrie das ICH weiter mit den anderen zusammen. Die Gemeinschaft der Gottesdienst Feiernden, WIR, bildet sich.

Ein Gnadenspruch hat hier die Funktion der Überleitung in den eigentlichen Festraum: das „so, jetzt kommt endlich herein und fühlt euch wie zu Hause" des Gastgebers, der vom Flur in den Raum der Feier hineinführt.

Im Gottesdienst findet sich an der Türschwelle der Introitus, dessen Funktion es ist, in das THEMA des Tages, damit den konkreten Anlass der Einladung, einzuführen. Das Tagesgebet kann verstanden werden als Formulierung eines Vorhabens für das gemeinsame gottesdienstliche Tun.

Das THEMA macht die Mitte des Gottesdienstes aus. Wenn ICH zum WIR und WIR zum THEMA gefunden haben, verbindet und vermittelt es zwischen mir und den anderen. Bei Themagottesdiensten,[55] wie politischen Nachtgebeten oder den Liturgischen Tagen auf Kirchentagen, führt das THEMA die Einzelnen schon im Vorfeld zum WIR zusammen, wie bei jedem Fest das THEMA im Mittelpunkt steht und zur Feier lädt: der 30. oder 70. Geburtstag, ein bestandenes Diplom, eine Verlobung. Man unterhält sich mit den anderen Gästen. Eigene Erfahrungen, Erinnerungen an ähnliche Situationen im eigenen Leben werden ausgetauscht. Irgendwann mag der Gastgeber das Wort ergreifen und aus seiner Sicht etwas zum Anlass sagen. Das ist die Funktion der Lesung(en), das Thema bekannt zu machen. Und es aus verschiedenen Perspektiven zu beleuchten. Das ist eben auch die Aufgabe der Predigt, die ihrer traditionell monologischen Form zum Trotz Gespräch mit dem Predigthörer über

54 Wenn Wiggermann schreibt, „Die A. (Gottesdienstordnung) reformatorischer Kirchen darf die Agenda (Tagesordnung) der Welt nicht übersehen." (Art.: Agende, in: RGG[4], 180), dann gilt das nicht allein auf Grund der theologisch verstandenen Weltverantwortung der Christen, sondern eben auch deshalb, weil der Globe, die Welt, die, die feiern wollen, sonst „aufzufressen" droht, wenn man ihn nicht ausreichend berücksichtigt.

55 Henning Schröer/Günter Ruddat: Themagottesdienste, Gütersloh 1973.

sein Leben sein will.[56] In der klassischen Predigt wird das THEMA durch den Prediger ins Gespräch gebracht. Im Idealfall eines Predigtgesprächs trage ICH zu dem Gespräch das Meine bei und höre von anderen. ICH lerne neue Perspektiven kennen, mein Horizont erweitert sich. Durch Sachinformationen und emotive Impulse aus der Behandlung des THEMAS im WIR finde ICH zum Thema, zur Bedeutung der „Sache" für mich.

Was das THEMA also für mich bedeutet, teile ich in der Fürbitte den ANDEREN (Gott eingeschlossen[57]) mit. ICH formuliere mein Anliegen und lade die ANDEREN ein, es sich im WIR anzueignen, indem sie etwa in einen Kyrieruf mit mir einstimmen. Auch werden erste Konsequenzen aus der Verkündigung gezogen. Vorhaben werden formuliert und Verabredungen getroffen (in den Abkündigungen und Veranstaltungshinweisen) und – mit der Kollekte – erste kleine, praktische Schritte getan.

Auf wohl jedem Fest gibt es etwas zu Essen und zu Trinken. Man stärkt sich. Wie im lebendigen Austausch, im Gespräch, so auch leiblich. Im gemeinsamen Essen und Trinken, in dieser Gemeinsamkeit, liegt allemal so viel Stärkung wie in der Stärke des Brotes. Hierin unterscheiden sich Fest und Gottesdienst nicht.

Aus dem gemeinsamen Gespräch des Gottesdienstes heraus entwickeln sich auch neue Themen. Im Idealfall suchen WIR miteinander ein neues THEMA, zu dem wir uns für den nächsten Gottesdienst verabreden.[58] Wie auch am Ende eines Festes Verabredungen getroffen werden. Man tauscht noch Informationen aus, bespricht sich und verabredet nächste Schritte. Sei es, dass diese den Alltag betreffen oder ein nächstes Fest („Wer wird denn als nächste 70?"). Man formuliert Absichten, etwa bis zum nächsten Treffen nicht wieder so viel Zeit ins Land gehen zu lassen, und verabschiedet sich. Dabei ist der Abschied oft so gestaltet, dass er verbunden ist mit einem Zuspruch („Es war schön, dich mal wieder gesehen zu haben."). So verabschieden WIR uns auch im Gottesdienst nach Abkündigungen und Fürbitten im Segen. Dabei weiten Kollekte und Fürbitte den Blick auf den Alltag der Welt, in den uns der Segen begleitet.

Selbstverständlich funktionieren Gottesdienste in der Regel nicht so. Das zweite Dreieck der TZI, das Dreieck von Struktur – Prozess – Vertrauen hilft als diagnostisches Instrument die prozessualen Schwierigkeiten zu verstehen, mit denen der realexistierende Gottesdienst gleich welcher Form zu kämpfen hat.

---

56 Vgl. Ernst Lange, Predigen als Beruf. Aufsätze zu Homiletik, Liturgie und Pfarramt, München ^{2}1982 (Edition Ernst Lange 3).

57 Im Vertrauen auf die Zusage Mt 18, 20.

58 In diesem Zusammenhang sei auf Okko Herlyns: Theologie der Gottesdienstgestaltung, Neukirchen-Vlyun 1992, verwiesen, die den Zusammenhang von Gemeindeleben und Gottesdienstfeier betont, vgl. 79 ff.: Unterwegs nach „Solentiname". Kritisch zu Herlyn habe ich mich geäußert in: Zur Kunst gottesdienstlicher Praxis. Friedrich Schleiermachers Gottesdienstverständnis in seiner Bedeutung für unsere Gegenwart, in: JLH 35 (1994/95) 67 f.

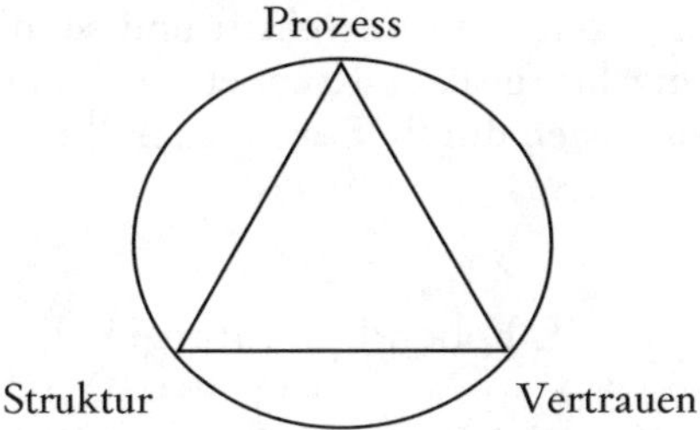

Der Kreis der allsonntäglichen Gottesdienstteilnehmer ist sehr klein. Die klare, vom Evangelischen Gottesdienstbuch betonte Struktur des Gottesdienstes hilft zwar über den Kreis von Insidern hinaus, sich für die Feier des Gottesdienstes auf das Geschehen einzulassen. Die stabilisierende und Vertrauen stiftende Wirkung von Ritualen aber kommt nicht voll zum Zuge, wenn die Teilnahme zu unregelmäßig ist. Ja, Aktualisierungen der Liturgie wirken vor dem Hintergrund unregelmäßiger Teilnahme möglicherweise sogar kontraproduktiv, weil sie das Vertrauen der Gottesdienstteilnehmer in den Prozess schwächen und so verhindern, dass sich die Einzelnen auf den Prozess, auf den Gottesdienst einlassen.

Auf die geringe Konstanz in der Teilnahme ist zurückzuführen, dass es auch am Vertrauen in das Wir, besser: an Vertrautheit des Wir mangelt. Das wird deutlich etwa an den Liedern. Es gibt kein wirklich gemeinsames Liedgut mehr, das miteinander gesungen werden könnte. Immer wieder sind Lieder unbekannt, was sie in ihrer Funktion, Ich-verbindend zu wirken, deutlich einschränkt. Man hört den Unterschied, wenn ein Lied gesungen wird, das allen bekannt ist.[59] Den Prozess, dem sich das gottesdienstliche Thema verdankt, im Idealfall den vorherigen Gottesdienst oder den gemeindlichen Alltag, haben viele Teilnehmer zudem nicht miterlebt. Die ideale Funktion des Themas, Gruppe und damit prozessförderliches Vertrauen zu bilden, trifft hier auf einen starken Widerstand. Das wird praktisch relevant, wenn versucht wird, die Liturgie durch kreative Formen zu beleben. Solche Interaktionsformen, Tänze etwa oder Malaktionen, werden in der Regel von der Mehrheit der Gottesdienstteilnehmer nicht angenommen. Weil es im Regelfall des Gottesdienstes eben am Vertrauen in das Wir mangelt. Was daraus folgt, ist nicht selten eine Teilung der Gottesdienstgemeinde in Aktive und Zuschauer.

Wenn hier also die These vertreten wird, Gottesdienste befänden sich in der Balance themenzentrierter Interaktion, dann beschreibt das nicht einfach die Wirklichkeit der gottesdienstlichen Praxis. Es kennzeichnet aber die Weisheit der liturgischen Tradition, an die es anzuknüpfen gilt. Dies aber eben nicht durch historische Forschung und dieser entsprechende liturgische Restaurati-

59 Das bedeutet natürlich kein Plädoyer gegen neues Liedgut. Je nach Gruppe ist auch die Lieddichtung eines Paul Gerhard so unbekannt, wie anderen die Musik von Peter Janssens oder Thomas Quast.

on, auch nicht durch agendarische Vorschrift und sei diese noch so gut, sondern durch die Schulung liturgischer Kompetenz[60] und Hilfestellung bei der Gestaltung von Gottesdiensten durch Werkbücher.[61]

VI. Lebendige Liturgie

Was ist eine lebendige Liturgie? Woran sollen wir denken, wenn wir uns das Gegenteil des Begriffs vorzustellen versuchen? Ich stelle mir eine leere Form vor; ein immer gleiches „Ritual" ohne innere Beteiligung derer, die agieren. Eine langweilige Veranstaltung. Nur, was ist langweilig? Über Geschmack lässt sich bekanntlich streiten. Oder auch nicht. Bei Hans-Christoph Schmidt-Lauber findet sich der Hinweis auf eine Gemeinde, die bis in die Gegenwart hinein nach einer Agende von 1865 Gottesdienst gefeiert hat.[62] Diese Gottesdienstform ist lebendig geblieben. Das ist nur so zu verstehen, dass das agendarische Tun von der konkreten Gemeinde eben nicht als „langweilig" erlebt wurde, sondern als lebendig erlebt wird. Der Begriff einer Lebendigen Liturgie kann sich folglich nicht allein auf vielfältige, abwechslungsreiche Formen beziehen. Er muss vielmehr vom Prozessgeschehen des Gottesdienstes her formuliert werden.

Selbstverständlich ist die Gemeinde, von der Schmidt-Lauber berichtet, ein Sonderfall, der m.E. eine überaus stabile Lebenswelt voraussetzt. In der schnelllebigen Gegenwart erscheint mir die Formenvielfalt im gottesdienstlichen Leben einer Gemeinde nötig, um den Zusammenhang von Alltag und Sonntag aktuell erfahrbar zu machen. Um diesen Zusammenhang geht es ja. Der Gottesdienst ist die Unterbrechung des Alltags. Im Modus der Unterbrechung aber ist der Gottesdienst mit dem Alltag verbunden. So geht es eben darum, alltägliche Prozesse aufzunehmen, ihnen gottesdienstlich Raum zu geben und sie neu auszurichten. Es geht darum, Erfahrungen aufzunehmen, im Licht des Wortes Gottes zu beleuchten und zu bearbeiten. Es geht nicht darum, gänzlich neue Prozesse zu initiieren, die in keiner Relation zu den alltäglichen Erfahrungen stehen. Wo dies geschieht, ist die Erfahrung einer Enttäuschung beinahe vorprogrammiert. Ganz analog zur „Kirchentagsenttäuschung" über den realexistierenden gemeindlichen Alltag zu Hause.

Die TZI macht darauf aufmerksam, dass es eben nicht an der äußeren Form liegt, sondern an der Qualität des Prozesses. Ich muss angesprochen werden. Wir muss sich bilden und das gemeinsame Thema gilt es zu finden und zu be-

60 Vgl. neben der theatralisch-bühnengerechten Ausbildung von Stimme und Körpersprache im Konzept der Liturgischen Präsenz auch den Ansatz der Liturgischen Woche als liturgiedidaktisches Konzept von Henning Schröer und Günter Ruddat.

61 Etwa Fritz Baltruweit/Günter Ruddat: Gemeinde gestaltet Gottesdienst. Arbeitsbuch zur Erneuerten Agende, Gütersloh 1994.

62 Hans-Christoph Schmidt-Lauber: Die Zukunft des Gottesdienstes. Von der Notwendigkeit lebendiger Liturgie, Stuttgart 1990 (Calwer Taschenbibliothek 19), 115.

arbeiten. Die durchaus verbreitete Methode von einer „Aktion" zur Planung eines Gottesdienstes zu schreiten, ist so gesehen nicht nur Unsitte, sondern letztlich Unsinn.

Das Thema bleibt auch in einer so verstandenen „Lebendigen Liturgie" zentral, aber eben das Thema, kein abstrakter Text. Dabei stehen Thema und Bibeltext natürlich in keinem Gegensatz zueinander. Nur sind es nicht die Worte, die regens der Liturgie sind, sondern ihr Inhalt; nicht die Buchstaben, sondern der Geist. Von der Situation her ergeht die Frage an das Wort Gottes. Die Frage geht der Antwort voraus, mit der es dann weiter umzugehen gilt. Dem ist in der Gestaltung der Liturgie Rechnung zu tragen. Im Wissen um den dynamischen Prozess des Gottesdienstes gewinnen so der Eingangs- und der Schlussteil eine besondere Bedeutung.

Geteilte Wahrnehmung

Beobachtungen zum Umgang mit liturgischen Prinzipaltexten in einem Essay von Christa Wolf

Alexander Völker

Dona nobis pacem. Die Bitte um Frieden können wir auch an uns richten. Gib Frieden! könnten wir uns sagen. So gib doch endlich Frieden. Und könnten versuchen, herauszufinden, ob diejenigen unserer Wünsche, die scheinbar unser Wirtschaftssystem stützen, in Wirklichkeit zu Unfrieden und zur Zerstörung der Grundlagen unseres Lebens führen, wirklich unverzichtbar sind. Ob nicht ihre Maßlosigkeit jene Spaltung mit hervorruft, die uns zwingt, unsere Kinder zu erziehen „... halb auf die wölfische Praxis, und halb auf die Idee der Sittlichkeit hin", wie Ingeborg Bachmann sagt. Aber an jenen Wünschen und Bedürfnissen zu rütteln, die wir gerne als naturgegeben ansehen wollen, das zeigt sich als das allerschwierigste. Daß an ihnen etwas zu ändern wäre, das wollen wir nicht glauben. Das halten wir für eine Utopie. Aber die Geschichte ist nicht zu Ende. Und sind nicht von jeher Menschen, die mit dem Sinnverlust, den sie spüren, nicht mehr leben wollen oder können, Urheber großer Veränderungen geworden?

Offensichtlich haben wir es bei diesem Text mit ins Grundsätzliche gehenden Erwägungen zur gesamtgesellschaftlichen Situation zu tun, und ohne Frage steht auch ein deutlich artikulierter Wille zur Gestaltung einer veränderten politischen wie soziokulturellen Struktur in unserem Land hinter diesen Worten.[1] Gleichwohl schließt der Essay, von dem hier die Rede sein soll, mit einer Frage, nicht mit einer Feststellung. Der zitierte Text bildet den Schluß einer *Musikalischen Meditation,* die Christa Wolf unter dem Titel *Dünn ist die Decke der Zivilisation* ihrem Erzähl- und Essayband *Hierzulande Andernorts* beigefügt hat.[2] Auf den wenigen Seiten dieser Betrachtung findet sich der Text des Ordinariums der Messe (lateinisch und deutsch[3]), Credo, Gloria in excelsis sowie

---

1 Vgl. die ausführlichen Zitate unten Anm. 13 und 14.

2 Christa Wolf: Hierzulande Andernorts. Erzählungen und andere Texte 1994–1998. Luchterhand, München 1999, 223 S. (im Folgenden abgekürzt: Hierzulande); Zitat S. 218 f. Zitate bzw. Teilzitate im Text erscheinen stets kursiv.

3 Der deutsche Text entspricht dem offiziellen Wortlaut der liturgischen Texte (vgl. Wolfgang Beinert/Konrad Hoffmann/Herwarth von Schade: Glaubensbekenntnis und Gotteslob der Kirche, Freiburg u. a. 1971, S. 9 ff.). Ausnahmen: im Nizänum *Er* hat Fleisch angenommen (statt: *hat*

Agnus Dei – Kyrie und Sanctus fehlen. Wie kommt Christa Wolf dazu, sich mit den großen Texten der Messe zu befassen? Das Anhören der Haydn-Komposition *Missa in Tempore Belli*[4] (1796) hat den Anlaß gegeben.[5]

Wir hören eine große Musik. Als ich anfing, diesen Text zu schreiben, habe ich sie mir immer wieder vorgespielt, bis ich das Muster der Messe in ihr erkannte. Da ich nicht gläubig im Sinne einer Kirche bin, habe ich dieses Muster erst lernen müssen, habe versucht, mich in die Gefühls- und Denkweise der Gläubigen hineinzuversetzen, denen das strenge Ritual ein Erlebnis von Gemeinsamkeit und Halt gab und gibt. Hier ist ein seit Jahrhunderten feststehender Kanon, auf den man bauen, in den man sich auch einbauen, einfügen, einpassen kann – große Bilder, große Anrufungen, Flehungen, Bekenntnisse, die die Seele der wahrhaft Gläubigen aus der Zerknirschung erheben, sie besänftigen, stillen und sie dann in Frieden entlassen können: Ite, missa est: Geht, ihr seid entlassen.[6]

Große Bilder, große Anrufungen, Flehungen, Bekenntnisse – Christa Wolf findet beachtlich verständnisvolle Worte für den „Kanon“ der Meßtexte und deren Funktion. Von ihnen aus kommt sie auf jedwede Kultur zu sprechen, die *ohne religio,*[7] *ohne eine Rück-Bindung an Übereinkünfte über Werte, Glaubenssätze, über das Maß, nach dem Sittlichkeit zu messen ist,* nie ausgekommen sei.[8] Wenn es denn schon, durch die Haydn-Messe vorgegeben, die großen, die Zeiten überdauernden Worte der Liturgie der Kirche wie Credo, Gloria und Agnus sein sollen, wird sich der Christa Wolf-Leser fragen: Wie erscheinen diese liturgischen Stücke in diesem eigenwilligen literarischen Kontext? Spielt die „Zeitstelle“ der augenblicklichen gesellschaftlich-sozialen Situation in Mittel- und Ostdeutschland dafür eine erhellende Rolle?[9] Was leisten diese Texte dort (und was leisten sie nicht), was geben sie eigentlich für die Autorin her? Deren Argumentation bewegt sich ja doch sehr stark im Gesellschaftskritischen und

---

Fleisch angenommen); *aus* (statt: *von*) der Jungfrau Maria; *Er ist auferstanden am dritten Tage* (statt: *ist am dritten Tage auferstanden)*; im Dritten Artikel durchgehend *Ich* (statt: *Wir*); im Gloria *nimm unser Flehen gnädig auf* (statt: *nimm an unser Gebet*).

4 Mit gleichnamigem Titel in der Bärenreiter-Taschenpartitur Nr. 94, Kassel 1962, 77 S.

5 Am 21. März 1998 veranstaltete das Schweizer Fernsehen eine Musikalische Meditation im Großmünster Zürich (ausgestrahlt am 10. April des gleichen Jahres), vgl. Hierzulande, S. 223.

6 Hierzulande, S. 204.

7 Ein zeitgenössisches Nachschlagewerk definiert *Religion* als *zusammenfassende Bezeichnung für eine Fülle historischer Erscheinungen, denen ein spezifischer Bezug zu dem überweltlichen, transzendenten Heiligen in personaler Gestalt einer oder mehrerer Gottheiten einerseits und den Menschen andererseits in einer deren Verhalten normativ bestimmenden Weise zugrunde liegt […] „Religion“ kann zweifach gedeutet werden: als sorgfältige Beachtung des Kultes […] und als Verbindung des Menschen mit Gott (zu lat. religare „binden, wieder verbinden“)* (Meyers Großes Taschenlexikon in 24. Bd., Bd. 18, Mannheim [4]1992, S. 180).

8 Hierzulande, S. 206.

9 Vgl. das Plädoyer von Jan Hermelink für ein regional und religionstheoretisch differenziertes „Ekklesiales Paradigma“, in: Wilhelm Gräb/Birgit Weyel (Hg.): Praktische Theologie und protestantische Kultur (PThK 9), Gütersloh 2002, S. 469–488, hier S. 485 ff.

neue Hoffnungsansätze suchend ganz in der Gegenwart. Wie in Christa Wolfs Essay auch – dies mag durch die Eigenart ihrer Prosa mitbedingt sein – wird die auszuführende skizzierte Beobachtung ebenfalls mit einer Frage enden – und damit hoffentlich ein Nachdenken, das kritische Gespräch und notwendige Ergänzungen auslösen können.

Mit dem Entstehungsjahr der Haydn-Messe (1796) synchronisiert die Autorin zunächst drei epochemachende Programmschriften, die in eben diesem Jahr erschienen und das Zeitalter eines *freiheitlichen, vor allem: von Hoffnung getragenen Denkens* hätten einläuten sollen.[10] *Vor* diesen Ausführungen ist bereits der Credotext vom Ersten Artikel an bis zum *et sepultus est* eingeschaltet gewesen – der Weg Gottes von der Menschwerdung bis zum bitteren Ende ... Der Geist *freiheitlichen, vor allem: von Hoffnung getragenen Denkens* – Christa Wolf spricht ausdrücklich von *Geist* – *wurde in den letzten zweihundert Jahren in Europa stranguliert, zeitweise abgetötet.*[11] Die Freiheit ist verkommen zu einer *Freiheit, möglichst viel zu verdienen, Freiheit, zu reisen, Freiheit des Konsums [...], Befreiung aus allen Bindungen.*[12] An dieser Stelle wird, weil nun von den Opfern einer solch verheerenden Entwicklung zu sprechen ist, der Agnus Dei-Teil des Gloria eingeschaltet und assoziativ mit DDR- bzw. gesamtdeutschen Reminiszenzen verbunden – mit dem Freiheitsprogramm *Wider den Schlaf der Vernunft* (Thomas Paine!), einer Parole von der Samariterkirche Ostberlin 1989, und der mutwilligen Zerstörung und Wiederaufrichtung eines Gedenksteins[13] an die Judenprogrome in Berlin-Mitte – dabei zeichnet Christa Wolf ein ziemlich düsteres Bild der gesellschaftlichen Entwicklung des letzten, Nach-Wende-Jahrzehnts.[14]

---

10 Es handelt sich um Kants *Zum ewigen Frieden,* Thomas Paines *Das Zeitalter der Vernunft* und Schillers *Briefe zur ästhetischen Erziehung des Menschen.* An Paines Lebensgeschick buchstabiert sie, wie er *an den Bewegungen teilnehmen (kann), die eine vernünftige gesellschaftliche Praxis anstreben* (Hierzulande, S. 206 ff.).

11 Hierzulande, S. 208.

12 Ebd.

13 Vgl. in demselben Band den Beitrag *Der geschändete Stein* (Hierzulande, S. 195–199), in dem z. B. zu lesen ist: *Die Welt ist nach der systematischen Ausrottung der Juden Europas durch Deutsche eine andere als vorher. Diese Erkenntnis trifft uns mit einer Wucht, die sich immer noch steigert. Das Wissen ist uns eingebrannt, daß die Zivilisation, in der wir uns bewegen, eine dünne Schicht ist; sie kann einbrechen, die Barbarei kann ungezügelt zum Ausbruch kommen. Menschen können heranwachsen – und sie wachsen unter uns heran –, deren Lebens- und Verhaltensmuster keinen Hauch von Mitgefühl kennen, die unerreichbar sind für die Maßstäbe und Werte unserer abendländischen Kultur. Die um sich schlagen – auf alles, was schwächer, was fremd, was bedrohlich für sie ist. Kann ein Stein, können Mahnmale bedrohlich sein? Anscheinend ja. Diese jungen Leute in ihrem extrem schwachen Selbstwertgefühl ertragen es nicht, an die Verbrechen ihrer Großväter erinnert zu werden. Sie können nur aus primitiven, archaischen Reflexen heraus sich selbst beweisen, daß sie vorhanden sind.*

14 *Und alle zusammen wundern sich, wie stark die jetzige gesellschaftliche Ordnung in ihren Zielen der alten, weit weniger effektiven und ungleich restriktiveren ähnelt: in ihrer Ausrichtung auf ein megamaschinelles Industriesystem, in Forschung und Technologie, die in eine zerstörerische Richtung tendieren und um des grenzenlosen Wachstums und Profits weitergetrieben werden, obwohl alles Wissen über die Folgen dieser Tendenz heute vorhanden ist.*

Ein nächster Abschnitt setzt mit dem Gloria in excelsis ein, wobei das Laudamus aus wohlerwogenen Gründen nur bis zur Christusmitte des Hymnus zitiert wird: *Domine Deus, Agnus Dei, Filius Patris.* Dieser Einhalt im Fluß des Lobgesangs bzw. der Musik ist voll beabsichtigt! Zunächst erinnert sich die Autorin an ihre Mutter und deren schlichten, unbezweifelbaren Glauben in ihrer realen Alltagswelt: *Meine Mutter pflegte zu sagen: Ich glaube, daß fünf Pfund Rindfleisch eine gute Brühe geben, wenn man nicht zuviel Wasser nimmt.*[15] Es folgen Sätze, die noch einmal sowohl die lebensweltliche Verbundenheit mit der Erfahrung der Elterngeneration wie auch die Hochschätzung der „heiligen Texte" zur Sprache bringen: *Ist es Blasphemie, diesen nüchternen Satz einer Frau, die, besonders nach Krieg und Vertreibung, sich fast bis zur Selbstaufopferung für ihre Kinder abarbeitete, hier anzuführen, nach dem hochfliegenden, heiligen Credo? Ich denke nicht. Ich denke vielmehr, daß das schönste Glaubensbekenntnis – worauf immer es sich beziehen mag: einen Gott, ein Heiligtum, eine religiöse oder weltliche Lehre – nur so viel wert ist, wie es die Erfahrungen und die Lebenssorgen der sogenannten einfachen Menschen in sich aufnehmen und ihnen – soweit das überhaupt möglich ist – gerecht werden kann. Nicht, daß sie nicht fähig werden oder daß man es ihnen nicht zutrauen sollte, daß sie sich lösen können von ihren alltäglichen Abläufen und Verrichtungen und ihren Sinn und ihre Sinne auf etwas richten können, was über ihre Person, über ihre Lebenszeit hinausweist, sie transzendiert und ehrwürdig und geheimnisvoll ist und ihre Ehrfurcht weckt. Gerade ihre Glaubensinnigkeit ist ja oft benutzt, oft ausgenutzt worden …*[16] Ganz ohne Frage gehören diese wenigen Sätze Christa Wolfs zum Schönsten und Treffendsten, was zeitgenössische Literatur zum Verhältnis zwischen „Klassik"-Texten und Alltag zu sagen hat.

Doch nun folgt eine „gezielte" Argumentation Schlag auf Schlag – der Glaube der *Mutter* dient als assoziative Brücke. Gerade in seinen zentralen christologischen Partien ist das Credo Nizänum in der Sicht der Autorin nur als ein Dokument der patriarchalisch durchgesetzten Gewalt-Männerherrschaft aufzufassen: *Der strenge Glaubenstext […] fordert ein rigoroses Bekenntnis gegen die Mitwirkung der Mutter an der Geburt dieses einen Kindes: ‚Gottes eingeborenen Sohn, aus dem Vater geboren […]'*[17] Vorgeschichtliche Mythologie und Religionswissenschaft haben Christa Wolf die Augen dafür geöffnet, *vor welchem Hintergrund diese Einsetzung des Mannes als alleinigem Schöpfer alles Lebens*

Kaum ein denkender Mensch leugnet heute noch, daß die Art und Weise, wie die westlichen Länder wirtschaften und wie ihre Bewohner leben, sich in einer Krise befindet. Jedenfalls greift das Krisenbewußtsein nach meiner Erfahrung genauso schnell um sich wie die Globalisierung der Wirtschafts- und Finanzmärkte. […] Mir drängt sich das Bild eines sich immer schneller drehenden Strudels auf, in dessen Zentrum das Vakuum immer größer wird, während diejenigen, die keinen Halt mehr finden, an seinen äußeren Rand, schließlich darüber hinaus geschleudert werden. Die ratlosen Verfechter unseres Systems verkaufen uns dieses fatale Phänomen weiterhin ungerührt als Fortschritt (Hierzulande, S. 210f.).

15 S. 212.

16 S. 212f.

17 S. 213.

statthaben mußte.[18] In meisterhafter literarischer Abbreviatur folgt nun, mit dem Zitateinsatz des Credo vom *resurrexit* an bis zu seinem Schluß, eine Skizze von Tragik und Verfall einer ganz und gar depravierten Menschheitsgeschichte, in der das der Menschengemeinschaft ursprünglich kongeniale Matriarchat[19] durch den konkurrenzierend erscheinenden (Gottes-) *Sohn* (aus dem *Vater* geboren ...) abgelöst wird, einen Götterheros, der geopfert wird und aufersteht.[20] Die durch die Frau bestimmte ursprüngliche Geschlechterfolge wird demgegenüber durch die babylonische Göttin Ischtar dargestellt und illustriert, aus deren Kult Klage- und Hilferufe der Menschen (= das im Essay fehlende Kyrie) zitiert werden.[21] Doch gibt es so etwas wie einen Ausgleich für die *weltgeschichtliche Niederlage der Frau* und die in den Weltreligionen scheinbar unumkehrbare Dominanz permanenter Männerherrschaft: *Als Zugeständnis an die einfachen Menschen, die immer noch an ihren Göttinnen hängen, gibt es nun eine Jungfrau, die, wider die Natur, ein Kind zur Welt bringt, das sie von keinem irdischen Mann empfangen hat. Ihr wird kein eigenständiger Wert als Mutter mehr zuerkannt, sie ist nur noch ein Gefäß der Gottheit. Sie darf für die sündigen Menschen bei Gottvater bitten: Eigene Macht, zu binden und zu lösen, hat sie nicht. Und Jungfrauschaft wird jahrhundertelang – an vielen Orten der Welt noch heute – zur rabiat durchgesetzten Bedingung für die Ehewürdigkeit einer Frau.*[22]

Mit diesem „Rundumschlag" ist Christa Wolfs „Weltbild" (und Menschenbild!) und ihre Einschätzung von Glaubenssachverhalten in den großen Weltreligionen nun komplett, ist man versucht zu sagen. Nach einer längeren Passage, in der die Autorin schlaglichtartig die planmäßige und fortgesetzte Unterdrückung der Frauen[23] beleuchtet, erreicht sie das Finale ihres brillanten

---

18 Ebd.

19 *Es ist erregend, oft bestürzend, dem Schicksal der Göttin nachzugehen, die in den frühesten Zeiten von Menschen angebetet wurde, denen die Heiligkeit der weiblichen Sexualität, ihre mystische, lebenspendende Kraft unmittelbar einleuchtete; die in ihren Gesellschaften der ersten Dyade von Mutter und Kind, die das Überleben des Stammes sicherte, Ehrfurcht entgegenbrachten. In noch wenig differenzierten Gesellschaften müssen sich die Frauen dem Mann gleichgestellt, vielleicht überlegen gefühlt haben. Die Geschlechterfolge wurde von der Frau abgeleitet, sie war die einzig sichere Herkunft der Kinder* (S. 215).

20 Darum der Einsatz beim *Et resurrexit* ... S. 213.

21 *[...] Heldenhafte Ischtar, Schöpferin der Menschen [...], dich gehen um Hilfe an die, denen Unrecht geschah [...]* (S. 215).

22 S. 216 f.

23 *Die ‚weltgeschichtliche Niederlage der Frau', die sich in den monotheistischen Religionen spiegelt, wirkt bis heute fort: In vielen Weltgegenden als direkte, unverblümte Entrechtung und oft bestialische Unterdrückung der Frauen; in unseren zivilisierten patriarchalischen Gesellschaften haben die Frauen zwar viele Rechte erkämpft, spielen aber nur eine geringe Rolle bei der Formulierung der richtunggebenden Werte, zu denen jedenfalls Liebe zu Kindern, zu Menschen überhaupt, die Bewahrung des Lebens, Mütterlichkeit nicht gehören. Und immer wenn eine Krise die Gesellschaft bedroht, wie eben jetzt, zeigt sich, wie dünn die Decke der Zivilisation ist. Sie reißt an vielen Enden. Angst, Gier, Rücksichtslosigkeit der Männergesellschaft kommen nackt hervor, die Frauen werden wieder an den Rand gedrängt, die haßvollen perversen Gewalttaten gegen sie nehmen zu, in den Massenmedien er-*

Essays: *Jetzt aber, ohne versöhnlichen Übergang, das gemeinsame Mahl. Das Verspeisen des Opferlamms. Das herrliche Agnus Dei: Mit Pauken und Trompeten.*[24] Was folgt, ist die Wiedergabe des vollständigen Lamm Gottes-Gesangs der Messe und die eindringliche Schlußpredigt, die gleich zu Anfang zitiert wurde.[25]

Die Argumentation Christa Wolfs hat etwas Bezwingendes, ja Überführendes, dem sich ein Leser nicht entziehen kann. Darum wird auch hier ein Großteil ihres so engagierten Essays im Wortlaut wiedergegeben. Der Leser erlebt von Anfang – dem Zitat der Haydn-Messe-Texte – über die zeitgeschichtlich erhellenden Passagen (Stichwort *Freiheit*) bis zum Aufweis von Schuld und Chance der Gesellschaft heute (Stichwort *Frauenentrechtung*) *ohne versöhnlichen Übergang*[26] mit, wie die Essayistin unablässig auf der Suche nach Utopien,[27] nach Anzeichen von Veränderung ist, gerade auch dann, wenn sie rückblickend konzedieren muss: *Die Kraft des Prinzips Hoffnung scheint erloschen und wird oft noch nachträglich denunziert.*[28] Wie sie selbst auch[29] darf wohl der Leser an die Autorin von *Der geteilte Himmel* (1963), von *Kassandra* (1983) und neuerdings von *Leibhaftig* (2002) eine (Gegen-)Frage stellen. Es ist bewundernswert und ein Zeichen von großer Könnerschaft, wie Christa Wolf ihre zeit- und gesellschaftskritischen Wahrnehmungen, Mutmaßungen, Ängste und Befürchtungen in das Traditionsmuster liturgischer Prinzipalstücke einträgt, auf die sie beim Anhören klassischer Musik stößt; in welcher Weise sie den Ausverkauf neuzeitlich errungener Freiheit mit dem Weg zum Kreuz verbindet,[30] die Schicksalsschuld der Deutschen mit dem *Qui tollis peccata mundi* konfrontiert[31] oder die Männergewalt wie die Frauenunterdrückung im *Filius Patris* des Gloria angelegt sieht.[32]

Doch: Welchen Bei-Klang muss die mehrfache Hymnus-Anrede *Domine* vor dem Hintergrund des Konstrukts von Menschheitsgeschichte gewinnen, das Christa Wolf so prägnant wie unwidersprochen entwirft!? *‚Und vergib uns unsere Schuld …‘,* zitiert sie die Vaterunserbitte und fährt fort: *Wir hören das Echo jahrtausendealter, längst untergegangener Stimmen. Ja, wir kommen von weit-*

---

scheinen sie häufig als Hausmütterchen, konkurrierende Karrierefrauen oder als gefährlich verführerische dämonische Wesen. Berufe und Tätigkeiten, die Einfühlung und Mitempfinden zur Voraussetzung haben, werden als erste geopfert. Ein unheilvoller Kreislauf, der auch die beschäftigt, die ihn unaufhörlich in Gang setzen (S. 217).

24 S. 217.

25 Vgl. oben Anm. 1.

26 S. 217, siehe oben.

27 Der Begriff nur einmal im Schlußabschnitt, S. 219.

28 S. 211, im Kontext des längeren Zitats von Anm. 13.

29 *Ich ende nicht mit Gewißheit, ich ende mit einer Frage* (S. 219, letzter Satz des Essays).

30 S. 205 ff.

31 S. 208; die Übergangsverbindung lautet dort wörtlich: *‚Qui tollis peccata mundi‘ werden wir jetzt hören. Du nimmst hinweg die Sünden der Welt. Ich zweifle.*

32 S. 212 ff.

her.[33] Sind die so alten liturgischen Texte wie das Credo, das Gloria und das Agnus wirklich Dokumente einer „Topographie des Terrors", der Manifestation einer bösen Geschichte, in der allemal die Frauen - durch die Männer, und selbstverständlich zugunsten der Männer - zum Opfer gebracht werden müssen?[34] Ist es für das Glaubensbekenntnis der Kirche nicht fatal, wenn bestimmte Klauseln seines zentralen Christus-Kerns auf Dauer nicht anders als die Spiegelungen religions- und zeitgeschichtlich bedingter Unterdrückungsmechanismen verstanden werden können? Hier wäre Christa Wolfs Bild von Maria mit dem kategorischen Ausschluss der *Mitwirkung der Mutter an der Geburt dieses einen Kindes,*[35] ihre These von der *Einsetzung des Mannes als alleinigem Schöpfer alles Lebens,*[36] vor allem aber in einer scheinbar so schlüssigen Argumentationsfolge die Instrumentalisierung von Jungfräulichkeit als des Rechtfertigungsprinzips der Frauen vor dem Tribunal omnipotenter Männergewaltherrschaft[37] noch einmal kritisch zu überdenken. Die wissenschaftliche Theologie und kirchliche Dogmengeschichte ihrerseits muss konzedieren, dass die biblisch nur recht schmal bezeugte Überlieferung von der jungfräulichen Geburt Jesu zentral der Begründung seiner Titulatur als *Sohn Gottes* diente.[38]

---

33 S. 215.

34 „Vor allem Frauen, das macht Christa Wolf während der letzten Jahre immer unmißverständlicher klar, traut sie es zu, in der von Atomtod und Fortschrittswahn bedrohten Welt Frieden zu stiften. Ihnen, die aufgrund ihrer Jahrtausende währenden Unterdrückung nicht dem tödlichen Wer-Wen der Männergesellschaft verfallen sind, könnte es möglich sein, die alternativelosen Freund-Feind-Schemen durch neue Denk- und Lebensmuster in Bewegung zu bringen. In den Werken schreibender Frauen sucht sie nach jener neuen Sprache, die dazu beitragen könnte, die drohenden Katastrophen zu benennen und abzuwenden." Auf diese Weise kennzeichnet Alexander Stephan in einem lexikonartigen Summarium Christa Wolfs Intentionen (in: Dietz-Rüdiger Moser u. a. [Hg.]: Neues Handbuch der deutschsprachigen Gegenwartsliteratur seit 1945. München 1993, S. 1164).

35 S. 213.

36 Ebd.

37 Vgl. das Zitat von S. 217 oben S. 82 f.

38 Wolfhart Pannenberg: Das Glaubensbekenntnis ausgelegt und verantwortet vor den Fragen der Gegenwart (GTBS 165), Hamburg 1972, S. 78 ff., hier S. 80 f. Vgl. auch: Gemeinsam den einen Glauben bekennen. Eine ökumenische Auslegung des apostolischen Glaubens, wie er im Glaubensbekenntnis von Nizäa-Konstantinopel (381) bekannt wird. Studiendokument der Kommission für Glauben und Kirchenverfassung (FOP 153), Frankfurt/ Paderborn 1991, in dem es heißt: „Alle Christen stimmen in das vom Konzil von Ephesus (431) bekräftigte Bekenntnis ein, daß *Maria* [kursiv im Orig.-Text] ‚Theotokos' ist, die Mutter dessen, der durch das schöpferische Werk des Geistes Gottes auch Gott ist. Indem das Bekenntnis auf die Mutterschaft der Maria hinweist, läßt es den Sohn Gottes als ein menschliches Wesen wie wir erkennen, als einen Menschen, der mit uns die Erfahrung teilt, geboren und von einer Mutter geliebt und von elterlicher Fürsorge umhegt zu werden. Aber Maria ist auch die Jüngerin, die das Wort Gottes hört, darauf antwortet und es bewahrt ... [123] In ihrem völligen Vertrauen auf Gott, ihrer aktiven Antwort des Glaubens und ihrer Erwartung des Gottesreiches ist Maria als Bild (typos) und Vorbild für die Kirche betrachtet worden. Wie Maria kann die Kirche nicht aus sich selbst heraus existieren, sondern kann sich nur auf Gott verlassen; sie ist die wachsame Magd, die auf die Rückkehr des Herrn wartet. [124] Durch die Bekräftigung der *Jungfräulichkeit* der Maria bringt das Bekenntnis die Glaubensüberzeugung zum Ausdruck, daß der Vater ihres Sohnes bei dessen zeitlicher Geburt derselbe ist wie

Doch nicht von ungefähr rekurrieren die eben zitierten Symbolauslegungen im Zusammenhang mit der Klausel *geboren von der Jungfrau Maria* auf Joh 1,13, eine Aussage, die – unmittelbar vor dem *Et incarnatus est* 1,14 – den Kindern Gottes zuspricht, dass sie „nicht aus dem Blut noch aus dem Willen des Fleisches noch aus dem Willen eines Mannes, sondern von Gott geboren sind."[39] Könnte es nicht sein, dass das Credo, das Gloria wie das Agnus, die noch heute unübersehbar die Spuren ihrer Entstehungsgeschichte aus den Glaubenskämpfen der frühen Kirche an sich tragen, bei aller Kontingenz ihrer im einzelnen dogmen- wie liturgiehermeneutisch aufzuschlüsselnden Formulierungen, in eben diesen seinerzeit so hart umkämpften Aussagen Einsichten des Glaubens aufbewahren – wie die, dass das *eine* Opfer des *Einen* die ungeahnte, Leben neuschaffende Tilgung der *peccata mundi* bringt, dass im *geboren von der Jungfrau Maria* Gottes Liebe ein für allemal *ohne* Gewaltanwendung zu ihrem Ziel gelangt, ja, dass eben diese Klausel – im Sinne von Joh 1,13 – von einer ursprünglichen Reinheit, Unversehrtheit und Unschuld spricht, die Frauen wie Männern im Glauben verliehen wird?

derjenige, dessen Sohn er von aller Ewigkeit her ist, ‚aus dem Vater geboren vor aller Zeit.'" (Ziff. 122 ff., S. 59).

39 „Die Überlieferung von der jungfräulichen Geburt Jesu erscheint nur in zwei der neutestamentlichen Schriften, bei Lukas und bei Matthäus. Paulus und Johannes haben sich mehr oder weniger deutlich in entgegengesetzter Richtung geäußert: Paulus sagt vom Sohne Gottes (Gal 4,4), er sei vom Weibe geboren und unter das Gesetz getan. Er will damit die Gleichheit Jesu mit den übrigen Menschen zum Ausdruck bringen, während die Überlieferung von der jungfräulichen Geburt Jesu damit ursprünglich doch gerade seine Besonderheit aussagen will. Besonders schwerwiegend ist, daß Paulus durchaus die Vorstellung einer wunderbaren Geburt kennt. Er erwähnt sie im Zusammenhang mit der Geburt Isaaks durch Sarah (Gal 4, 13.27.29), aber er wendet sie gerade nicht auf Jesus an, sondern nur im allegorischen Sinne auf die Christen als Erben der Verheißung (Gal 4,28). Lassen es diese Ausführungen als unwahrscheinlich erscheinen, daß Paulus den Gedanken einer jungfräulichen Geburt Jesu überhaupt gekannt hat, so findet sich im Johannesevangelium eine Wendung, die vielleicht sogar als eine polemische Anspielung auf die Überlieferung von der jungfräulichen Geburt Jesu verstanden werden muß. Joh 1,13 heißt es nämlich von den Christen insgesamt, daß sie ‚nicht aus Blut, noch aus Fleischeswillen, noch aus Manneswillen, sondern aus Gott gezeugt' seien, unmittelbar vor dem Satz von der Fleischwerdung des Wortes (1,14)" (Pannenberg, a. a. O., S. 79 f. , und auch: Gemeinsam den einen Glauben bekennen, a. a. O., Ziff. 121, S. 58). Vgl. Reinhard Staats: Das Glaubensbekenntnis von Nizäa-Konstantinopel. Historische und theologische Grundlagen, Darmstadt (1996) ^{2}1999, S. 238 ff.

Das neue Taufbuch und die neue Konfirmationsagende

Eine Rezension

Joachim Conrad

Einleitung

Zwei längst überfällige Agendenwerke sind auf dem liturgischen Himmel wie Sterne aufgezogen. Nach einem mehrjährigen Beratungsprozess hat der Rat der Evangelischen Kirche der Union im Juni 1999 ein Taufbuch[1] beschlossen, das nun in den vormals preußischen Kirchen anstelle des entsprechenden Abschnittes der alten EKU-Agende Bd. II eingeführt wird.

Die neue Konfirmationsagende wurde als Teilband 6 des Bandes III der Agende der evangelisch-lutherischen Kirchen und Gemeinden bzw. als Band III der Agende der Evangelischen Kirche der Union erarbeitet.[2] Die Generalsynode und die Bischofskonferenz der VELKD haben die Agende am 19. Oktober 1999 eingeführt; die Synode der EKU hat sie am 6. Mai 2000 empfohlen und am 9. Juni 2002 als Band 3 des Agendenwerks der EKU beschlossen. Auch die Evangelische Landeskirche in Baden hat auf ihrer Frühjahrssynode im April 2003 diese Konfirmationsagende in ihr Agendenwerk aufgenommen.

Wiewohl diese Agendenwerke zwei verschiedene Herausgeber und zweierlei Interessentenkreise haben, ist es sinnvoll, sie gemeinsam in den Blick zu nehmen, sind ihre Vorzüge und Schwächen doch gleichermaßen „Kinder der Zeit" und sind sie selbst Ausdruck des Zeitgeistes. Das birgt die Gefahr, dass sie schon bald einer gründlichen Revision unterzogen werden müssen, wenn sie nicht schon bald als „Schnee von gestern" empfunden werden sollen und am Ende durch die beliebten Ringbücher räuberische und ästhetisch schwache Konkurrenten bekommen.

Schon die bloß äußere Herangehensweise an die beiden Bücher zeigt auf,

---

1 Taufbuch. Agende für die Evangelische Kirche der Union, Band 2, im Auftrag des Rates herausgegeben von der Kirchenkanzlei der Evangelischen Kirche der Union, Berlin/Bielefeld 2000.

2 Konfirmation. Agende für die evangelisch-lutherischen Kirchen und Gemeinden und für die Evangelische Kirche der Union, Band III, herausgegeben von der Kirchenleitung der Vereinigten Evangelisch-Lutherischen Kirche Deutschlands und im Auftrag des Rates von der Kirchenkanzlei der Evangelischen Kirche der Union, Berlin/Bielefeld/Hannover 2001.

wie Agendenwerke heute zu verstehen sind: Sie sind nicht mehr nur für den Gottesdienst gedacht, sondern zugleich für den Schreibtisch. Darauf macht der Umfang der Agenden aufmerksam, denn die Konfirmationsagende hat stattliche 287 Seiten (statt 23 in der alten EKU-Agende), und die Taufagende verzehnfacht ebenfalls den Textbestand des Taufabschnittes in Band II der alten EKU-Agende. Diese unverhältnismäßige Anwachsen liturgischer Bücher beruht auf einem doppelten Phänomen unter dem Stichwort „Werkbuch“: Einerseits gibt man den Benutzer ein theologisches Lexikon an die Hand mit biblischen, systematischen und liturgischen Ausführungen – was als Hinweis darauf zu verstehen ist, dass es trotz einer Fülle guter Literatur und Zeitschriften einen Bedarf zu befriedigen gilt. Andererseits bezeugt dies auch augenfällig, dass (amts)kirchlicherseits Unsicherheit herrscht, ob Pfarrerinnen und Pfarrer noch mit Liturgie umzugehen verstehen. Das Faktum kann nur so gedeutet werden; auch wenn sich die Verantwortlichen vielleicht nicht ganz verstanden fühlen – aber wie sollte sonst eine Erklärung gefunden werden für den Umstand, dass diese Agenden alles, ja wirklich alles vorgeben bzw. vorformulieren? Gerade bei den zahllosen Varianten ist das bisweilen mehr als erschöpfend. Da gibt es Modelle für ein und für mehrere Kinder, für Große und Kleine etc. Für alle Eventualitäten gerüstet, trägt dennoch niemand die RGG unterm Arm in den Taufgottesdienst. Und so ermutigen die Agenden ungewollt dazu, sich aus dem Buch herauszukopieren, was gerade gebraucht wird.

I. Das Taufbuch

Beim neuen Taufbuch fällt zuerst ins Auge, dass man sich von den Differenzierungen der Vorläuferin verabschiedet hat, wo noch nach Luthers Taufbüchlein, der oberdeutschen Ordnung und der pfälzischen Ordnung von 1563 unterschieden worden war. Der Rat der Evangelischen Kirche der Union sieht diesen Schritt als Ergebnis des ökumenischen Dialogs, durch Leuenberg 1973 und die Konvergenzerklärung von Lima 1982 angestoßen bzw. promoviert. „Damit ist in der Taufpraxis der in der Evangelischen Kirche der Union verbundenen Kirchen eine Einheit erreicht, die ein hoch zu schätzendes Gut ist.“ (S. 5) Freilich vermag der Rat hinter diesem liturgischen „Gleichschaltungsprozess“ nicht den enormen Verlust an traditionellen Formen zu erkennen, die einmal evangelische Kirchenlandschaft in Deutschland geprägt hatten. Sind die Differenzierungen in drei Modelle solchermaßen verwerflich, wie will der Rat mit der seit zwanzig Jahren fleißig praktizierten Beliebigkeit umgehen? Nicht die Tauftheologien und -liturgien des 16. Jahrhunderts sind problematisch, da wurde lange vor Leuenberg und Lima noch recte rite getauft, sondern die defizitären Tauftheologien heute sind das wirkliche Problem, wo sich der Sinn der Taufe erschöpft in einem gut gemeinten, aber doch sehr schlichten mitmenschlichen „Gott sagt Ja zu Dir“. Das Lied „Kind, Du bist uns anvertraut“ (EG Rheinland Nr. 596) verleiht dieser Entwicklung Stimme.

Vielleicht wollte der Rat diese Anfrage des Rezensenten vorwegnehmen, als er beschlossen hatte – den Missständen wehrend –, die ersten dreißig Seiten des Taufbuches als Kommentar zum Taufsakrament und seiner Rolle anzulegen. Dazu gehören offensichtlich immer noch sämtliche relevanten Texte aus dem Neuen Testament und den Bekenntnissen, etwa CA IX, Kleiner Katechismus, Heidelberger Katechismus Fragen 69–70, Leuenberg Ziffer 14 sowie Lima Ziffern 11–21. Die Taufordnung selbst geht den bewährten Gang:

- Vorstellung – Taufbefehl – Gebet
- Wort zur Taufe, Verpflichtung der Eltern/Paten
- Glaubensbekenntnis – Taufe – Votum
- fakultative Sinnzeichen (etwa Taufkerze, Taufkleid)
- Tauferklärung und Begrüßung

Neu ist die Nomenklatur für diese Schritte: Hinführung – Zuspruch – Vollzug – Sinnzeichen – Eingliederung. Alles dies wird im folgenden (S. 22 ff.) breit ausgeführt. Unter der Überschrift „Pastorale Aspekte“ wird u. a. dargestellt, wie die Taufe vorbereitet und wie sie gefeiert wird, wann es Gelegenheit zum Taufgedächtnis gibt etc. So anregend diese Hinweise sein können, sind sie doch gelegentlich auch problematisch: Eine Feststellung wie „Soll im Zusammenhang mit der Trauung eine Taufe stattfinden, dann geht diese der Trauung voraus“ (S. 31) erscheint unlogisch angesichts der „normalen“ biographischen Reihenfolge und hängt vielleicht mit der Angst zusammen, eine aufwendig inszenierte Trauung könnte das Taufsakrament verdunkeln. Eine andere Anweisung „Das gilt sowohl für den Fall, dass Brautleute zu taufen sind, wie für die Taufe von Kindern der Eheleute“ (S. 31) wirkt aus demselben Grunde eher überflüssig, denn – wieder rein biographisch gesehen – sollten die Brautleute schon durch die Taufe der Kirche angehören, bevor sie kirchlich getraut werden.

Die bereits konstatierte Entwicklung, dass die gottesdienstlichen Bücher eine Tendenz zu kompendienartigen oder lexikographischen Zusammenstellungen entwickeln, zeigt sich augenfällig in der Diskussion um den Taufort – mit Angabe des einschlägigen TRE-Artikels – unter der Überschrift „Vom Baptisterium bis zur Taufschale“. Man stelle sich vor, ein Gemeindeglied bekäme einen Einblick in dieses Taufbuch. Wird dies auf die Gemeinde beruhigend wirken und das Vertrauen wecken, dass die Dienerinnen und Diener am Wort ihr Handwerk professionell verstehen? Oder wird am Ende eher dem Eindruck Vorschub geleistet, die Theologenschar bedürfe nach Jahren des Studiums und womöglich vieler Jahre pfarramtlicher Tätigkeit solcherlei Hilfen? Der Vergleich sei erlaubt: Eine Einführung für Chirurgen im Handbuch des Krankenhauses, wo der Blinddarm liegt und wie man das Skalpell zu führen hat. Ich für meine Person würde rasch die Klinik wechseln... Quo vadis, ecclesia?

Die Evangelische Kirche im Rheinland befragte im Jahre 1998 ihre Gemeinden, wie mit diesem neuen Taufbuch in der Praxis umzugehen sei. Beispielhaft sei die Antwort der Kirchengemeinde Kölln im Kirchenkreis Völklingen genannt: „Um den gottesdienstlichen Gebrauch des Taufbuches zu gewährleisten, sollte das Werkbuch ein auf die Agende bezogenes, jedoch selbständiges Buch bleiben, das zur Vorarbeit dienen kann, aber nicht in den Gottesdienst mitgenommen werden muß [...]. Einige Teile des Taufbuches sind überflüssig, da deren Kenntnis beim Benutzer vorauszusetzen ist: der Abdruck von Bibelstellen zur Taufe, die im eg schon gut zugänglichen Bekenntnistexte zur Taufe und die pastoralen Aspekte der Taufe. Überflüssig ist ferner der Abschnitt über die Taufstätte und ihre Gestaltung, da er in der vorliegenden Form allenfalls Denkanstöße für den Bauausschuss einer Gemeinde bietet, nicht aber für die alltägliche Taufpraxis."[3] Das Bewusstsein, welchen Sinn ein Taufbuch haben sollte, ist demnach in den Gemeinden durchaus vorhanden. Das ist doch sehr ermutigend!

Betrachtet man nun die Liturgien, so fällt im Blick auf die sprachliche Gestalt auf, dass sie über weite Strecken zu sehr der momentanen theologischen Mode unterworfen sind (etwa bei der Formel „Zugang zum Glauben", S. 59), als dass sie Platz in einer Agende haben könnten. Als besondere Kuriosität kommt hinzu, dass vor den liturgischen Texten nicht steht, wer sie spricht. Entweder hätte man „Pfarrerinnen und Pfarrer" schreiben müssen – was machen dann die Predigthelferinnen und Predigthelfer, oder man hätte das Unwort „Liturg" ausgegraben. Da schreibt man lieber nichts und macht sich nirgends unbeliebt. Und wenn sich's nicht mehr vermeiden lässt, heißt die Formel: „Dabei gießt L in einer für die Umstehenden sichtbaren Weise dreimal Wasser über den Kopf des Kindes" (S. 42). „L" – das ist übrig geblieben vom ordinierten Amt, einen Streit mit dem römischen Katholizismus um die Amtsfrage wird man mit „L" nicht eingehen können.

Manche der Handlungsanregungen im Taufbuch sind etwas praxisfern, weil zu sie zeitaufwendig sind und bisweilen den lobenswerten Grundsatz konterkarieren, den zentralen Akt der Wassertaufe nicht zu verdunkeln. Dazu gehören die heute so beliebten Zeichen. Ein Beispiel: Wird es möglich sein, den Ritus der „Überkleidung mit dem Taufkleid" (S. 44) nach Jahrzehnten oder Jahrhunderten der Entwöhnung wieder einzuführen? Auch im Katholizismus beobachtet man neuerdings häufiger, dass das Taufkleid fehlt – und dass es vor allem nicht weiß ist. Mit Christus überkleidet zu werden, sollte uns ein weißes Taufkleid symbolisieren. Dieses – wenn überhaupt vorhanden – nur *auf* das Kind zu legen, wie mancher katholische Priester bei Taufen mehrerer Kinder in Eile tut, stärkt den Symbolwert auch nicht. – Und ein letztes: Haben wir den Kampf um das weiße Brautkleid nicht längst verloren bzw. aufgegeben, und sollten nun beim Taufkleid – nach diesem deutlichen Traditionsabbruch – neu beginnen?

Die Aufwertung der Taufe aber – vor allem durch die liturgische Umsetzung ihrer konfirmatorischen Bedeutung sowie die Berücksichtigung veränderter

---

3 Pfarrarchiv Kölln. Beschlussbuch des Presbyteriums. Beschluss Nr. 2 vom 7. Januar 1998.

Familienverhältnisse (bestes Beispiel: Elternsegen bei behindertem Kind, S. 116 „dankbar nehmen wir dieses Leben aus Gottes Hand“) – ist ein wirklicher Gewinn. Als hilfreich werden viele wahrnehmen, dass sehr differenziert Lieder vorgeschlagen werden (S. 127 ff.), die den Reichtum des EG nochmals entfalten.

Abschließend bleibt festzuhalten, wie bedenklich die Vermischung von Taufempfang (Luther: „Sie wirkt Vergebung der Sünden, erlöst vom Tode und Teufel und gibt die ewige Seligkeit allen, die es glauben“) und Wachstumsprozess im Zusammenhang der neuen Konzeption eines „Taufweges“ ist. Hier wie auch an manchen Stellen in der liturgischen Durchführung wird vergessen, dass die Taufe zu aller erst sakramentales Handeln Gottes am Menschen ist und also keine Vor- und Gegenleistung verlangt. Nicht nur die Liturgie hat sich verändert, sondern die Theologie – und sage keiner, dies sei Frucht des ökumenischen Dialogs …

II. Die Konfirmationsagende

Die neue Konfirmationsagende beabsichtigt, Konfirmandenarbeit und gottesdienstliches Leben nachhaltig zu verbinden. Der programmatische Kernsatz lautet: „Junge Menschen engagieren sich dort, wo eine Wahrheit ‚Gestalt‘ gewinnt. Im kirchlichen Bereich kann das der gesamte Bereich der Diakonie, aber auch die Liturgie mit ihren Formen und Riten sein. Und Jugendliche brauchen für ihren Weg Stationen, um gewiss zu werden, dass sie auf dem Weg sind, der weiterführt.“ (S. 5)

Diesem Ansatz bleibt die Agende treu und nimmt immer wieder Elemente des Kirchlichen Unterrichts auch in die Liturgie der Konfirmation auf. Damit liegt der Hauptakzent der neuen Konfirmationsagende auf der Konfirmation als Abschluss des Kirchlichen Unterrichts bzw. als Zwischenstation des „konfirmierenden Handelns“ der Kirche. Daneben klingt der Gedanke vom Weg zur ausgebildeten Ich-Identität an, ebenso der, dass die Konfirmation rite de passage ist, weil dem Segen eine große Rolle zukommt.

Der Aufbau der eigentlichen Konfirmationsfeier ist im Grunde klassisch geblieben:

- Tauferinnerung
- Glaubensbekenntnis
- Frage (Erklärung/ Zuspruch)
- Bitte um dem Heiligen Geist als Lied
- [Vater unser]
- Segensgebet
- Segnung

Die 1. Form[4] bietet im Interesse des im Vorwort formulierten Grundansatzes Varianten: Neben dem traditionellen Konfirmationsversprechen, das als Frage formuliert ist, werden als weitere Möglichkeiten eine „Erklärung" (B) und ein „Zuspruch" (C) angeboten.

Form B führt das Glaubensbekenntnis weiter durch eigene Glaubensaussagen der Konfirmanden, die erfahren haben, „was der christliche Glaube für unser Leben bedeutet." (S. 152) Die Agende geht davon aus, dass es sich um Formulierungen handelt, „die von den Konfirmandinnen und Konfirmanden im Unterricht erarbeitet wurden, [...] die die Bereitschaft zum Ausdruck bringen, in diesem Glauben zu bleiben und zu wachsen, in Verbindung mit der christlichen Gemeinde/ Kirche zu leben, sich an Jesus zu orientieren und sich ihm immer wieder anzuvertrauen." (S. 158) Dieses an sich sehr interessante Modell setzt also voraus, dass sich 14-jährige als mündige Christen erweisen, in der Lage sind, ihren Glauben in Sprache zu fassen und dabei über eine hohes Reflexionsvermögen verfügen. Eine Erarbeitung im Unterricht dergestalt, dass Unterrichtende die Formulierungen vorgeben, wäre sicherlich kein angemessener Umgang mit dieser Möglichkeit, steht aber zu befürchten an.

Viel problematischer freilich ist die Fassung C, die dem Liturgen das Heft gleich in die Hand gibt: „Ihr habt den Glauben der Kirche bekannt und damit Ja zu eurer Taufe gesagt." (S. 159) Genügt das Nachplappern einer alten Formel schon?

Die neue Agende bietet neben der eigentlichen Ordnung für die Konfirmation Modelle für Gottesdienste zu Beginn der Konfirmandenzeit, für Abendmahlsfeiern und Beichten (!) sowie für Konfirmationsjubiläen.

Der Gottesdienst zu Beginn der Konfirmandenzeit ist im Grunde nichts Anderes als der klassische Vorstellungsgottesdienst mit Namensnennung. An die Konfirmanden können Fürbitten delegiert werden (Form B, S. 31), – das ist freilich nichts sehr Neues. Ebenfalls nicht neu ist ein Formular zur Taufe während der Konfirmandenzeit. Angesichts allgemeiner Berührungsängste mutet es merkwürdig an, dass sich hier ein Hefata-Ritus (S. 57) findet, bei dem der Mund oder die Oberlippe (!) des Täuflings berührt werden soll – bei pubertierenden Heranwachsenden wohlgemerkt. Die katholische Taufwasserweihe feiert „fröhliche Urständ" in einer Taufwasserbetrachtung (S. 59), was einige Landeskirchen bereits kennen, für andere aber zur rechten Zumutung werden und den Frieden in mancher Gemeinde beeinträchtigen wird.

Auch der Tatsache, dass in vielen Gemeinden die Konfirmanden bereits vor der Konfirmation zum Abendmahl gehen, wird Rechnung getragen. Wesentlich sind die Unterschiede zu „normalen" Abendmahlsfeiern allerdings nicht, werden tüchtige Gemeindepfarrerinnen und -pfarrer grundsätzlich darauf achten, Kinder am gottesdienstlichen Geschehen angemessen zu beteiligen. Die Agende mag hier und da eine Hilfestellung geben können.

---

4 Die sog. 2. Form trägt der Tatsache Rechnung, dass bei Konfirmationen häufig zu Konfirmierende getauft werden müssen.

Etwas fragwürdig mutet es an, wenn die Verba testamenti durch einen Jugenddiakon/-diakonin gedeutet werden müssen: „Damit sagt er: Ich gebe mein Leben dahin und vergieße mein Blut am Kreuz. Keine Schuld kann euch jetzt von Gott trennen." (S. 97) Ist das jetzt der zentrale Unterschied zum „normalen" Abendmahl, dass die Verba testamenti der weiteren Erklärung bedürfen? Nicht besser die freie Paraphrase (S. 98), die unmissverständlich deutlich macht, dass das Konfirmationsbuch nicht in die Schule von Leuenberg und Lima gegangen ist (siehe oben), und dass man die Gravamina des Papstes vom vergangenen Gründonnerstag evangelischerseits bestätigt.

Aufschlussreich ist die Beichtfeier (S. 103 ff). Nach wie vor zählen die Zehn Gebote als Beichtspiegel samt dem Doppelgebot der Liebe zu den Konstitutiva der Beichte. Diese Texte fließen ein in ein zeitgenössisches Schuldbekenntnis mit gemeinsamem Ruf „Vergib uns unsere Schuld", sprachlich wie inhaltlich gut geeignet für Konfirmanden. Die Absolution sieht die Möglichkeit einer Handauflegung vor, was die Individualität des Bußaktes unterstreicht. Dieses Beichtformular ist gewiss einer der Höhepunkte des neuen Konfirmationsbuches.

Insgesamt muss dem Konfirmationsbuch aufgrund seiner Hauptakzentuierungen bescheinigt werden, dass es sich dem pietistisch-individualistischen Bekenntnisakt[5] entzieht und – obwohl die Rede von eigenen Glaubensaussagen ist – nicht das Privatbekenntnis des Einzelnen nach dem Modell der Hohenzollernprinzen ins Zentrum rückt, sondern die Lebens- und Glaubenserfahrung der Gruppe, – und (eher nur am Rande) auch den Glauben der Kirche.

III. Ausblick

Gewichtig sind sie geworden, die beiden neuen Kasualagenden. Und sie bestechen durch ein gefälliges Layout. Ob sie auch wichtig sind, wird die Zukunft zeigen. Die Agenden selbst wollen vielseitig genutzt werden, indem sie mit zahlreichen Liturgiemodellen einerseits und umfangreichen Textbeständen andererseits (Stichwort: Werkbuch) gottesdienstliche Arbeit leichter machen – und gleichzeitig herausfordern durch eine unwahrscheinliche Variationsbreite, die verantwortungsbewusste Entscheidungen verlangt. Die Variationsbreite freilich widerspricht der ausdrücklich angestrebten Vereinheitlichung in den Landeskirchen. Hochkirchlich geprägte Taufen mit Kerzen, Ölen und Taufkleidern wechseln mit Formen ausdrücklicher Mitmenschlichkeit. Allen ge-

5 Der Pietismus sah einen Weg zur Erweckung in der Konfirmation; der Begriff „Einsegnung" prägt die Sprache. Staatsrechtlich aber verknüpfte sich Schulentlassung mit Konfirmation, weswegen Konfirmanden die Schule u n d die Kirche verlassen; vgl. Günther Kehnscherper: Konfirmation, in: Handbuch der Liturgik, hrsg. von Hans-Christoph Schmidt-Lauber/Karl-Heinrich Bieritz, Göttingen [2]1995, S. 333–353, hier S. 342.

meinsam ist der dialogische Charakter, der klären und erklären will – aber Gefahr läuft, in einem ausladenden Geplauder zu versinken.

Bei aller Wiederentdeckung von Liturgie und Liturgischer Präsenz ist die Richtung für die Zukunft deutlich – ganz ohne Verschulden dieser beiden Gottesdienstbücher: „L“ – wir sprachen schon davon – entwickelt sich zunehmend zum Conferencier, der Gottesdienst zur Matinee mit Spezialeffekten. Heinrich Rennings, der zu früh verstorbene Leiter des Deutschen Liturgischen Institutes in Trier, hatte dazu schon vor rund zehn Jahren auf einer ökumenischen Tagung im Pastoralkolleg Rengsdorf eingeladen, weil er nur so eine Chance sah, die immer mehr Distanzierten für den Gottesdienst begeistern zu können. Alles Gewesene löst sich also auf in helfende Klärung, richtungsweisende Deutung und neue Symbolik. „Und zu all diesen Gottesdiensten [...] sollen dann die Türen unserer Kirchen für viele Menschen weit offen stehen“. (S. 6)

Literaturbericht zur Liturgik

(Deutschsprachige Länder 2001)

Jörg Neijenhuis

I. Quellen

Bernhard Vogel (Hg.): Lantbert von Deutz. Vita Heriberti, Miracula Heriberti, Gedichte, Liturgische Texte (Monumenta Germaniae Historica – Scriptores Rerum Germanicarum 73), Hahnsche Buchhandlung: Hannover 2001, 373 S.

Lantbert von Deutz († 1069) wurde Mönch im Lütticher Kloster Saint-Laurent, wechselte dann ins Kloster Deutz, das eine Gründung des Kölner Erzbischofs Heribert war. Bald nach Heriberts Tod 1021 setzte die Heiligenverehrung ein: Lantbert hat ihm zu Ehren eine Vita und ein Miracula verfasst, dazu liturgische Texte für das Stundengebet und für eine Heribertsmesse. Er hat diese Texte auch neumiert. Darüber hinaus fanden sich in den Handschriften Texte für eine Messe zu Ehren Hadalins, eines maasländischen Lokalheiligen, und eine Sequenz auf den heiligen Lambert, den Namenspatron der Deutzer Mönche.

II. Agenden, Lektionare etc.

Liturgische Handreichung: Gottesdienste zum ehrenamtlichen Dienst in der Kirche. Einführung und Verabschiedung, hg. v. der Kirchenleitung der Vereinigten Evangelisch-Lutherischen Kirche Deutschlands, 13 S.

Diese Handreichung ist nicht über den Buchhandel erhältlich, sondern direkt beim Lutherischen Kirchenamt in Hannover zu beziehen. Es handelt sich dabei um zwei Formulare für den ehrenamtlichen Dienst: um ein Formular für die Einführung in einen kirchlichen Dienst und ein Formular für die Verabschiedung aus einem kirchlichen Dienst. Die beiden Formulare lehnen sich an die Einführung für einen hauptamtlichen Dienst nach Agende IV, S. 84 ff. an, wobei die Verabschiedung eine Neuerung darstellt und mit einer Entpflichtung einhergeht.

Die Feier der Beerdigung. Werkbuch, Herder: Freiburg im Breisgau [1999] ^{2}2001, 232 S.

Das Werkbuch ist in zwei Teile gegliedert, der erste Teil enthält eine Studienausgabe des Rituale für die Begräbnisfeier in der Erzdiözese Wien mit besonderer Berücksichtigung der Gegebenheiten in der Großstadt, der zweite Teil zeigt neue Wege in der Trauerpastoral auf. Dieser von Karl Wagner verantwortete Teil befasst sich mit

Aufgaben der Trauerliturgie, mit der besonderen Situation einer Großstadt etc., es geht um Tod und Trauer, Beratung im Trauerfall, ein kleines Begriffslexikon wird angeboten. Das Rituale sieht verschiedene Begräbnisliturgien vor: eine allgemeine Form; eine Form für ein Begräbnis, wenn der Vorsteher die Trauergemeinde kennt; weitere Formen für auf tragische Weise Verstorbene; nach langem und schwerem Leiden Verstorbene; plötzlich und unerwartet Verstorbene; für das Begräbnis eines Kindes und eines Ungeborenen (Fehlgeburt).

Dieter Nestle: Die Lesung des Evangeliums im Gottesdienst. Die Evangelien der Sonntage und wichtigsten Festtage zum Vorlesen geschrieben und mit Lesehilfen versehen, hg. v. Christian Möller und Margit Dürring, Books on Demand, 2001, 281 S.
Möglicherweise ist das hier angezeigte Werk unter dieser Rubrik nicht ganz richtig eingeordnet, denn es ist kein Evangeliar im üblichen Sinne, sondern enthält auch erklärende, hinführende und meditierende Texte. Es kann und soll als Arbeitshilfe verstanden werden kann. Das Buch hat somit Anteil am allgemeinen Trend neuerer Agenden, nicht nur Texte, sondern auch allerhand Erklärungen mitzuliefern. Aus diesem Grund ist es an dieser Stelle eingeordnet worden. Dieter Nestle hat die Texterklärungen verfasst, zum Teil sind einige Evangelientexte (Luthertext 1984) von Margit Dürring handschriftlich angefertigt worden. Nicht nur die handschriftliche Darbietung, sondern auch die Anordnung der Worte und Sätze ist für das Lesen hilfreich. Die Aufmachung des Buches erinnert daran, dass Evangeliare etwas kostbares sind und keine gewöhnlichen Gebrauchsbücher – und das ist auch, was Dieter Nestle mitteilen wollte: Das Evangelium im Gottesdienst ist zu verkündigen und nicht nur vor- oder gar abzulesen.

III. Monographien

Arnold Angenendt: Liturgik und Historik. Gab es eine organische Liturgie-Entwicklung? (QD 189), Herder: Freiburg/Basel/Wien 2001, 215 S.
Mit diesem Werk stellt Angenendt, Fachmann für mittelalterliche Kirchengeschichte, die gängige These in Frage, dass die Liturgieentwicklung seit dem 2. Jahrtausend ein Niedergang gewesen sei und dass erst mit dem Zweiten Vatikanischen Konzil ein Aufschwung zu verzeichnen ist. Die anhaltende Debatte über die Bewertung der liturgischen Reformen seit dem Konzil legt nahe, dieses Urteil so nicht aufrecht zu erhalten, obwohl es zum vorherrschenden Interpretament der liturgiehistorischen Forschung und der daraus erwachsenen Reformen geworden ist. Dabei stellten sich für heute wie auch für das Spätmittelalter die Fragen, ob das Subjektive nicht sein Recht hat und ob die Umformungen von Liturgien wirklich sofort als Niedergang zu beurteilen sind. Das Verhältnis zwischen dem Objektiven der Liturgie und dem Subjektiven der Zeit ist stets neu zu bedenken und könnte durchaus positiver gesehen werden. Insofern lassen sich die liturgischen Reformen des Zweiten Vatikanischen Konzils auch als Repristination altkirchlicher Verhältnisse deuten.

Angela Baumann-Koch: Frühe lutherische Gebetsliteratur bei Andreas Musculus und Daniel Cramer (Europäische Hochschulschriften, Reihe XXIII Theologie, 725), Peter Lang: Frankfurt a. M./Berlin etc. 2001, 671 S.
Mit A. Musculus hat eine neue Gebetsfrömmigkeit innerhalb der lutherischen Kirche eingesetzt, die sich von Luthers Diktum, dass nur mit den biblischen Texten recht evangelisch zu beten sei, absetzte. Paul Althaus d. Ä. hat in seinem Werk „Forschun-

gen zur evangelischen Gebetsliteratur" festgestellt, dass Musculus eine verhängnisvolle Entwicklung eröffnet habe, weil von nun an unlutherische Stoffe bzw. Texte in die lutherische Tradition eingeflossen seien. Tatsächlich hat Musculus patristische Texte - bzw. Texte, die er für patristisch hielt - in seinem Werk „Precandi Formulae und Betbüchlein" aufgenommen und z. T. charakteristisch umformuliert, beispielsweise Texte von Augustin. Musculus tat dies aber nicht, wie die Verfasserin zeigt, weil er eine Krise der Frömmigkeit bewältigen wollte, sondern weil er zeigen wollte, dass Luthers Theologie im Einklang mit den orthodoxen Vätern des Glaubens stehe und sich die lutherische Kirche damit in der Tradition der Alten Kirche befände. Daniel Cramer hat das vorreformatorische Gebetbuch „Hortulus animae" überarbeitet, das Luther noch als völlig unannehmbar verurteilt hatte. Auch Cramer verfolgte ähnliche Ziele wie Musculus. Dabei musste er in die überkommene Textanordnung erheblich eingreifen, da die Heiligen- und Mariengebete entfallen sollten. Z. T. wurden sie christologisch umgedeutet. Die Verfasserin untermauert ihre Thesen zu Musculus und Cramer durch umfangreiche Textanalysen und -vergleiche zwischen den verwendeten, umgeformten oder neu erarbeiteten Texten.

Jérôme Cottin: Das Wort Gottes im Bild. Eine Herausforderung für die protestantische Theologie; übersetzt aus dem Französischen von Marianne Mühlenberg, mit einem Geleitwort von Horst Schwebel, Vandenhoeck und Ruprecht: Göttingen 2001, 339 S.
Dieses Buch ist weder im engeren noch im weiteren Sinne liturgiewissenschaftlich angelegt, hat aber wegen seines Themas liturgiewissenschaftliche Relevanz - geht es doch insbesondere für die reformierte Theologie um die Frage, wie angesichts der Bilderflut mit dem Bildverbot umzugehen ist. Die Antwort wird sich auch in der Art und Weise der Gottesdienstfeier niederschlagen. Cottin überprüft die bilderfeindlichen Positionen Zwinglis, Calvins und Karl Barths kritisch auf ihre Stärken und Schwächen hin, um dann ein Bildverständnis für die Kirche zu entwickeln, das der Bilderflut der Gegenwart wiederum kritisch begegnen kann, ohne sich ihr ausliefern zu müssen.

Kristian Fechtner: Schwellenzeit. Erkundungen zur kulturellen und gottesdienstlichen Praxis des Jahreswechsels (PThK 5), Chr. Kaiser/Gütersloher Verlagshaus: Gütersloh 2001, 278 S.
Fechtner erkundet die Schwelle von einem zum anderen Jahr aus unterschiedlichen Perspektiven: Es geht um den Zusammenhang von Jahreszyklus, Kasualgottesdienst und Lebensgeschichte. Er stellt kulturhermeneutische Betrachtungen u. a. zu Symbolen und Riten an und thematisiert dann die Jahreswende zwischen Kirchenjahr und bürgerlichem Jahr. Es folgen empirische Analysen von Gottesdiensten und Predigten zum Jahreswechsel. Damit wird aufgezeigt, wie ein „weltlicher Anlass" einen kirchlichen Gottesdienst nach sich zieht und ihn kausalisiert: Die Lebensgeschichte stellt hier den hermeneutische Grund und Boden dar. Damit hat der Verfasser einen Beitrag zur Orientierung der Praktischen Theologie an kulturhermeneutischen und lebensgeschichtlichen Fragestellungen geleistet.

Christa Gäbler: Kinder im Gottesdienst. Theorie und Praxis generationenübergreifenden Feierns, Kohlhammer: Stuttgart 2001, 255 S.
Das Anliegen dieses Buches ist nicht der Kindergottesdienst, sondern der sonntägliche Gemeindegottesdienst, der die Mitte des Gemeindelebens darstellt. Bei dieser Lebensäußerung der Gemeinde dürfen Kinder nicht fehlen, nicht in den Kindergottesdienst „abgeschoben" werden. Um dies zu erreichen, fehlt es aber an einer übergreifenden Theorie. Die Verfasserin nimmt eigene Erfahrungen auf, benennt die Probleme, die sich einstellen, wenn Erwachsene und Kinder „normale" Gottesdienste

feiern, und zeigt auf, in welcher Hinsicht sich Gottesdienste zum Guten hin entwickeln lassen, wenn neben den verbalen auch nonverbale Elemente, Symbole und Rituale den ihnen gebührenden Stellenwert zuerkannt bekommen. Dann kann es sogar gelingen, dass die vielen Unterschiede der persönlichen Entwicklung, der Bildung, des Milieus etc. nivelliert werden und an Wichtigkeit verlieren zu Gunsten des als gemeinsam erlebten Gottesdienstes.

Berndt Hamm/Thomas Lentes (Hg.): Spätmittelalterliche Frömmigkeit zwischen Ideal und Praxis (Spätmittelalter und Reformation, N.R. 15), Mohr Siebeck: Tübingen 2001, 212 S.

Die Beiträge dieses Bandes gehen auf den 42. Deutschen Historikertag 1998 zurück und wurden dort in der kirchengeschichtlichen Sektion vorgetragen. Es geht vorrangig darum, den Weg vom Ideal der Frömmigkeit zu seiner Verwirklichung nachzuzeichnen. Dabei stellt sich heraus, dass vielfach Klagen darüber laut wurden, dass es nicht zu einer befriedigenden Verwirklichung der Ideale kommen konnte, so dass sich Äußerlichkeit oder gar trügerischer Schein einstellten, weil es nicht gelang, Ideale in eine Lebensverwirklichung als Frömmigkeitspraxis zu überführen. Hier wird also wieder das Thema der „Krise des Spätmittelalters" aufgegriffen, die ja ein Auslöser der Reformation war. Die Herausgeber stellen fest: „Ideale drängen zur Praxis, Praxis verändert die Ideale, Ideale gestalten die Praxis und Praxis lässt Ideale scheitern." (VIII)

Theodor Hering: Gottesdienst und Gotteserkenntnis. Dogmatische Entscheidungen im Hinblick auf das „Evangelische Gottesdienstbuch" (VLH 37), Vandenhoeck und Ruprecht: Göttingen 2001, 428 S.

Der Verfasser beginnt seine Abhandlung mit Vorgaben: zunächst geht es um die empirische Analyse gottesdienstlichen Lebens, dann um die dogmatische Analyse. Er fragt, inwiefern sich die dogmatischen Vorgaben im gottesdienstlichen Leben wiederfinden lassen, und ebenso umgekehrt, ob sich ereignendes gottesdienstliches Leben in dogmatische Vorgaben eingegangen ist. Der zweite Teil widmet sich ganz der Frage nach dem historischen und theologischen Grund von Gottesdienst, der mit Jesus Christus gegeben ist. Christus ist auch das Zentrum für den Gottesdienst und die Gotteserkenntnis. Im letzten Teil wird daraufhin das Evangelische Gottesdienstbuch in den Blick genommen, insbesondere die sieben Kriterien, die diesem Werk zu Grunde liegen.

Ferdinand van Ingen/Cornelia Niekus Moore (Hg.): Gebetsliteratur der frühen Neuzeit als Hausfrömmigkeit. Funktionen und Formen in Deutschland und den Niederlanden (Wolfenbütteler Forschungen 92), Harrassowitz: Wiesbaden 2001, 323 S., 1. Abb.

Diese Aufsatzsammlung kann dazu beitragen, das sehr vernachlässigte Forschungsgebiet der Gebetsliteratur ein wenig zu bearbeiten. Zugleich ist mit diesem Werk eine deutsch-niederländische Zusammenarbeit befördert worden. Der Band dokumentiert ein Arbeitsgespräch, das 1998 in der Herzog August Bibliothek Wolfenbüttel stattgefunden hat und die dort gelagerten Schätze in den Mittelpunkt stellte. Dabei werden katholische wie evangelische Gebetsliteraturen betrachtet und erstaunliche Gemeinsamkeiten festgehalten. Die Aufsatzautoren beschäftigen sich mit Literatur aus der lutherischen Orthodoxie, dem Pietismus, von den Mennoniten, auch mit privaten Andachtsbüchern etc.

Traugott Koch: Johann Habermanns „Betbüchlein" im Zusammenhang seiner Theologie. Eine Studie zur Gebetsliteratur und zur Theologie des Luthertums im 16. Jahrhundert (Beiträge zur historischen Theologie 117), Mohr Siebeck: Tübingen 2001, 425 S., 1 Abb.

Das Betbüchlein von Habermann ist 1567 erschienen und bis zum ersten Weltkrieg das meistbenutzte evangelische Gebetbuch gewesen. Dann aber kam es in den Ruf, ein Plagiat einer jesuitischen Schrift zu sein. Dieses Urteil widerlegt Koch und ordnet das Gebetbuch in die theologische Arbeit Habermanns ein. Darüber hinaus verfolgt er das Interesse, herauszuarbeiten, was von der lutherischen Theologie in den Glaubensvollzug der Menschen der Generation nach Luther eingegangen ist. Das lässt sich sehr gut an Gebetsformulierungen ersehen; hinzu fragt der Autor im Anschluss an P. Althaus' Studie zur Gebetsliteratur, ob das Luthertum so schwach war, dass es keine eigene Gebetsliteratur schaffen konnte und alsbald fremden Einflüssen erlag. Koch beginnt das Buch mit einem kurzen Rückblick auf die mittelalterliche Tradition des Betens, dann wird Luthers reformatorisches Verständnis des Gebets eruiert, im Anschluss daran das Werk von Habermann erarbeitet und widerlegt, dass das habermannsche Gebetbuch ein Plagiat des Gebetbuchs des Jesuiten Petrus Michaelis ist.

Daniela Kranemann: Israelitica dignitas? Studien zur Israeltheologie Eucharistischer Hochgebete (MthA 66), Oros-Verlag: Altenberge 2001, 292 S.

Die Verfasserin eröffnet den Horizont der Fragestellung, indem sie den bedeutsamen liturgietheologischen Ansatz von John Hennig aufnimmt, dann aber auch andere Aufsätze und liturgische Lesetexte berücksichtigt. Sie entwickelt anhand der Karfreitagsfürbitte für die Juden eine Hermeneutik, mit der sie Eucharistische Hochgebetstexte untersucht. Sie nimmt insbesondere das vierte Hochgebet in den Blick, da es eine Bundespassage im Postsanctusteil enthält und darüber schon eine Diskussion stattgefunden hat, dann greift sie das Hochgebet für Messen für besondere Anliegen (II) und die Feier des Herrenmahls bei den hebräischsprechenden Katholiken in Haifa, also in unmittelbarer Umgebung Israels, auf. Desiderate tun sich auf, da in der Anamnese des Paschamysteriums Christi nur unzureichend an dessen Verankerung in der Heilsgeschichte gedacht wird, wenn der Bezug zu Israel kaum vorkommt. Es scheint mit Röm 9–11 geboten zu sein, die Israelvergessenheit in eine Israelerinnerung zu verwandeln, die sich in den Gebetstexten niederschlagen könnte.

Stephan Laux: Reformationsversuche in Kurköln (1542–1548). Fallstudien zu einer Strukturgeschichte landstädtischer Reformation (Neuss, Kempen, Andernach, Linz) (RGST 143), Münster: Aschendorff 2001, 511 S.

Der Kölner Kurfürst und Erzbischof Hermann von Wied hatte versucht, die Reformation in seinem Gebiet einzuführen; dazu hatte er 1543 eine evangelische Kirchenordnung erlassen und bis zu seiner Absetzung darum gekämpft, sie durchzusetzen. Mit der vorliegenden Studie am Beispiel von vier Städten wird die These relativiert, dass durch die Dominanz der katholischen Reichsstadt Köln das rheinische Gebiet immun gegen evangelische Lehre gewesen sei. Laux zeigt anhand von Quellen, dass die Reformversuche durchaus aufgenommen worden sind. Auch viele Jahre nach der Absetzung Hermann von Wieds im Jahre 1546 lassen sich noch evangelische Kreise nachweisen, immerhin ist es in verschiedenen Städten bei der Zurückdrängung der Reformationsversuche zu tumultartigen Zuständen gegen die „neue" katholische Herrschaft gekommen.

Jörg Neijenhuis (Hg): Liturgie lernen und lehren (Beiträge zu Liturgie und Spiritualität 6), Evangelische Verlagsanstalt: Leipzig 2001, 291 S.

Die Diskussion um eine angemessene Liturgiedidaktik wird noch lange nicht beendet sein, da die Anforderungen an liturgische Kompetenz zunehmen, denen sich Hochschullehrer, Dozenten an Predigerseminaren, Pfarrer und auch Laien stellen müssen. Denn wenn Kirche in der Öffentlichkeit wahrgenommen wird, dann vor allem mit ihren Gottesdiensten. Das Buch legt die Beiträge eines Symposions des Liturgiewissenschaftlichen Instituts Leipzig vor, die liturgische Bildung und Ausbildung einschließlich der Fortbildung miteinander verzahnen möchten. Dem Band sind neun Dokumente zur liturgischen Bildung, die z.T. bisher schwer greifbar oder noch unveröffentlicht waren, beigegeben.

Seong-Won Park: Worship in the Presbyterian Church in Korea. Its History and Implications (Studien zur interkulturellen Geschichte des Christentums 126), Frankfurt a. M./Berlin/Bern u. a.: Peter Lang 2001, 205 S.

Der Verfasser stellt die Geschichte des Gottesdienstes in der Presbyterianischen Kirche in Korea dar, indem er zuerst auf die historischen Umstände verweist. Dafür beschreibt er kurz den Gottesdienst des Schamanismus, des Buddhismus und des Konfuzianismus und den der römisch-katholischen Kirche. Auf Grund von Missionstätigkeit werden in Korea seit 1876 auch presbyterianische Gottesdienste gefeiert.

Gabriele Ponisch: „Danke! Thank you! Merci!“ Die Pilgerbücher der Wallfahrtskirche Mariatrost bei Graz (Grazer Beiträge zur europäischen Ethologie 9), Frankfurt a. M./Berlin/Bern u. a.: Peter Lang 2001, 224 S.

Die Verfasserin untersucht die seit 1978 ausliegenden Pilgerbücher der Wallfahrtskirche Mariatrost, indem sie zunächst das historische Herkommen solcher Bitt- und Dankbücher - Votivtafeln, Marmortafeln, aber auch zeitgenössischer Graffiti - und dann die Entstehung und Entwicklung der Wallfahrtskirche untersucht, weil der Ort für die Formulierung der Anliegen ebenfalls nicht außer Acht gelassen werden kann. Anschließend unterzieht sie die Texte der Pilgerbücher einer quantitativen und qualitativen Analyse. Ein Ergebnis der Untersuchung ist, dass mit dem Schreiben eines Textes angesichts einer eigener Ohnmachtssituation ein Ritual vollzogen wird, das Handlungsblockaden überwinden hilft, wofür eine transzendente Instanz - Gott oder Maria - angerufen wird.

Andreas Poschmann: Das Leipziger Oratorium. Liturgie als Mitte einer lebendigen Gemeinde (Erfurter Theologische Studien 81), Benno-Verlag: Leipzig 2001, 275 S., einige Abb.

Das Leipziger Oratorium wurde 1930 von katholischen Priestern gegründet und hatte sich zum Ziel gesetzt, Liturgie und Diakonie zu verbinden und daraus auch eine gemeindegemäße Eucharistiefeier zu gestalten. Der Versuch ist gelungen und nahm auf diese Weise vorweg, was später mit dem Zweiten Vatikanischen Konzil sanktioniert worden ist. Im Oratorium stand das Priestertum aller Glaubenden und damit die Lebenswirklichkeit der Gemeinde im Mittelpunkt. Die Taufbedeutung wurde neu ins Bewusstsein gehoben, auch die Wochengottesdienste einschließlich der Tagzeitengebete. Dabei kam es zu einer fruchtbaren Verbindung von Tradition und Situation.

Gerhard Scheidhauer: Das Recht der Liturgie. Zum Liturgie- und Rechtsbegriff des evangelischen ius liturgicum (Theos 49), Verlag Dr. Kovač: Hamburg 2001, 329 S.

Die Untersuchung beginnt damit, das ius liturgicum in seinem staatskirchenrechtlichen Ursprung und Inhalt, dann im Rahmen des bekennenden Kirchenrechts in Geschichte und Gegenwart darzustellen. Zugleich wird auch auf dem Hintergrund von Agenden nach Charakter, Inhalt und Verbindlichkeit des ius liturgicum gefragt. Besonders benannt werden die preußische Agende und das neue Evangelische Gottesdienstbuch. Der Verfasser untersucht das materiale Prinzip des liturgischen Rechts ausführlich anhand von Luthers Schriften, der CA und der Apologie. Anschließend wird die Frage nach dem Charakter des ius liturgicum unter dem Primat der Adiaphora behandelt: Luther, Melanchthon, Flacius, Formula Concordiae. Für die heutige Situation konstatiert der Verfasser, dass wohl auch ein mangelhaftes liturgisches Recht das Schwinden von liturgischen Traditionen begünstigt. Hinzu kommt der Paradigmenwechsel von modernen „Agenden", die Materialsammlungen und Textsammlungen darstellen und eine regelungebundene Gestaltung des Gottesdienstes ermöglichen. Im Gegensatz dazu ist der Liturgiebegriff Luthers zu beachten: Liturgie impliziert bestimmte Gestaltungsregeln, eine Agende ist als Rechtsregel zu begreifen, die die Handlungsregeln einer immer schon vorgängigen liturgischen Praxis abbildet.

Karen B. Westerfield Tucker: American Methodist Worship, Oxford University Press: New York 2001, 345 S.

Geschichte und Gegenwart des methodistischen Gottesdienstes werden nach einem systematisch orientierten Aufbau beschrieben: Gottesdienst am Sonntag, Ordinarium und Proprium, die großen Feste, Initiation, Abendmahl, Musik, Trauung, Bestattung, moderne Gottesdienste, Kirchengebäude, Regeln für „populäre" Gottesdienste. Ein abschließendes Kapitel reflektiert diese Beschreibung in der Spannung zwischen Erinnerung und Modernisierung.

IV. Kirchenbau, Paramentik, Kunstwerke etc.

Alpirsbach. Zur Geschichte von Kloster und Stadt, hg. v. Landesdenkmalamt Baden-Württemberg (Forschungen und Berichte der Bau- und Kunstdenkmalpflege in Baden-Württemberg, Bd. 10), 2 Bde. mit einem Schuber für Karten, Bilder, Pläne; Konrad Theiss Verlag: Stuttgart 2001, 1042 S. mit zahlreichen Abb.

Insbesondere die Freunde der Kirchlichen Arbeit Alpirsbach, aber auch andere an Klostergebäuden Interessierte werden sich über die zweibändige Monographie zu Kloster und Stadt Alpirsbach freuen. Zu den beiden Bänden gehört ein beigelegter Schuber, der zwölf Karten und Pläne (z. B. Lageplan und Grundrisse des Klosters) und zahlreiche historische wie aktuelle Bilder enthält. Die Monographie umfasst 33 Beiträge, die die Geschichte des Benediktinerklosters bis zur Reformation, danach die Umwandlung in eine Klosterschule würdigen. Ebenso wird die Bedeutung der Anlage bis zur Gegenwart und ihre Renovierung beschrieben. Dabei wechseln sich Beiträge, die einen umfassenden Einblick in geschichtliche Entwicklungen geben mit Beiträgen über Details ab, wie z. B. über eine gedrechselte mittelalterliche Bank oder über Ofenkacheln als ein kulturgeschichtliches Dokument. Gewürdigt wird auch Ambrosius Blarer, der in Alpirsbach Mönch gewesen war, bevor er zum Reformator von Konstanz wurde.

Themenheft: Textile Kunst.

Die Zeitschrift für christliche Kunst und Kunstwissenschaft „das münster" hat im vierten Heft des Jahres 2001 die textile Kunst zum Thema gemacht und ihr erstmals ein ganzes Heft gewidmet. Das geschieht in einer vorbildlichen Ausführlichkeit: interdisziplinär, künstlerisch, historisch, ökumenisch und gegenwartsbezogen. Vielfältige Bezüge und Deutungen der Paramente für den sakralen Raum werden hervorgehoben, die zahlreichen Bilder von textilen Gestaltungen von Kirchenräumen, Webmustern, Kaseln und Stolen etc. sprechen eine eigene Sprache.

Hanns Peter Neuheuser: Zugänge zur Sakralkunst. Narratio und institutio des mittelalterlichen Christgeburtsbildes, Böhlau: Köln/Weimar/Wien 2001, 1009 S., 16 Abb. Neuheuser legt mit diesem monumentalen Werk eine Interpretation mittelalterlicher Sakralkunst vor, die den Text- und Bildzugang berücksichtigt. Da es sich um Christgeburtsbilder handelt, werden die ihnen zu Grunde zu legenden biblischen Texte als erste Zugangsquelle gewürdigt, um dann die Bilder als eigene Form der Verkündigung zu interpretieren. Der Verfasser nimmt auch den Bildwerdungsprozess in den Blick, denn theologische, spirituelle, künstlerische etc. Aspekte sind für das Bild von erheblicher Bedeutung.

V. Artikel

Jürgen Bärsch: Grablegung und Auferstehungsfeier: Volksnahe Formen szenischer Liturgie in deutschsprachigen Diözesanritualien an der Wende vom 19. zum 20. Jahrhundert, in: TThZ 110 (2001) 173–194.

Gunda Brüske: Die Liturgie als Ort des kulturellen Gedächtnisses. Anregungen für ein Gespräch zwischen Kulturwissenschaft und Liturgiewissenschaft, in: LJ 51 (2001) 151–171.

Achim Budde: Improvisation im Eucharistiegebet. Zur Technik freien Betens in der Alten Kirche, in: JAC 44 (2001) 127–141.

Michael Carlin: The mozarabic rite of presbyteral ordination: A diachronic study, in: EO 18 (2001) 25–40.

Paul DeClerck: Une mystagogie des rites de la communion, in: La Maison-Dieu 226 (2001) 151–159.

Klaus S. Davidowicz: Jüdischer Gottesdienst und seine Liturgie, in: KuI 16 (2001) 3–8.

Albert Gerhards: Kraft aus der Wurzel. Zum Verhältnis christlicher Liturgie gegenüber dem Jüdischen: Fortschreibung oder struktureller Neubeginn? In: KuI 16 (2001) 25–44.

Albert Gerhards: Textilien im Kontext von Kirchenraum und Liturgie. Bestandsaufnahme und Desiderate, in: Mün 54 (2001) 310–315.

Angelus A. Häußling: Wer feiert eigentlich Liturgie? Zum Subjekt gottesdienstlichen Handelns, in: FZPhTh 48 (2001) 5–23.

Angelus A. Häußling/Martin Klöckener/Burkhard Neunheuser: Der Gottesdienst der Kirche. Texte, Quellen, Studien, in: ALw 43/44 (2001/2002) 97–221.

Augustinus Hollaardt: Sens, contenu et formes du chant de l'offertoire, in: QuLi 82 (2001) 97–111.

Lukas P. Huber: Der Gottesdienst in der Medienkritik. Was eine Zeitungsserie von Gottesdienst-Rezensionen auslösen kann, in: DtPfrBl 101 (2001) 3–5.

John M. Huels: The new General Instruction of the Roman Missal. Subsidiarity or uniformity? In: Worship 75 (2001) 482–511.

Reiner Kaczynski: Die Absage an das Böse in der Feier der christlichen Initiation, in: MThZ 52 (2001) 220–233.

Matthias Kreuels: Trauermette. Verstaubtes aus dem Liturgie-Museum oder Gemeinde-Chance? In: BiLi 74 (2001) 174–180.

Gordon W. Lathrop: Strong center, open door. A vision of continuing liturgical renewal, in: Worship 75 (2001) 35–45.

Clemens Leonhard: Pessachhaggada und Osternacht. Gegenseitige Beeinflussung von jüdischer und christlicher Liturgie, in: KuI 16 (2001) 45–47.

Alexander Livar: Gottesdienst der Kirche im iberischen Raum, in: ALw 43/44 (2001/2002) 222–232.

Friedrich Lurz: Der umgestaltete Canon Romanus des Jülicher Agendenentwurfs von 1567, in: ALw 43/44 (2001/2002) 47–71.

Michael K. Magee: The instruction „Liturgiam authenticam" (2001). An initial résumé, in: EL 115 (2001) 294–312.

Reinhold Malcherek: Gemeinschaft von Gott und den Menschen. Überlegungen zur Liturgie als gottmenschlicher Dialog nach der Liturgiekonstitution des II. Vatikanischen Konzils, in: EO 18 (2001) 237–268.

Yngvill Martola: Worship renewal in the Evangelical-Lutheran Church of Finland, in: StLi 31 (2001) 83–91.

Michael Meyer-Blanck: Liturgie und Therapie: Praktisch-theologische Impulse für eine Annäherung, in: Praktische Theologie, 36 (2001) 269–278.

Ruth A. Meyers: Ongoing liturgical revision in the Episcopal Church USA, in: StLi 31 (2001) 61–69.

Benedikt Müntnich/Alberich M. Altermatt/Angelus A. Häußling: Spiritualität und Liturgie in Mönchtum und geistlichen Gemeinschaften, in: ALw 43/44 (2001/2002) 233–292.

Anand Nayak: Religionswissenschaft und Liturgie, in: ALw 43/44 (2001/2002) 293–309.

Jörg Neijenhuis: Paramente in evangelischen Gottesdiensten. Zur aktuellen Diskussion, in: Mün 54 (2001) 365–369.

Nils-Henrik Nilsson: The Church of Sweden Service Book, in: StLi 31 (2001) 92–100.

Andreas Odenthal: Die Liturgie des Gründonnerstags, Karfreitags und Karsamstags im Halberstädter Dom, in: ALw 43/44 (2001/2002) 22–46.

Irmgard Pahl: „O Gott, die uns zur Welt gebracht und in deren Armen wir sterben" (Janet Morley). Weibliche Gottesanrede im liturgischen Gebet? In: LJ 51 (2001) 64–75.

Irmgard Pahl: Die Eucharistie im Zentrum einer ökumenisch orientierten Liturgiewissenschaft, in: LJ 51 (2001) 138–150.

David Plüss: Der Gottesdienst ist kein Ritual. Oder: von der Wiederkehr der Großerzählungen, in: Praktische Theologie 36 (2001) 305–308.

David N. Power: Die Erfahrung Gottes in der christlichen Liturgie, in: Conc(D) 37 (2001) 3–8.

Klaus Raschzok: Die Gegenwart Israels im evangelischen Gottesdienst. Zum „Israelkriterium" des Evangelischen Gottesdienstbuches, in: KuI 16 (2001) 48–61.

Wolfgang Ratzmann: Evangelisches Gesangbuch und Evangelisches Gottesdienstbuch als liturgische Schritte auf dem Weg nach Europa, in: Informationes theologiae Europae 10 (2001) 27–40.

Wolfgang Ratzmann: Liturgisch integriert, konfessorisch und doxologisch. Zum Verständnis der Predigt nach dem Evangelischen Gottesdienstbuch, in: Theologie der Predigt, hg. v. W. Engemann, Leipzig 2001, 243–258.

Arno Schilson: Über das „Geheimnis" des lebendigen Gottes in der Liturgie. Unzeitgemäße Hinweise auf Vergessenes in Christentum und Liturgie, in: LJ 51 (2001) 8–17.

Hans-Joachim Schulz: Gottesbegegnung als Mysterienerfahrung in der byzantinischen Liturgie, in: LJ 51 (2001) 18–30.

Hans-Joachim Schulz: Der Vorrang der Wort-Gottes-Verkündigung, der Liturgie und der Diakonie vor der Lehre, in: Conc(D) 37 (2001) 274–284.

Helmut Schwier: Liturgie und Bibel, in: Communio viatorum 43 (2001) 202–219, und in: WuD 26 (2001) 379–392.

Martin Stuflesser/Stephan Winter: Liturgiewissenschaft – Liturgie und Wissenschaft? Versuch einer Standortbestimmung im Kontext des Gesprächs zwischen Liturgiewissenschaft und Systematischer Theologie, in: LJ 51 (2001) 90–118.

Robert F. Taft: A generation of liturgy in the academy, in: Worship 75 (2001) 46–58.

Baby Varghese: Some aspects of West Syrian liturgical theology, in: StLi 31 (2001) 171–178.

Peter Vogt: Spiritualität in der Herrnhuter Brüdergemeine, in: MdKI 52 (2001) 69–73.

Robert Wentz: Vom anamnetischen Sinn liturgischer Symbolhandlungen. Plädoyer für einen Paradigmenwechsel im Verständnis liturgischer Zeiten, in: HlD 55 (2001) 250–264.

Peter Wick: Vom Tempelgottesdienst (Avodah) zum Wortgottesdienst, in: KuI 16 (2001) 9–24.

Ulrich Wüstenberg: Reformierte Spuren im evangelischen Gottesdienst in Baden, in: Reformierte Spuren in Baden, hg. v. Udo Wennemuth, Karlsruhe 2001, 88–117.

VI. Einführungen und Lehrbücher

Reinhard Meßner: Einführung in die Liturgiewissenschaft (UTB 2173), Schöningh: Paderborn 2001, 414 S.

Meßner legt keine vollständige oder gar ökumenische Einführung vor, sondern bleibt in der römisch-katholischen Tradition, geht aber mit ihr durchaus kritisch um auf Grund ökumenischer Entwicklungen, die er nicht unterschlagen will. Zunächst führt er in die drei Dimensionen der Liturgiewissenschaft, der historischen, systematischen und kritischen, ein, um dann das Thema der Liturgiewissenschaft zu benennen: der Glaube. Dazu kommentiert er Quellen bzw. Liturgien. Folglich wird zunächst eine Quellenkunde geboten, dann werden auch Handbücher und Hilfsmittel zum Studium der Liturgiewissenschaft aufgelistet. Er führt ein in die christliche Initiation (Taufe und Firmung), in die Eucharistie (einschließlich Wortgottesdienst), Tagzeitenliturgie, Osterfeier, Ordination und Trauung. Als Anhang beigegeben sind die ägyptische Basileios-Anaphora sowie 10 Schemata (z.B. Taufe Jesu, Einsetzungsberichte etc.) als Vergleichshilfe für Quellentexte.

Michael Herbst/Matthias Schneider: ... wir predigen nicht uns selbst. Ein Arbeitsbuch für Predigt und Gottesdienst, Aussaat-Verlag/Neukirchner Verlag: Neukirchen-Vluyn [2001] ²2002, 222 S.

Dieses Arbeitsbuch geht auf ein Konzept von Manfred Seitz zurück, das Michael Herbst mit dem Kirchenmusiker Matthias Schneider aufgenommen und weiterentwickelt hat. Es basiert auf den homiletisch-liturgischen Hauptseminaren, die beide gemeinsam halten. Deren Ziel ist, dass Studierende predigen lernen und auch mit der Liturgie umgehen können; die Autoren halten es für verspätet, wenn die Predigtpraxis erst nach dem Universitätsstudium einsetzt. Dass die Predigt das wichtigste Element des Gottesdienstes ist, steht für die Verfasser außer Frage. Für die homiletische Arbeit werden im Buch ca. 150 Seiten in Anspruch genommen, die liturgische Arbeit kommt mit ca. 30 Seiten aus. Die liturgische Vorbereitung eines Gottesdienstes wird im Team geleistet, die Predigt wird allein erarbeitet. Das Arbeitsbuch richtet sich nicht nur an Theologiestudierende, sondern auch an Absolvierende von Bibelschulen, Missionsseminaren, Diakonenanstalten, Vikare in der zweiten Ausbildungsphase, Pfarrer und alle Laien, die im Verkündigungsdienst stehen oder daran beteiligt sind.

VII. Lexika

Horst Nitschke: Lexikon Liturgie. Gottesdienst - Christliche Kunst - Kirchenmusik. Lutherisches Verlagshaus: Hannover 2001, 169 S.

Der Verfasser legt ein Lexikon vor, das handlich ist und zu wichtigen Begriffen eine Erklärung gibt. Er greift dabei zurück auf sein 1966 erschienenes „Wörterbuch des gottesdienstlichen Lebens". Da der Gottesdienst nach Regeln und mit Regeln gestaltet wird - so der Verfasser -, die sich einer Fülle von Formen und Formeln bedienen, ist es nötig, die dafür entsprechenden Fachbegriffe zu kennen. Diesem Anspruch will das Lexikon dienen.

VIII. Arbeitshilfen

Hanns Kerner: Gottesdienst Gestalt geben. Ein Wegweiser durch das Evangelische Gottesdienstbuch, Claudius: München 2001, 160 S.

Kerner legt eine gut verständliche Einführung für den Gebrauch des Gottesdienstbuches vor, die sich nicht nur an Theologen, sondern auch an Kirchenmusiker und an nichttheologische Gemeindeglieder wendet, die sich an Gottesdienstgestaltungen beteiligen. So wird zunächst das Gottesdienstbuch in seiner Konzeption erklärt, dann werden die Leitkriterien vorgestellt. Dem folgen die vier Teile des Gottesdienstes. Die einzelnen liturgischen Rubriken werden immer nach einem Muster erschlossen: Die Ausgangslage, die Entscheidung des Gottesdienstbuches, die Gestaltungsmöglichkeiten einschließlich der sich darin befindenden Chancen, aber auch Gefahren. Jede Seite ist zweispaltig gedruckt, die äußere Spalte ist Zitaten vorbehalten, die einzelne Stücke kurz erläutern, aber auch eine andere Sichtweise beinhalten können.

Intende qui regis Israel

Der Weihnachtshymnus des Bischofs Ambrosius von Mailand (hy.5)[1]

Gebhard Kurz

I. Der Text[2]

Str.	*Vers*	*Text*	*Übersetzung*
1	1	Intende, ǀ qui regis Israel,	Merk' auf, der du regierst Israel,
	2	super Cherubim ǀ qui sedes,	der über Cherubim du thronst,
	3	appare Ephraem coram, ǀ excita	erscheine doch vor Ephraim,
	4	potentiam tuam ǀ et veni!	erwecke deine Macht und komm!
2	5	Veni, ǁ redemptor gentium,	Komm, du Erlöser der Heiden,
	6	ostende ǀ partum virginis!	weis' vor die Jungfrauengeburt!
	7	Miretur ǀ omne saeculum:	Es rufe staunend alle Welt:
	8	Talis decet ǁ partus deum!	Solche Geburt ziemt sich für Gott!
3	9	Non ex virili (ǀ) semine,	Nicht aus dem Samen eines Mann's,
	10	sed mystico (ǁ) spiramine	sondern durch heil'ges Geistesweh'n
	11	verbum Dei ǁ factum est caro	ist Gottes Wort geworden Fleisch
	12	fructusque ventris ǀ floruit.	und ist des Leibes Frucht erblüht.
4	13	Alvus tumescit ǀ virginis,	Der Leib der Jungfrau, er schwillt an,
	14	claustrum pudoris ǀ permanet.	das Schloss der Scham bleibt unversehrt.
	15	Vexilla virtutum ǀ emicant:	Der Tugend Fahnen leuchten hell:
	16	Versatur ǀ in templo Deus.	Es weilt in seinem Tempel Gott.
5	17	Procedit ǀ e thalamo suo,	Er kommt aus seinem Gemach hervor,
	18	pudoris ǀ aula regia,	der Keuschheit königlichem Saal,
	19	geminae gigans ǁ substantiae	als Gigant von zwiefacher Natur
	20	alacris ǀ ut currat viam.	freudig zu eilen seinen Weg.

1 Eine Kurzfassung dieses Aufsatzes erschien unter dem Titel „Intende qui regis Israel" in: Kirchenlied im Kirchenjahr (s. Literaturverzeichnis). Für die vorliegende Veröffentlichung wurde er nochmals überarbeitet.

2 Zum lateinischen Text vgl. Fontaine: Ambroise, S. 273–275, mit kritischem Apparat. Zu den Abweichungen (V. 8 *deum,* 15 *emicant,* 17 *procedit*) s. Anm. 61, 73 und S. 115 und 123 mit Anmerkungen. – Die Übersetzung orientiert sich an der lateinischen Sprachform des Hymnus und versucht, deren Struktur erkennbar zu machen.

Str.	*Vers*	*Text*	*Übersetzung*
6	21	Egressus (I) eius I a Patre,	Sein Ausgang ist vom Vater her,
	22	regressus (I) eius I ad Patrem,	sein Rückweg führt zum Vater hin,
	23	excursus I usque ad inferos,	sein Auszug bis zur Unterwelt,
	24	recursus I ad sedem Dei.	sein Rücklauf hin zu Gottes Thron.
7	25	Aequalis I aeterno Patri,	Dem ew'gen Vater wesensgleich,
	26	carnis trophaeo I cingere,	rüst' dich mit Fleisches Siegeskleid,
	27	infirma I nostri corporis	das Schwache unsres Menschenleibs
	28	virtute (I) firmans I perpeti!	stärkend mit ew'ger Gotteskraft!
8	29	Praesepe I iam fulget tuum,	Nun leuchtet deine Krippe hell,
	30	lumenque I nox II spirat novum,	die Nacht strömt aus ein neues Licht,
	31	quod nulla (I) nox II interpolet	das keine Nacht je trüben soll,
	32	fideque iugi I luceat.	in festem Glauben leuchte stets.

II. Bezeugung und liturgischer Ort

Der Hymnus *Intende qui regis Israel* gehört zu den vier unzweifelhaft als von Ambrosius stammend bezeugten,[3] auch wenn für ihn, anders als für die drei anderen, eine direkte Bezeugung durch Augustinus nicht vorliegt, da der *Sermo 372,* in dem Ambrosius unter Zitat aus den Strophen 5 und 6 namentlich als Verfasser genannt wird, sicherlich nicht von Augustinus stammt.[4] Augustinus zitiert allerdings zweimal wörtlich, wenn auch ohne Verfasserangabe, aus dem Hymnus (Verse 13f. und 19).[5] Das früheste sichere Zeugnis für die Verfasserschaft des Ambrosius ist eine Äußerung Papst Caelestins auf dem Konzil von Rom, 430, ein Zitat der zweiten Hymnenstrophe.[6] Aus diesem und anderen Zeugnissen[7] geht hervor, dass es sich um einen Weihnachtshymnus handelt;

3 Hymnen 1 *(Aeterne rerum conditor),* 3 *(Iam surgit hora tertia),* 4 *(Deus, creator omnium),* 5 *(Intende, qui regis Israel)* in der seit der Ausgabe von Dreves: AH 50, S. 11–21, üblichen Zählung, die der – unter Voranstellung der Tagzeitenhymnen – am Kirchenjahr orientierten Ordnung der alten Mailänder Handschriften entspricht; s. Dreves: Ambrosius, S. 25f. Zu den Hymnen 1, 3 und 4 s. Franz: Tageslauf (zum Inhalt des „Hymnars des Bischofs Ambrosius von Mailand": S. 27).

4 s. PL 39, 1661 Anm. b; Ebert: Literatur S. 172 Anm. 3; Dreves: Ambrosius, S. 33; Steier: Echtheit, S. 555; Verbraken: Études, S. 152; Jullien: Sources, S. 61 Anm. 12 („datable du haut Moyen-Âge"); CPPM 1A, 100 (738 A); Frede: Kirchenschriftsteller, S. 244; Drobner: Augustinus, S. 39.

5 13f.: symb. cat. 4,4 (PL 40, 663); 19: Io. ev. tr. 59, 3 (CCL 36, S. 477).

6 Coelestini fragmentum ex Arnobii conflictu cum Serapione Aegyptio (Pontificum Romanorum epistulae genuinae, ed. Schoenemann) (= PL 53, 289 B = PL 50, 458): *Recordor beatae memoriae Ambrosium in die Natalis Domini nostri Jesu Christi omnem fecisse populum una voce Deo canere ‚Veni, redemptor gentium, ostende partum virginis, miretur omne saeculum, talis decet partus Deum.' Numquid talis partus decet hominem?* („Ich erinnere mich, dass Ambrosius seligen Andenkens am Tag des Geburtsfestes unseres Herrn Jesus Christus das ganze Volk mit einer Stimme für Gott singen ließ: ‚Komm, Erlöser ... Solche Geburt ziemt sich für Gott.' Ziemt sich etwa eine solche Geburt für einen Menschen?") – Hier und im Folgenden werden längere lateinische und italienische Zitate in der Übersetzung des Verfassers wiedergegeben.

7 (Faustus von Riez, 5. Jh.), ep. 7 (CSEL 21, S. 203): „Vernimm auch im Hymnus des heiligen Bischofs und Bekenners Ambrosius, den am Geburtsfest des Herrn (in Natali dominico) die katho-

nach Angaben in Handschriften wurde er in der Vesper (oder Nokturn bzw. den Laudes)[8] des Weihnachtsfestes gesungen. Die Adventszeit der Mailänder Liturgie, die mit dem Sonntag nach dem St.-Martins-Fest (11. November) begann, hatte keinen eigenen Hymnus; erst im 16. Jahrhundert wurde dort der Hymnus *Conditor alme siderum* (9. Jh.) eingeführt.[9] Die Interpretation des Hymnus muss von seinem ursprünglichen liturgischen Ort in der Heiligen Nacht ausgehen. In der auf die Vesper folgenden Messe wurde in der Mailänder Liturgie – jedenfalls nach den Angaben in MA (cod. M, 13. Jh.) – als Evangelium Mt 1,1 ff. gelesen, die Perikope Lk 2,1 ff. in der Messe am Tag.[10]

III. Das Versmaß

Das Versmaß des Hymnus ist der für die echten Ambrosiushymnen[11] typische akatalektische (= unverkürzte) iambische Dimeter, gebaut nach klassischen metrischen Regeln, also aufgrund der Silbenquantitäten. Erste und dritte Senkung können statt durch eine kurze auch durch eine lange Silbe (bei Auflösung Doppelkürze; s. Verse 1, 17, 19) ausgefüllt werden. Der Vers wird durch Zäsuren (Einschnitte innerhalb eines Metrums, Kennzeichnung: |) und Dihäresen

---

lische Kirche in allen Gegenden Italiens und Galliens freudig singt, *Procede de thalamo tuo, geminae gigas substantiae*". – Cassiodor, in ps. 8, 10 (CCL 97, S. 95): „Daher verfasste der heilige Ambrosius einen Hymnus für das Geburtsfest des Herrn (hymnum Natalis Domini) ... Er sagt nämlich: *Procedat de thalamo suo, pudoris aula regia, geminae gigas substantiae, alacris ut currat viam* und so weiter ..."; in ps. 71,6 (CCL 98, S. 652): „Daher [wegen der Aussage über die Jungfrauengeburt] leuchtete Ambrosius, eine Leuchte der Kirche, in wunderbarem Glanz, indem er sagte:" [Zitat der 2. Strophe]. – In der ältesten erhaltenen Handschrift (Vat. Reg. Lat. 11; 8. Jh.) wird der Hymnus als *Hymnus Natali Domini dicendus* bezeichnet.

8 Vgl. Biraghi: Inni sinceri, S. 49; Colombo: Inni, S. 45; Jullien: Sources, S. 170. – MA 2, fol. 87r/v (53,26–54,14). MonMon 1,30, 80 f., 177; AH 50,13: „In nocte Natalis Domini." – Abweichungen: Breviarium monast. Ambros. (1579; Biraghi, Colombo, a. a. O.): „In sabbatis et dominicis de adventu"; Advent (?), Prim (Verona; MonMon 1,365); Advent, Komplet (Klosterneuburg; MonMon 1,217). – Zur Aufteilung des Hymnus auf verschiedene Gebetszeiten s. u. Anm. 79.

9 Colombo: Inni, S. 34; Jullien: Sources, S. 76. – Zur Entstehung der Adventszeit als Vorbereitung auf Weihnachten/Epiphanie: RAC 1, 112 ff. (Mailand: 123). Ob und inwieweit die Mailänder Adventszeit und ihre in MA vorliegende Gestaltung auf die Zeit des Ambrosius zurückgeht, ist nicht feststellbar (Frank: Kirchenjahr, S. 41: „Einen Advent kannte die Kirche Mailands zur Zeit des hl. Ambrosius nicht.") Der Hymnus vom letzten (marianischen) Adventssonntag *(Mysterium ecclesiae)* stammt erst aus dem 7. Jh.; die Feier selbst kann älter sein (vgl. RAC 1, 120; Paredi: Prefazi, S. 116 ff.). Die Präfation dieses Sonntags in der Mailänder Liturgie zitiert („De cuius ventre fructus effloruit") V. 12 des Ambrosiushymnus (Paredi: Prefazi, S. 119 f.).

10 MA 2, S. 55,17 (M); S. 61,1 (M). In dem in der 1. Weihnachtsvesper auf den Hymnus folgenden „Responsorium in choro" werden Verse des Hymnus wiederholt (MA 2, S. 54; s. Franz: Tageslauf, S. 136 m. Anm. 533).

11 Die ‚Anerkennungsquote' reicht von den 4 in der Antike bezeugten – Ebert: Literatur, S. 171 f. – bis zu den 18 von Biraghi (Inni sinceri) anerkannten Hymnen. Heute werden meist 14 anerkannt, wenn auch z. T. mit Vorbehalt; vgl. Simonetti: Studi, S. 376–413; Fontaine: Ambroise, S. 93–102; Franz: Tageslauf, S. 17–29; Übersicht über den aktuellen Stand der Diskussion bei Triacca: Hymnes, S. 184–187.

(Einschnitte am Ende eines Metrums oder eines Versfußes, Kennzeichnung: ||) gegliedert.

Schema:[12]

⏖ – ⏑ | – ⏖ | – ⏑ x

– = Länge; ⏑ = Kürze; x = ‚anceps': Länge oder Kürze

Zäsur erfolgt überwiegend nach der zweiten oder dritten Senkung,[13] in hy.5 in etwa gleichem Verhältnis (14:13). Sechs Verse weisen Dihäresen auf: Vers 5 nach dem 1. Fuß; 8, 11, 19, 31 in der Versmitte; der zu V. 31 parallele V. 30 hat außer der Dihärese (nach *nox*) eine Zäsur nach der 2. Senkung (*lumenque*): entsprechend könnte in V. 31 *nulla* durch eine Nebenzäsur von *nox* abgetrennt und dadurch hervorgehoben sein. In Str. 6 lässt sich bereits in den Versen 21/22 eine Nebenzäsur nach der 2. Senkung erkennen, die in den folgenden beiden Versen zur Hauptzäsur wird; so werden die sich entsprechenden vier Substantive *e-/regressus, ex-/recursus* auch metrisch parallelisiert.

In den Versen 8 und 11 und in der ersten Hälfte von V. 19 kann man nach jedem Fuß eine Dihärese ansetzen, wodurch hier jedes Wort isoliert steht (dazu s. u.). Nicht zwingend sind die Einschnitte in den durch Parallelismus und Reim zusammengehörigen Versen 9/10: *Non ex virili* (|?) *semine, / sed mystico* (||?) *spiramine*; sie ergäben eine zusätzliche Hervorhebung der parallelen, inhaltlich kontrastierenden Adjektive und Substantive *virili* und *mystico* bzw. *semine* und *spiramine.*[14]

Das Verhältnis von Vershebung (Iktus) und Wortakzent, ein altes Problem der antiken Metrik, stellt sich in hy.5 folgendermaßen dar: Wortakzent und Iktus fallen in 70 (von 128 Fällen) zusammen, wobei 21mal ein auf der Tonsilbe iktiertes Wort einen zweiten Iktus auf seiner Endsilbe erhält, ein Fall, der sich besonders am Versende ergibt: *éxcitá, géntiúm, vírginís* usw.; am Versanfang finden sich nur zwei Fälle: *poténtiám* (4), *(sed) mýsticó* (10). In 37 Fällen sind Ton- und Iktusstelle verschieden, überwiegend in der zweiten Vershälfte; dabei handelt es sich allerdings siebenmal um Präpositionalgruppen,[15] zweimal um kurze Relativsätze,[16] also um Wortgruppen;[17] auch *ét vení* (4) ließe sich so beurteilen. Die End-Iktierung am Versende, die sich aus dem iambischen Metrum zwangsläufig ergibt, wird übrigens auch im akzentuierenden Versbau hingenommen.

---

12 CR § 99; Fontaine: Ambroise, S. 82–88. – In der klassischen Dichtung steht in der 3. Senkung meist eine Länge, in hy.5 in 25 (+2 Auflösungen) von 32 Versen. Auflösung von Hebungen kommt in hy.5 nicht vor.

13 CR § 99.

14 Zu V. 15 s. Anm. 19 und 73.

15 2: *supér Cherúbim*; 3: *Ephrǽm cor(am)* (Anastrophe); 16: *ín tempĺó*; 17: *é thalamó*; 21: *á Patré*; 22: *ád Patrém*; 24: *ád sedém.*

16 1: *quí regis* (das Prädikatsverb in der Auflösung der Senkung ohne Iktus!); 2: *quí sedés.*

17 Dazu vgl. CR § 79 (zum iambischen Senar).

Auffällige Gegenläufigkeit von Wortbetonung und Iktus findet sich an drei Stellen, die auch durch Häufung von Dihäresen auffallen:

Str. 2, V. 8: *talís* ‖ *decét* ‖ *partús* ‖ *Deúm.*
Str. 3, V. 11: *verbúm* ‖ *Deí* ‖ *factúm (e)st* ‖ *caró*
Str. 5, V. 19: *gemináe* ‖ *gigáns* ‖ *substántiáe*

Es handelt sich um zentrale theologische Aussagen, die auf diese Weise emphatisch herausgehoben und sozusagen eingehämmert werden. Dass in den Versen 11 und 19 Bibelzitate in Verse umgesetzt sind, reicht jedenfalls zur Erklärung dieser extremen Segmentierung nicht aus; denn die Strophe 1, die ein Psalmzitat umsetzt, nutzt zwar einige metrische Freiheiten (s. u.), hat aber nicht diese Besonderheit der Versgliederung. Emphatisch greift auch zu Beginn von Str. 2 (V. 5) das durch Dihärese isolierte und end-iktierte *vení* den bereits am Ende von Str. 1 erklungenen Adventsruf auf (er ist ebenfalls end-iktiert, was aber dort wegen des Versendes und der Einbindung in die Wortgruppe weniger stark empfunden wird).

Die erste Strophe weist als Folge der Umsetzung eines Psalmzitats – Ps 79 (80), 2 f. – gehäuft metrische Freiheiten auf, die zwar nach klassischen Regeln erlaubt sind, von Ambrosius aber sonst zurückhaltend gehandhabt werden.[18] So stehen von den fünf im Hymnus vorkommenden Elisionen drei in V. 3 und 4 der ersten Strophe, zwei davon führen zu einer „verdeckten Zäsur": *appar(e) Ephræm cor(am),* | *excita / potentiam tu(am)* | *et veni.*[19] Beide Verse sind außerdem durch syntaktisch notwendiges Enjambement (Übergreifen der Satzkonstruktion in den nächsten Vers) verbunden (*excita / potentiam*), eine in den Ambrosiushymnen eher seltene Erscheinung.[20]

Die Aphärese (‚Wegnahme' des Anfangsvokals eines Wortes) *factum (e)st* steht ebenfalls in einem Schriftzitat (Joh 1,14). Auch die drei Auflösungen von Längen in Doppelkürze (1 *regis,* 17 *thalamo* in der 3., 19 *geminae* in der 1. Senkung) erfolgen in Umsetzungen von Psalmzitaten. Der nichtlateinische Personenname Ephraem (V. 3) führt zu einer unregelmäßigen Länge in der 2. Senkung; für die Kurzmessung Isräel (V. 1, letzte Senkung) gibt es eine Parallele bei Sidonius, c. 16,8.

Der iambische Dimeter, der in der älteren lateinischen Literatur ziemlich selten ist (Gesangspartien der Komödie), von Horaz nach dem Vorbild des griechischen Dichters Archilochos (um 600 v. Chr.) als Epodenmaß, d. h. nur in Verbindung mit anderen Metren, verwendet wird und gelegentlich in Gesangsversen von Seneca-Tragödien sowohl in Kombination als auch in Reihen

---

18 Der Extremfall an metrischen Lizenzen ist hy.6 *(Amore Christi nobilis),* 17–21, wo Joh 1,1–3a wörtlich ins iambische Versmaß eingepasst ist.

19 Die beiden anderen sind *virtut(um) emicant* (15; verdeckte Zäsur) und *usqu(e) ad* (23; Wortgruppe). Zur verdeckten Zäsur s. CR § 73.

20 Simonetti: Studi, S. 383 f.; Fontaine: Ambroise, S. 66 Anm. 137: „L'enjambement au sens métrique est pratiquement inexistant." Doch vgl. z. B. hy.4, 2/3 (*vestiens / diem*) und 17/18 (*clauserit / diem*).

auftritt, wird seit hadrianischer Zeit (ca. 120 n. Chr.) ein beliebtes Versmaß der Gebildeten;[21] in seiner Kürze und Einfachheit überforderte es aber auch die weniger Gebildeten nicht (wie es Hilarius von Poitiers mit seinen Hymnen ergangen war). In ihrer meisterhaft ausgewogenen, dabei doch spannungsreichen metrischen Gestaltung, verbunden mit gut singbaren Melodien, hatten die Hymnen des Ambrosius durchschlagenden Erfolg;[22] sie machten „Schule"[23] und begründeten die neue Literaturgattung ‚christliches Kirchenlied'. Ihr einfacher metrischer Bau erlaubte den schon bald einsetzenden Übergang zum akzentuierenden Versbau, in dem der iambische Dimeter (2 ia) zum steigenden Achtsilbler wird (8 ◡ –).[24]

IV. Die Struktur des Hymnus

Die echten ambrosianischen Hymnen bestehen aus acht Strophen zu je vier Versen.[25] Sie haben noch keine abschließende formelle Doxologiestrophe; die dogmatischen Aussagen über die Trinität und ihr Lob sind in den Text der Hymnen integriert[26] (im Weihnachtshymnus: die Empfängnis durch den Geist,

---

21 Fontaine: Ambroise, S. 83. Ein schönes Beispiel bei Gellius, Noctes Atticae 19, 11. – Die Verse, die Kaiser Hadrian auf dem Sterbebett gedichtet haben soll, zeigen die gleichen Erscheinungen in Metrik und Versbau wie unser Hymnus: *Animula* | *vagula* | *blandula, / hospes comesque* | *corporis, / quae nunc abibis* | *in loca / pallidula,* | *rigida,* | *nudula / nec, ut soles,* ‖ *dabis iocos* (Historia Augusta, Hadrianus 25, 9).

22 Fontaine: Ambroise, S. 65 f. 67; Perret: Origines, S. 48–50; vgl. Augustinus, conf. 9, 15. – Beim Mailänder Kirchenstreit im Frühjahr 386 spielten sie eine große Rolle als Glaubensbekenntnis und zur Stärkung und Tröstung der Katholiken. Gestaltung und Qualität der überlieferten Hymnen zeigen aber, dass sie nicht spontan für diesen Zweck verfasst sein können; besonders gilt das für hy. 5, dessen letzte Strophe direkt auf einen weihnachtlichen Kontext abgestellt ist; vgl. Franz: Tageslauf, S. 1–15 (besonders S. 3 m. Anm. 7).

23 Vgl. Fontaine: Ambroise, S. 102; er möchte einige der in ihrer Echtheit umstrittenen Hymnen dieser „école ambrosienne" zuschreiben.

24 CR §§ 181 f.; LHSz 1, 252; Fontaine: Ambroise, S. 85. 90 f.

25 Dazu und zu einer eventuellen Zahlensymbolik auf der Basis der „4" (vgl. Augustinus, de musica 1, 12, 23; 3, 5, 12 f. = PL 32, 1096 f., 1122) s. Franz: Tageslauf, S. 23; Fontaine: Ambroise, S. 91.

26 Dreves: Ambrosius, S. 29; Franz: Tageslauf, S. 16 Anm. 59; 56 f., 289 f., 400 ff.; s. auch Anm. 27 (zu hy. 4). – In den ältesten Handschriften sind keine formellen Doxologiestrophen überliefert, später verschiedene zum gleichen Hymnus; vgl. Mone: Hymnen, S. 44. Zum Teil werden sie nur mit ihrem Initium angedeutet. Doxologiestrophen zum Weihnachtshymnus:
a) Mailänder Tradition (Colombo: Inni, S. 45): Jesu, tibi sit gloria, / qui natus es de virgine, / cum Patre et almo Spiritu / in sempiterna saecula. / Amen.
Variante (Daniel: Thesaurus, S. 12): Gloria tibi domine, / qui natus es de virgine, / cum patre et sancto spiritu / in sempiterna saecula. / Amen.
b) Zisterzienserhymnar (Waddell: Hymnal 2, S. 71): Gloria tibi, domine, / gloria unigenito / una cum sancto spiritu / in sempiterna saecula. / Amen.
c) Sonstige: Mone: Hymnen, S. 43 (häufigste Vorlage der deutschen Übertragungen; s. u. S. 151 ff.): Deo patri sit gloria / eiusque soli filio / cum spiritu paraclito / et nunc et in perpetuum. / Amen.

der Ausgang und die Rückkehr des Sohnes zum Vater, das Sitzen zu seiner Rechten, die Wesensgleichheit des Sohnes mit dem Vater).

Die Strophen eines Hymnus bilden in der Regel in sich geschlossene syntaktische Einheiten, wobei jeweils zwei Strophen (= acht Verse) – mit je eigenem thematischem Schwerpunkt – enger aufeinander bezogen sind. Diese Paarigkeit könnte mit einer alternierenden Singweise der Strophen zusammenhängen.[27] In hy.5 ist diese Struktur deutlich ausgeprägt:[28]

Str. 1/2: Bitte um das Kommen des Erlösers (Israel/Heiden).
Str. 3/4: Die wunderbare Menschwerdung des göttlichen Wortes (zugleich Entfaltung des in Str. 2 angeschlagenen Motivs).
Str. 5/6: Der Weg des göttlichen Helden.
Str. 7/8: Wiederaufnahme der Bitte um das Kommen (Ringkomposition) und Wunsch, das weihnachtliche Licht möge dauern.

Innerhalb der Strophen sind wiederum jeweils zwei Verse (= acht Iamben) durch syntaktische, stilistische und verstechnische Mittel oder inhaltlich verbunden;[29] in hy.5 ist dies durchgängig zu beobachten:

Liturgia Horarum (s. Anm. 180): Sit, Christe, rex piissime, / tibi Patrique gloria / cum Spiritu Paraclito / in sempiterna saecula. / Amen.
Durch die sich in den Hymnus einfügende christologische Ausrichtung (s. Anm. 27) und die Beachtung der antiken Metrik (Silbenquantitäten) entspricht die von Colombo mitgeteilte Mailänder Strophe am ehesten alter ‚ambrosianischer' Tradition. Sie bezieht in ihrem zweiten Vers das weihnachtliche Festgeheimnis ein; ihr Vorkommen auch in anderen Hymnen der Weihnachtszeit erweist sie aber, neben dem negativen Zeugnis der ältesten Überlieferung, als späteren Zusatz.

27 Fontaine: Ambroise, S. 64. Wie der Gesang realisiert wurde – Wechsel von Vorsänger und Gemeinde, von Chor und Gemeinde, von Teilen der Gemeinde, oder durchgängiges Singen – wird (wie auch heute noch) von den jeweiligen Möglichkeiten und der Situation abhängig gewesen sein; zur Diskussion über diese Frage s. Franz: Tageslauf, S. 15–17.- Im abendlichen hy.4 (*Deus, Creator omnium*) ergibt sich die Paarbildung erst zwischen den Strophen 2/3, 4/5, 6/7, mit Umrahmung durch die Strophen 1 und 8; s. Fontaine: Ambroise, S. 232 f. Die trinitarische Strophe 8 ist zugleich die von der Abendliturgie geforderte Doxologie (s. Franz: Tageslauf, S. 68. 113), aber nicht als angehängter formeller Zusatz, sondern als integraler Bestandteil, ja als Höhe- und Zielpunkt des Hymnus. Unbeschadet der grundsätzlich christologischen Ausrichtung der Ambrosiushymnen (Franz: Tageslauf, S. 53–57. 112) ist Adressat des Abendhymnus die göttliche Dreieinigkeit; das erste Wort des Hymnus, *Deus,* und das letzte, *Trinitas,* beides Vokative, bezeichnen Identisches und umfassen so in Ringkomposition den ganzen Hymnus.

28 Vgl. Springer: Veni, S. 84.

29 Franz: Tageslauf, S. 470, mit Beispielen. Simonetti: Studi, S. 382, weist auch auf Bezüge zwischen Versen der ersten und der zweiten Strophenhälfte hin (14/15; 18/19. – 25/27 dagegen nicht überzeugend). – Die These von Patzlaff: Otfrid, S. 121 ff. (bes. 131), dass es sich nicht um iambische Dimeter, sondern um Tetrameter (mit Mitteldihärese) handle, kann jedenfalls auf die oben Anm. 21 genannten Gedichte mit ungerader Anzahl von Versen nicht zutreffen. Die Ambrosiushymnen stehen diesen Gedichten näher als den altlateinischen (Plautus, Terenz) iambischen Oktonaren. In hy.2 (*Splendor paternae gloriae*) liegt zwischen den Versen 11 und 12 eine starke Sinnzäsur (11 gehört noch zu 9 f.); in hy.6 (*Amore Christi nobilis*) gehört V. 21 noch zur vorigen Strophe. – Dass zwei Dimeter ihrem Umfang und ihrer Teilung nach einem Psalmvers entsprechen, war sicher ein willkommenes, vielleicht sogar angestrebtes Ergebnis.

Str. 1,	1/2:	Relativprädikationen;
	3/4:	Serie von 3 Imperativen (in Fortsetzung des Imperativs *intende* von V. 1).
Str. 2,	5/6:	2 Imperative (insgesamt also 6 Imperative!);
	6/7:	Reaktion.
Str. 3,	9/10:	Parallelismus (Gegensatz) der adverbialen Gruppe, mit Reimbindung;
	11/12:	Parallelismus der Hauptsätze.
Str. 4,	13/14:	‚Biologische' Vorgänge der Menschwerdung;
	15/16:	metaphorische Beschreibung.
Str. 5,	17/18:	Hauptsatz;
	19/20:	davon abhängiger Gliedsatz; zwischen beiden Verspaaren herrscht Chiasmus: Kernsatz/Apposition – Prädikativum/Kernsatz.
Str. 6,	21/22:	*egressus/regressus*; Assonanz *a Patre / ad Patrem*;
	23/24:	*excursus/recursus.*
Str. 7,	25/26:	Hauptsatz;
	27/28:	entfaltende Partizipialgruppe.
Str. 8,	29/30:	2 parallele Hauptsätze;
	31/32:	weiterführender Relativsatz mit parallelen Prädikaten.

Achtstrophigkeit (ohne die spätere Doxologiestrophe) und Untergliederung in Strophenpaare sind beweiskräftige Argumente für die Echtheit der ersten Strophe, die nur in wenigen Handschriften überliefert ist; dabei handelt es sich jedoch um den ältesten Textzeugen (Fa = Vat. Reg. Lat. 11; 8. Jh.) und um die ältesten Zeugen der Mailänder Tradition (Ma-c.e.f; 9.–11. Jh.), sowie eine weitere in Italien entstandene Handschrift (Ie; 10. Jh.).[30] Hinzu kommt das Zeugnis der Zisterzienserhymnare, deren erste Fassung zu Beginn des 12. Jahrhunderts aus Mailänder Quellen übernommen wurde, da der Orden in seinem Bemühen um strikte Befolgung der Benediktregel deren Vorschrift, *Ambrosiana* als Hymnen zu wählen, im vollen Wortsinne anwenden wollte.[31] Das Zeugnis dieser handschriftlichen Überlieferung wiegt schwerer als die Tatsache, dass die erste Strophe in der indirekten Überlieferung, insbesondere im Zitat des Papstes Caelestin (s. o. Anm. 6), nicht erwähnt ist, zumal es dem Papst bei diesem Zitat nur auf den Vers 8 ankam (*talis decet partus Deum*).[32] Auch bei Cassiodor, in ps. 71, 6 (s. Anm. 7), interessiert nur das Thema der Jungfrauengeburt; aus dieser Stelle ist keineswegs die Absicht zu erkennen, „den Anfang des Hymnus zitieren zu wollen".[33] – Die Strophe ist auch aus inhaltlichen

30 Beschreibung bei Jullien: Sources, S. 74–78. 86 f. 98. 142 f.

31 Stephan Harding, Epistula de observatione hymnorum (Waddell: Hymnal 2, S. 12, bes. Zeilen 5–14). – Auch sein Zeitgenosse Wilhelm von Malmesbury, History of the Deeds of the Kings of England 4, § 336 (= PL 179, 1289 B) bezeugt den Gebrauch von aus Mailand übernommenen Gesängen und Hymnen im Stundengebet der Zisterzienser: „Cantus et hymnos Ambrosianos, quantum ex Mediolano addiscere potuerunt, frequentant in divinis officiis.". – Alle Stücke der Erstfassung des Hymnars wurden in die zweite übernommen. Zur Geschichte des Zisterzienserhymnars und seiner beiden Rezensionen (R I, R II) s. Waddell: Hymnal 1,1, S. 18–22. 55. 91 f.; vgl. auch Szövérffy: Annalen 2, S. 83 f.

32 Fontaine: Ambroise, S. 267.

33 So Kayser: Kirchenhymnen, S. 172 Anm. 1.

Gründen notwendig, da sie als Folie zur folgenden Strophe, die den *redemptor gentium* anspricht, notwendig ist. Eine ungerade Strophenzahl, mit isolierter Anfangsstrophe, scheidet für die echten Ambrosiushymnen aus (s. o.).

Einer der Gründe für den frühen Wegfall der ersten Strophe[34] liegt in ihrer unüblichen metrischen Struktur. Als der akzentuierende Versbau sich durchgesetzt und die Betonungsweise der Wörter sich geändert hatte (Dehnung kurzer Vokale in offenen Silben unter dem Wortton, Kürzung unbetonter Langvokale),[35] auch Elision unüblich geworden war, führte die Häufung von Auflösung und Elisionen zu Schwierigkeiten beim Vortrag.[36] Eine Auflösung wie *rĕgĭs* (V. 1, in der Senkung) war mit einer Aussprache *rēgis* nicht mehr realisierbar; sie verschob sich, wie die Mailänder Melodie zeigt,[37] auf *inténde qui régis,* was aber ebenfalls zu rhythmischer Unregelmäßigkeit führte – und dies zu Beginn des Hymnus.[38] Als das Gespür für die Bauprinzipien ambrosianischer Hymnenkomposition schwand, glaubte man wohl, auf die unbequeme Strophe verzichten zu können, deren Thema durch den die Adventszeit beherrschenden Psalm 79 (80)[39] genügend abgedeckt schien und, zumal wenn man „Israel" auf das Gottesvolk des Neuen Bundes bezog,[40] als Dublette zur folgenden Strophe empfunden wurde, deren Beginn mit *vení* einen adäquaten, vielleicht sogar besseren Anfang statt des unbequemen *inténde qui régis* zu bieten schien.[41] Die Achtstrophigkeit des Hymnus schien durch die inzwischen

---

34 In den Handschriften des seit dem 9. Jh. aufkommenden „Nouvel Hymnaire" (Jullien: Sources, S. 91 ff.) fehlt sie, außer in der Handschrift Ie, die Bezug zur Mailänder Tradition hat (Jullien: Sources, S. 98).

35 impĕrium > impērium; Vĕnus > Vēnus; ōrātor > ŏrātor; sacrāmentum > sacrămentum; s. LHSz 1, 55 ff.

36 Peter Abälard kritisierte die Gesänge der Zisterzienser u. a. wegen der ungleichen Silbenzahl der Verse, die es schwierig mache, sie auf die gegebene Melodie zu singen (Waddell: Hymnal 2, S. 8, 7–9); s. Waddell: Hymnal 1, 1, S. 67 ff.; vgl. Walpole: Hymns, S. 52.

37 Dreves: Ambrosius, S. 116; Garbagnati: Inni, S. 38; MonMon 1,8.30; Waddell: Hymnal 2, S. 70.

38 Verfehlter Versuch einer ‚Heilung' durch „elision" der ersten Silbe ('tende) bei Waddell: Hymnal 1,2, S. 62; ebenso unzutreffend sind ‚Heilungs'-Versuche durch Ausstoßung der dritten Silbe (intend'). Diese Schwierigkeiten bestehen für die frühere Zeit, jedenfalls bei Anwendung der quantitierenden Metrik, noch nicht. Gehäufte Elision kommt z. B. sowohl bei den vulgären Spottgesängen der Soldaten auf Caesar vor (Sueton, Iul. 51: 4 Elisionen in 2 Versen) wie in den Gedichten der Gebildeten der Kaiserzeit, wie dem bei Gellius 19, 11 überlieferten (6 in 17 Versen); dort finden sich auch 4 Auflösungen von Längen zu Doppelkürzen, 4 in den 5 Versen des Hadriangedichts (s. o. Anm. 21). Die Argumentation von Simonetti: Studi, S. 385–387 gegen die Echtheit der ersten Strophe beruht auf Überbewertung dieser Schwierigkeiten (sozusagen aus der Sicht späterer Zeit); sie zwingt ihn andererseits zur Hinnahme einer irregulären Anzahl von 7 Strophen bzw. zur Vermutung des Ausfalls einer ursprünglichen, stark antiarianischen Strophe (Kritik an Simonettis Thesen s. Franz: Tageslauf, S. 24 Anm. 100).

39 Zur Mailänder Liturgie s. MA 2, S. 24 ff.

40 Zu dieser Entwicklung s. Fontaine: Ambroise, S. 278.

41 Kayser (s. o. Anm. 33); vgl. Walpole: Hymns, S. 52 (er hält die Strophe aber für echt). Lentini: Te decet, S. 77: „Die Strophe 1, eine geschickte, aber gekünstelte Umsetzung des Beginns von Ps. 79 [wird] von vielen Brevieren ausgelassen, zumal die Strophe 2 einen im lyrischen Sinne sehr guten Anfang bietet." – Die noch schwierigere Strophe 5 von hy. 6 (s. o. Anm. 18) war dagegen

obligatorisch gewordene Doxologiestrophe gesichert. Eine Voraussetzung (und dann auch eine Folge) der Auslassung der ersten Strophe war die Deutung von *redemptor gentium* (V. 5) als ‚Erlöser der (= aller) Völker'.[42] In Mittelalter und Neuzeit wird der Hymnus überwiegend mit dem Initium *Veni, redemptor gentium* überliefert. In dieser Gestalt liegt er auch fast allen deutschen Übertragungen (z. B. Martin Luthers *Nu kom, der Heyden Heyland*) zu Grunde.

Hymnus 5 hat eine einfache syntaktische Struktur; er besteht überwiegend aus Hauptsätzen. Umfänglichere, aber unkomplizierte Strukturen zeigen die folgenden Strophen:

1: Erweiterung des ersten Imperativs durch zwei Relativsätze im Stil des Rufehymnus (s. S. 122).
3: Zwei parallele adverbiale Gruppen (V. 9/10) als Erweiterung des Hauptsatzes.
5: Erweiterung des Hauptsatzes durch Apposition (V. 18); finaler Gliedsatz mit prädikativer Ergänzung (V. 19/20; zum Chiasmus in dieser Strophe s. o. S. 112).
7: Erweiterung des Hauptsatzes (V. 25/26) durch Partizipialgruppe (V. 27/28).
8: Erweiterung des zweiten Hauptsatzes durch Relativsatz mit zwei Prädikaten (optativische Konjunktive) und leichtem Zeugma (*quod*, 31, ist zuerst Objekt, dann Subjekt).

Die sechs Imperative zu Beginn des Hymnus (V. 1–6) bilden eine steigernde Reihung (Klimax) zunehmender Konkretisierung des göttlichen Offenbarwerdens,[43] deren Gipfel der Erweis der Göttlichkeit des herbeigerufenen Erlösers durch das vom Propheten angekündigte Zeichen der Jungfrauengeburt ist; die Reihe klingt aus mit dem optativischen *miretur* (7), das zu der gewünschten bewundernd-anerkennenden Reaktion der Menschheit aller Orte und Zeiten *(omne saeculum)* überleitet (8).

Die beiden folgenden Strophen beschreiben in sachlichen Indikativen den geheimnisvollen Vorgang der Menschwerdung; dabei entsprechen sich die jeweils ersten und letzten Verspaare: auf die Angaben der Art, wie die Empfängnis des Gottessohnes erfolgte bzw. nicht erfolgte, folgt jeweils die deutende Aussage: V. 11/12 mit Bibelzitaten, V. 15 mit einer kühnen Metapher aus dem kaiserlichen Zeremoniell, die in V. 16 wiederum in ein biblisches Bild übergeht.

Die erste Gedichthälfte hat, ausgehend vom adventlichen Bittruf, die Entwicklung der Inkarnation des „Wortes Gottes" (11) bis unmittelbar an das weihnachtliche Geschehen herangeführt. Dieses Ereignis, das Hervortreten des Gottkönigs und Gottmenschen, eröffnet die zweite Hälfte des Hymnus,

---

durch den Kontext und das Übergreifen in die nächste Strophe (V. 21) gegen Auslassung geschützt.

42 Vgl. Mohrmann: Langue et style, S. 167.- Auch Fontaine: Ambroise, S. 279 f. versteht *gentium* universell und verwischt damit den Unterschied zwischen beiden Strophen, obwohl er die erste Strophe für echt hält.

43 Fontaine: Ambroise, S. 279: „crescendo de précision".

steht also in seinem Zentrum, wiederum in einer Mischung aus biblischen (17) und imperialen (18) Metaphern; dabei sind die Bilder der Verse 15/16 und 17/18, damit also auch die beiden Hymnushälften, über den Wendepunkt hinweg durch Chiasmus der Metaphern verklammert (imperial/biblisch - biblisch/imperial). Diese Verklammerung mit dem vorangehenden Strophenpaar erfordert, ebenso wie die Verknüpfung mit der Aussage der Strophe 6 (Nominalsätze!), auch für den Kernsatz der Strophe 5 den Indikativ (*procedit,* 17), nicht den Wunsch-Konjunktiv (*procedat;* zur Textüberlieferung s. u. S. 123).

Mit seinem Hervortreten aus dem Mutterleib beginnt der Weg des Gotthelden (20). Dieser führt als Ausgangs- und Rückkehrbewegung (*e-/regressus,* 21/22) vom Vater zum Vater und gleichsam in einem Kriegszug (*ex-/recursus,* 23/24) über den tiefsten Punkt seiner Existenz (der aber zugleich sein Sieg ist) zur Erhöhung zur Rechten Gottes. Hier sind uralte kosmologische Vorstellungen, die nicht nur den Dichter von Ps 18 (19), sondern auch andere religiöse Denker (wie den ägyptischen Pharao Echnaton in seinem Sonnenhymnus) inspiriert haben, und Elemente des römischen Militärwesens (Krieg und Triumph) in unnachahmlicher lateinischer Prägnanz auf den Messias Jesus angewendet (dessen menschlicher Name übrigens - wie auch der Titel „Christus" - im gesamten Hymnus nicht genannt wird!).

Ähnlich wie das Motiv von Strophe 2 (die Jungfrauengeburt) in den folgenden Strophen entfaltet wurde, so klingen die Motive der Strophe 6 in der ersten Strophe des Schlusspaares aus: Die Nominalgruppe (Subjektsapposition, V. 25) bekräftigt in Abwehr der arianischen Lehre mit einer dogmatischen Formel die Wesensgleichheit und Gleichewigkeit des Sohnes mit dem Vater trotz der in Str. 6 dargestellten zeitweiligen Selbstentäußerung,[44] die Verbalgruppe (26, mit Erweiterung 27/28) greift das militärische Motiv der Verse 23/24 auf; dabei kehrt der Imperativ *cingere* zur Anredeform der beiden Eingangsstrophen zurück (Ringkomposition). Die letzte Strophe entfaltet zunächst in zwei indikativischen Hauptsätzen (V. 29/30) die Lichtsymbolik des Festes, die die Liturgie des folgenden Tages prägen wird, und lässt den Hymnus mit dem Wunsch (Konjunktiv) ausklingen, dass dieser Lichtglanz der Weihnacht von Dauer sein möge.

Der Hymnus ist spiegelbildlich aufgebaut (a b b a): Bittruf (Imperative, Konjunktiv; 2 Strophen), rühmende Darstellung des Festgeheimnisses (Indikative bzw. Nominalsätze; zweimal 2 Strophen), Bitte und Wunsch (Imperativ, Konjunktive; 2 Strophen); das letzte Strophenpaar spiegelt diesen Aufbau nochmals im Kleinen: Imperativ, 2 Indikative, 2 Wunsch-Konjunktive. Alle Untergliederungen des Hymnus aber fügen sich, in konsequentem Fortschreiten aufeinander aufbauend, zu einem harmonischen Ganzen zusammen.

---

44 S. Springer: Veni, S. 84; Belege zu *aequalis* und *coaeternus* s. Steier: Echtheit, S. 579.

V. Einzelinterpretation

Der Hymnus beginnt mit dem Zitat von Ps 79 (80), 2–3:

Qui regis Israel, intende, qui deducis tamquam oves Ioseph, qui sedes super Cherubim, manifestare coram Ephraim, Beniamin et Manasse, excita potentiam tuam et veni, ut salvos facias nos.[45]

Der du Israel hütest, merk' auf, der du wie Schafe Joseph zur Weide führst, der du über den Kerubim thronst, erscheine vor Ephraim, Benjamin und Manasse,[46] erwecke deine Macht und komm, uns heil zu machen.

Der zweite Relativsatz des Psalmtextes ist ausgelassen, vordergründig wegen des aus dem begrenzten Umfang der Hymnenstrophe resultierenden Zwangs zur Kürzung. Das Prädikatsverb des ersten Relativsatzes, *(qui) regis,* Wiedergabe des griechischen Partizips *poimaínōn* (‚hütend'; hebr. *ro^{c}e^h*), wird so durch den Wegfall der eindeutigen Hirtenmetapher offen für eine Deutung im Sinne von ‚Herrscher', verstärkt durch den nun unmittelbar folgenden Relativsatz mit dem geläufigen Motiv des „über den Kerubim thronenden" Gottes.[47] Im Hymnus wird also eher der Gottherrscher angerufen, seine ‚Fürsorgepflicht' wahrzunehmen. Der Imperativ *intende* (sc. *animum*)[48] ‚merk auf!' erhält durch die Umstellung an den Hymnusanfang noch mehr den Charakter eines Alarmrufs als im Psalm; der Anlass dieses Rufs, die Not des Gottesvolkes, im Hymnus nicht angesprochen, ist durch das Psalmzitat präsent.[49] Am-

45 Text nach der Vulgata; Übersetzung des Hieronymus „nach dem Hebräischen": *Qui pascis* (hebr. *ro^{c}e^h*) *Israel, ausculta* ‚horch!'; hebr. *ha'^{a}zina*), *qui ducis quasi gregem* (hebr. *noheg kaṣṣon*; *ṣon* = Kollektivum ‚Kleinvieh'; LXX *próbata*) *Ioseph, qui sedes super cherubim, ostendere*(hebr. *hopi^{c}a ‚leuchte auf!'; LXX: emphánēthi, lat. manifestare/ostendere) ante Efraim, Beniamin et Manasse suscita fortitudinem tuam et veni, ut salvos facias nos. Statt manifestare/ostendere hat Ambrosius appare; so auch De fide 5, 6, 85 (CSEL 78, S. 247): „ ‚Supra cherubim' Dominus sedet, sicut habes: Qui sedes super cherubim, appare; ebenso Augustinus, en. Ps. 79, 3 (CCL 39, S. 1112): appare, inquam, coram gente Iudaeorum."*

46 Die Beziehung der Präpositionalgruppe „vor Ephraim ..." ist unklar. Im masoretischen Text ist durch Soph Pasuq Versschluss nach *hopi^{c}a* angezeigt, was die Gruppe zum Verb *excita* stellt; so z. B. auch Cassiodor, in ps. 79, 3 (CCL 98, S. 741), Ps. Ioannes Chrysostomus, PG 55, S. 725. Entsprechend lässt die Septuaginta-Ausgabe von Robert Estienne (1550/51) mit *enantíon* (‚angesichts, vor') Vers 3 beginnen; so auch Martin Luther: „Erwecke deine Gewalt, der du fur Ephraim, Benjamin und Manasse bist.". In seinem Hymnus hat Ambrosius, wie Versbau (Zäsur) und Wortstellung (Anastrophe) zeigen, die Präpositionalgruppe *Ephræm coram* zum Imperativ *appare* gezogen; so z. B. auch Athanasius, in ps. 79 (PG 27, 360 B), und Augustinus, en. Ps. 79,3 (s. Anm. 45). Aus Ambrosius, de fide 5, 6, 85 (s. Anm. 45) lässt sich wegen des Textabbruchs im Zitat die Zuordnung der Präpositionalgruppe nicht erkennen.

47 „Herr der Heerscharen, der über den Kerubim thront": 1 Sam 4,4; 2 Sam 6,2; 2 Kön 19, 15 (= Jes 37, 16); 1 Chr 13, 6; Ps. 98 (99), 1; Dan 3, 55; vgl. auch Ez 1, 4–28 (bes. 26 f.); 9, 3; 10, 18. Zu dieser Vorstellung vgl. Podella: Lichtkleid, S. 210 f., 221.

48 LXX: *prósches*, sc. *tòn noũn* (*prósches* = *prós-sches*).

49 Fontaine: Ambroise, S. 277 übersieht diesen Aspekt und bezieht daher die Bitte zu einseitig auf eine „épiphanie royale" hellenistischer Herrscher bzw. das Einzugszeremoniell römischer Kaiser.

brosius gelingt es so, aus den selbstauferlegten metrischen und verstechnischen Zwängen eine besondere Pointierung zu gewinnen.

Der Stamm Ephraim (zweisilbige Form Ephraem, Efrem) ist der führende der drei im Psalm genannten Stämme, der Nachkommen der Rahelsöhne, die in der Lagerordnung Num 2,18–24 unter Führung Ephraims den westlichen Block bilden und auf dem Marsch unmittelbar hinter der Bundeslade folgen.[50] Wegen seiner Bevorzugung vor dem älteren Bruder Manasse und wegen der Verheißung, sein Same werde zu Völkern wachsen (*semen illius crescet in gentes,* Gen 48,19), deuteten frühchristliche Exegeten (Hippolytus, Augustinus) – mit Uminterpretation von *gentes* als ‚Heiden' – Ephraim als Vorausbild des neuen, aus den Heiden berufenen Gottesvolkes, der christlichen Kirche. Eine solche Interpretation auch für den Hymnus würde aber unterstellen, dass Ambrosius die Auswahl Ephraims – außer aus Kürzungsgründen – absichtlich unter diesem Gesichtspunkt getroffen und damit selbst die Dublette geschaffen hätte, die später zum Ausfall der ersten Hymnenstrophe beitrug, – eine in Anbetracht der kunstvollen Ausgewogenheit seiner Hymnen unwahrscheinliche Annahme. „Ephraim" repräsentiert hier also das Gottesvolk des Alten Bundes. Die vorweihnachtliche poetische Situation des Hymnenanfangs lässt allerdings zu und setzt sogar voraus, dass der christliche Sänger des Hymnus – wie bis zum heutigen Tag jeder christliche Sänger oder Beter solcher Texte – sich mit dem vorchristlichen Israel wie mit den erlösungsbedürftigen „Heiden" identifiziert.

Das Psalmzitat endet mit dem wirkungsvoll am Versende stehenden imperativischen Ruf *veni,* der am Anfang der korrespondierenden zweiten Strophe wiederholt und damit in seiner Wirkung verstärkt wird.[51]

Die zweite Strophe richtet sich an den *redemptor gentium. Redemptor* bezeichnet den Käufer, Erwerber oder Freikäufer (eines Sklaven); von dieser letzten Bedeutung aus nimmt es im biblischen und christlichen Sprachgebrauch die Bedeutung ‚Befreier, Erlöser' an, u. a. als Übersetzung des griechischen Septuaginta-Wortes *lytrōtḗs,*[52] so Ps 18 (19), 44; 77 (78), 35: Gott, der „Fels und Erlöser"; Apg 7,35: Mose als „Führer und Befreier" seines Volkes. Dabei schwingt die Bedeutung mit, dass der Freikäufer zugleich ein Eigentumsrecht erwirbt.[53] – Unter *gentes* sind, gemäß dem alttestamentlichen Sprachgebrauch, die nichtjüdischen Völker zu verstehen; in christlicher Interpretation wären das alle, die (noch) nicht zum neuen Gottesvolk gehören.[54] Auf einer zweiten

50 Eusebius, comm. in psalmos (PG 23, 956 D) und Athanasius, in ps. 79 (PG 27, 360 C) erklären daher „vor Ephraim …" im örtlichen Sinn, weil die Bundeslade, auf der die Herrlichkeit des Herrn zwischen den Kerubim ruhte (Ex 25,10 ff.; 37,1 ff.), vor diesen hergezogen sei.

51 Springer: Veni, S. 81: „When sung antiphonally such a repetition must have been quite dramatic. The echo of the first veni sung by one half of the congregation would no doubt still have been reverberating in the church as the second half of the congregation began the second stanza by singing the very same word."

52 Hebr. *gōēl.*

53 Vgl. Rut 4,1 ff. Zum christlichen Wortfeld von *redimere* (nicht: ‚sühnen') vgl. Braun: Deus christianorum, S. 506–511.

54 Luther übersetzte aus seiner Kenntnis des alttestamentlichen Sprachgebrauchs „der Heyden

Verständnisebene, innerhalb der Gemeinschaft der Christen, die diesen Hymnus singen und für die der alte Gegensatz Israel – Heiden durch die Erlösung in Christus aufgehoben ist (Eph 2,11 ff.), tritt in der komplementären Struktur der Strophen 1 und 2 an dessen Stelle das Gegensatzpaar von Befreiung aus äußerer Not und Bedrängnis (durch Verfolger und Irrlehrer) und Befreiung aus der Not der Sünde.

Aus der Anrede *redemptor gentium* ergibt sich, dass der Hymnus an Jesus Christus gerichtet ist. Dies bestätigt sich durch die beiden letzten Strophen, in denen der „dem ewigen Vater Wesensgleiche" angesprochen wird. Es gilt aber auch für die erste Strophe, bei der man wegen des alttestamentlichen Bezuges zunächst an den „Gott der Väter" denken könnte. Die enge Verbindung der beiden Strophen (*veni / veni;* s. o.) und der Parallelismus der Anrede sprechen gegen einen Adressatenwechsel;[55] die Deutung des Psalms 79 (80) auf Christus, das „Wort des ewigen Vaters" entspricht frühchristlicher Exegese, z. B. bei Eusebius und Athanasius.[56] Auch die auf der Deckplatte der Bundeslade anwesende Herrlichkeit *(dóxa)* Gottes deutete man[57] auf den Logos, der in der Inkarnation ‚sein Angesicht zeigt' (vgl. V. 4 des Psalms: *ostende faciem tuam*).

An diese Formulierung und Auslegung des Psalms könnte Ambrosius anknüpfen, doch leitet er mit *ostende partum virginis* (V. 6) zu einem anderen Motiv über, wobei er zugleich dem Verbum *ostendere* einen anderen Sinn gibt: Das bei Jes 7,14 verheißene Heilszeichen wird gemäß der neutestamentlichen, auf dem griechischen Wort *parthénos* beruhenden Interpretation (Mt 1,23) auf die Geburt Jesu „aus der Jungfrau Maria" bezogen. Diese gilt – das ist, unabhängig von der mit diesem Thema verbundenen Problematik, festzustellen – für Ambrosius wie für die überwiegende Zahl der damaligen Theologen[58] als historische Tatsache. Die Jungfrauengeburt[59] ist in ihrer Unglaublichkeit (Oxymoron!) nicht nur ein Wunderzeichen (*ostentum*), sondern geradezu der

---

Heyland". Er konnte aber die alte Parallelität nicht wieder herstellen, da er sicher die originale erste Strophe nicht kannte.

55 Franz: Tageslauf, S. 24 Anm. 100; S. 54.

56 Eusebius, comm. in psalmos (PG 23, 952 C): „Der Psalm ruft den an, der Israel weidet. Dieser aber war der Logos Gottes, wie wir oft dargelegt haben, ... dieser sei kein anderer als der, der im Evangelium gesagt hat: Ehe Abraham ward, bin ich"; 953 C: „Wer aber der ist, der Israel weidet, erklärt der selbst, der sagt: Ich bin der gute Hirt ..." – Athanasius, in ps. 79 (PG 27, 360 B).

57 Eusebius, comm. in psalmos (PG 23, 956 B). Ähnlich die Umwandlung des Motivs der Wolke (Lk 1,35; vgl. Ratzinger: Einführung, S. 223) Ambrosius, myst. 13 (PL 16, 393); die Gleichsetzung der Wolkensäule mit Christus bei Ambrosius, in ps. 118, 5, (CSEL 62, S. 83 f.); vgl. auch 1 Kor 10,4 (Der Fels, der mit ihnen zog, war Christus).

58 Belege bei Huhn: Geheimnis, S. 37–90; Frank: Geboren, S. 91–115 (zu Ambrosius: S. 106. 110 ff.).

59 *Partus* kann hier nur als Abstraktum ‚Geburt' verstanden werden, nicht als ‚das Geborene (= die Leibesfrucht, Sohn) der Jungfrau', d. h. Jesus (so Steier: Echtheit, S. 575; Fontaine: Ambroise, S. 280: „*partus virginis* désignant Jésus"; dagegen in der Übersetzung, S. 272, unscharf: „montre la Vierge qui enfante"). Auch hy. 3, 23 und 7, 9 liegt die abstrakte Bedeutung vor; dagegen 3,30 Übergang zur konkreten Bedeutung (noch stärker Inst. virg. 8, 55 = PL 16, 320); vgl. Steier: Echtheit, S. 568; Fontaine: Ambroise, S. 226 f., mit Parallelstellen (Verg., Aen. 9,298 ist von Fontaine allerdings missverstanden).

Ausweis der Göttlichkeit des Messias.[60] Die Welt (*omne saeculum,* d.h. die Menschheit aller Orte und Zeiten) soll darauf mit dem erstaunten Bekenntnis reagieren: Eine solche Geburt - man könnte hinzufügen: nur eine solche - ziemt sich für (einen) Gott.[61] Ob sich in dieser Formulierung eine Anspielung auf die Meinung - auch die des Ambrosius - verbirgt, Empfängnis und Geburt durch eine Jungfrau sei notwendig gewesen, um den Messias vor der durch die sexuelle Zeugung übertragenen Urschuld zu bewahren,[62] mag hier offen bleiben.

Die Verse 6 und 8 sind trotz ihrer relativen Selbständigkeit deutlich aufeinander bezogen: *partum virginis* und *partus deum* bilden einen leicht variierten Parallelismus; andererseits besteht eine chiastische Entsprechung zwischen *partum virginis* und *talis partus,* woraus sich eine weitere (chiastische) Verbindung zwischen der Ausweis-Forderung *(ostende)* und der Identität *(deum)* ergibt.

Die Strophen 3 und 4 entfalten das Geheimnis der Jungfrauengeburt: Zuerst wird die Empfängnis beschrieben in Worten, die an Joh 1,13 anklingen, die Worte aber umdeutend auf Christus beziehen,[63] wodurch sich das wörtliche

---

60 Ambrosius, in Luc. 2,78 (CSEL 32,4, S. 84): „Das Zeichen göttlicher Ankunft (= Ankunft Gottes) besteht darin, dass eine Jungfrau gebiert, nicht eine verheiratete Frau" (*Divini adventus signum in virginis partu, non in mulieris, situm est*); de fide 5,4,54 (CSEL 78, S. 237): „[Christus] wird aus einer Jungfrau geboren, damit von ihm geglaubt werden kann, dass er aus Gott geboren ist" (*creatur ex virgine, ut ex deo natus esse credatur*); s. Franz: Tageslauf, S. 434 m. Anm. 1643. - Im christlich-dogmatischen Kontext kann man *partus virginis* nicht mehr als nur rhetorisch-poetisches Oxymoron ansehen.

61 Kayser: Kirchenhymnen, S. 173; Frank: Geboren, S. 110. - Die Varianten *deum/deo* machen hier keinen Sinnunterschied aus. Für *deum* sprechen die Handschriften der ältesten Mailänder Tradition (Ma-c; dazu Ie und die Zisterzienser-Hymnare, s. Waddell: Hymnal 2, S. 68 ff.) und die Zitate bei Caelestin (s. Anm. 6) und Cassiodor (s. Anm. 7). Das Zeugnis der ältesten Handschrift, Fa, ist wegen der dort häufigen, auf lautlichem Zusammenfall beruhenden Vertauschung von *-um* und *-o* (s. Jullien: Sources, S. 86) nicht beweiskräftig; der Dativ in der bei Ambrosius, fug. saec. 3, 16 (CSEL 32, 2, S. 176) zitierten Vetus-Latina-Version von Hebr 7,26 (*talis nobis decebat sacerdos*) hat einen prägnanteren Sinn (‚für uns'; vgl. die interpretierende Vulgata-Formulierung *talis decebat ut nobis esset sacerdos*); Ambrosius begründet dort den offensichtlich ungewöhnlichen Dativ mit einer dem zeitgenössischen Grammatiker Arusianus Messius (Grammatici Latini, ed. Keil, 7, S. 465) entnommenen Parallelstelle (Sall., hist. 1, fr. 98 D = 140 M).

62 Huhn: Geheimnis, S. 78 ff.; Campenhausen: Jungfrauengeburt, S. 61 f.; Frank: Geboren, S. 106 (zu Augustinus: S. 115); s. auch die in Anm. 63 zitierten Ambrosiusstellen.

63 Ambrosius, in ps. 37, 5, 2 (CSEL 64, S. 140) wendet den Vers Joh 1,13, der ja eigentlich die Gläubigen bezeichnet, in zunächst wörtlichem, dann situationsbezogen abgewandeltem Zitat auf Christus an, „der nicht aus dem Blute noch aus dem Wollen des Fleisches noch aus dem Wollen eines Mannes, sondern aus dem Heiligen Geist und einer Jungfrau geboren ist" (*qui non ex sanguinibus neque ex voluntate carnis neque ex voluntate viri, sed de spiritu sancto natus ac virgine; est*). Die nichtsexuelle Empfängnis Jesu ist ein von Ambrosius oft behandeltes Thema: Als Beweis der Gottessohnschaft, z. B. inc. dom. 103 (CSEL 79, S. 274): „Das Fleisch des Herrn, das durch die Herabkunft des Geistes auf die Jungfrau erzeugt wurde, erwartete nicht den naturgegebenen Geschlechtsverkehr zwischen Mann und Frau ..." (*Caro Domini spiritu in virginem superveniente generata non exspectavit virilis femineique sexus solemne commercium*); poenit. 1, 13 (CSEL 73, S. 125): „Er wurde nicht wie jeder Mensch aus der Vereinigung von Mann und Frau erzeugt, sondern er hatte, geboren aus dem Heiligen Geist und der Jungfrau, einen unbefleckten Körper ange-

Zitat Joh 1,14 direkt anschließt; die leichte, metrisch bedingte Umstellung des Prädikats ergibt, ähnlich wie in V. 1 (s. S. 116), zugleich eine stärkere Pointierung. Die gegensätzlichen Angaben über die Art der Empfängnis sind durch strengen Parellelismus und Reim verbunden. Die Wortgruppe *mystico spiramine,* die einen Ausdruck wie *divino* oder *sancto spiritu* (vgl. Mt 1,18; Lk 1,35) vertritt, lässt das Motiv der Befruchtung anklingen und bereitet so als Metapher das Bild des blühenden Zweiges (V. 12) vor;[64] das Adjektiv *mysticus* (geheimnisvoll) weist zugleich darauf hin, dass es sich um ein nur im Glauben fassbares Geheimnis handelt.

Der letzte Vers der Strophe bringt mit dem Anklang an Jes 11,1 („Aus dem Baumstumpf Isais wächst ein Reis hervor, ein junger Trieb aus seinen Wurzeln bringt Frucht") ein weiteres, nun aber bereits erfülltes Heilszeichen. Die „Frucht des Leibes" der Jungfrau Maria ist Jesus, der Gottessohn,[65] der in der christlichen Ausdeutung des Prophetenwortes als die Blüte des Zweiges aus der Wurzel Jesse (= Maria) gesehen wird.[66] Aus diesem Bezug erklärt sich die scheinbare Umkehrung des biologischen Ablaufs, dass die Frucht erblüht, – ein Beispiel für die kühne Metaphorik der poetischen Sprache des Ambrosius.[67]

Die Symptome der Schwangerschaft Marias werden in schlichter Sachlichkeit dargestellt, wobei wiederum auf ihre Jungfräulichkeit hingewiesen wird (13f.). Ambrosius verwendet dazu einen Ausdruck der gewöhnlichen Sprache für moralisches Verhalten,[68] verwendet ihn aber zugleich als nur leicht verhül-

---

nommen" (*Non sicut omnis homo estex virili et feminea permixtione generatus, sed natus de spiritu sancto et de virgine immaculatum corpus susceperat*). In einem sehr kühnen Bild In Luc 2,56 (CSEL 32,4, S.72): „Nicht nämlich schloss der Geschlechtsakt eines Mannes das geheime Gemach des jungfräulichen Schoßes auf, sondern unbefleckten Samen goss in den unverletzlichen Schoß der Heilige Geist ein" (*Non enim virilis coitus vulvae virginalis secreta reseravit, sed immaculatum semen inviolabili utero spiritus sanctus infudit*). – Als Hinweis auf Maria als Vorbild der Jungfräulichkeit, z.B. inst. virg. 98 (PL 16, 329): „Damit Maria ihn empfange, nahm [Christus] durch ein ungewöhnliches und neues Mysterium der Fleischwerdung ohne jede Beimischung männlichen Samens durch göttliche Anordnung, was fleischlich war, an aus der Jungfrau und bildete in ihr die Glieder des neuen Adam, des unbefleckten Menschen" (*quem ut Maria conciperet, inusitato quodam novoque incarnationis mysterio* – vgl. *mystico,* V. 10 - *sine ulla virilis seminis admixtione divinae gratia dispositionis, quod erat carnis, assumpsit ex virgine atque in illa novissimi Adam immaculati hominis membra formavit*).

64 Kayser: Kirchenhymnen, S. 174.

65 Lk 1,42 zitiert Jdt 13,18, wobei der Ausdruck „die Frucht deines Leibes" ausdeutend und gleichsetzend den Ausdruck „der Herr unser Gott" ersetzt; vgl. Ratzinger: Einführung, S. 222.

66 Ambrosius, de patriarchis 19 (CSEL 32, 2, S.135); ähnlich de spiritu 2, 38 (CSEL 79, S.101): radix Jesse = Iudaei, virga = Maria, flos Mariae = Jesus.

67 Vgl. Werthemann: Studien, S. 33; da sie – ebenso wie Cothenet: Arrière-plan, S. 157 – die Interpretation der Jesaja-Bilder durch Ambrosius (s. Anm. 66) nicht beachtet, entgeht ihr die eigentliche Pointe der Metaphern. – Zum Zitat von V. 12 in der Präfation der Mailänder Liturgie vom 6. Adventssonntag s. o. Anm. 9.

68 Vgl. Plinius, ep. 2,14,4 (Klage über die Unverschämtheit junger Deklamatoren): *Nunc refractis pudoris et reverentiae claustris omnia patent omnibus, nec inducuntur, sed irrumpunt.* (Jetzt sind alle Schranken der Scham und Ehrfurcht gebrochen, und so steht allen alles frei, und sie lassen sich nicht mehr einführen, sondern dringen gewaltsam ein).

lende anatomische Bezeichnung.[69] Die Aussage bezieht sich hier aber nur auf die jungfräuliche Empfängnis, nicht auf die von Ambrosius ebenfalls vertretene Jungfräulichkeit Marias bei der Geburt *(virginitas in partu)*, eine damals noch kontroverse, aber gerade auch von Ambrosius durchgesetzte Vorstellung,[70] aus der sich, wenn sie nicht symbolisch, sondern realistisch verstanden wird (wie es der Fall war), für die Theologie ein schwieriges Problem ergab.[71] Ambrosius hält diese Frage aus dem Hymnus heraus, deutet sie allenfalls nur an, z. B. in dem Kompositum *per-manet* oder in dem Bild vom Hervortreten des Messias aus der *pudoris aula regia* (V. 18). Der Grund dürfte – vielleicht neben kluger Zurückhaltung in dieser heiklen dogmatischen Frage – darin liegen, dass es sich hier (wie in den Hymnen 3 und 7, die das Thema ebenfalls berühren) um einen christologischen, nicht um einen Marien- oder Jungfrauenhymnus handelt, also zu einer Ausbreitung des Jungfräulichkeitsmotivs über seine christologische Funktion hinaus kein Anlass bestand.[72]

Die moralische Komponente der Aussage der ersten Strophenhälfte wird in das zweite Distichon übernommen, wenn nun Marias *virtutes*[73] zum Signal

---

69 Vgl. Ambrosius, inst. virg. 8,52 (PL 16,320): *genitalia virginis claustra; saeptum pudoris*; 55: *sine dispendio claustrorum genitalium.* – Das Motiv der *claustra pudoris* wirkt in Zusammenhang mit der (von Ambrosius damit in Verbindung gebrachten) Vision der geschlossenen Tempelpforte (Ez 44, 2) und dem Motiv des Hohenlieds (Hld 4, 12) weiter im Bild des *hortus conclusus* der mittelalterlichen Marienmystik. – Der Singular *claustrum (permanet)* ist durch die Metrik und die älteste Überlieferung (Fa, Ma-c) gesichert. – Im Agneshymnus (hy.8), V. 10 bezeichnet *claustrum pudoris* die schützende Einschließung einer Jungfrau durch ihre Eltern. – Mone: Hymnen 43 setzt fälschlicherweise *claustrum* direkt mit Maria gleich.

70 Belege für Ambrosius bei Huhn: Geheimnis, S. 110–126 (zu Ambrosius und Augustinus s. Huhn: Mariologie, S. 229 f.).

71 S. Campenhausen: Virginitas (bes. S. 188–195, mit zahlreichen Belegen aus den Kirchenvätern); ders.: Bemerkungen S. 148–154; Lattke: Lukas, S. 61 ff.; Frank: Geboren, S. 91 ff.; Schneider: Auslegung, S. 239–251.

72 Auf Ambrosius könnte man also anwenden, was er selbst – In Luc. 2,6 (CSEL 32,4, S. 44) – über den Evangelisten Matthaeus sagt: Er habe dieses Thema nicht weiter verfolgt, „damit er nicht so sehr für einen Verteidiger der Jungfrau als vielmehr für einen Anwalt des Mysteriums gehalten werde“ (*ne defensor magis virginis quam adsertor mysterii crederetur*). – Zu einer ähnlichen Reduktion des Themas der Jungfräulichkeit Mariens auf seine Funktion als „Verweis auf das Geheimnis der zwei Naturen des Gott-Menschen Jesus Christus“ in hy.3 (*Iam surgit hora tertia*) s. Franz: Tageslauf, S. 432–434.

73 Der älteste Textzeuge (Fa) und die ältesten Mailänder Handschriften (Ma-c) haben *vexilla virtute micant*; eine jüngere Mailänder Handschrift (Me, Manuale, 11. Jh.) und einige andere *virtutum,* die übrigen *virtutis.* Das Verbum *micare* bezeichnet das Leuchten der Sonne (so hy.2,6) oder der Sterne (hy.7,2.10), das Glänzen von Metall, aber auch das Strahlen kräftiger Farben (z. B. weiß oder purpur) von Stoffen und Gewändern (s. TLL, Vol. 8, Sp. 931, Z. 24 ff.). In Verbindung mit *virtus* verwendet Ambrosius, virg. 2, 2, 15 (PL 16, 210) das Verbum *emicare* (= aufspringen, aufleuchten): *Quantae in una virgine species virtutum emicant: secretum verecundiae, vexillum fidei, devotionis obsequium!* („Wieviele Arten von Tugenden leuchten in der einen Jungfrau auf: das Geheimnis der Sittsamkeit, das Banner des Glaubens, der Gehorsam der Gottergebenheit!“). Diese Stelle (vgl. auch Florus, epit. 2,13,40: *egregia virtus Scaevae centurionis emicuit*; Justinus, epit. 2,9,15: *inter ceteros Themistoclis adulescentis gloria emicuit*) spricht dafür, dass die metrisch unkorrekte Lesart *virtute* der ältesten Textzeugen durch Verschiebung der Wortgrenze infolge der Elision *virtut(um) emicant* entstanden ist. Die Variante *virtutis* ist ein Versuch, den metrischen Fehler

der Anwesenheit des Gottessohnes werden: Sie sind das Symbol auf den Standarten, durch die, wie es die Mailänder vom Hofzeremoniell her kennen,[74] die Anwesenheit des Herrschers angezeigt wird.[75] Dieser weilt aber nicht wie ein irdischer Herrscher in einem Palast - dieses Motiv wird erst in der nächsten Strophe aufgenommen (18) - sondern in einem Tempel, denn er ist, wie es die biblische Ausdrucksweise[76] schon vorbereitet, Gott. Dieser Tempel aber - und ebenso das Brautgemach und die Königshalle der folgenden Strophe - ist der reine Schoß der Jungfrau Maria, der so, die paulinische Formulierung[77] übertreffend, im Vollsinne „Tempel des Heiligen Geistes" geworden ist. Auf diese Weise werden die vier Strophen der Gedichtmitte motivisch zusammengehalten; sie entsprechen dem erzählenden Teil antiker Götterhymnen, deren Typologie - Herbeirufen, heilige Geschichte, Bitte - durchaus auch in den christlichen Gebeten und Hymnen vorliegt, sicher nicht nur als Übernahme aus dem paganen Umfeld, sondern weil es sich um einen zu allen Zeiten und in allen Religionen vorhandenen Archetyp des Gebets handelt.[78]

Die zweite Gedichthälfte[79] beginnt, wie die erste, mit einem Psalmzitat, Ps 18 (19), 6 f.:

---

zu korrigieren, vielleicht auch im Sinne einer Gleichsetzung *virtus* = *Christus* (so Mone, Hymnen 43, unter Berufung auf 1 Kor 1,24: *Christus, Dei virtus*). Die gewöhnlich (so u. a. von Fontaine und der „Liturgia Horarum") akzeptierte Lesart *virtutum micant* reflektiert entweder den ursprünglichen Text unter Vermeidung der Elision oder ist der gelungenere Korrekturversuch; in dieser Form hat der Vers allerdings keine deutliche Zäsur, da ein Einschnitt zwischen *vexilla* und seinem Genitivattribut *virtutum* nicht sinnvoll ist; zur „verdeckten Zäsur" *virtut(um) / emicant* vgl. S. 109 zu Vers 3 f.

74 Fontaine: Ambroise, S. 287. „L'allusion était certes plus transparente pour les Milanais du 4e siècle." Als Kriegssignal (zum Beginn des Kampfes des Messias gegen das Böse; vgl. Fontaine: Ambroise, S. 286) ist *vexillum* hier sicher nicht gemeint.

75 Vgl. auch Ambrosius, inst. virg. 35 (PL 16, 314): *Egregia igitur Maria, quae signum sacrae virginitatis extulit et intemeratae integritatis pium Christo vexillum erexit* („Hervorragend ist Maria, die das Feldzeichen heiliger Jungfräulichkeit erhoben hat und für Christus das fromme Banner unversehrter Jungfräulichkeit aufgerichtet hat"). - Eine Deutung von *virtutes* als (Engels-)Mächte (vgl. 1 Pt 3,22), also etwa im Sinne der Gottestitulatur *Dominus virtutum* = der Herr Zebaoth (Ps 24,10), wird von Walpole (Hymns, S. 53 f.) mit Recht abgelehnt. Ein Ausdruck wie „die Fahnen des Himmelsheers" würde in die geschlossene Thematik des Strophen 3-6 ein fremdes, ablenkendes Element hineinbringen. Außerdem sprechen die genannten Parallelstellen bei Ambrosius für die andere Interpretation. Allenfalls könnte man daran denken, dass Ambrosius eine bestehende Wendung umgeprägt hat.

76 Ps 10 (11), 4; Hab 2,20; dort allerdings ohne das zum höfischen Bildbereich gehörende Verb *versatur.*

77 1 Kor 3,16; 6,19; 2 Kor 6,16.

78 Vgl. Burkert: Hymnoi, S. 15.

79 Bei Vers 17 haben viele Handschriften eine Teilungsmarke (divisio; s. Chevalier: Repertorium 2, S. 352; Waddell: Hymnal 1,1, S. 43 ff. 88 f.; 2, S. 68–70); man konnte beide Hälften eines Hymnus (jeweils mit Doxologiestrophe) separat singen oder zwischen dem vollständigen Hymnus und einem Teil wechseln, aufgeteilt auf verschiedene Gebetszeiten; z. B., für unseren Hymnus, Zisterzienserhymnar, Rez. II: „Ad vesperas totum, in nocte dividatur" (Waddell: Hymnal 2, S. 69). - Der Teil ab Str. 6 (*Egressus eius*) wurde in einigen Ordensoffizien am Fest Christi Himmelfahrt gesungen (s. Chevalier: Repertorium 1, S. 315).

... et ipse tamquam sponsus procedens de thalamo suo exultavit ut gigans ad currendam viam suam. A summo caeli egressio eius et occursus eius ad summum eius ...

Und sie (= die Sonne, im Hebräischen, Griechischen und Lateinischen männlich!), wie ein Bräutigam aus seinem Gemach hervorgehend, frohlockt wie ein Gigant, um ihren Weg zu laufen. Vom äußersten Punkt des Himmels ist ihr Ausgang, und ihr Lauf geht bis zu seinem (anderen) äußersten Punkt.

Der vom Zusammenhang des Hymnus her zu erwartende Indikativ *procedit* (s. o. S. 115) wird durch die Mailänder Handschriften (Ma-c) und die Zisterzienserhymnare bezeugt.[80] Der Konjunktiv *procedat,* den die älteste Handschrift (Fa) und eine weitere französische Handschrift (Fc, 9. Jh., Tours) bieten,[81] würde mitten im Hymnus und nur für eine Strophe zum optativischen bzw. imperativischen Charakter des Anfangs zurückkehren; auch eine Verbindung zu den Schlussstrophen (Imperativ, Konjunktive) ist unwahrscheinlich, da die Nominalsätze der sechsten Strophe nur Aussage sein können. Es handelt sich um eine Angleichung an den (Wunsch-)Konjunktiv *occurrat,* Lesart beider Handschriften statt des richtigen *ut currat.*[82] Die Variante *procedens,* eine Angleichung an den Psalmtext, ist metrisch fehlerhaft.

Der Motivgehalt des Psalmzitats ist in bedeutsamer Weise verändert: Sonnen- und Bräutigams-Symbolik, die von Ambrosius sonst, gerade auch in Zusammenhang mit Ps 18 (19), benutzt werden,[83] sind hier ausgeblendet (bleiben freilich durch das Zitat im Hintergrund präsent); dafür wird die imperiale Komponente stärker betont, besonders deutlich durch die Interpretation des *thalamus* als *aula regia.*[84] Die Hinzufügung des aus V. 14 wiederholend aufgenommenen *pudoris* erweist diese *aula regia* als imperiale Metapher des jungfräulichen Schoßes Marias,[85] der in der vorausgehenden Strophe in religiöser Metaphorik als Tempel gedeutet war.[86] So bilden die Metaphern der Göttlich-

---

80 Ferner Florilegium Alcuini (ms. Bamberg, Staatsbibl., Patr. 17 [B II.10], 11. Jh.); s. den Apparat bei Fontaine: Ambroise, S. 275.

81 Ferner Cassiodor, in ps. 8, 10 (CCL 97, S. 95; s. o. Anm. 7). Der Imperativ *procede* bei Faustus Reiensis (Faustus von Riez), ep. 7 (CSEL 21, 203, 13; s. Anm. 7) steht in einem freien Zitat (*procede de thalamo tuo*). – Der Konjunktiv *procedat* wurde in den offiziellen Text des Hymnus in der erneuerten „Liturgia Horarum" aufgenommen.

82 Fc: *occurat* (Verschreibung, keine Sinnvariante). – *occurrat* kann außer als Folge romanischer Aussprache auch durch das Substantiv *occursus* im Vulgatatext von Ps 18,7 entstanden sein; vgl. Walpole: Hymns, S. 55. Der Finalsatz *ut currat* ist die Umsetzung der finalen *-nd-*Wortgruppe (*ad currendam viam*) des Psalms.

83 Franz: Tageslauf, S. 277 ff.; zu Ps. 18 (19) besonders S. 305.

84 *thalamus* ‚Palastgemach' z. B. Ovid, met. 2,738.

85 Vgl. Ambrosius, inst. virg. 79 (PL 16,324): *Habitavit in nobis, quasi rex sedens in aula regali uteri virginalis.* („Er wohnte unter uns, wie ein König thronend im königlichen Saal des jungfräulichen Schoßes.")

86 Weitere Beispiele für *templum* und *aula* bei Steier: Echtheit, S. 577 f. – Verbindung beider Metaphern Ambrosius, in ps. 45, 13 (CSEL 64,6, S. 338): *(Maria) admirabile templum et aula caelestis.*

keit und des Herrschertums das Zentrum des ganzen Hymnus.[87] Das weihnachtliche Festgeheimnis wird also repräsentiert durch das imperiale Bild des aus seinem Palast hervortretenden Gottherrschers, nicht etwa durch die Darstellung der Geburt eines göttlichen Kindes. Demgemäß sind auch die diesbezüglichen Elemente (Herbergssuche, Engelerscheinung, Hirten) und alle theologischen Deutungen und Spekulationen über den Verlauf dieser Geburt hier ausgeklammert. Vielmehr wird, wiederum in Anlehnung an den Psalm, der Sinn und Zweck dieses Ereignisses angegeben: Es ist der Beginn des Weges dieses Gottmenschen, dessen Doppelnatur Ambrosius, gemäß dem nicänischen Dogma, in einer Prädikation von ungeheurer Dichte, die zu einer dogmatischen Formel wurde,[88] aussagt: *geminae gigans substantiae.* Das Wort *gigans*[89] ist aus der Septuaginta-Version des Psalms (der auch die Vulgata folgt) übernommen, wo es sicher in Anlehnung an die griechische Mythologie gewählt ist; dort gehört der Sonnengott Helios (lat. *Sol*) zu den Titanen bzw. Giganten (beide Termini werden oft vertauscht).[90] Dass Ambrosius seine Formel ebenfalls in bewusster Beziehung auf die pagane Mythologie geprägt hat, ist u. a. daraus ersichtlich, dass er – inc. dom. 5, 35 (CSEL 79, S. 240 f.) – die Bezeichnung des Gottmenschen Christus im Psalm als *gigans* damit begründet, dass Christus „zwiegestaltig und von zwiefacher Natur (und doch) einer *(biformis geminaeque naturae unus)* sei, teilhaft der Göttlichkeit und des Leibes; ‚wie ein Bräutigam aus seinem Gemach hervorgehend, frohlockt er wie ein Gigant, um seinen Weg zu laufen', Bräutigam der Seele dem Wort nach, Gigant der Erde *(sponsus animae secundum verbum, gigans terrae)*". Die Adjektive *biformis* und *geminus* bezeichnen Mischwesen des antiken Mythos, z. B. die Kentauren[91] oder eben die Giganten, die man sich als chthonische Wesen („Söhne der Erde") mit schlangengestaltigem Unterleib vorstellte.[92] Im christlichen Kontext bezieht sich *biformis* auf die *forma Dei* und die *forma servi* (vgl. Phil 2,6 f.), *geminus* auf die beiden Naturen in Jesus Christus, *gigans* auf seine übernatürliche Gottesmacht, mit der er das Böse besiegte.[93]

Ambrosius, der die klassische Literatur kannte und nutzte,[94] musste und

---

87 Zur Verklammerung der beiden Hymnushälften s. S. 115.

88 Übernommen von Augustinus, Io. ev. tr. 59,3 (CCL 36, S. 477); c. s. Arrian. 8,45 (CSEL 92, S. 60); von dem Augustinus-Schüler Leporius 6 (CCL 64, S. 117). Vgl. Huhn: Mariologie, S. 225. – Fontaine: Ambroise, S. 57 Anm. 119: „L'association d'un mot imagé psalmique, d'un vocable théologique abstrait et d'une métaphore poétique (‚jumeau' pour ‚double') produit un choc verbal propre à introduire au Mystère."

89 *gigans* ist in den Handschriften und in der indirekten Überlieferung besser bezeugt als *gigas* (vgl. den Apparat bei Fontaine: Ambroise 275).

90 Z. B. Horaz, carm. 3,4,43 ff.

91 Z. B. Ovid, met. 2,630: gemini Chironis; 664: (Chiron) biformis.

92 Ovid, met. 1,184; tr. 4,7,17.

93 Die allegorische Deutung des *gigans* zeigt Ambrosius, in ps. 18,6 (CCL 97, S. 171): „Und gut wird unser Christus mit einem Giganten verglichen, weil er die menschliche Natur durch die Größe seiner Macht übertreffend (*superans*) alle Sünden (*vitia*) der Welt samt ihrem höchst wilden Urheber niedergestreckt hat."

94 Franz: Tageslauf, S. 471 weist darauf hin, dass die Werke klassischer Autoren (Cicero, Ver-

konnte mit einem Umfeld rechnen, in dem die alten Mythen zumindest noch zum Bildungsgut gehörten bzw. in allegorischer Interpretation – einer Methode, die auch die Christen und Ambrosius selbst[95] für die Auslegung ihrer Quellen anzuwenden wussten – in Philosophie und Ethik eine Rolle spielten. Bei aller Betonung der Andersartigkeit und Überlegenheit des christlichen Glaubens[96] konnten Elemente der alten Kultur und Bildung so wie die bildende Kunst auch die christliche Literatur beeinflussen und, wie man in unserem Fall sieht, auch als Verständnisbrücken für theologische Aussagen verwendet werden.[97] Von daher ist vielleicht die Frage nicht unangemessen, ob Ähnliches nicht auch bei einer Formulierung wie *talis decet partus deum* (V. 8) mitschwingt, – und sei es nur in polemischer Abgrenzung, wie z. B. der „wahren Sonne" Jesus Christus vom heidnischen Sonnengott, dem *Sol Invictus* (dessen Festtag, der 25. Dezember, zur Zeit des Ambrosius durch das christliche Weihnachtsfest ersetzt wurde).[98] Zumindest werden die Hörer solcher Botschaften Assoziationen an mythische Erzählungen wie von der Jungfrauengeburt des Dionysoskindes oder des Romulus nicht haben verdrängen können (auch wenn Ambrosius eine solche Einstellung im Sinne einer Gleichsetzung sicher abgelehnt und kritisiert hat).

Mit seiner dogmatischen Formel hat Ambrosius zugleich die Interpretation von *gigans* von der Sonnensymbolik des Psalms zu einer Metapher für die ‚Natur' des Messias verschoben. Gegenüber dem Zitat des antiken Mythos dürfte daher die Bezugnahme auf die Riesen der Vorzeit (Gen 6,1–4) hier keine oder nur eine geringe Rolle spielen, zumal eine Assoziation Christi mit diesen Gestalten von dubioser und auch für die damaligen Exegeten schwer zu deutender Herkunft, die keine Mischwesen waren und aus geschlechtlicher Zeugung hervorgingen,[99] gerade im Zusammenhang mit der Jungfrauengeburt problematisch wäre.

---

gil, Horaz, Ovid, Seneca) von Ambrosius „nicht in einer vordergründigen Polemik als heidnisch zurückgewiesen, sondern in einer produktiven Aufnahme für eine christliche Sinngebung fruchtbar gemacht werden. In diesem Prozess der Inkulturation erweist sich der Mailänder Bischof als ein nicht zu unterschätzender Brückenbauer zwischen Antike und Christentum." – s. auch Fontaine: Unité et diversité, S. 447 ff.; Ambroise S. 73 ff. 81.

95 Ein gutes Beispiel ist seine Auslegung In ps. 18,6 (s. Anm. 93), die er mit den Worten schließt: „Dies ist durch allegorische Gleichnisse geziemend ausgedrückt, die, indem sie das Eine aussagen, nahelegen, dass etwas Anderes darunter zu verstehen ist."

96 S. z. B. Minucius Felix, Octavius 20 ff.

97 Clemens v. Alexandrien, Protr. 12,119,1: „Ich will dir den Logos und die Mysterien des Logos zeigen, indem ich sie in dem dir vertrauten Bild erkläre." Vgl. Rahner: Mythen, S. 25 und 65 (Christus = Orpheus), zum Thema Weihnachten bes. S. 121 ff; Kastner: Krippe, S. 34 (Jesus = Orpheus „als Bild des Seelenwerbers" in den Calixtus-Katakomben; Jesus, „der gute Hirt" – Moschophoros – in der Domitilla-Katakombe). – Bei Prudentius, c. Symm. 1,501 ff. werden die antiken Statuen als Teil des Kulturerbes gelobt und wird zu ihrer Erhaltung und Pflege aufgefordert. Zum Nebeneinander von Heidnischem und Christlichem in der bildenden Kunst im 4. und 5. Jh. s. Hannestad: Idealstatue (in der Literatur: S. 637).

98 Franz: Tageslauf, S. 304–309; Rahner: Mythen, a. a. O. Zur Einführung des Weihnachtsfestes in Mailand s. Frank: Geschichte, S. 1 ff. 36 f.

99 Hieronymus, brev. in ps. (PL 26, 925 C) interpretiert *gigas* als „tapferer Held" (*pro fortitudi-*

Von der Struktur der Strophe her (s. S. 111 f.) gehört die Wortgruppe um *gigans* als Prädikativ zum Finalsatz; dies entspricht auch der Struktur des Psalmverses, wo *ut gigans/fortis* nicht zu *procedens,* sondern zum Prädikatsverb *exsultavit* gehört, das im Hymnus in das prädikative *alacris* (freudig, eifrig, tatbereit) umgesetzt ist.[100]

Die sechste Strophe beschreibt den Weg des „Giganten". Dabei wird der Parallelismus von *egressio* und *occursus*[101] aus Ps 18 (19),7 verdoppelt. Die erste Strophenhälfte ist eine Umsetzung von Joh 16,28: „Ich bin vom Vater ausgegangen *(exivi)* und in die Welt gekommen, ich verlasse die Welt wieder und gehe zum Vater." Da die Rückkehr zum Vater nur die „in der Zeit" erfolgte sein kann (eine Rückkehr als Gegenbewegung zum „Ausgang von Ewigkeit her" wäre theologisch absurd), muss – anders als bei der Auslegung des Psalms durch die Kirchenväter, z. B. Hieronymus, Augustinus und Ambrosius selbst[102] – *egressus* hier den Ausgang vom Vater bei der Menschwerdung bezeichnen,[103] da sonst der Parallelismus der Verse 21/22 sein Gleichgewicht verlieren würde; *regressus* bezeichnet die Rückkehr nach dem vollbrachten Erlösungswerk. Die beiden Verse umschreiben den Lauf des *gigans* mehr unter dem zeitlich-irdischen Aspekt, das zweite Verspaar bezeichnet dagegen die Extrempunkte[104] – die äußerste Erniedrigung bis zum Tod (*usque ad* erinnert

---

ne Christi ponitur; entsprechend in seiner Übersetzung „iuxta Hebraeos": *ut fortis*); ebenso Augustinus, en. Ps. 18,1,6 (CCL 38, S. 103). Zu einer solchen Interpretation würde die Heranziehung von Gen 6,1–4 eher passen. Augustinus versucht (civ. 15,23) eine moralische Begründung für die Existenz dieser *gigantes* zu geben. Durch Gen 1,3 ist ihre Entstehung negativ bewertet. – Zur Problematik von Gen 6,1–4 s. Westermann: Genesis S. 68–76.

100 Nom. Sg. m. *alacris* (neben *alacer*) schon altlat. und klassisch (poetisch). – *exultavit* bezeichnet wie das griechische (Septuaginta) *agalliásetai* das stolze Zurschaustellen von Kraft und Erfolg. Im gleichen Sinn wird in den homerischen Epen die Formel *kýdeï gaíōn* (‚sich seiner ruhmvollen Kraft stolz freuend') für Zeus, Ares und den 100-armigen Briareos (!) gebraucht.

101 Version „iuxta Hebraeos": *egressus, cursus.*

102 Hieronymus (s. Anm. 99): *A summo, id est a Patre ... A summo, id est ab aeternitate, egressus eius.* („Vom äußersten/höchsten Punkt, das heißt vom Vater ... Vom äußersten/höchsten Punkt, das heißt von Ewigkeit, ist sein Ausgang.") – Augustinus, en. Ps. 18,1,7 (CCL 38, S. 103): *A Patre egressio eius, non temporalis, sed aeterna, qua de Patre natus est.* („Vom Vater ist sein Ausgang, nicht der zeitliche, sondern der ewige, durch den er aus dem Vater geboren ist.") – Ambrosius, in ps. 18,7 (CCL 97, S. 171 f.): *„A summo caelo" Pater significatur; egressio eius nativitas Filii, non temporalis, sed coaeterna Patri ... Occursus eius secundum hominem dicitur ... „usque ad summum eius" iterum secundum deitatem, qua Patri Filius semper aequalis est.*" („Mit dem Ausdruck ‚vom äußersten/höchsten Punkt des Himmels' wird der Vater bezeichnet; ‚sein Ausgang' ist die Geburt des Sohnes, nicht die zeitliche, sondern die mit dem Vater gleichewige. ‚Sein Lauf' wird bezüglich des Menschen [Jesus] gesagt ..., ‚bis zu seinem äußersten/höchsten Punkt' wiederum bezüglich der Göttlichkeit, in der der Sohn dem Vater immer gleich ist.") Durch die Verdoppelung des Motivs ergibt sich im Hymnus eine andere Perspektive als in den Auslegungen des Psalms (Bei diesen ist zu beachten, dass *summus* sowohl im horizontalen Sinne ‚Rand', also Auf- und Untergangspunkt der Sonne, als auch im vertikalen Sinne ‚Gipfel, Zenit' bedeuten kann; zur Vermeidung der räumlichen Vorstellung im Hymnus s. u. mit Anm. 107).

103 Vgl. Kayser: Kirchenhymnen, S. 177; Franz: Tageslauf, S. 305.

104 Walpole: Hymns, S. 55: „Lines 21, 22 give the starting-point and the end of the course; 23/24 contrast its nadir and zenith."

an Phil 2,8: *usque ad mortem*) und zum Hinabsteigen in die Unterwelt[105] und die Erhöhung zur Rechten des Vaters[106] – unter ontologischem Aspekt, weshalb auch die Vorstellung einer vertikalen Bewegung vermieden ist (die Ausdrücke *descensus* und *ascensus* kommen nicht vor, obwohl sie metrisch möglich wären).[107] Die Sonnensymbolik des Psalms, die in der ersten Strophenhälfte noch als Zitathintergrund vorhanden war, spielt im zweiten Teil keine Rolle mehr. Überhaupt liefert der Psalm 18 (19) in beiden Strophen eigentlich nur die Motivstichworte *(thalamus, gigans, alacris, ut currat viam, egressus, (re-)cursus)* für die Entfaltung seiner christologischen Auslegung, die dem Inhalt des zweiten Artikels des Apostolischen wie des Nizäno-konstantinopolitanischen Glaubensbekenntnisses entspricht.

Die beiden Schluss-Strophen kehren einerseits in der Art der Ringkomposition zur Anrufeform der Eingangsstrophen zurück, andererseits führen sie die Problematik der Doppelnatur des Erlösers weiter. Dem Vater wesens- und ewigkeitsgleich (antiarianische Formel),[108] soll er nun ohne Beeinträchtigung seiner göttlichen Natur die menschliche annehmen. Die scheinbare Dublette zu der schon mit der Empfängnis erfolgten Inkarnation (V. 11f., 19) erklärt

---

105 Dieser Tiefstpunkt ist zugleich der Wendepunkt zum Sieg. Ambrosius, in ps. 43,86 (CSEL 64,6, S. 323): „Der Herr stieg zu Unterwelt hinab, damit auch die, die in der Unterwelt waren, von den ewigen Fesseln gelöst würden."

106 Die Erhöhung ist Folge und Lohn der Erniedrigung: „propter quod et Deus exaltavit illum" (Phil 2,9). Eine Deutung dieser „Rückkehr zum Vater" analog zur allegorischen Deutung der Heimkehr des Odysseus bei Plotin 1,6[1],8,39 (Fontaine: Ambroise, S. 293) ist hier nicht möglich, da die Pointe dieser Allegorie bei Plotin eine andere, dem Weg des Christus diametral entgegengesetzte Ausrichtung hat: Flucht der Seele aus der Gefahr der Befleckung durch das Materielle in ihre wahre Heimat und zum wahren Vater – ein Gedanke, der sich auch bei Ambrosius durchaus findet; z. B. fug. saec. 7,44; 8,45 (CSEL 32,2, S. 198 f). Christus ist hier auch nicht als Repräsentant einer zu Gott zurückkehrenden Menschheit zu verstehen, sondern im Sinne von Eph 4,8–10 als heimkehrender Sieger, der das besiegte Böse „gefangen mitführte und den Menschen Geschenke gab".

107 Fontaine: Ambroise, S. 292: „... avec une discrétion qui exclut toute verticalité, en atténuant ainsi les risques d'une imagerie antique trop matérielle." S. 293: „L'image de la course ... traduit en intensité l'immensité entre les deux points extrêmes – plus ontologiques que spatiaux." – Anders Ambrosius, in ps. 18,6 (CCL 97, S. 171): „... er wurde geboren, wuchs heran, lehrte, litt, erstand von den Toten, stieg zu den Himmeln auf, sitzt zur Rechten des Vaters." – Ein Gegenbeispiel ist die christologische Auslegung von Hld 2,8 durch Ambrosius, Isaac 31 (CSEL 32,1, S. 661), wo das Leben Christi unter dem Bild des (auch im lat. Verb *ex-sultare* enthaltenen) Hüpfens zusammengefasst ist: „Auf welche Weise kam er ‚hüpfend' (*saliens*)? Durch eine Art ‚Sprung' (*saltu*) kam er in die Welt. Er war beim Vater, kam in die Jungfrau und sprang aus der Jungfrau in die Krippe. Er war in der Krippe und strahlte vom Himmel her, er stieg in den Jordan hinab, stieg auf das Kreuz hinauf, stieg in das Grab hinab, erstand aus dem Grab und sitzt zur Rechten des Vaters." Ähnlich In ps. 118,6,6 (CSEL 62, S. 111). Diese Ausführungen gehen auf Hippolyt von Rom zurück, sind allerdings von Ambrosius gerade um die Motive der Krippe und der Taufe im Jordan erweitert (Frank: Geschichte, S. 17 f.; vgl. auch Huhn: Geheimnis, S. 60 f.). Zur Problematik der vor allem von Origenes ausgiebig betriebenen und von Hieronymus, Hippolyt, Ambrosius und anderen übernommenen allegorischen Auslegung s. Huhn: Geheimnis, S. 62.

108 Ambrosius, ep. 32 (48),4 (CSEL 82,1, S. 227 f.): „... dass der dem Vater gleichewige (*coaeternum*) Sohn Fleisch angenommen hat, ... gleich (*aequalem*) dem Vater bezüglich der Göttlichkeit"; in ps. 18,7 (s. o. Anm. 102). Weitere Parallelen bei Steier: Echtheit S. 579. Vgl. auch Phil 2,6.

sich daraus, dass die Schlussstrophen nun stärker auf das an Weihnachten zu feiernde historische Ereignis der Geburt des Messias Jesus hinführen. Mit einer der für Ambrosius charakteristischen Kurzformeln, dem Ausdruck *carnis trophaeo* (V. 26),[109] ist vorausnehmend[110] wiederum der Zweck der Menschwerdung betont: die Erlösung durch Tod und Auferstehung Christi; sein Leib ist das *trophaeum* (*carnis* ist erklärender Genitiv),[111] er ist zugleich aber auch das Instrument, die Waffenrüstung, in der Christus den Sieg über das „Fleisch", d.h. über Tod und Sünde, erringen wird[112] und die er in seiner Menschwerdung anlegen soll *(cingere)*.[113] Die Schwachheit dieser seiner Menschlichkeit, die er mit uns gemeinsam hat *(nostri corporis)* soll der Gottmensch stärken *(firmare)* mit der Kraft seiner Göttlichkeit *(virtute perpeti)*, wodurch er unbesiegbar wird.[114] Weniger formelhaft, aber in der gleichen Kriegsmetaphorik, beschreibt Ambrosius an einer anderen Stelle – inc. dom. 56 (CSEL 79, S. 253) – die Fleischwerdung Christi als das Mittel, um den Erlösungskampf am Kreuz führen zu können: „Nicht also zog Christus die Göttlichkeit seiner Gottheit an, in der die Fülle ewiger Göttlichkeit war, sondern er nahm Fleisch an, um die Hülle (*spolium,* zugleich auch ‚vom Feind erbeutete Rüstung') des Fleisches auszuziehen und in sich selbst sowohl die Beute des Teufels ans Kreuz zu heften als auch das Siegeszeichen der Tugend *(tropaea virtutis)* zu errichten." Erst indirekt, durch die Erlösung, wirkt sich dieser Sieg auf die, die an Christus glauben, aus, indem auch sie dadurch im Kampf gegen

---

109 *troph(a)eum* ist die spätere und in den Handschriften häufigere Form für *tropaeum* (= Siegesdenkmal, Lehnwort aus griech. *trópaion*). – Biraghis Variante *strophaeo* (Binde, Gürtel) ist eine Lesart jüngerer Handschriften bzw. Editionen; s. Daniel: Thesaurus, S. 14f. mit Belegen; Mone: Hymnen, S. 44 (seine Kritik an Daniel ist überzogen, da dieser sich letztlich für *trophaeo* entschieden hatte; auch Biraghi: Inni sinceri, S. 52 hat *trophaeo*); Drewes: Ambrosius, S. 141 (eher ablehnend); Colombo: Inni, S. 44 (befürwortend; danach auch Lentini: Te decet, S. 77). Daniel weist auf Vertauschung von *troph(a)eo* und *stroph(a)eo* besonders nach s-Auslaut des vorangehenden Wortes hin (z. B. Variante beim Kreuzhymnus des Venantius Fortunatus: *super crucis stropheo* !).

110 Walpole: Hymns, S. 55.

111 Ähnlich *crucis trophaeum*, das Siegeszeichen des Kreuzes (das Kreuz ist das Siegeszeichen), Ambrosius, in Luc. 10,107 (CSEL 32,4, S. 495); vgl. Venantius Fortunatus, Kreuzhymnus (Pange lingua): *super crucis trophaeo.*

112 Vgl. Sedulius, Weihnachtshymnus (*A solis ortus cardine*), V. 7: *carne carnem liberans.*

113 Der Imperativ *cingere* (‚gürte dich!') ist die Lesart der ältesten Handschriften (Fa, Ma-c); in den Prosaschriften des Ambrosius wird dagegen das Kompositum *accingere* verwendet. *(ac-)cingere* bedeutet oft das Anlegen des Schwertgehänges (vgl. Ps. 44 (45),4: *accingere gladio tuo super femur tuum*), auch allgemein ‚sich wappnen', z. B. Verg., Aen. 11,486: *cingitur ... in proelia Turnus.* – Die Übernahme der Lesart *accingere* würde einen weiteren Hiat ergeben (vgl. oben S. 109).

114 Springer: Veni, S. 83: „Christ strengthens the weakness of the body which he shares with us (*nostri corporis*) by means of his constant power. ... Despite his human form Christ's divine power turns this weakness into a sign of victory (*tropaeum*)"; S. 84: „... strengthening the weakness of human flesh with his eternal power (*virtute perpeti*)." – Mit den *infirma nostri corporis* ist nicht nur die physische Schwäche des Menschen gemeint, sondern seine Sünd- und Todverfallenheit. Vgl. den Weihnachtshymnus *Christe redemptor omnium* (s. u. S. 134), Str. 3: *Memento, salutis auctor, / quod nostri quondam corporis / ... formam sumpseris.* Dazu Häußling: Hymnus 410: „*Forma nostri corporis,* das ist, nach Paulus, die *forma peccati.*"

das Böse gestärkt werden.[115] In diesem – sekundären – Sinn wurden die Verse 27/28 in den Hrabanus Maurus zugeschriebenen Hymnus *Veni, creator spiritus* übernommen (V. 15/16), in dessen Kontext sie auch nur in diesem Sinn passen. Interpreten, die sie auch bei Ambrosius nur in diesem Sinn verstehen,[116] sehen sie also durch die Brille der späteren Verwendung (so auch die meisten deutschen Übertragungen des Hymnus; s. S. 137).

Der Hinweis auf die Krippe lenkt die Motivik endgültig auf das weihnachtliche Geschehen, bleibt aber auch der einzige Bezug auf die Geburtserzählung des Lukasevangeliums (Lk 2,7). Die gesamte Strophe ist vielmehr vom Motiv des Lichtes geprägt; dabei überträgt Ambrosius das „Leuchten" vom Messias auf die Krippe, die nun seine irdische Wohnung ist.[117] Dieses göttliche Leuchten wird mit dem aktualisierenden *iam* (nunmehr) auf die Gegenwart der liturgischen Feier bezogen[118] und zugleich als Gnadenzeichen für die Zukunft zugesichert. Dass die Nacht vom Lichtglanz der Geburt des Messias, aber auch konkret vom Lichtglanz der Feier erhellt wird, dass damit zugleich die Nacht der Gottesferne und des Todes erleuchtet und belebt wird, drückt Ambrosius in einer kühnen, geradezu pindarischen Mischung von Bildern und Metaphern,[119] verbunden mit einem Oxymoron, aus: *lumenque nox spirat novum* ‚die Nacht atmet neues Licht aus'. Das ‚Atmen' der Nacht, als Metapher vom friedlichen Atmen eines Schlafenden genommen,[120] deutet an, dass dieses

115 Springer: Veni, S. 83.

116 Kayser: Kirchenhymnen, S. 178.180 (Christus „giebt der Schwäche unseres Fleisches eine unbesiegliche Kraft, wofern wir nur mitwirken wollen"). Auch Mone: Hymnen, S. 45 bezieht die Aussage anscheinend auf die Menschen, nicht auf die Kampfesrüstung des Christus. – Fontaine: Ambroise, S. 274: „Sans cesse affermis de ta force l'infirmité de notre corps." Er setzt (S. 296) *infirma corporis* vereinfachend mit *infirmum corpus* gleich und sieht in *infirma firmans* eine „antithèse entre les chrétiens pécheurs et le Christ vainqueur du péché". Seine auf diese Interpretation gegründete Vermutung von Bezügen zum Neuplatonismus und zur monastischen Askese (S. 297) hat daher ebenfalls keine Grundlage. – Auf der gleichen Interpretation beruht auch die Textvariante *perpetim* (s. Apparat bei Fontaine: Ambroise, S. 275).

117 Ambrosius, Isaac 31 (s. o. Anm. 107); in Luc. 2,43 (CSEL 32,4, S. 66): „Er liegt in der irdischen Herberge, aber strahlt mit himmlischem Licht."

118 Vgl. hy.3,1: *Iam surgit hora tertia* (dazu Franz: Tageslauf, S. 406.476) und 13 f.: *hinc iam beata tempora … coepere*; ferner das *iam* im „Exsultet" der Osternacht. Die gleiche vergegenwärtigende Funktion hat das liturgische *hodie* (heute), vgl. Becker: Theologie, S. 49 m. Anm. 115 (dort weitere Literatur).

119 S. Bernard: Pindar.

120 *Mollem spirare quietem* (sanfte Ruhe atmen) (Prop. 1,3,7), von der friedlich schlafenden Geliebten; *odorem spirare*, Duft verströmen (Verg., Aen. 1,403 f.); *amores spirare*, von der erotischen Aura einer Geliebten (Hor., c. 4,13,19). An der Properzstelle tritt, ebenso wie im Hymnus, als Textvariante das in der späteren Aussprache sehr ähnliche, inhaltlich banale *sperare* (erhoffen) auf, da die Metaphorik nicht mehr verstanden wurde. – Ähnlich kühn sind, wenn auch in anderer Bedeutung, *spirare* und *lumen* verbunden in der beschwörenden Wendung *per hoc caeli spirabile lumen* (Verg., Aen. 3,600) (bei diesem atembaren Licht des Himmels), poetische Verkürzung für „Luft und Licht" (Der Text ist etwas unsicher: statt *lumen* ist auch *numen* überliefert, statt *spirabile* auch *sperabile,* dazu s. o.). – *spirare* in Verbindung mit Lichterscheinungen, von feuerspeienden mythischen Ungeheuern (Lucr. 2,705: *flammam*; 5, 29: *ignem*), ist nur syntaktisch vergleichbar (daneben, m. Abl. *ignibus,* Verg., Aen. 8,304).

Licht nicht brutal wie ein Blitz aufleuchtet, sondern als sanftes Leuchten erscheint, sicher auch eine Spiegelung der Atmosphäre der von Kerzenlicht erhellten nächtlichen Feier. Von hier aus ergibt sich ein Bezug zum ‚Wehen' (*spiramen,* V. 10) des über die Jungfrau Maria kommenden Gottesgeistes; das von der Nacht ‚ausgeatmete' Licht ist ebenfalls von Gott gewirkt und Zeichen seiner Gegenwart. Mit diesem Licht könnte, gemäß der geläufigen,[121] auch von Ambrosius häufig gebrauchten, bereits biblischen[122] Metapher, Christus selbst gemeint sein, „das wahre Licht, das jeden Menschen erleuchtet" (Joh 1,4 ff.); so ist *lumen* in hy.7 *(Illuminans altissimus),* 3 eine der Prädikationen, die Christus beigelegt werden. Dieser Bezug tritt aber, wie die beiden auf *lumen* bezogenen Relativsätze (31/32) zeigen, zurück hinter der Deutung als das Licht eines neuen Tages, einer neuen Erkenntnis, eines neuen Lebens.[123] In dieser Lichtsymbolik verbindet sich das Weihnachtsfest mit Ostern, von wo es seinen Sinn erhält: Der Glaube, dass hier nicht die Geburt irgendeines Kindes gefeiert wird, sondern die eines Menschen, der zugleich Gott und das „wahre Licht" (Joh 1,9) ist, ist nur von Tod und Auferstehung Christi her begründet.[124] So ist es kein Zufall, dass der Hymnus in ähnlich paradoxer Weise von Nacht und Licht spricht wie der Lobgesang auf das neue Licht in der Osternacht, das „Exsultet", wenn es Ps 138 (139),12/11 zitierend umdeutet: „Dies ist die Nacht, von der geschrieben steht: ‚Die Nacht wird hell werden wie der Tag' und ‚Die Nacht ist meine Erleuchtung in meinen Wonnen'."[125]

Während in V. 30 *nox* überwiegend die Nacht im realen Sinn bezeichnet, ist in V. 31 damit die Nacht des Unglaubens und der Irrlehre, des Bösen, der Mächte der Finsternis gemeint.[126] Der Gedanke, dass dieses Dunkel nie mehr

121 So im Lichthymnus *Phõs hilarón.* Zur Metaphorik Licht = Christus in Ambrosius, hy.4 (*Deus creator omnium*) s. Franz: Tageslauf, S. 37 ff.

122 Z. B. Jes 60,1–3 in christologischer Deutung.

123 Diese Doppelbeziehung liegt auch vor, wenn Ambrosius, in ps. 38,18 (CSEL 64,6, S. 198) in Anlehnung an Offb 21,1.23 und 22,5 schreibt: „Der Heilige frohlockt also am Tag des Herrn, am neuen Tag, an dem Gott der Herr uns aufgeleuchtet ist und den Neugestalteten als neues Licht schuldloses und unversehrtes Leben gegeben hat. Daher sagt der gerechte Mann, sicher des neuen Lichtes und der Gnade Gottes: Es wird mir ein neuer Himmel und eine neue Erde und ein neues Licht sein. Denn nicht Leuchte und Licht der Sonne oder des Mondes wird dort leuchten, sondern der Herr wird leuchten über seinem Volk." (vgl. Offb. 21,23: „und ihre Leuchte ist das Lamm"). – Aufgrund dieser Metaphorik ist es fraglich, ob man, wie Cothenet (Arrière-plan, S. 160), in V. 30 eine Anspielung auf Lk 2,9 („und die Herrlichkeit Gottes umleuchtete sie") sehen soll.

124 s. Rahner: Mythen, S. 121 ff.

125 *Haec nox est, de qua scriptum est: „Nox sicut dies illuminabitur" et „Nox illuminatio mea in deliciis meis."* So auch der Text der Vulgata. Der hebräische Text ergibt einen anderen Sinn. – Kraft: Werkbuch, S. 116 sieht – in einer der modernen Befindlichkeit entsprechenden moralischen Sinndeutung – das Paradox mehr darin, dass „gerade der zum Licht der Welt" wird, „der aus Dunkel und Armut kommt, der in der Verborgenheit von Nacht und Stall geboren wird. […] Darin findet der angefochtene Glaube Halt, der das Licht weitertragen soll und von Ohnmacht und Glanzlosigkeit betroffen wird."

126 Zu den Bedeutungen von „Nacht" und „Dunkel" auf den verschiedenen Sinnebenen s. Franz: Tageslauf, S. 205 ff.

die Oberhand über das Licht gewinnen kann (bzw. soll), findet sich oft bei Ambrosius, z.B. In ps. 118,12,13 (CSEL 62, S.258), einer Passage, die fast wie ein Zitat des Hymnus aussieht: *Ortus ex virgine processitusx; ex alvo, universa totius orbis inradians, ut luceret omnibus. Capiunt, qui desiderant fulgoris perpetui claritatem, quam nox nulla interpolat* („Geboren aus der Jungfrau, ging er hervor aus deren Schoß, die Gesamtheit des ganzen Erdkreises mit seinen Strahlen erhellend, um allen zu leuchten. Die fassen es, die des ewigen Glanzes Helligkeit ersehnen, die keine Nacht unterbricht“).[127] Die für die Leuchtkraft dieses Lichtes erforderliche Festigkeit und Stetigkeit des Glaubens, bezeichnet mit dem von Ambrosius häufig verwendeten Adjektiv *iugis,*[128] wird in den beiden konjunktivischen Relativsätzen der letzten Strophe (V. 31/32)[129] vom neugeborenen Erlöser erbeten (oberflächlich-rhetorisch könnte man sie mit dem abschließenden Wunsch eines Festredners vergleichen).

Ambrosius vereinigt in diesem Hymnus Psalmzitate und dogmatische Aussagen, einfache Darstellung und anspruchsvolle Metaphorik, hochpoetische Sprache und schlichte Ausdrucksweise, klassische Metrik und zeitgenössischen Stil zu einem komplexen, aber in sich geschlossenen und stringenten Kunstwerk.[130] Anders als die Tagzeitenhymnen mit ihren verschiedenen Sinnebe-

127 In ps. 118,13,8 (CSEL 62, S.287): „Für den, der über das Gesetz nachsinnt, ist immer Tag und Licht (*lumen*) ohne Verfinsterung, das keine Dunkelheit der Nacht unterbricht“ (*nullae tenebrae noctis interpolent*). – Epist. 77 (22),6 (CSEL 82,3, S.130): „Wahre Tage, die keine Dunkelheit der Nacht unterbricht“ (*nulla caligo noctis interpolat*). Vgl. auch hex. 1,37 (CSEL 32,1, S.39f.); 4,22 (CSEL 32,1, S.129f.). – Unsicher ist der von Fontaine (Ambroise, S.299f.) hergestellte Bezug zu Joh 1, 5 („die Finsternis hat [das Licht] nicht erfasst“), da er die Deutung von „erfassen“ (griech. *katalambánein,* lat. *comprehendere*) im Sinne von „ergreifen, überwältigen“ voraussetzt (anders: erfassen = begreifen; vgl. Joh 1,10).

128 Von Flüssen und Quellen (so schon altlat. und klass.), Bemühungen, Verlangen (z.B. *famis*). Belege bei Steier: Echtheit, S.581; Walpole: Hymns, S.57. Eine, wenn auch nur flüchtige („rapide“) Anspielung auf das Wasser der Taufe (*fons iugis*; so Fontaine: Ambroise, S.43. 300) kann in der Benutzung dieses Adjektivs hier nicht gesehen werden.

129 Die Textvariante *interpulit* (Fa) beruht auf der romanischen Aussprache (Vertauschung o/u, e/i). – *luceat* ist von Fontaine (Ambroise, S.300) irrtümlich als „présent de l'indicatif“ beurteilt und mit *fulget* und *spirat* zu einer Dreiergruppe zusammengezogen (in der Übersetzung S.274 aber richtig: „qu'il brille“).

130 Eine gute Charakteristik des ambrosianischen Stils anhand der vier von ihm als unzweifelhaft echt anerkannten Hymnen gibt Simonetti: Studi, S.379: „Offensichtliches Kennzeichen auch bei oberflächlicher Betrachtung der vier authentischen Hymnen des Ambrosius ist das Streben nach einer kompakten und einfachen Form, aber von gesuchter und sehr bewusster Einfachheit, beruhend auf Parallelismen, genauen Entsprechungen zwischen Satz und Satz im Rahmen der verschiedenen Strophen und zwischen den einzelnen Teilen im Rahmen der Sätze; die Eintönigkeit, die aus einer zu regelmäßigen und pedantischen Symmetrie entstehen würde, wird vermieden durch den reichlichen Gebrauch der *variatio* zwischen den verschiedenen sich entsprechenden Satzteilen, vor allem zwischen den Hauptsatzteilen Subjekt, Prädikat, Objekt.“ Vgl. auch: Inni, S.14f. (besonders zu den Strophen 3–6).

nen[131] ist der Weihnachtshymnus von dem einen Thema der Menschwerdung Gottes in Jesus Christus beherrscht. Dabei sind aber die als historische Begebenheiten erzählten Berichte der Evangelien (Verkündigungs- und Geburtserzählung, Kindheitsberichte) fast völlig ausgeblendet; der Hymnus will, mehr nach Art des Johannesevangeliums und der Paulusbriefe als in der Weise des Lukas- und Matthäusevangeliums, in einer dezidiert sowohl antiarianischen als auch antidoketistischen Weise Aussagen über das Wesen des Gottmenschen Jesus Christus machen. Abgesehen von der letzten Strophe mit ihrem Hinweis auf die Krippe, ließe sich dieser Hymnus unabhängig von der Weihnachtszeit als Hymnus über die Menschwerdung verstehen; dies ermöglichte seine spätere Verwendung als Adventshymnus.[132]

VI. Die Wirkung des Hymnus

Die Hymnen des Ambrosius sind aus der Liturgie (Psalmen, Lesungen) und der Katechese erwachsen, die in den Hymnen auftretenden Motive waren den Hörern vertraut, wobei man die Kraft einer Kultur mündlicher Überlieferung und Kommunikation nicht unterschätzen darf. So sind die Hymnen eine Fortsetzung der Katechese mit anderen Mitteln. Die Gemeinde soll durch das Hören, Singen und Meditieren der Hymnen belehrt und im Glauben bestärkt werden und, indem sie diesen Glauben im gesungenen Hymnus bekennt, zugleich sich seiner vergewissern und, ihn weitersagend, selbst „zu Lehrern werden" (Ambrosius; s. u. Anm. 146).

Die Gedanken, die Ambrosius in seinen Hymnen in poetischer Sprache ausdrückt, kehren in seinen Prosawerken vielfach wieder, wobei, wenn es sich nicht um direkte Zitate handelt, die Priorität der einen oder anderen Gattung im Einzelfall nicht auszumachen ist. Viele dieser Gedanken sind auch nicht von Ambrosius neu erfunden; er hat sie in seiner reichen Belesenheit von früheren Theologen, vor allem Origenes, übernommen und zum Teil neu formuliert.[133]

---

131 Literal, allegorisch, moralisch, eschatologisch; vgl. Franz: Tageslauf, S. 179–184.201 ff. (am Beispiel des hy. 1 „Hahnenhymnus" *Aeterne rerum conditor*).

132 Vgl. Werthemann: Studien, S. 17 f. 29 ff.

133 Ein Beispiel für eine solche umformende Übernahme ist die aus Hippolytos (Komm. zum Hld, GCS 1,1, S. 347 f. Bonwetsch) übernommene Deutung von Gen 49,9 (Jakobs Segen über Juda) bei Ambrosius, de patriarchis 4,19 (CSEL 32,2, S. 135): „In wunderbarer Weise drückte [Jakob] aber auch die Fleischwerdung [Christi] aus, indem er sagte: ‚Aus einer Knospe bist du mir emporgestiegen (*Ex germine mihi ascendisti*)', weil er wie ein aus der Erde emporsprossendes Gewächs (*frutex terrae*) im Schoß der Jungfrau keimte (*in alvo virginis germinaverit*) und wie eine wohlriechende Blüte (*flos boni odoris*) zur Erlösung der ganzen Welt aus dem Mutterleib im Glanz eines *neuen Lichtes* entlassen emporstieg (*ascenderit*)." – Dazu Frank: Kirchenjahr, S. 42: „Ausgerechnet das Motiv ‚neues Licht' aber findet sich gerade nicht bei Hippolyt, ist also dem Ambrosius eigentümlich und stammt aus der Ideenwelt des Natalis Domini vom 25. Dezember." – Zur Erweiterung von Motiven des Hippolyt durch Ambrosius s. auch o. Anm. 107. Die Deutung der Genesis-Stelle

Wie die Prosawerke des Ambrosius haben auch die Hymnen auf Zeitgenossen und Spätere nachgewirkt, wie sowohl allgemein die Etablierung des „Ambrosianischen Hymnus“ als bestimmende literarische Gattung des Kirchengesangs der lateinischen Kirche zeigt,[134] als auch im Einzelnen zahlreiche Zitate und Anspielungen bei Augustinus und anderen erkennen lassen. (Zu Zitaten des Weihnachtshymnus s. o. S. 106 mit Anm. 5–7). Wie zahlreiche unter dem Namen Augustins überlieferte (aber oft aus viel späterer Zeit stammende) Beispiele zeigen, waren die Hymnen, darunter auch der Weihnachtshymnus, ein beliebtes Predigtthema.

Trotz seiner großen Verbreitung wurde der Hymnus nicht in das Breviarium Romanum aufgenommen, findet sich aber (überwiegend mit dem Initium *Veni, redemptor gentium*) in regionalen und Ordensbrevieren: Mailand; Spanien, England, Frankreich; Benediktiner (Bursfeld), Zisterzienser, Karthäuser, Dominikaner, Prämonstratenser.[135]

Bei der Suche nach Spuren des Weihnachtshymnus in Hymnen und anderen religiösen Dichtungen späterer Zeit ist es nicht leicht, zwischen bewussten Zitaten und solchen Anklängen zu unterscheiden, die sich aus den Themen und ihren naturgemäß begrenzten Ausdrucksmöglichkeiten ergeben, z. B. bei den Motiven Jungfrauengeburt, Doppelnatur des Messias, Licht. Zum Nachweis wäre eine konsequente Erfassung des Materials von der ausgehenden Antike bis zu den modernen Umsetzungen in den Nationalsprachen notwendig. Es können hier nur einige, zufällige Belege genannt werden (*kursiv: wörtliche Übereinstimmung mit dem Hymnus*; Zitate anderer Ambrosiushymnen sind nicht berücksichtigt):

Sedulius (5. Jh.), carmen paschale 2,46 ff.:
Pro *virgine* testis / *partus* adest, *clausa* ingrediens et *clausa* relinquens. / Quae *nova lux* mundo, quae toto gratia caelo? / Quis fuit ille nitor, Mariae cum Christus ab *alvo* / *processit* splendore *novo,* velut ipse decoro / sponsus ovans *thalamo* ...?

Sedulius, Weihnachtshymnus A solis ortus cardine, AH 50, S. 58 f., Nr. 53, Str. 3 f.:
Clausae puellae viscera / caelestis intrat gratia; / *venter* puellae baiulat / secreta, quae non noverat. // Domus *pudici* pectoris / *templum* repente fit *Dei* / ...

Adventhymnus Conditor alme siderum (8. Jh.?) (Walpole Nr. 84):
Str. 1, V. 3: Christe, *redemptor* omnium ...

---

beruht auf der italischen Version der Vetus Latina: *ex germine* (afrikanische Version: *de frutice*) nach LXX *ek blastoũ*; anders (und richtig) die Vulgata: *ad praeda*m; die Differenz wird durch das hebr. Homonym *ṭäräph* 1. ‚Blatt‘, ‚Knospe‘; 2. ‚Raub‘ verursacht.

134 Zu dieser Etablierung trug der (u. a. auf dem Wirken des Ambrosius beruhende) große Einfluss der Mailänder Kirche in Oberitalien, Gallien und Spanien bei, sowie die Übernahme der Hymnen in die liturgische Praxis des Benediktinerordens (zum Rückgriff des Zisterzienserordens auf die Mailänder Tradition im 12. Jh. s. o. S. 112 mit Anm. 31). Zur Entwicklung in diesem Bereich (einschließlich England) bis zum 11. Jh. s. Jullien in Fontaine: Ambroise, S. 110–114; allgemeiner und umfassender Szövérffy: Annalen Bd. 1 (zum Hymnus *Intende* besonders S. 52–54).

135 Kayser: Kirchenhymnen, S. 171; Julian: Dictionary, S. 175.178.179 f.; Mearns: Index, S. 43.89; Chevalier 2, S. 716 f. – Zum Breviarium Romanum s. Lentini: Te decet XVII.

Str. 3: Vergente mundi vespere / uti sponsus *de thalamo* / *egressus*[136] honestissima / virginis matris *clausu*la.

Spanien (? vor 9. Jh.), Marienhymnus, später Ambrosius zugeschrieben (AH 27, S. 118 f.; Walpole Nr. 88): [137]
Fit porta Christi pervia / referta plena gratia, transitque rex, et *permanet* / *clausa,* ut fuit per saecula. // Genus superni numinis / *processit aula virginis,* / sponsus, *redemptor,* conditor / suae *gigas* ecclesiae.

Venantius Fortunatus (?; um 600), Weihnachtshymnus (AH 50, S. 85 f.; Walpole Nr. 38):[138]
Str. 1: Agnoscat *omne saeculum* / venisse vitae praemium / ...[139]
Str. 3: Maria ventre concepit / verbi fidelis *semine* / ...
Str. 4: Radix Iesse iam *floruit* et virga *fructum* edidit, / fecunda *partum* protulit / et virgo mater *permanet.*

Beda Venerabilis (? 8. Jh.), Osterhymnus (Laetare caelum desuper; AH 50, S. 113 f.):
Str. 5: *Miretur omne saeculum* / crucis triumphum mysticae ...[140]

Weihnachtshymnus (9. Jh.?) Christe *redemptor* omnium (AH 51, S. 49; Walpole Nr. 87):
Str. 3: Memento, salutis auctor, / quod *nostri* quondam *corporis* / ex inlibata virgine / nascendo formam sumpseris.

Christushymnus (Reichenauer Ms. des 10. Jh.)[141] Aeternus orbis conditor (AH 51, S. 244 ff.):
Str. 4: Ergo *manente* viscerum / *pudore* virginalium / divina proles terreae / se miscuit *substantiae.*

Papst Leo IX., Zur Weihnachtsvigil, Laudes (1053 ?; AH 50, S. 304 f.):
Egredere, Emmanuel, / quem nuntiavit Gabriel, / uti sponsus de *thalamo,* / virginis matris utero // Spiritus Sancti opere / sine *virili semine.*

Berno von Reichenau (11. Jh.), In Purificatione BMV (AH 23, S. 67):
Exsultet *omne saeculum* ... Cum pater formans omnia / formatus est de femina / nullo *virili semine* / sed casta natus virgine.

---

136 Das Partizip *egressus* entspricht dem Prädikatsverb *procedit* des Ambrosiushymnus (V. 17), zitiert aber vielleicht auch dessen Substantiv *egressus* (V. 21).

137 Kayser: Kirchenhymnen, S. 348 f. 383 f.; Szövérffy: Annalen 2, S. 348. – Jetzt Laudeshymnus am 1. Januar (Lentini: Te decet, S. 87).

138 Szövérffy: Annalen 1, S. 138 f.

139 Venantius Fortunatus, An Bischof Leontius von Bordeaux (Hymnus de Leontio; s. Szövérffy: Weltliche Dichtungen, S. 271): „Agnoscat *omne saeculum* / antistitem Leontium / Burdigalense praemium / ...".

140 *Miretur omne saeculum* beliebt als Hymnenanfang: Johannes de Jenstein (14. Jh.), zu Maria Schnee (AH 48, S. 434). – Hymnus auf St. Privatus (Chevalier, Rep. 3, S. 377, Nr. 29660). – Variationen: *Mirentur* (v. l.: *mirantur*) ergo *saecula* (Marienhymnus Quem terra, pontus, aethera; AH 50, S. 86 ff.; Walpole Nr. 39), Str. 3.- Laetetur *omne saeculum* (Petrus Damiani, 11. Jh., zu Mariä Reinigung (AH 48, 54 ff.); Heiligenhymnen (Chevalier: Rep. 2, S. 13, Nr. 10119–21).- Exsultet *omne saeculum* (Berno von Reichenau, 11. Jh.; s. u.)

141 Von Mone (Hymnen, S. 33) zu Unrecht ins 5. Jh. datiert (danach Wackernagel: Kirchenlied 1, S. 49); s. Szövérffy: Annalen 1, S. 350.

Marbod von Rennes (11./12. Jh.), De Annuntiatione B. Mariae (AH 50, S. 390):
V. 15: Quae coitum nescit, venter suus unde *tumescit*?
V. 23: [Filius Dei] naturae *geminae.*

Bernhard von Morlas (12. Jh.), Mariale (AH 50, S. 424 ff.):
Rhythmus 3, Str. 21: Tu portasti, intra casti *claustra* ventris Dominum / *Redemptorem.*
Epilogus, Str. 3: *Aula regalis,* virgo specialis ...

Arnulf von Lisieux († 1184), carmen 1, 23 ff.:[142]
Virginis integritas salvo fecunda pudore / concipit atque virum parturit absque viro.
Nec reserat partus signati *claustra pudoris* / absque viro genitus editus absque via.

Murbacher Handschrift (12. Jh.?), Weihnachtslied (Mone: Hymnen 57, Nr. 40):
Str. 2: Christus intacta virgine / sine *viri semine* / vir novus generatur.
Str. 5: Naturae dominum / in natura *geminum* / ...

Marienhymnus (Septem gaudia BMV; 15. Jh.) (AH 30, 115; Chevalier: Repertorium 3, S. 34, Nr. 22899): *Alvus tumescit virginis* / serato ventris vasculo.

Weihnachtslied Puer natus in Bethlehem (Wackernagel: Kirchenlied 1, Nr. 309 ff.);[143]
Babstsches Gesangbuch 1545, Str. 3: De matre natus virgine / *sine virili semine.*
Walther 1543, Str. 2, V. 1 f.: Tamquam sponsus *de thalamo* / *processit* matris utero.

Johann Campanus, Odae 2, S. 267 (reimende Umdichtung);[144] z. B.:
Str. 1: *Veni, redemptor gentium,* / Pulchrum renide lilium / Splendore fulgens flammeo; / Hic *partus* est dignus *Deo.*
Str. 7: *Praesepe iam tuum* micat, / *Lumenque noct*is emicat, / *Quod nulla nox interpolet,* / Ut *luceat* plus quam solet.

Charles Guyet, Heortologium (1657), Vesperhymnus zu Weihnachten (Chevalier: Repertorium 2, 716, Nr, 21234):
Veni redemptor gentium / *fructus pudicae* virginis.

Vesper-Hymnus zu Weihnachten (1720; Chevalier: Repertorium 3, 617, Nr. 34393):
Veni, redemptor omnium, / humana iam poscunt diu / te ...

Vesper-Hymnus zu Weihnachten (1726; Chevalier: Repertorium 2, 717, Nr. 21236):
Veni, redemptor omnium / ad nos benignus aspice.

---

142 Die Gedichte Arnulfs von Lisieux († 1184). Hg. und übers. von Ewald Könsgen. Heidelberg 2002. (Editiones Heidelbergenses 32).

143 Das wohl aus dem 14. Jh. stammende Lied war wegen seiner volkstümlichen Form und Verwendung sehr veränderungsfähig und findet sich daher in den Gesangbüchern in verschiedenen Fassungen. Hier zitiert nach dem Babstschen Gesangbuch von 1545 bzw. Geystlicke leder vnd Psalmen, Magdeborch, dorch Hans Walther, 1543. Die beiden Strophen (bzw. Verspaare) kommen nicht zusammen in der gleichen Liedfassung vor.

144 Johann Campanus (1565–1622; 1612 Rektor der Prager Universität): Sacrarum Odarum Libri Duo. Quorum Prior psalmos Davidicos, Posterior hymnos Dominicales et feriales continet. Accessere Cantica Canticorum in Odaria 53, nec non Melodiae pro omnibus Psalmis, Odis, & Canticorum odariis, eiusdem Authoris. Francofurti ad M. 1618. Das Lied von Campanus war Vorlage für das deutsche Kirchenlied von Johann Franck (1646?) Komm Heyden Heyland, Lösegeld, Komm schönste Lilge dieser Welt. (s. u. S. 157, Nr. 11); s. Julian: Dictionary, S. 201; ohne Hinweis auf Campanus: Fischer: Lexikon 2, S. 5; Fischer-Tümpel: Kirchenlied 4, S. 105 (Nr. 117); Nitschke: Liederkunde 1, S. 118.

Isaac Moreau, Matutin-Hymnus zu Weihnachten und Epiphanie (Chevalier, Repertorium 3, 617, Nr. 34391):
Veni, Redemptor gentium, / ostende partum virginis / ...

Ob der Beginn des Hymnus *Veni, creator spiritus* (9. Jh.; oft Hrabanus Maurus zugeschrieben)[145] den Ambrosiushymnus zitiert (und so die zahlreichen Nachahmungen dieses Hymnenanfangs indirekt auf Ambrosius zurückgehen) oder ob der Anklang nur auf der parallelen Rufesituation beruht, mag dahingestellt bleiben; auf jeden Fall sind die Verse 15/16 eine direkte Übernahme aus dem Weihnachtshymnus; ob die damit verbundene Umdeutung (s. o. S. 129) erst von dem Dichter des Heilig-Geist-Hymnus vorgenommen wurde oder bereits früher erfolgte, lässt sich nicht feststellen.

VII. Deutsche Übertragungen

Die Hymnen des Ambrosius waren dazu bestimmt, von einer christlichen Gemeinde gesungen zu werden, und haben dieses Ziel auch erreicht, wie wir von ihm selbst[146] und von anderen wissen, darunter seinem Schüler Augustinus (dem die Schönheit der kirchlichen Gesänge allerdings auch ein wenig unheimlich war).[147] Ist es möglich, Dichtungen von solcher inhaltlicher Dichte und poetischer Qualität, die dazu noch aus einer bestimmten historischen und kirchlich-theologischen Situation heraus entstanden sind, in eine andere Zeit, Sprache und Kultur - auch wenn sie auf der christlichen Antike aufbaut - und damit auch in eine andere geistige und geistliche Haltung zu übertragen? Im deutschen Sprach- und Kulturraum gibt es Versuche dazu schon seit dem Mittelalter.[148]

Während eine mittelhochdeutsche Interlinearversion des 12. Jh.[149] nur den Zweck hatte, das Verständnis des lateinischen Textes zu erleichtern, gibt es bereits seit vorreformatorischer Zeit deutsche Übertragungen des Hymnus, die

---

145 Szövérffy: Annalen 1, S. 220 ff.

146 Ep. 75a (21 a), 34 s. c. Auxentium (CSEL 82,3, S. 105): „Auch durch die ‚Zauberlieder‘ (*carmina*) meiner Hymnen sei das Volk getäuscht worden, behaupten sie, und ich streite das überhaupt nicht ab. Ein mächtiges ‚Zauberlied‘ (*grande carmen*) ist es, es gibt nichts Kräftigeres ... Wetteifernd bemühen sich alle, den Glauben zu bekennen, Vater, Sohn und Heiligen Geist verstehen sie mit Versen preisend zu verkündigen. Lehrer geworden sind also sie alle, die kaum Schüler sein konnten."

147 Conf. 9,14 (CCL 27, S. 141): „Wie sehr habe ich geweint bei den Hymnen und Gesängen auf Dich, von den Stimmen Deiner süß tönenden Kirche heftig bewegt! Jene Stimmen strömten in meine Ohren und es floss daraus die Wahrheit in mein Herz und aufwallte von da das Gefühl der Frömmigkeit, und es flossen Tränen, und wohl war mir dabei." - conf. 10, 50 (CCL 27, S. 182): „So schwanke ich zwischen der Gefahr der Sinneslust und der Erfahrung der heilsamen Wirkung."

148 Zu England s. Julian: Dictionary 1212; Springer: Veni, S. 85 f. - Zum Problem der Übertragung s. Häußling: Fallbeispiel S. 318, und u. S. 144; ferner Henkys: Gott loben.

149 Kehrein: Kirchenlieder, S. 30 f. (Nr. 34; Text s. u. S. 151, Nr. 1).

zum Singen bestimmt (oder zumindest geeignet) sind.[150] Da die meisten von ihnen dem damals geltenden poetischen Erfordernis des Reims unterworfen sind, sind ihre Verfasser zu Abstrichen an der Texttreue gegenüber dem Original genötigt, was zu Verlust oder Verschiebung der Pointe führen kann, so z. B. bei Luthers Übersetzung von V. 8[151] „Gott solch gepurt yhm (= sich)[152] bestelt", wegen des Reimes auf „welt".[153] Wegen des Reimes auf „schon" (= schön) wird in V. 16 „Tempel" durch „Thron" ersetzt (Luther: „Got da war yn seinem thron"); die 3. Ausgabe des Leisentritschen Gesangbuches (1584) reimt dagegen „Tempel fron" (= Tempel des Herrn).[154]

Hinzu kommen Verständnis- und Interpretationsprobleme. Besonders deutlich wird dies bei den Versen 27/28, die in fast allen Übersetzungen im Sinne des Heilig-Geist-Hymnus verstanden werden (s. o. S. 129), so auch bei Luther „das dein ewig gots gewalt / *ynn uns* das kranck fleisch enthallt" (= erhalt, so Leisentrit Nr. 5)[155] und seinen Nachfolgern. – Ein besonderes Problem ist die Wiedergabe der Metaphern. Im Falle von *gigans* (V. 19) ist die Wiedergabe durch ‚Riese' (Laufenberg, Fortlage, Steiner) oder ‚Held' (Handschr. Köln, Luther, Enderlin, Stundenbuch) schon in den antiken Interpretationen der Psalmstelle angelegt (s. S. 125 m. Anm. 99). – Luthers Wiedergabe der Metapher *vexilla virtutum (e)micant* (V. 15) „leucht erfur (= herfür, hervor) manch tugend schon (= schön)" beschränkt sich auf die moralische Komponente des Bildes und lässt das anschauliche Element des Fürstenbanners aus;[156] Christof Schweher (1567/1581) verflacht die Aussage, auch im folgenden Vers, noch mehr: „voll der gnaden vnd tugent schon (= schön), / empfiengs in jrm leib Gottes Son."[157]

---

150 Eine Liste der deutschen Gesangbücher, die Übertragungen des Hymnus enthalten, gibt Wennemuth: Hymnus (Diss.), Anhang 17.

151 Obwohl in allen deutschen Versionen (außer Wolters und KHG München) die erste Strophe fehlt, werden wegen der Vergleichbarkeit die Verse und Strophen hier nach dem lateinischen Original gezählt.

152 Nitschke: Liederkunde, S. 116. – Wenn die Formulierung Luthers in einen heutigen Text übernommen wird (so im Evangelischen Gesangbuch 1994), ist eine Auffassung von „ihm" als Reflexivum nicht mehr möglich.

153 Luthers Übertragung „Das (= damit) sich wunnder alle welt, / Gott solch gepurt yhm bestelt" stellt die syntaktische Struktur auf den Kopf und verharmlost damit die Aussage; vgl. Jenny: Luthers Lieder, S. 204 Anm. 1, 3; Hahn: Evangelium, S. 299 wertet diese Umdeutung positiv. In der Formulierung „Gott … ihm bestellt" statt „ziemt sich für Gott" sieht er eine besondere Aussageabsicht Luthers („dynamisch" statt „statisch").

154 Zu Reim, Assonanz usw. im deutschen Kirchenlied s. Tschirch: Grundlagen, S. 15–32.

155 Im Heilig-Geist-Hymnus übersetzte Luther die beiden Verse anders: „Das schwach fleisch yn vns, dir bekand / erhalt fest dein krafft vnnd gunst."

156 Textgetreue Übertragung bei Laufenberg: „Die von (= Fahnen) der tugend schynend har (= hehr, hell)"; Hymnarius: „Die panier aller tugent scheiñ"; Leisentrit [3]1584: „Der tugent fenlein leuchten schon (= schön); Fortlage und Wolters: „Der Tugend Fahnen glänzen hell". – Hahn: Evangelium, S. 298 f. konstatiert bei Luthers Übertragungen eine Tendenz zur „Entbildlichung" (Auflösung von Metaphern) und „Veranschaulichung" durch konkrete Aussage.

157 S. u. S. 155, Nr. 8 b u. 9. Er setzt auch an anderen Stellen Vereinfachungen ein: V. 18 (*pudoris aula regia*) „kam er in disen Jammerthal"; 20 (*alacris ut currat viam*) „vns zu helffen aus aller

Auch Fehlübersetzungen kommen in einigen Übertragungen vor: Der Hymnarius versteht *pudoris aula regia* (V. 18; Apposition zu *e thalamo*) als Ablativus instrumentalis: „durch Mayestat der gschämigkeit". – Die indikativische Wiedergabe von Vers 31 kann auf die Textvariante *interpolat* zurückgehen;[158] dies gilt jedoch nicht für V. 32, wo der Konjunktiv *luceat* einhellig bezeugt ist; indikativische Übersetzung beruht auf Vernachlässigung des Konjunktivs oder seiner (sicher unpassenden) Deutung als Potentialis.[159] – Eine Fehlerquelle ist der Imperativ *cingere* (V. 22), der häufig als Indikativ übersetzt wird, so als Präsens von Schweher (1567/1581) und Fortlage (1844).[160] Die indikativisch-präteritale Formulierung von Zoozmann (1928) und KHG München (1965)[161] könnte auf der (für die 2. Person unmöglichen) Auffassung von *cingere* als „historischer Infinitiv" beruhen, wie sie Mone (Hymnen 45; für die 3. Person, aber ebenfalls unzutreffend) vertrat.[162] Schwierigkeiten bereitet hier auch die Metapher *carnis trophaeo* (s. o. S. 128), die schon der Hymnarius (1524) unzureichend wiedergab: „mach sighafftig dein leib und reich"; in eine ähnliche Richtung führt Luthers „fur hynnaus (= führe aus) den syeg im fleisch". – Eine sekundäre Schwierigkeit ergab sich, trotz (oder wegen) ihrer Texttreue, aus Luthers wuchtig-dunkler Wiedergabe von V. 12: „und bluet (= blühet) eyn frucht weibs fleisch";[163] soweit Luthers Text nicht einfach übernommen wird, gibt es – nicht sehr erfolgreiche – Versuche, ihn zu glätten.[164]

---

not"; die Schlussbitte, V. 31 f., wird umgebogen: „behüt vns vor der sünden nacht / das vnser glaub (gib daß der glaub) schein durch dein macht."

158 s. den Apparat bei Fontaine: Ambroise, S. 275. Bei Laufenberg (1418) „erlöschen kann" vielleicht wegen des Reims zu „han" im folgenden Vers.

159 Während Luther korrekt übersetzte („der glaub bleib ymer ym schein"), tritt seit dem Babstschen Gesangbuch der Indikativ „bleibt" auf (In der neuen Ausgabe des Evangelischen Gesangbuchs 1994 ist Luthers Konjunktiv wieder hergestellt). Jenny (1971) übersetzt in beiden Versen indikativisch; ebenso das Stundenbuch (1978), obwohl in dessen lateinischer Textvorlage (Liturgia Horarum) die Konjunktive stehen. (Zum Versehen von Fontaine: Ambroise, S. 300, s. o. Anm. 129).

160 Schweher (1567/1581) „Der du … gleich bist / vnd in dem fleisch zu sieg gerüst". – Fortlage: „legst du des Fleisches Gürtel um". – „Gürtel" nach Textvariante *stropheo* (dazu s. o. Anm. 109) oder nur aus *cingere* entwickelt?

161 Zoozmanns Formulierung „errangst du ob dem Fleisch den Sieg" ist wohl auch beeinflusst von Luthers „fur hynnaus den syeg im fleisch" (s. u.). – KHG München: „Der du … bekleid't dich hast mit unserm Fleisch."

162 Eine ähnliche Auffassung könnte bereits bei Leisentrit[3] (S. 156, Nr. 8 c) vorliegen, wo sie zu einer völligen Sinnänderung der Strophe führt: „Seim ewgen Vater war er gleich, / do er mit dem fleisch kleidet sich. / All was an vnserm leib schwach ist / Hat er mit ewger krafft befest."

163 „… immer wieder als Paradebeispiel zitiert", dass die von Luther hier gewählte Übertragungsmethode „bis an die Grenze der Verständlichkeit" gehen kann (Hahn: Evangelium, S. 20; ähnlich Werthemann: Studien, S. 29). Jenny: Luther, S. 43 (zum ganzen Lied): „Der Text ist ohne Kenntnis der lateinischen Vorlage stellenweise fast unverständlich; ob das poetisches Unvermögen Luthers ist oder damit zusammenhängt, daß ihm in diesem Fall die volkstümliche Verständlichkeit weniger wichtig war als die richtige Wiedergabe dieses dogmatisch befrachteten Textes, ist schwer zu entscheiden." Nitschke: Liederkunde, S. 118 spricht von der „Formkunst der ‚geballten Ladung'", die sich gerade in dieser Strophe „fast unheimlich" zeige.

164 Leisentrit Nr. 5 (1567); Schweher (1567/1581); Leisentrit[3] (1584; von Thomas Müntzers Übertragung beeinflusst?).

Die Kölner Handschrift (1460; s. S. 152, Nr. 3) zeigt eine Tendenz, dogmatische Metaphern zu vereinfachen und durch Erzählung zu ersetzen: 13 f. verbindet sie die Schwangerschaft Marias mit der Verkündigungsszene;[165] in Str. 8 knüpft sie an den Hinweis auf die Krippe ein typisches Weihnachtsbild (Nacht, Engelgesang, Hirten) – bringt also gerade die Elemente, die der Hymnus ausgeklammert hatte.[166] Weit hinaus über solche Änderungen, die ihren Anlass vielleicht in einer bestimmten Aufführungssituation des Liedes hatten, gehen Umarbeitungen[167] wie die von Thomas Müntzer (s. S. 153, Nr. 5): Er übernimmt nur die Strophen 2, 3 und 6 (außer V. 24) aus dem Hymnus; die Strophen 4, 5 und 7 (sowie V. 24) werden neu formuliert, wodurch das Lied eine andere theologische Ausrichtung erhält und auf die Situation der Gläubigen bezogen wird.[168] Adressat der beiden Eingangsstrophen und damit des ganzen Hymnus ist nunmehr Gott Vater (Müntzers Str. 1, V. 2: „zeych vns die geburt deyns sons"). Diese Änderung führt zu Sinnbrüchen:[169] Es wird das Kommen des Vaters erfleht, der die Geburt seines Sohnes „zeigen" soll. Unklar ist der Adressat des Ausdrucks „*deyn* heylges fleisch" (Str. 3,1); „*deyn* ewiges wort" (Str. 2,3) ist an den Vater gerichtet; mit Str. 3,3 setzt der von Christus handelnde erzählende Teil ein, der bis zur moralischen Nutzanwendung der letzten Strophe vor der Doxologie reicht. Ist also auch 3,1 an den Vater gerichtet? Der Hymnus hat keine klare gedankliche Struktur mehr und hat überdies in seinem theologischen Gehalt nichts mehr mit dem Ausgangstext zu tun. Luther sah sich offensichtlich durch die Umfunktionierung des alten Hymnus und seine Benutzung als Transportmittel der von ihm abgelehnten Wiedertäuferlehren zu seiner eigenen Übertragung veranlasst[170] (eine Parallele zur Situation des Ambrosius gegenüber den Arianern).

---

165 Das Thema der Jungfräulichkeit ist in den nächsten Vers gezogen und mit dem Tugendmotiv verbunden; das Motiv „Gott im Tempel" ist durch einen neutralen Vers ersetzt.

166 In Str. 6 wird die vierfache Wegangabe auf einen Ausgang und eine Rückkehr reduziert, dafür ist aber das konkrete Motiv der Befreiung der in der Hölle Gefangenen eingefügt (Eph 4,8 f.; s. o. Anm 105 u. 106).

167 Dass auch der lateinische Text umgearbeitet wurde, zeigt das Beispiel des Campanus (s. o. S. 135).

168 „unser sunde auff sich nam" (Müntzers Str. 3, V. 4); „in vns zu wonen er begeret hat" (Str. 4,3); „Nun sitzt er seynem vater gleich / mit vnserm fleisch jm hymelreych, / Vns zu leren seynen wilen thun, das wir jm glauben nemen zu (Str. 6; statt der Bitte um das Kommen des Erlösers im Fleisch).

169 Ebenso beim Adventhymnus *Conditor alme siderum*, der durch Müntzers Änderung „zur kennen (= zu 'rkennen) deynen waren christ" (lat. Originaltext: *Christe … exaudi*) an den Vater adressiert wird, was zu einem Sinnbruch (oder Umdeutung?) in der nächsten Strophe führt: „Dann es gieng *dir* zu hertzen sehr … drumb namst *du* auff *dich* schuld und peyn." Die Müntzersche Fassung wurde in das Katholische Gesangbuch Gotteslob (1972) übernommen; der anscheinend unbemerkt gebliebene oder vernachlässigte Sinnbruch wurde erst 1982 kaschiert, allerdings entgegen dem lateinischen Originaltext unter Verstärkung der Umadressierung und mit gezwungener Logik („Denn es ging *dir* zu Herzen sehr …, drum nahm *er* auf *sich* …"). Zur Problematik dieses Liedes und seiner modernen Adaptionen s. Gerhards: Gott heilger Schöpfer aller Stern, S. 47 ff.; auch Bräuer: Gott, heilger Schöpfer aller Stern.

170 Vgl. Hahn: Evangelium, S. 292; Jenny: Luthers Lieder, S. 12.

Martin Luthers Hymnus „Nu kom, der Heyden Heyland“ ist, trotz der mit Luthers Übertragungsweise verbundenen Problematik[171] und einigen Unzulänglichkeiten (s. o.), gerade wegen seiner dem Original gerecht werdenden Kompaktheit ein Kunstwerk, das mit Recht die weitere Tradition, sowohl auf evangelischer wie auf katholischer Seite,[172] geprägt hat. Das gilt auch von seiner aus einer mittelalterlichen gregorianischen Singweise entwickelten Melodie, in der das achtsilbige ambrosianische Metrum auf einen siebensilbigen Vierheber verkürzt ist;[173] sie wurde Grundlage zahlreicher bedeutender Instrumental- und Chorwerke, darunter der Vertonungen von J. S. Bach.[174]

An Qualität mit Luthers Hymnus vergleichbar ist die etwa ein Jahrhundert früher erfolgte Übertragung durch den Geistlichen und Meistersinger Heinrich von Laufenberg (1390–1460; s. S. 151, Nr. 2); sie ist noch texttreuer als Luthers Übertragung und ergibt doch einen gut sprech- und singbaren Text ohne Tonbeugungen (steigender Achtsilber). In Str. 6 gelingt ihm – mit den damaligen Sprachmitteln – eine Entsprechung zum Wortspiel des Ambrosius („vsgang – widergang – vslouf – widerlouf“).

Friedrich Wolters, ein Mitglied des George-Kreises, schuf (1922) unter Verzicht auf den Reim, was ihm größere Gestaltungsfreiheit eröffnete,[175] eine texttreue und qualitätvolle Übertragung (s. S. 158, Nr. 13),[176] die überdies die erste Strophe des Ambrosius einbezieht.

Der Versuch einer moderneren Textfassung ist das 1965 in einem Liederheft der KHG München veröffentlichte Lied *O höre, König Israels* (s. S. 160, Nr. 17). Es bezieht ebenfalls die ursprüngliche erste Strophe mit ein, wobei ge-

---

171 Dazu Hahn: Evangelium, S. 289–300.

172 Z. B. die Liedfassungen in den Gesangbüchern von Leisentrit (1567, Nr. 5) und Beuttner (1602); auch die Fassungen Leisentrit 1567 Nr. 6 / Prag 1581 (Schweher) und Leisentrit [3]1584 sind von Luthers Lied beeinflusst.

173 Jenny: Luther, S. 72 f. 202. Zum Rhythmus s. Tschirch: Grundlagen, S. 11 ff.; die durch die Silbenzählung entstehenden Tonbeugungen (Nú kom, dér heydén heylánd) werden aber durch die Melodie überdeckt; es ist die Frage, ob Luther hier nicht doch von der freieren Möglichkeit des deutschen Versbaus Gebrauch gemacht hat (vgl. Tschirch S. 13). Sein sicheres Gefühl für den Versbau wird deutlich beim Vergleich mit den entsprechenden Versuchen bei Leisentrit Nr. 5 (siebensilbig) und 6 (achtsilbig). – Zur Ausgangsmelodie für Luthers Bearbeitung s. u. Anm. 184.

174 S. Neumann: Bach, S. 23 f.

175 Dass dies für sich allein noch keine Garantie für ein poetisches Gelingen ist, zeigt der etwa gleichzeitige Versuch von Zoozmann (s. S. 158, Nr. 14), der sowohl sachlich als auch poetisch unbefriedigend ist.

176 Kritisieren könnte man die Wiedergabe von *thalamus* (V. 17) mit „ruhestatt“, die weder der Bräutigams-Metapher des Psalms – so Leisentrit[3]: „Brautbed“; ebenso die Interlinearversion des 12. Jh. (S. 151, Nr. 1) – noch der imperialen Metapher des Hymnus gerecht wird. Auch „des doppelwesens riesenkraft“ als Wiedergabe von *geminae gigas substantiae* (19) ist nicht befriedigend. Der Versuch, die durch Bedeutungsänderung im deutschen Wortfeld schwierige substantivische Wiedergabe des Wortspiels in Str. 6 (*e-/regressus, ex-/recursus*) durch eine verbale zu ersetzen, verändert die theologische Vorstellung und wirkt z. T. gezwungen: „Von seinem Vater geht er aus, / in seinen Vater geht er ein“ (statt Rückkehr Verschmelzung!) „bis in die hölle dringt er ein, / zum throne Gottes dringt er heim.“ Der Artikel bei Ephraim (3) bezeichnet die Einzelperson, nicht den Stamm. – Die Wiedergabe von *excita potentiam tuam* (3 f.) durch „richte auf / Dein reich der herrlichkeit“ entspricht der poetischen Sprache und Vorstellungswelt des George-Kreises.

schickt der Name Ephraim durch „deinem Volk“ ersetzt und so die schwebende Interpretation zwischen altem und neuem Gottesvolk (s. o. S. 117) ermöglicht wird. Die einerseits durch ihren Realismus *(alvus tumescit virginis)*, andererseits durch ihre Metaphorik *(claustrum pudoris, vexilla virtutum)* für heutiges Empfinden schwierige vierte Strophe des Hymnus ist zu einem Hinweis auf Marias glaubend-offene Aufnahmebereitschaft für Gottes „Wort“ (im zweifachen Sinne) umgeformt; der Ersatz der imperialen Metapher der Tugendfahnen durch eine vereinfachende Lichtmetapher („Es strahlt ihr Leib in hohem Glanz“) verengt allerdings die Aussage auf das rein Religiöse („Tempel“). Die siebte Strophe ist durch Umdeutung des Imperativs *cingere* zum Indikativ und Übernahme der Sinnrichtung der Verse im Heilig-Geist-Hymnus (s. o. S. 128 f. und 138)[177] gegenüber dem Original gleichsam auf den Kopf gestellt: Die Annahme der menschlichen Natur durch den Gottessohn erscheint als Begründung einer Bitte um Stärkung der menschlichen Schwachheit durch die göttliche Kraft. In Strophe 8 ist das Paradox, dass die Finsternis selbst das neue Licht „ausatmet“ (s. o. S. 129), durch ein besiegtes Zurückweichen der Finsternis vor dem Licht ersetzt; der erste Relativsatz ist indikativisch formuliert (vgl. Anm. 158).

Drei Übertragungen aus neuerer Zeit wurden in die katholischen Gesangbücher bzw. das deutsche Stundenbuch aufgenommen (s. S. 159, Nr. 15; S. 160, Nr. 18 und 19):

Das Lied von Petronia Steiner (1945) ist eine Neudichtung, die die dunkle Kompaktheit des alten Hymnus in schlichte und gefällige Sprache umzusetzen sucht. In der Eröffnungsstrophe (= Str. 2 des Ambrosius) wird die Aufforderung zum Erweis der Göttlichkeit durch die Jungfrauengeburt zu einer zweiten Herbeirufung umgeformt („Sohn der Jungfrau, eil herzu“). Durch Auslassung von Strophen (4, 6 und 7) und Umstellung (5 vor 3) entsteht eine neue Gedankenfolge: Das Hervorgehen des Messias „aus dem königlichen Saal“ und sein Entschluss zur Menschwerdung werden zu einem sich sozusagen auf der göttlichen Ebene abspielenden Geschehen („will er in die Welt eingeh’n“), das sich dann „in der reinsten Jungfrau Schoß“ menschlich realisiert. Die letzte Strophe schließt statt mit dem Wunsch um beständigen Glauben mit dessen Bekenntnis („Gläubig schau’n wir dich, den Herrn“).

Markus Jenny bemüht sich in seiner Übertragung, von der fünf Strophen (1, 2, 4, 7, 8) in das katholische Gesangbuch „Gotteslob“ (1975) übernommen wurden, weitgehend um Texttreue, allerdings mit zwei bezeichnenden Ausnahmen: In seiner dritten Strophe formt er die schwierige vierte des Hymnus (s. o. zu „KHG München) sehr frei um (allerdings sprachlich wie verstechnisch wenig ansprechend);[178] in seiner 6. (= Ambr. 7.) Strophe macht er unter Ver-

177 Vers 3 dieser Strophe zitiert die Übertragung Heinrich Bones (1847; s. „Gotteslob“ Nr. 245).

178 Isolierung des ersten und letzten Verses, dafür Koppelung der beiden Mittelverse; dies widerspricht nicht nur dem ambrosianischen Strophenbau (s. o. S. 111 f.), sondern verschiebt auch die Sinnbezüge.

zicht auf die Prädikation der Wesensgleichheit mit dem Vater aus der Aufforderung *(cingere)* eine Aussage; die anschließende Partizipialgruppe drückt so nicht mehr die Methode des Erlösungskampfes, sondern vorwegnehmend sein Ergebnis aus (was Ambrosius in der Metapher *carnis trophaeo* angedeutet hatte). Der Aussagecharakter wird auch in der folgenden Strophe (statt Anrede und Wunsch) fortgeführt. Interessant – und als Verständnishinweis sinnvoll – ist die Erweiterung des Zitats aus Ps 18 (19) um den von Ambrosius ausgeblendeten Sonnenvergleich (s. o. S. 123). Statt des Präsens *(procedit)* und der Nominalsätze des Ambrosius gebraucht Jenny das distanzierend erzählende Präteritum. Seine zweite Strophe steht im Präsens und bildet sozusagen die erläuternde Fortsetzung des Ausrufs „Also will Gott werden Mensch", während bei Ambrosius die Perfekte *factum est, floruit* (Jesaja-Zitat) mehr eine theologische Lehraussage formulieren. In der Auswahlfassung des „Gotteslob" fehlen vor allem die Strophen, die den Weg des Gottmenschen und den Anfang der Erlösung in seiner Geburt bezeichnen. So ergibt sich zwar ein konsequentes Adventslied (mit einem Ausblick auf Weihnachten), doch fehlt die christologische Kernaussage des Hymnus.[179]

Bei der Neuordnung des römischen Breviers nach dem II. Vatikanischen Konzil wurde der Hymnus des Ambrosius in die „Liturgia Horarum" (LH)[180] als Adventshymnus aufgenommen (für die Tage vom 17. bis 24. Dezember, zur Lesehore, die der alten Matutin entspricht), jedoch ohne die Strophen 1 und 6. Kann man die Auslassung der ersten Strophe noch mit der bis in frühe Zeit zurückgehenden Tradition, mit den (wenn auch unberechtigten) Zweifeln an ihrer Echtheit und mit den Schwierigkeiten des Vortrags (Elisionen, Auflösungen) begründen, so ist die Auslassung der sechsten Strophe in Anbetracht ihrer inhaltlichen Bedeutsamkeit und ihrer kunstvollen Gestaltung unverständlich; das auch für die Kürzung anderer Hymnen gebrauchte Argument „per brevità",[181] sollte eigentlich gegenüber einem literarisch und theologisch wertvollen Text nicht angewendet werden – jedenfalls kann der achtstrophige Hymnus einer Hauptgebetszeit kaum als überlang bezeichnet werden.

Das „Stundenbuch" bietet eine im Ganzen gute und ansprechende deutsche Übertragung des Hymnus; sie berücksichtigt die in der LH ausgelassene 6. Strophe, lässt aber dafür die 3., 4. und 7. aus, so dass das zu Beginn kurz angedeutete Thema der Jungfrauengeburt (zutreffend durch eine prädikative Konstruktion wiedergegeben: „zeig dich *als* der Jungfrau Sohn"), in dieser Version des Hymnus nicht entfaltet wird. – Auf die Einleitungsstrophe folgt sofort die 5. Strophe des Hymnus; sie steht, ebenso die folgende, in der 2. Per-

---

179 s. auch Jenny: Werkbuch, S. 115.

180 Liturgia Horarum iuxta ritum Romanum. 1. Tempus adventus. Tempus nativitatis. Editio typica. Roma 1971. (Officium Divinum ex decreto sacrosancti oecumenici concilii Vaticani II instauratum auctoritate Pauli PP. VI promulgatum), S. 255; vgl. Lentini: Te decet, S. 77. Der Text der aufgenommenen Strophen entspricht dem von Fontaine, Ambroise, S. 273–275, ausgenommen *Deum* (V. 4 = Ambr. 8), *procedat* (V. 13 = Ambr. 17); zur Doxologiestrophe s. Anm. 26 c.

181 Lentini: Te decet, S. 77. – Zu den durch solche Eingriffe entstehenden Störungen s. Franz: Tageslauf, S. 121.275.446 f.

son Singular, so dass der Mittelteil seinen Charakter als Glaubensaussage verliert und der gesamte Hymnus zu einem Gebet an den erwarteten Messias wird. Andererseits wird aber gerade die an ihn gerichtete (*congere!*) 7. Strophe des Originals weggelassen (aus Kürzungsdrang oder wegen befürchteter dogmatischer Überfrachtung?). Die Wunschkonjunktive der Schlussstrophe werden durch eine indikativische Glaubensaussage ersetzt (wie bei P. Steiner, Enderlin und Jenny; s. o. und Anm. 158 und 159).

VIII. Die Melodie

Auf musikalische Fragen der Singweise des Hymnus kann hier nicht näher eingegangen werden. Für den deutschen Sprach- und Traditionsbereich (und wohl auch darüber hinaus) stehen zwei Modelle nebeneinander: Die Melodien der Mailänder Tradition,[182] zu der auch die Überlieferung der Zisterzienser[183] gehört, einerseits und die von Luther durch Umformung einer Choralmelodie[184] geschaffene (und durch die Kompositionen Bachs und anderer geadelte) Melodie[185] andererseits. Sie unterscheiden sich zugleich durch den Gegensatz der Acht- bzw. Siebensilbigkeit der Verse des Textes. Auch wenn man vielleicht die Luthermelodie durch Einfügung eines Auftaktes für achtsilbige Verse

182 Handschriftliche Quellen: Brit. Mus., Cod. add. 34209 (12. Jh.), fol. 29^{v} (Paléographie musicale 5, pl. 58; 6, S. 67; vgl. MonMon 1,504); Hymnar von Nevers (12. Jh.; MonMon 1,81.540); Zisterzienserhymnar Heiligenkreuz (12./13. Jh.; MonMon 1,30.515); Mailand, Bibl. Trivulziana 347 (14. Jh.; Garbagnati: Inni, S. 38–40, Mel. XIII; MonMon 1,8.507, Mel. 14); sie ist verwandt mit der Melodie des Hymnus *Iam surgit hora tertia,* MonMon 1,4.505 (Mel. 6); Melodienvergleich und Versuch einer Rekonstruktion der ursprünglichen Melodie bei Dreves: Ambrosius, S. 115 ff., 130 (Mel. III), 133. – Der Hymnus wurde auch auf andere Melodien gesungen (Wille: Musica, S. 290): Osterhymnus *Hic est dies verus Dei*, später *Veni, Creator spiritus*, MonMon 1,9. 507 (Mel. 17); Dreves: Ambrosius, S. 123 f. 136 (Mel. IX). – Weitere Melodien: MonMon 1,80. 540 (Mel. 138: „unoriginell und hölzern"; Hymnar von Nevers, neben der Originalmelodie); 177. 561 (Mel. 406; Hymnar von Worcester; die Originalmelodie wurde dort für einen anderen Hymnus verwendet; s. MonMon 1,188); 328. 592 (Mel. 597; Stift Dürnstein); 365. 601 (Mel. 703; Verona; auf eine Variante der Originalmelodie wurde ein anderer Hymnus gesungen: MonMon 1,384); zur Einsiedler bzw. Klosterneuburger Melodie s. Anm. 184.

183 MonMon 1,30.515 (Heiligenkreuz; s. Anm. 182); Waddell: Hymnal 1,2, S. 64 ff.; 2, S. 70 f.; s. auch Dreves: Ambrosius, S. 109 f.

184 Einsiedeln, Stiftsbibliothek (12. Jh.), MonMon 1,273 f. 586; Klosterneuburger Hymnar, Hymnus zur Komplet (im Advent), MonMon 1,217. 567 f. (Mel. 503: „Eine ungemein beliebte deutsche Melodie ..."). Eine Variante der Mailänder Melodie wird für einen anderen Hymnus verwendet (Epiphanie, Nokturn; MonMon 1,221). – Das Lied aus der KHG München (s. S. 160, Nr. 17) adaptiert die Einsiedler/ Klosterneuburger Melodie.

185 Stier: Liederkunde, S. 118 f.; Jenny: Luthers Lieder, S. 202–204; Kunz: Werkbuch, S 116; Werthemann: Studien, S. 35 ff. (besonders zu Bachs Choralbearbeitung im Orgelbüchlein Nr. 1 = BWV 599); Marti: Veni redemptor gentium, S. 5 f.

(z. B. der deutschen Version im „Stundenbuch“) praktikabel machen könnte, so erhebt sich doch die Frage, ob man dies in Anbetracht ihres ‚kanonischen‘ Charakters tun darf oder soll.

IX. „Heute noch die Hymnen von gestern singen?“

Kann ein Hymnus von solch intensiver Symbolik und mit solchem theologischen Gehalt heute noch gesungen werden?[186] Dass sein zentrales Thema, das Wesen des Messias Jesus, dessen Geburt an Weihnachten gefeiert wird, für die Christen – und nicht nur für sie – stets aktuell ist, unabhängig von Ort, Zeit und Kultur, steht wohl außer Frage. Aber muss und kann dies in den Vorstellungen und Ausdrucksweisen der christlich-römischen Kultur und Sprache des ausgehenden 4. Jahrhunderts ausgesagt und besungen werden zu einer Zeit und in einer Umgebung, die sich in erheblichem Maße von dieser Kultur entfernt und distanziert, in der auch unter Christen das Glaubenswissen und das Verständnis dieser Fragen zurückgeht und Jesus oft nur noch als Mensch gesehen wird? Im Grunde ist aber genau dies die für die Existenz des Christentums entscheidende Frage, vor der auch Ambrosius und seine Gemeinde standen.

Notwendige Voraussetzung dafür, dass der Hymnus wieder in seiner Gänze und in seiner Tiefe rezipiert werden kann, ist ein adäquate sprachliche Form. Der Überblick über die deutschen Übertragungen der verschiedenen Epochen hat gezeigt, wie schwierig ein solcher Versuch ist (und das nicht nur im Deutschen und heute, sondern analog in allen Sprachen und zu allen Zeiten); dies gilt besonders für die zentralen Strophen 4 und 5 mit ihrer kompakten Symbolik.[187] Wie bei jeder Übertragung sind hier Verluste und Umdeutungen unvermeidlich; sie müssen aber so gering wie möglich gehalten und, wenn möglich, gleichwertig (nicht durch Banalisierungen) ersetzt werden. Die nicht zu historisch-wissenschaftlichen Zwecken, sondern zum Gebrauch bestimmte Übertragung eines poetischen Textes muss außerdem klanglich und rhythmisch befriedigen und den Gesetzen der Zielsprache den Vorrang vor denen der Ausgangssprache einräumen; „das durch die Übertragung entstandene deutsche Kirchenlied muss gleichfalls ein Kunstwerk sein.“[188]

Eine sehr wichtige Rolle spielt zweifellos auch die musikalische Gestalt eines Hymnus, der ja von seinem Wesen her nicht zum privaten Lesen, sondern zum öffentlichen Singen bestimmt ist. Dabei darf das musikalische Element sich nicht in den Vordergrund drängen, sondern muss die Textaussage unterstüt-

---

186 Vgl. dazu die (im doppelten Wortsinn) treffenden Ausführungen von Häußling: Fallbeispiel (besonders S. 316 und 332 ff.); Wennemuth, S. 303–312.

187 Cothenet: Arrière-plan, S. 160: „La concinnitas, typiquement romaine, de cette Hymne empêche sans doute plus d'un lecteur et surtout beaucoup d'auditeurs à en percevoir toutes les harmoniques.“

188 Wennemuth: Hymnus, S. 304 (s. auch S. 53 f. zur Problematik des Übersetzens); Häußling: Fallbeispiel, S. 318; Henkys: Gott loben, S. 182. 186 f.

zen und zwar qualitätvoll, doch ohne große Schwierigkeiten singbar sein;[189] Ambrosius hat hier zu seiner Zeit sicher das Richtige getroffen.

Wichtig ist der liturgische Kontext, in den der Hymnus eingebettet ist, den er einerseits mitprägt, durch den er andererseits weitergeführt und gedeutet wird. So macht es einen Unterschied, ob er als Ouvertüre eine Hore des Stundengebets einer bestimmten Festzeit eröffnet (z. B., wie in der alten Mailänder Liturgie, die Vesper des Heiligen Abends; im heutigen liturgischen Kontext könnte es die Einstimmung in die Christmette oder Christvesper sein) oder ob er beziehungslos neben anderen Liedern, Gesängen und Gebeten verwendet wird.

Ambrosius hat die gegenseitige Bedingtheit und Förderung von Lehrinhalt, Verständnis, Verkündigung und Bekenntnis im Lied erkannt: „Was wir nämlich gut im Sinn haben, pflegen wir zu singen, und was gesungen wird, haftet besser in unseren Sinnen."[190] Wenn es gelingt, dem Hymnus mit den heutigen Ausdrucksmitteln eine sprachlich und musikalisch ansprechende Form und einen ihm zukommenden liturgischen Ort zu geben, wird er nicht zu einem religiösen oder literarischen Museumsstück werden, sondern könnte in der von veräußerlichter Sentimentalität und Verkitschung bedrohten weihnachtlichen Feier einen Akzent im Sinne eines bewussten (vielleicht sogar provozierenden) Glaubensbekenntnisses setzen.

Abkürzungs- und Literaturverzeichnis

AH Analecta Hymnica Medii Aevi [Hrsg. von Clemens Blume und Guido Maria Dreves]:
23: Leipzig 1896 [Repr. New York und London 1961].
27: Leipzig 1897 [Repr. New York und London 1961].
30: Leipzig 1898 [Nachdr. Frankfurt a. M. 1961].
48: Leipzig 1905 [Nachdr. Frankfurt a. M. 1961].
50: Hymnographi Latini. Lateinische Hymnendichter des Mittelalters. 2. Folge. Hrsg. von Guido Maria Dreves. Leipzig 1907 [Nachdr. Frankfurt a. M.1961] [Ambrosius: S. 10–21; hy.5: S. 13 f.].
51: Leipzig 1908 [Nachdr. Frankfurt a. M. 1961].

CCL Corpus Christianorum. Series Latina. Turnhout.

CPPM 1A Clavis Patristica Pseudepigraphorum Medii Aevi. Vol. 1: Homiletica. Pars A. Cura et studio Johannis Machielsen. Turnhout 1990. (CCL).

CSEL Corpus Scriptorum Ecclesiasticorum Latinorum, ed. consilio et impensis Academiae Scientiarum Austriacae. Vindobonae.

CR Friedrich Crusius: Römische Metrik. Eine Einführung. Neubearb. von Hans Rubenbauer. 8. Aufl. München 1967 [Nachdr. Hildesheim 1986].

189 Wennemuth: Hymnus, S. 305 f.

190 In ps. 118,7,25 (CSEL 62, S. 141 f.).

GCS	Die griechischen christlichen Schriftsteller der ersten drei Jahrhunderte. Leipzig, Berlin.
LHSz 1	Lateinische Grammatik. Von Leumann-Hofmann-Szantyr. 1: Lateinische Laut- und Formenlehre. Von Manu Leumann. 5. Aufl. 1926–1928. Neuausgabe. München 1977. (Handbuch der Altertumswissenschaft. 2, 2, 1).
MA 2	Manuale Ambrosianum ex codice saec. XI olim in usum canonicae Vallis Travaliae ed. Marcus Magistretti. Pars 2. Mediolani 1904 [Nachdr. Nendeln/Liechtenstein 1971]. (Monumenta veteris liturgiae ambrosianae. 3) [Pars 1 (Monumenta ... 1.2): 1905].
MonMon 1	Monumenta Monodica Medii Aevi. Bd. 1: Hymnen (1): Die mittelalterlichen Hymnenmelodien des Abendlandes. Hrsg. von Bruno Stäblein. Kassel und Basel 1956.
PG	Patrologiae cursus completus. Series Graeca. Accurante J.-P. Migne. Paris.
PL	Patrologiae cursus completus. Series Latina. 1. Accurante J.-P. Migne. Paris.
RAC	Reallexikon für Antike und Christentum. Sachwörterbuch zur Auseinandersetzung des Christentums mit der Antiken Welt. In Verb. mit ... hg. von Theodor Klauser. Bd. 1. Stuttgart 1950.
TLL	Thesaurus Linguae Latinae.

Hansjakob Becker: Theologie in Hymnen. Die Himmelfahrtssequenz „Omnes gentes plaudite", ein Beispiel für den Zusammenhang von Predigt, Dichtung und Musik im christlichen Gottesdienst. In: Capella antiqua München. Festschrift zum 25-jährigen Bestehen. Hg. von Thomas Drescher. (Münchner Veröffentlichungen zur Musikgeschichte. 43). Tutzing 1988, S. 11–121.

Manfred Bernard: Pindars Denken in Bildern. Vom Wesen der Metapher. Pfullingen 1963.

Luigi Biraghi: Inni sinceri e carmi di sant'Ambrogio, vescovo di Milano, cavati specialmente da monumenti della Chiesa milanese e illustrati. Milano 1862.

Siegfried Bräuer: Gott, heilger Schöpfer aller Stern. In: Liederkunde zum Evangelischen Gesangbuch, Heft 5. Göttingen 2002, S. 5–9, und in: Ökumenischer Liederkommentar zum Katholischen, Reformierten und Christkatholischen Gesangbuch der Schweiz, Lfg. 2. Freiburg Schweiz, Basel, Zürich 2003 (unpag.)

René Braun: „Deus Christianorum." Recherches sur le vocabulaire doctrinal de Tertullien (Publ. de la Fac. des Lettres et Sciences humaines d'Alger. 41). Paris 1962.

Walter Burkert: Griechische Hymnoi. In: Hymnen der Alten Welt im Kulturvergleich. Hg. von Walter Burkert und Fritz Stolz (Orbis biblicus et orientalis 131). Freiburg/Schweiz, Göttingen 1994, S. 9–17.

Hans von Campenhausen: Die Jungfrauengeburt in der Theologie der Alten Kirche (SB Heidelberg. Phil.-hist. Kl. 1962, 3). Heidelberg 1962.

Ulysse Chevalier: Repertorium hymnologicum. Catalogue des chants, hymnes, proses, séquences, tropes en usage dans l'église latine depuis les origines jusqu 'à nos jours. Vol. 1–4. Louvain 1892–1921. 5. Bruxelles 1921 (Extrait des Analecta Bollandiana). 6. Bruxelles 1920 (Subsidia hagiographica. 4).

Luigi Primo Colombo: Gli inni del breviario ambrosiano, volgarizzati ed illustrati dal sac. L. P. Colombo, corredati delle melodie liturgiche dal can. Emilio Garbagnati. Milano 1897. [Vol. 1: Colombo; Vol. 2: Garbagnati].

Edouard Cothenet: L'arrière-plan biblique de l'hymne de St. Ambroise „Intende qui regis Israel". In: L'hymnographie. Conférences Saint-Serge. 46e semaine d'études liturgiques. Paris, 29 juin - 2 juillet 1999, éditées par A. M. Triacca et A. Pistoia (Bibliotheca „Ephemerides Liturgicae". Subsidia. 105). Roma 2000, S. 153–160.

[Hermann Adalbert Daniel:] Thesaurus hymnologicus sive hymnorum canticorum sequentiarum circa annum MD usitatarum collectio amplissima. Carmina collegit, apparatu critico ornavit, veterum interpretum notas selectas suasque adiecit H. A. Daniel. Tom. 1. Halis 1841 [Nachdr. Hildesheim u. New York 1973].

Guido Maria Dreves: Aurelius Ambrosius, „der Vater des Kirchengesanges". Eine hymnologische Studie (Stimmen aus Maria Laach. Ergänzungshefte 58). Freiburg i. B. 1893 [Repr. Amsterdam 1968].

Hubertus R. Drobner: Augustinus von Hippo, Sermones ad populum. Überlieferung und Bestand, Bibliographie, Indices (Vigiliae Christianae. Supplements 49). Leiden, Boston, Köln 2000.

Adolf Ebert: Geschichte der christlich-lateinischen Literatur von ihren Anfängen bis zum Zeitalter Karls des Großen (Allgemeine Geschichte der Literatur des Mittelalters im Abendlande 1). Leipzig 1874.

Albert Friedrich Wilhelm Fischer: Kirchenlieder-Lexikon. Hymnologisch-literarische Nachweisungen über ca. 4500 der wichtigsten und verbreitetsten Kirchenlieder aller Zeiten in alphabetischer Folge nebst einer Übersicht der Liederdichter. Bd. 1 u. 2. Gotha 1878/1879 [Nachdr. Hildesheim 1967].

Albert Friedrich Wilhelm Fischer, Wilhelm Tümpel: Das deutsche evangelische Kirchenlied des 17. Jahrhunderts. Bd. 1–6. Gütersloh 1902 ff.

Jacques Fontaine: Ambroise de Milan, Hymnes. Texte établi, traduit et annoté sous la direction de J. Fontaine (Patrimoines. Christianisme). Paris 1992. [Introduction génerale, S. 11–102: J. Fontaine; 102–123: Marie-Hélène Jullien; Hymne 5, S. 263–301: J. Fontaine].

Jacques Fontaine: Unité et diversité du mélange des genres et des tons chez quelques écrivains latins de la fin du 4e siècle: Ausone, Ambroise, Ammien. In: Christianisme et formes littéraires de l'antiquité tardive en Occident (Entretiens sur l'antiquité classique 23). Vandoeuvres-Genève (1977), S. 425–482.

Hieronymus Frank: Zur Geschichte von Weihnachten und Epiphanie. In: Jahrbuch für Liturgiewissenschaft 12/1934, S. 145–155; 13/1935, S. 1–38.

Hieronymus Frank: Das mailändische Kirchenjahr in den Werken des hl. Ambrosius. In: Pastor bonus 51/1940, S. 40–48.

K. Suso Frank, Rudolf Kilian, Otto Knoch, Gisela Lattke, Karl Rahner: Zum Thema Jungfrauengeburt. Stuttgart 1970. Darin: Gisela Lattke: Lukas 1 und die Jungfrauengeburt. S. 61–89. - K. Suso Frank: „Geboren aus der Jungfrau Maria." Das Zeugnis der Alten Kirche. S. 91–120. - Karl Rahner: Dogmatische Bemerkungen zur Jungfrauengeburt. S. 121–158.

Ansgar Franz: Tageslauf und Heilsgeschichte. Untersuchungen zum literarischen Text und liturgischen Kontext der Tagzeitenhymnen des Ambrosius von Mailand. (Pietas liturgica. Studia 9). St. Ottilien 1994.

Hermann-Josef Frede: Kirchenschriftsteller. Verzeichnis und Sigel. Repertorium scriptorum ecclesiasticorum latinorum saeculo nono antiquiorum siglis adpositis, quae in editione Bibliorum Sacrorum iuxta veterem latinam versionem adhibentur (Vetus Latina 1,1). Freiburg i. B. ⁴1995.

Garbagnati: s. Colombo, Gli inni del breviario ambrosiano [Vol. 2].

Albert Gerhards: Gott, heilger Schöpfer aller Stern. s. „Kirchenlied im Kirchenjahr".

Angelus A. Häußling: Ein alter Hymnus und eine neue Frage. Kosmische Einbindung und gesellschaftliche Wirklichkeit im Weihnachtshymnus „Christe redemptor omnium". In: H. Becker, R. Kaczynski (Hgg.), Liturgie und Dichtung. Ein interdisziplinäres Kompendium. 2: Interdisziplinäre Reflexion (Pietas liturgica. Studia 2). St. Ottilien 1983, S. 405–413.

Angelus A. Häußling: Heute die Hymnen von gestern singen? Das Fallbeispiel des Laudeshymnus Aeterne rerum conditor des Ambrosius. In: Lebendiges Stundengebet. Vertiefung und Hilfe. Festschrift L. Brinkhoff, hg. von Martin Klöckener und Heinrich Rennings in Verb. m. d. Liturgischen Institut Trier (Pastoral-liturgische Reihe, in Verb. m. d. Zeitschrift „Gottesdienst"). Freiburg, Basel, Wien (1989), S. 316–341.

Gerhard Hahn: Evangelium als literarische Anweisung. Zu Luthers Stellung in der Geschichte des deutschen kirchlichen Liedes (Münchener Texte und Untersuchungen zur deutschen Literatur des Mittelalters 73). München 1981.

Niels Hannestad: Das Ende der antiken Idealstatue. Heidnische Skulptur in christlichen Häusern? In: Antike Welt 33/2002, S. 635–649.

Jürgen Henkys: Gott loben mit einem Mund? Zur Nachdichtung fremdsprachlicher Kirchenlieder. In: JLH 37/1998, S. 179–195.

Joseph Huhn: Das Geheimnis der Jungfrau-Mutter Maria nach dem Kirchenvater Ambrosius. Würzburg 1954.

Joseph Huhn: Ein Vergleich der Mariologie des hl. Augustinus mit der des hl. Ambrosius in ihrer Abhängigkeit, Ähnlichkeit, in ihrem Unterschied. In: Augustinus Magister. Congrès international augustinien, Paris 21–24 septembre 1954. Communications (Études augustiniennes, L'Année Theologique Augustinienne. Supplément). Paris [1954], S. 221–239.

Markus Jenny: Luther, Zwingli, Calvin in ihren Liedern. Zürich 1983.

Markus Jenny: Luthers Geistliche Lieder und Kirchengesänge. Vollständige Neuedition in Ergänzung zu Bd. 35 der Weimarer Ausgabe (Archiv zur Weimarer Ausgabe der Werke Martin Luthers. Texte und Untersuchungen Bd. 4). Köln, Wien 1985.

Markus Jenny: s. Werkbuch zum Gotteslob.

John Julian: Dictionary of hymnology. Origin and history of christian hymns and hymnwriters of all ages and nations. 2nd, rev. ed., with new supplement. London 1907 [Repr. Grand Rapids, Mich. 1985].

Marie-Hélène Jullien: Les sources de la tradition ancienne des quatorze *Hymnes* attribuées à saint Ambroise de Milan. In: Revue d'histoire des textes 39/1989, S. 57–189.

Otfried Kastner: Die Krippe. Ihre Verflechtung mit der Antike. Ihre Darstellung in der Kunst der letzten 16 Jahrhunderte. Ihre Entfaltung in Oberösterreich (Denkmäler der Volkskultur in Oberösterreich 3). Linz 1964.

Johann Kayser: Beiträge zur Geschichte und Erklärung der ältesten Kirchenhymnen. [Bd. 1]. Mit besonderer Rücksicht auf das römische Brevier. 2., umgearb. und vermehrte Aufl. Paderborn 1881.

Josef Kehrein: Kirchen- und religiöse Lieder aus dem zwölften bis fünfzehnten Jahrhundert. Theils Übersetzungen lateinischer Kirchenhymnen (mit dem lateinischen Text), theils Originallieder, aus den Handschriften der k.k. Hofbibliothek zu Wien zum ersten Mal hg. Paderborn 1853 [Nachdr. Hildesheim, New York 1969].

Kirchenlied im Kirchenjahr. Fünfzig neue und alte Lieder zu den christlichen Festen. Hg. von Ansgar Franz in Zusammenarbeit mit Dominik Fugger und Martina Haag. (Mainzer Hymnologische Studien 8). Tübingen, Basel 2002. Darin u. a.: Albert Gerhards: Gott, heilger Schöpfer aller Stern. S. 44–54. – Gebhard Kurz: Intende qui regis Israel. S. 3–27.

Sigisbert Kraft: s. Werkbuch zum Gotteslob.

Michael Kuntz: s. Werkbuch zum Gotteslob.

Gebhard Kurz: Intende qui regis Israel. s. „Kirchenlied im Kirchenjahr".

Gisela Lattke: Lukas ... s. K. Suso Frank [u. a.]: Zum Thema Jungfrauengeburt.

Anselmo Lentini: Te decet hymnus. L'innario della „Liturgia Horarum". Città del Vaticano 1984.

Andreas Marti: Veni redemptor gentium / Nun komm, der Heiden Heiland / Komm, du Heiland aller Welt. In: Ökumenischer Liederkommentar zum Katholischen, Reformierten und Christkatholischen Gesangbuch der Schweiz, Lieferung 2. Freiburg Schweiz, Basel, Zürich 2003 (unpag.)

James Mearns: Early Latin hymnaries. An index of hymns in hymnaries before 1000. With an appendix from later sources. Cambridge 1913 [Nachdr. Hildesheim, New York 1970].

Christine Mohrmann: La langue et le style de la poésie latine chrétienne. In: Études sur le latin des chrétiens. T. 1: Le latin des chrétiens. 2e éd. Roma 1961, S. 151–168. [Zuerst in: REL 25, 1947, 280–297].

Franz Joseph Mone: Lateinische Hymnen des Mittelalters. Aus Handschriften hg. und erklärt. 1: Lieder an Gott und die Engel. Freiburg i. Br. 1853 [Neudr. Aalen 1964].

Werner Neumann: Sämtliche von Johann Sebastian Bach vertonte Texte. Leipzig 1974.

Horst Nitschke: Nun komm, der Heiden Heiland. [Zum Text]. In: Handbuch zum Evangelischen Kirchengesangbuch. Bd. 3: Liederkunde. 1. Teil: Lied 1 bis 175. Göttingen 1970, S. 115–118.

Paléographie musicale. Les principaux manuscrits de chant grégorien, ambrosien, mozarabe, gallican. Publ. en fac-similés phototypiques par les Bénédictins de Solesmes. Berne et Francfort 1972. Vol. 5. 6: Antiphonarium Ambrosianum du Musée Britannique (12e siècle), Cod. add. 34209. [5: Phototypies; 6: Transcription].

Angelo Paredi: I prefazi ambrosiani. Contributo alla storia della liturgia latina (Pubbl. della Univ. Cattolica del Sacro Cuore. Ser. 4: Scienze filologiche 25). Milano 1937.

Rainer Patzlaff: Otfrid von Weißenburg und die mittellateinische versus-Tradition. Untersuchungen zur formgeschichtlichen Stellung der Otfridstrophe (Hermaea. Germanistische Forschungen NF 35). Tübingen 1975, S. 11–133.

Jacques Perret: Aux origines de l'hymnodie latine. L'apport de la civilisation romaine. La Maison-Dieu 173/1988, S. 41–60.

Thomas Podella: Das Lichtkleid JHWHs. Untersuchungen zur Gestalthaftigkeit Gottes im Alten Testament und seiner altorientalischen Umwelt (Forschungen zum Alten Testament 15). Tübingen 1996.

Hugo Rahner: Griechische Mythen in christlicher Deutung. Darmstadt 31966.

Karl Rahner: Dogmatische Bemerkungen ... s. K. Suso Frank [u. a.]: Zum Thema Jungfrauengeburt.

Karl Rahner: Virginitas in partu. Ein Beitrag zum Problem der Dogmenentwicklung und Überlieferung. In: Karl Rahner: Schriften zur Theologie. 4: Neuere Schriften. Einsiedeln, Zürich, Köln 1960, S. 173–205. Zugleich in: Kirche und Überlieferung. Festschrift für J. R. Geiselmann, hg. von J. Betz und H. Fries. Freiburg, Basel, Wien 1960, S. 52–80.

Josef Ratzinger: Einführung in das Christentum. Vorlesungen über das Apostolische Glaubensbekenntnis. München 1968.

Theodor Schneider: Was wir glauben. Eine Auslegung des Apostolischen Glaubensbekenntnisses. Düsseldorf 51986.

Manlio Simonetti: Ambrogio, Inni. A cura di M. Simonetti (Bibliotheca patristica). Firenze 1988.

Manlio Simonetti: Studi sull'innologia popolare cristiana dei primi secoli. In: Atti della Academia nazionale dei Lincei. Memorie 349; Classe di Scienze morali, storiche e filologiche. Ser. 8. Vol. 4, 6. Roma 1952, S. 341–484.

Carl P. E. Springer: Ambrose's *Veni redemptor gentium*. The aesthetics of antiphony. In: Jahrbuch für Antike und Christentum 34/1991, S. 76–87.

August Steier: Untersuchungen über die Echtheit der Hymnen des Ambrosius. In: Jahrbücher für Classische Philologie. Supplementband 28. Leipzig 1903, S. 549–662.

Alfred Stier: Nun komm der Heiden Heiland [Zur Melodie]. In: Handbuch zum Evangelischen Kirchengesangbuch. Bd. 3: Liederkunde [s. Nitschke], S. 118 f.

Josef Szövérffy: Die Annalen der lateinischen Hymnendichtung. Ein Handbuch. Bd. 1.2. Berlin 1964/1965.

Josef Szövérffy: Weltliche Dichtungen des lateinischen Mittelalters. 1: Von den Anfängen bis zum Ende der Karolingerzeit. Berlin 1970.

Achille M. Triacca: Hymnes d'Ambroise. Quelques astérisques et mises au point. (Esquisse en vue d'un approfondissement ultérieur). In: L'hymnographie [s. Cothenet], S. 179–199.

Fritz Tschirch: Die geschichtlichen Grundlagen der sprachlich-künstlerischen Gestalt des evangelischen Kirchenliedes. In: Handbuch zum Evangelischen Kirchengesangbuch. Bd. 3: Liederkunde [s. Nitschke], S. 3–33.

Pierre-Patrick Verbraken: Études critiques sur les sermons authentiques de saint Augustin (Instrumenta patristica 12). Steenbrugis, Hagae Comitis 1976.

Karl Eduard Philipp Wackernagel: Das deutsche Kirchenlied von der ältesten Zeit bis zu Anfang des 17. Jahrhunderts. Bd. 1–5. Leipzig 1864–1877 [Nachdr. Hildesheim 1964].

Chrysogonus Waddell: The twelfth-century Cistercian hymnal. 1: Introduction and commentary, 1: The Cistercian hymnal. Its antecedents, its composition, its early evolution; 2: Notes on the texts and melodies of the two recensions. 2: The Milanese-Cistercian recension and the Bernardine recension. Edition of texts and melodies (Cistercian Liturgy Series 1.2). Trappist, Kentucky 1984.

A. S. Walpole: Early Latin Hymns. With introduction and notes. Cambridge 1922, Nachdr. Hildesheim 1966.

Heike Wennemuth: Vom lateinischen Hymnus zum deutschen Kirchenlied. Zur Übersetzungs- und Rezeptionsgeschichte von *Christe qui lux es et dies*. (Mainzer Hymnologische Studien 7 [Ursprüngl. Diss. Theol. Heidelberg 1999]. Tübingen, Basel 2003.

Werkbuch zum Gotteslob. 1: Advent/Weihnachtszeit. Hg. im Auftr. der Kommission für das Einheitsgesangbuch von Josef Seuffert unter Mitw. von Rupert Berger, Günter Duffrer und Eberhard Quack. Freiburg i. Br., Basel, Wien 1975. Darin u. a.: *Komm, du Heiland aller Welt*. [GL] 108. M[arkus] J[enny] (Zur Geschichte), S[igisbert] K[raft] (Zum Text), M[ichael] K[untz] (Zur Melodie). S. 115 f.

Helene Werthemann: Studien zu den Adventsliedern des 16. und 17. Jahrhunderts (Basler Studien zur historischen und systematischen Theologie 4). Zürich 1963.

Claus Westermann: Genesis 1–11 (Erträge der Forschung 7). 5. unveränd. Aufl. Darmstadt 1993.

Günther Wille: Musica Romana. Die Bedeutung der Musik im Leben der Römer. Amsterdam 1967.

ANHANG: Übersetzungen

1) Interlinearversion 12. Jh.

Chume urloser der diete
zaeige geburt der maide
neme wunder alle werlt
solch gezimt geburt got.

Niht uz manlichem samen
sunder bezaichenlichem geiste
daz wort gotes worden ist vleisc
und wůcher des buches hat geblůt.

Wambe grozet der maide
daz sloz schame belibet
die vanen tugende schinent
wonet in dem sal got.

Vurgende von brutbette sinem
schame phallenz chuneclich
zwispelder rise weseheit
sneller daz er loufe wech.

Uzganc siner vonem vater
widerganc siner zu dem vater
vzlouf unze zu der helle
widerlouf zů dem stůle gotes.

Gelich ewigem vater
des vleiskes sigenunfte gurte dich
sieheit unsers lichnamen
tugende vestene ewiger.

Chrippe alzan schinet dinez
und lieht diu naht waet niwez
daz nehein naht underschidet
un geloben ewigen lůhte.

2) H. v. Loufenberg 1418

Kum har, erlöser volkes schar,
erzöig die gburd der megde klar
Dz wundert alle welt gemein,
wan solich gburt zimt got allein.

Nüt von mannlichem samen ist,
denn us des helgen geistes frist
Gotz wort die menscheit an sich nan,
die fruht des libs hat blüyet schon.

Der megde lib gewahsen hat,
in küscher lib beslossen stat;
Die von der tugend schynend har,
got in sim tempel nemment war.

Us gat er von dem gaden sin
und us der megde künglich schrin
Der zweyget ris in sinr substancz,
dz er den weg louf fröhlich gancz.

Sin usgang von dem vatter wz,
sin widergang in vatters schas,
sin vslouf vncz in hellen pfůl,
sin widerlouf zůc gottes stůl.

Glich bistu vatters ewikeit,
nun gürt dich bald in libes cleit,
Die krangheit vnsers libes ser
mit tugend sterk vns yemermer.

Din kriplin nun vns allen schynt,
ein nüwes lieht die naht enzünt
das ouch kein naht erlöschen kann,
dz lieht sönd wir im glouben han.

Got vatter sy nun lob geseit
vnd sinem sun in ewikeit
Mit dem geist der vns trösten will
nun vnd allzit ?n endes zil.
(s. Anm. 26, Typus c Mone).

Nr. 1: Josef Kehrein: Kirchenlieder 30f. – Vokalisches v hier durch u ersetzt. Mittelhochdeutsche Vokabeln: diete ‚Völker'; bezaichenlich ‚geheimnisvoll'; wůcher ‚Frucht'; buch, wambe ‚Bauch, Leib'; phallenz ‚Pfalz'; zwispelder ‚zwiefacher'; sigenunfte ‚Sieghaftigkeit'; sieheit ‚Siechheit, Schwäche', lichnam ‚Leib, Körper'; nehein ‚kein'; geloben ‚Glaube'.
Nr. 2: Wackernagel 2, S. 580 Nr. 755. – V. 8: schon = schön; V. 11: von = Fahnen; har = hehr, hell.

3) Gymnasium Köln 1460

Komm, erlöser aller Leute,
geburt der jungfrauen vns bedeute,
Alle werlt verwundert sich
Daß eine mait geberet dich.

Nicht von einigem mannes somen,
sunder von gote ist es komen,
Das fleisch ist worden gotes wort
in der reinen mait gebort.

Marien reiner lip der wuchs
nach des heiligen engels gruß:
Unversert wart er gemert,
mit kraft, mit heile, mit tugent geert.

Durch ein zuchtig sloßgemach
got vnd mensch ein kind vßbrach,
wie ein helt stark vnd frisch
Zu laufen verren weg ser risch.

Von dem vater ist Crist gegangen
in diese werlt und vil gevangen
hat er vß der hellen genomen
vnd ist zu himel widerkomen.

Dem vater glich in ewigkeit,
gürte dich mit vnser menschlichkeit.
Sint du war mensche worden bist,
so starke vns kranken, Jesu Crist.

Din krippe schinbar ist gemacht
in der heiligen klaren nacht,
In der die Engel frolich sungen
die hirten dich suchten und funden.

Lob si dir, herre Jesu Crist,
der von Marien geboren bist,
dem vater, dem heiligen geiste vnd dir
Si nu vnd immer lob vnd er.
(s. Anm. 26, Typus a).

4) Hymnarius, Siegmundslust 1524

ERlediger der Völker, khum̄,
ertzaig die gpurdt der Iunkfraw frum̄,
Wunder sich alle dise welt,
ain sölch gepurdt dem herren gfelt.

Nit aus mändlichem samen zwar
kumbt er, sunder gar göttlich dar:
Mensch Gottes wort Ist uns wordē
vnd iunckfrailiche frucht grainen.

Der iunckfreiliche leib sich mert,
der schame schlos pleibt vnentert,
Die panier aller tugent schein̄,
im Tempel lust den herrn̄ zsein.

Er khumbt herfür aus ewigkait,
durch Mayestat der gschämigkeit,
Ain reicher Got zwaier substantz,
das er frölich lauff sein weg gantz.

Der ausgang war vom vater sein,
sein widergang zum vatern ein,
Er stig frölich zunn Höllen ab
Vnd widerfarung zu Got gab.

Der du deim vater pist ebm gleich,
mach sighafftig dein leib vnd reich,
Die plödigkayt vnsers leibs schwer
mit ewiger gnad psterkh vnd mer.

Es scheint dein kripplein hel vnd klar,
die nacht gibt neus liecht haiter gar.
Das sich kain nacht nie vnderstelt
sonder mit vestem glauben auf quelt.

Groß glori sei dem Vater nun,
dar zue dem aingeporenen sun,
Mit sambt des Trösters mächtigkait
yetz vnd ewig mit frölichkait.
(s. Anm. 26, Typus c Mone).

Nr. 3: Handschrift Nr. 47 Marzellen-Gymnasium Köln (Wackernagel 2, S. 696, Nr. 891).
Nr. 4: Hymnarius, durch das gantz Jar verteutscht ... Siegmundslust 1524 (Wackernagel 2, S. 1107 f., Nr. 1348).

5) Thomas Müntzer 1521

O Herr, erlöser alles volcks,
kum, zeych vns die geburt deyns sons,
Es wundern sich all creaturen,
das christ also ist mensch worden.

Czu solchem werck kam nye kein man,
der heylge geyst hat solchs getan,
Deyn ewiges wort so vormenschet wardt
der junckfrawen leyb blüet so zart.

Also ist nun deyn heylges fleisch
der welt kunth worden allermeist,
Do christ vom hymel hernydder kam
vnnd unser sunde auff sich nam.

Er schwank sich jnn der junckfrawen
[schosz,
grosz freude wart aus solchem losz,
In vns zu wonen er begeret hat,
beschlossen durch göttlichen rath.

Sein auszgang ist vom vater her,
seyn heymgang ausz dieser welt ferr,
Steyg zu der hellen mit grosser macht,
nach dem der todt wort do geschlacht.

Nun sitzt er seynem vater gleich
mit vnserm fleisch jm hymelreych,
Vns zu leren seynen willen thun,
das wir jm glauben nemen zu.

Got vater sey nun lob vnd preysz,
der alle ding jnn warheyt weysz,
Jesu christ aller werelt heylant,
der vns seynen geyst hat gesant.

6) Martin Luther 1523

Nu kom, der Heyden Heyland
der yungfrawen kynd erkannd
Das sich wunnder alle welt,
Gott solch gepurt yhm bestelt.

Nicht von Mans blut noch von fleisch,
allein von dem heyligen geyst
Jst Gottes wort worden eyn mensch
und bluet eyn frucht weibs fleisch.

Der yungfrau leib schwanger ward,
doch bleib keuscheyt rein beward.
Leucht erfur manch tugend schon.
Got da war yn seinem thron.

Er gieng aus der kamer seyn,
dem könglichen saal so reyn.
Got von art und mensch, eyn hellt
seyn weg er zu lauffen eyllt.

Seyn laufft kam vom vatter her
und keret wider zum vater.
Fur hyn undtern zu der hell
und wider zu Gottes stuel.

Der du bist dem vater gleich,
fur hynnaus den syeg ym fleisch,
das dein ewig gots gewalt
ynn unns das kranck fleisch enthallt.

Dein kryppen glentzt hell und klar,
die nacht gybt eyn neu liecht dar;
tunckel muß nicht komen drein,
der glaub bleib ymer ym scheyn.

Lob sey Gott dem vatter thon,
Lob sey got, seym eyngen son,
Lob sey got dem heyligen geyst
ymer unnd ynn ewigkeyt.
(s. Anm. 26, Typus c Mone).

Nr. 5: Thomas Müntzer, 1521 (?) (Deûtzsch kirche ampt ... Alstedt 1523/24; Wackernagel 3, S. 440, Nr. 498).
Nr. 6: Martin Luther, 1523/24 (Jenny: Luthers Lieder S. 202–204).

7) Babst 1545

Nv kom der heiden Heiland
der Jungfrawen kind erkand.
Das sich wunder alle welt
Gott solch geburt jm bestelt.

Nicht von mans blut noch von fleisch
allein von dem heiligen Geist
Ist Gottes word worden ein mensch
vnd blüet ein frucht weibes fleisch.

Der Jungfraw leib schwanger ward
doch bleib keuscheit rein beward
Leucht erfür manch tugend schon
Gott da ward in seinem thron.

Er gieng aus der kamer sein
dem könglichen saal so rein
Gott von art vnd mensch ein held
sein weg er zu lauffen eilt.

Sein lauff kam vom Vater her
vnd kert wider zum Vater
Fuhr hinunter zu der hell
vnd wider zu Gottes stuel.

Der du bist dem Vater gleich
für hinaus den sieg im fleisch
Das dein ewig Gottes gewalt
in vns das kranck fleisch enthalt.

Dein krippen glentzt hell vnd klar
die nacht gibt ein new liecht dar
Tunckel mus nicht komen drein
der glaub bleibt immer im schein.

Lob sey Gott dem Vater thon
lob sey Gott seym einigen Son
Lob sey Gott dem heiligen Geist
immer vnd in ewigkeit. / Amen.
(s. Anm. 26, Typus c Mone).

8 a) Leisentrit 1567 Nr. 5

Der heiden Heylandt kom her
der Jungfraw geburt vns lehr
das alle welt sich wundern thut
Sölch geburt zimpt allein Gott.

Doch nit von manlichem sam
sonder aus heilgem geist kam
das wort Gotts ist worden fleisch
die frucht des leibs das beweist.

Schwanger ward der Jungfraw leib
Keuscheit doch rein bewart bleibt
manch tugnt leucht herfür gar schon
da war Gott in seinem thron.

Er ging aus der kamer sein
Vom Königlichm saal so rein
von art GOtt vnd mensch ein helt
Sein wegk zu lauffen er eilt.

Vom Vater kam sein lauff her
vnd kert wider zum Vater
hinnunter fuhr zu der hell
vnd wider zu Gottes stuel.

Dem Vater bistu auch gleich
den sieg hinaus führ im fleisch
das dein ewig Gottes gewalt
das kranck fleisch in vns erhalt.

Dein krippen scheint hell vnd klar
ein new liecht die nacht gibt dar
kein tunckel must kommen drein
der glaube bleibt stets im schein.

Gott dem Vater sei lob schon
Lob sey Gott seim einign sohn
Lob sey Gott dem heiligen Geist
von nun an vnd in ewigkeit. / Amen.
(s. Anm. 26, Typus c Mone).

Nr. 7: Geystliche Lieder. Leipzig: Valentin Babst 1545.
Nr. 8 a: Johann Leisentrit: Geistliche Lieder vnd Psalmen. [T. 1] Budissin 1567 [Nr. 5].

8 b) id. Nr. 6

KOm der Heiden trewer Heiland
der Junckfraw geburt mach bekant
das sich verwunder alle welt
Gott sölch geburt ihm hat bestelt.

Nicht von menlichem blutt vnd fleisch
sonder von dem Heiligen Geist
Ist Gottes wort fleisch worn in zucht
vnd geblüt die weibliche frucht.

Ein reine Jungfraw schwanger war
jhr reinigkeit sie nit verlor
voll der gnaden vnd tugent schon
empfiengs in jrm leib Gottes Son.

Aus seinem Königlichen Saal
Kam er in disen Jammerthal
geborn ein warer Mensch vnd Gott
vns zu helffen auß aller noth.

Sein auszgang war vom Vater her
vnd kert widerumb zum Vater
fuhr zu der Hellen vnd von dann
widerumb zu Gottes thron.

Der du GOtt dem Vater gleich bist
vnd jm fleisch zu dem Sig gerüst
sterck vnsers fleisches blödigkeit
mit deiner krafft in ewigkeit.

Dein krippen gibt ein klaren Schein
vnd ein newes liecht scheint herein
behüt vns vor der sünden nacht
das vnser glaub schein durch dein macht.

Gott dem Vater jm höchsten thron
sey lob vnd ehr sampt seinem son
vnd dem tröster dem Heilgen Geist
von nun an biß in ewigkeit.
(s. Anm. 26, Typus c Mone).

9) Prag 1581

Kom der Heiden trewer Heyland
der Jungfrawen Gburt mach bekannt
daß sich verwunder alle Welt
Gott solch geburt jhm hat bestelt.

Nit von Mänlichem blut vnd fleisch
sonder von dem heiligen Geist
ist Gottes Wort fleisch wordn in zucht
vnd hat geblut die Jungfräwlich frucht.

Ein reine Jungfraw schwanger war
jr reinigkeit sie nicht verlor
vol der Tugent vnd Gnaden schon
empfiengs in jrm Leib Gottes Son.

Aus seinem him̄lischen Saal
kam er in disen jammerthal
geborn ein warer Mensch vnd Gott
vns zu helffen auß aller noth.

Sein außgang war von Vatter her
vnd keret wider zum Vatter
fur zu der Hellen vnd von dan̄
widerumb zu des Vatters Thron.

Der du Gott dem Vatter gleich bist
vnd in dem fleisch zu sieg gerüst
sterck vnsers fleisches blödigkeit
mit deiner krafft in ewigkeit.

Dein Krippen gibt ein klaren Schein
vn̄ ein newes liecht scheint herein
behüt vns vor der sünden nacht
gib daß der glaub schein durch dein macht.

Gott dem Vatter im höchsten Thron
sey lob vnd ehr sampt seinen Son
vnd den Tröster dem heilign Geist
von nun an biß in ewigkeit.
(s. Anm. 26, Typus c Mone).

Nr. 8 b: Johann Leisentrit: Geistliche Lieder vnd Psalmen. [T. 1]. Budissin 1567 [Nr. 6]. Nr. 9: Christliche Gebet vnd Gesäng. Prag: Michael Peterle 1581. Mit Leisentrit Nr. 6 fast identisch; Verfasser beider Versionen ist Christof Schweher (Christophorus Hecyrus); s. Wackernagel 5, S. 957 f., Nr. 1193.

8 c) Leisentrit, 3. Ausg. 1584

Kom her, aller heiden Heylandt,
der Jungfrawen geburt mach bekandt
Die Welt des gar ein wunder nimbt
ein solch geburt recht Gott gezimbt.

Nicht von Mans blut, noch von dem
[fleisch,
sonder allein vom heiligen Geist
Das wort Gottes vermenschet ward,
es blüt die frucht des leibes zart.

Der Jungfrawen leib schwanger wart,
doch blib der keuscheit schloß bewart,
Der tugent fenlein leuchten schon
Gott wonet in dem Tempel fron.

Er gieng her aus dem Brautbed sein,
dem Königlichen Saal gar fein,
Von sein art Gott ein Mensch vnd Held
den Weg zu lauffen frölich eilt.

Vom Vater her war sein außgang
vnd zu dem Vater sein heimgang,
Lieff zu der Hellen gewaltiglich,
Kert wiederumb zu Gottes reich.

Seim ewgen Vater war er gleich,
do er mit dem fleisch kleidet sich,
All was an vnserm leib schwach ist
Hat er mit ewger krafft befest.

Dein Krippen scheinet hell vnd klar,
ein newes licht die nacht gibt dar,
Nichts dunckels mus kommen darein,
Der Glaub bleibt alweg im schein.

Der geborn ist von einer Magd,
dir sey lob, ehr vnd preiß gesagt
Sampt dem Vater vnd heilgem Geist
Nu vnd ewiglich allermeist.
(s. Anm. 26, Typus a)

10) Beuttner, Graz 1602

NVn kom̃ der Heyden Heyland
Der Junckfrawen Kind erkant:
Das sich sehr wundert alle welt:
Gott solch geburt jm bestelt.

Nicht von Mañs Blut noch von Fleisch
Allein von dem heiligen Geist
Ist Gottes Wort worden ein Mensch
Und Blut ein frucht Weibes fleisch.

Der Junckfraw Leib schwanger ward
Doch bleibet Keuschheit rein bewahrt
Leucht herfür manch tugent schon
Gott da war inn seinem Thron.

Er gieng aus der Kamer sein
Dem Königlichen Saal so rein
Gott von Art und Mensch ein Heldt
Sein Weg er zum lauffen eilt.

Sein lauff kam vom Vatter her
Vnd kehrt wider zum Vatter
Fuhr hinunter zu der Höll
Vnd wider zu Gottes Stul.

Lob sey Gott dem Vatter schon
Lob sey Gott seim ainigen Sohn
Lob sey Gott dem heiligen Geist
Immer und in ewigkeit.
(s. Anm. 26, Typus c Mone)

Nr. 8 c: Johann Leisentrit: Geistliche Lieder vnd Psalmen [T. 1]. 3. Ausgabe Budissin 1584 (Wackernagel 5, S. 1093, Nr. 1353).
Nr. 10: Nicolaus Beuttner: Catholisch Gesang-Bůch ... Graetz in Steyr 1602. [Faks.-Ausg., hg. u. m. e. wissenschaftl. Nachwort versehen von Walther Lipphardt. Graz 1968]: „Vom Aduent biß auf den heiligen Christtag". – V. 8: Blut (! Druckfehler?)

11) Johann Franck 1646/1667

KOm̄, Heyden Heyland, Lösegeld,
Kom̄, schönste Lilge dieser Welt:
Laß abwerts flammen deinen Schein
Denn so wil Gott geboren seyn.

Nicht von des Mannes Krafft und[1] Lieb,
Ach nein! bloß durch des Geistes Trieb
Empfängt die keusche Jungfrau hier:
Es wohnt ein göttlich Heyl in ihr.

O Wunder, daß kein Mensch versteht,
Daß eine Jungfrau schwanger geht:
Der Leib wird schwer durch Gottes kraft,
Doch unverletzt der Jungfrauschaft.

Kom̄ an; dir steht der Keuschheit Thron
Schon offen, kom̄, ô[2] Gottes Sohn;
Komm an, du zwey-gestamter[3] Held
Geh mutig durch diß Thal der Welt.

Du nahmest Erdwerts deinen Lauff
vnd stiegst auch wieder Himmel-auf:
Dein Abfarth war zum Höllen-Thal,
Die Rückfarth in den SternenSaal.

O höchster Fürst, dem Vater gleich,
Besieg hier dieses Fleisches Reich,
Denn unsers siechen Leibes Hafft
Sehnt sich nach deiner Himmels-Krafft.

Es gläntzet deiner Krippen Strahl,
Ein Licht leucht durch diß finstre Thal;
Es gibt die Nacht so hellen Schein,
Der da wird unverleschlich seyn.

Lob sey dem Vater un̄ dem Sohn
Von gleicher Macht ins Himmels Thron;
Lob sey dem Heilgen Geist bereit
Von nun an biß in Ewigkeit.

12) C. Fortlage 1844

Heiland der Völker, komm und zeig
das Wunder, wie zur Welt du kamst,
Daß alle Zeit es staunend seh':
Geburt wie die, hat Gott geziemt.

Nicht eines Menschenstoffes Keim,
nein, eines heilgen Geistes Hauch
Hat Gottes Wort zu Fleisch gemacht,
zu blüh'nder Jungfraunleibes-Frucht.

Gesegnet wird der reine Leib,
versiegelt mit Jungfräulichkeit,
Der Tugend Fahnen glänzen hell,
in seinem Tempel weilet Gott.

Aus seiner Kammer schreitet er,
aus seiner königlichen Burg,
Ein Riese doppelter Natur,
zu laufen muthig seine Bahn.

Von seinem Vater ausgesandt,
zu seinem Vater rückgewandt,
Entsendet bis zur Unterwelt,
zurückgewandt zu Gottes Sitz.

Dem ew'gen Gott an Wesen gleich,
legst du des Fleisches Gürtel um,
Die Schwächen unsrer Leiblichkeit
mit ew'ger Tugend festigend.

Schon glänzet deine Krippe hell,
ein neues Licht haucht aus die Nacht,
Das keine Nacht je stören soll,
das stets uns leucht' im Glauben vor.

Preis sey, o Herr, und Ehre dir,
der aus der Jungfrau du entstammst,
dir Vater, und dir heilgem Geist
von Ewigkeit zu Ewigkeit.
(s. Anm. 26, Typus a Daniel)

Nr. 11: Fischer-Tümpel: Kirchenlied 4, 105 f. (Nr. 117); nach der lat. Bearbeitung des Johannes Campanus (s. o. S. 135). Varianten 1674: 1) noch; 2) Jesu (statt: kom̄, ô); 3) zwey-gestäm̄ter

Nr. 12: C. Fortlage: Gesänge christlicher Vorzeit. Auswahl ... Aus dem Lateinischen und Griechischen übersetzt. Berlin 1844.

13) Friedrich Wolters 1922

O höre, könig Israels,
Der über Cherubim du thronst,
Erschein dem Ephraim, richte auf
Dein reich der herrlichkeit und komm!

Erretter aller völker, komm!
Zeig die jungfräuliche geburt,
Dass staunen alle welt erfasst
Vor der geburt, die Gott geziemt.

Durch keines mannes samen ist,
Nur durch geheimnisvolles wehn
Hier fleisch geworden Gottes Wort,
Die frucht des leibes aufgeblüht.

Es schwillt der jungfräuliche schooss,
Das tor der scham bleibt unverletzt,
Der tugend fahnen glänzen hell:
In seinem tempel weilt der Gott.

Hervor tritt aus der ruhestatt,
Dem königlichen schloss der scham,
Des doppelwesens riesenkraft,
Um eilend seinen Weg zu gehn.

Von seinem Vater geht er aus,
In seinen Vater geht er ein,
Bis in die hölle dringt er ein,
Zum throne Gottes dringt er heim.

Dem ewigen Vater wesensgleich,
Leg an des fleisches siegerschmuck,
Dass unsers körpers schwache kraft
Gestärkt wird durch die ewige kraft.

Schon schimmert deine krippe auf,
Die Nacht durchhaucht ihr neues licht,
Das keine nacht je trüben soll,
Das hell im glauben leuchten soll.

14) Richard Zoozmann 1928

Komm, Völkerheiland, erdenwärts,
Erscheine, den der Jungfrau Schoß
Gebar als Wunder aller Zeit;
Solch Ursprung ziemet Gott allein.

Aus Mannessamen stammst du nicht,
Nein, tratst geheimnisvoll hervor
Als Gotteswort in Fleischgestalt,
Als Frucht erblüht aus Leibesschoß.

Der Jungfrau Knospenkelch erschwoll,
Doch unentblättert blieb die Scham,
Der Tugend Banner schimmert rein,
In seinen Tempel ein trat Gott.

Verlassend dann sein Brautgemach,
Den Königshof der Scham, sprang er
Als Riese doppelt-wesenhaft
Kampffreudig in des Lebens Ring.

Ausgingest von dem Vater du,
Rückgingest du zum Vater dann,
Abstiegest du zur Höllenwelt,
Aufstiegest du zu Gottes Thron.

Dem ewigen Vater wesensgleich,
Errangst du ob dem Fleisch den Sieg,
Gabst unserm Leib, so kräftekrank,
Durch Tugend Stand- und Haltekraft.

Aus deiner Krippe funkelts schon,
Und neuer Lichtglanz blitzt durch Nacht,
Den keine Finsternis verscheucht
Und draus der Glaube ständig strahlt.

Verherrlichung sei dir, o Herr,
Dem Jungfrauschoß Entsprossenen,
Dem Vater auch und Heiligen Geist
Für ewige Jahrhunderte.
(s. Anm. 26, Typus a Daniel).

Nr. 13: Friedrich Wolters: Hymnen und Sequenzen. Übertragungen aus den lateinischen Dichtern der Kirche vom 4. bis 15. Jahrhundert. 2. Ausgabe. Berlin 1922. (Hymnen und Lieder der christlichen Zeit. Übertragungen von Friedrich Wolters. Bd. 2).
Nr. 14: Richard Zoozmann: Laudate Dominum. Hymnos sacros antiquiores latino sermone et vernaculo. Lobet den Herrn. Altchristliche Kirchenlieder und geistliche Gedichte lat. u. dt. Monachii/München 1928.

15) Petronia Steiner 1945, Mainz 1952

1. Komm, der Völker Heiland Du,
Sohn der Jungfrau, eil herzu,
daß vor solcher Herrlichkeit
staune Erd' und Himmel weit.

3. Durch des Heil'gen Geistes Weh'n
will er in die Welt eingeh'n,
in der reinsten Jungfrau Schoß
wird ein Kind der Schöpfer groß.

2. Aus dem königlichen Saal
tritt er in der Gottheit Strahl,
eilt, mit Armut angetan,
wie ein Riese seine Bahn.

4. Schon erglänzt die Krippe klar,
Nacht uns neues Licht gebar!
Alles Dunkel bleibe fern!
Gläubig schau'n wir Dich, den Herrn.

5. Gott dem Vater auf dem Thron,
Christ dem Herrn, der Jungfrau Sohn,
Gott dem Geist sei Lob geweiht,
jetzt und in der Ewigkeit.
(s. Anm. 26, Typus c Mone/a?).

16) Fritz Enderlin 1952

Nun komm, der Heiden Heiland,
als der Jungfrau Kind erkannt.
Wundern soll sich alle Welt,
daß Gott solch Geburt gefällt.

Aus der Kammer tritt hervor,
aus dem königlichen Tor,
wahrer Gott und Mensch, ein Held:
freudig läuft er hin zur Welt.

Glanz von seiner Krippe bricht;
durch die Nacht strahlt neues Licht.
Keine Nacht ihm wehren kann;
treulich strahlt es uns fortan.

Lob sei Gott im höchsten Thron,
Lob sei seinem lieben Sohn,
Lob sei Gott, dem Heilgen Geist,
allzeit und in Ewigkeit.
(s. Anm. 26, Typus c Mone).

Nr. 15: Petronia Steiner (1945). Nach: Gelobt sei Jesus Christus, Gebet- und Gesangbuch für das Bistum Mainz. Mainz 1952 (Nr. 275).
Nr. 16: Fritz Enderlin (1952). Gesangbuch der evangelisch-reformierten Kirchen der deutschsprachigen Schweiz (Nr. 109), übernommen ins Gesangbuch 1998 (Nr. 358).

17) KHG München 1965

O höre, König Israels,
der über Cherubim du thronst,
erscheine deinem Volk, biet' auf
dein' königliche Macht und komm!

Ja, komm, der Völker Heiland, du,
und staunen soll die ganze Welt,
daß aus der Jungfrau du geborn
auf göttlich unsagbare Art.

Hier ist nach Menschenweise nicht,
sondern durch Heilgen Geistes Wehn
geworden Fleisch das göttlich Wort,
die Frucht des Leibes aufgeblüht.

18) Markus Jenny 1971 (GKL)

Komm, du Heiland aller Welt,
Sohn der Jungfrau, mach dich kund.
Darob staune, was da lebt:
Also will Gott werden Mensch·

Nicht nach eines Menschen Sinn,
sondern durch des Geistes Hauch
kommt das Wort in unser Fleisch
und erblüht aus Mutterschoß

Denn es empfing der Jungfrau Schoß;
im Glauben öffnet sie sich Gott.
Es strahlt ihr Leib in hohem Glanz:
In seinem Tempel weilt der Herr.

Hervor tritt aus dem Brautgemach,
dem lichterfüllten Königssaal,
der Held, der Gott und Mensch zugleich,
zu eilen strahlend seine Bahn.

Von seinem Vater geht er aus,
zu seinem Vater kehrt er heim,
bis in die Hölle dringt er vor,
zu Gottes Thron steigt er hinauf.

Der du, dem ewgen Vater gleich,
bekleid't dich hast mit unserm Fleisch,
stärk unsres Leibs Gebrechlichkeit,
stütz sie durch deine ewge Kraft!

Schon leuchtet deine Krippe auf,
die Finsternis weicht neuem Licht,
das keine Nacht mehr trüben kann,
das hell im Glauben leuchten soll.

Lob bringen wir dir, Christus, dar,
der aus der Jungfrau du geborn,
Lob auch dem Vater und dem Geist
von Ewigkeit zu Ewigkeit. / Amen
(s. Anm. 26, Typus a)

[Es erwählt der Jungfrau Leib;
ob er schon verschlossen war,
nahm der Herr doch Wohnung drin.
Gott in seinem Tempel weilt.]

Wie die Sonne sich erhebt
und den Weg als Held durcheilt,
so erschien er in der Welt,
wesenhaft ganz Gott und Mensch.

[Von dem Vater kam er her,
und zum Vater kehrt' er heim;
er stieg nieder bis zur Höll
und fuhr auf zu Gottes Thron.

In die menschliche Natur
legt sein göttlich Wesen er,
gibt ihr teil an seinem Sieg
und schenkt neu ihr seine Kraft.].

Glanz strahlt von der Krippe auf,
neues Licht entströmt der Nacht.
Nun obsiegt kein Dunkel mehr
und der Glaube trägt das Licht

Gott dem Vater Ehr und Preis
und dem Sohne Jesus Christ;
Lob sei Gott dem Heil'gen Geist
jetzt und ewig. Amen.
(s. Anm. 26, Typus c Mone).

Nr. 17: „... bis ER wiederkommt". Ein Liederbuch. Hg. vom Liturgischen Arbeitskreis der katholischen Hochschulgemeinde München. Als Manuskript gedruckt. München 1965.

Nr. 18: Jenny, Markus (1971). In: Gemeinsame Kirchenlieder. Gesänge der deutschsprachigen Christenheit. Hg. von der Arbeitsgemeinschaft für ökumenisches Liedgut. Berlin, Regensburg 1973, übernommen [außer den Strophen 3, 5, 6] in: Gotteslob. Katholisches Gebet- und Gesangbuch. Hg. von den Bischöfen Deutschlands und Österreichs und der Bistümer Bozen-Brixen und Lüttich. [Stammausgabe]. Stuttgart 1975 (Nr. 108).

19) Stundenbuch 1978

Du Heiland aller Völker, komm
und zeig dich als der Jungfrau Sohn,
daß Staunen fasse alle Welt
ob solchem Wunder der Geburt.

Der Sonne gleich tritt nun hervor
aus dem Gemach der reinen Braut
und eile strahlend deine Bahn
als Held, der Gott und Mensch zugleich.

Von deinem Vater gehst du aus,
gehst siegreich wieder zu ihm ein;
bis in die Hölle dringst du vor
und kehrst zu Gottes Thron zurück.

Schon leuchtet deine Krippe auf
es haucht die Nacht ein neues Licht,
das keine Nacht mehr trüben kann,
das stets im Glauben uns erhellt.

Ruhm, Ehre, Macht und Herrlichkeit
sei Gott dem Vater und dem Sohn,
dem Geiste, der uns Beistand ist,
durch alle Zeit und Ewigkeit. / Amen.
(s. Anm. 25, Typus c Mone).

20) Evang. Gesangbuch 1994

Nun komm, der Heiden Heiland,
der Jungfrauen Kind erkannt,
daß sich wunder' alle Welt,
Gott solch Geburt ihm bestellt.

Er ging aus der Kammer sein,
dem königlichen Saal so rein;
Gott von Art und Mensch, ein Held;
sein'n Weg er zu laufen eilt.

Sein Lauf kam vom Vater her
und kehrt wieder zum Vater,
fuhr hinunter zu der Höll'
und wieder zu Gottes Stuhl.

Dein Krippen glänzt hell und klar,
die Nacht gibt ein neu Licht dar.
Dunkel muss nicht kommen drein,
der Glaub bleib'*) immer im Schein.

Lob sei Gott dem Vater g'tan;
Lob sei Gott, sei'm ein'gen Sohn
Lob sei Gott dem Heil'gen Geist
immer und in Ewigkeit.
(s. Anm. 25, Typus c Mone).

Nr. 19: Stundenbuch für die katholischen Bistümer des deutschen Sprachgebiets. Authentische Ausgabe für den liturgischen Gebrauch. Bd. 1: Advent und Weihnachtszeit. Einsiedeln, Köln 1978.
Nr. 20: Evangelisches Gesangbuch. Ausgabe für die Evangelische Kirche in Hessen und Nassau. 1. Aufl. Frankfurt a. M. 1994. [vgl. die Originalfassung von Martin Luther, oben Nr. 6] *) frühere Fassungen: bleibt

„... zu GOttes Ehren und Christlichen Gemeinden zum Dienst ..."

Eine kleine reußische Gesangbuchgeschichte

Für Ernst Koch

Stefan Michel

Der vorliegende Beitrag möchte einen Einblick in die reußische Gesangbuchgeschichte zwischen 1690 und 1922 geben. Es wird dabei deutlich werden, dass es in diesem Zeitraum eine Vielzahl von gedruckten Gesangbüchern in den ehemaligen reußischen Gebieten Ostthüringens – um Gera, Schleiz, Ebersdorf, Lobenstein und Greiz – gibt, die Aufschluss über Gebrauch und Bedeutung dieses zentralen christlichen Buchs vermitteln. Exemplarisch für andere Territorien Deutschlands lassen sich hier Entwicklungslinien nachzeichnen, die sowohl mentale wie theologische Wandlungen verdeutlichen.

In seiner 1726 erschienenen Evangelischen Singe-Schule betont Christian Marbach die große Bedeutung des Gesangbuchs für das christliche Leben. So sei das Gesangbuch nicht nur ein „Singe=Buch", sondern auch ein „Catechismus= und Lehr=Buch", ein „kleines Bibel=Buch", ein „herrlich Trost=Buch" und ein „vollständiges Predigt=Buch".[1] An anderer Stelle weist er darauf hin, dass neben der Bibel ein Gesangbuch, ein Katechismus und ein Gebetbuch in den evangelischen Haushalt gehören.[2] Gerade die letzten drei Bücher findet man oft zusammengebunden. So erarbeiteten die Superintendenten von Schleiz oder Greiz im 18. Jahrhundert nicht nur die Gesangbücher, sondern auch Gebetsammlungen, die das gleiche Format hatten und im gleichen Verlag wie das entsprechende Gesangbuch erschienen. Man konnte sich diese zusätzlichen Bücher dann vom Buchbinder an das eigene Gesangbuch anbinden lassen. Dies war möglich, weil das Gesangbuch ungebunden verkauft wurde.

Das Gesangbuch war im 18. Jahrhundert ein Hausbuch, das für die persönliche Andacht wie auch die Andacht in der Familie von größter Bedeutung war.

---

1 Christian Marbach, Evangelische Singe=Schule, Darinnen Diejenigen Dinge deutlich gelehret und wiederholet werden, Welche überhaupt Allen Evangelischen Christen zur Erbauung und Beförderung der Gottwohlgefälligen Singe=Andacht zu wissen nöthig und nützlich sind, Breßlau und Leipzig 1726 (Nachdruck Hildesheim/ Zürich/ New York 1991), S. 55 f.

2 Marbach, S. 48.

So war es für die Hausandacht wichtig, die der Hausvater oder auch die Hausmutter mit den Kindern und dem Gesinde hielt. Solche Andachten verliefen in ritualisierter Form, bei denen eine Predigt aus einer Postille vorgelesen oder auch der Katechismus abgefragt wurde. Gesang gehörte immer dazu. Wenn sich auch die Lieder und der Aufbau des Gesangbuchs im 19. Jahrhundert änderten, so behielt es doch zumindest für den persönlichen Gebrauch seine Bedeutung als „Seelsorgebuch“, in dem sich für alle Lebenslagen Lieder fanden, die auch gebetet werden konnten.[3]

Viele Gesangbücher des 18. Jahrhunderts enthalten ein Titelkupfer mit einer Stadtansicht. In Reuß war dies auch so. So gibt es von Schleiz mindestens drei Ansichten als Titelkupfer. Die letzte befindet sich im Gesangbuch von 1761 und wurde von Johann Gottlieb Riedel (1722–1791) gestochen, der für Heinrich XII. bis 1763 vor allem als Baumeister tätig war. Der Wert dieser Darstellungen ist sehr hoch, weil wir uns daraus ein Bild von den reußischen Städten des 18. Jahrhunderts machen können, die vielfach durch Brände zerstört wurden – so Gera 1780 und Schleiz 1837. So sehen wir auf diesen Kupfern Kirchen, die es heute nicht mehr gibt, oder Schlossbauten, die später verändert wurden.

Es ist kaum möglich zu ermitteln, was ein Gesangbuch seinem Besitzer bedeutet hat. Der materielle Wert eines Gesangbuchs war jedenfalls meist gering. Da gerade im 19. Jahrhundert Gesangbücher beliebte Konfirmationsgeschenke der Paten an ihre Patenkinder waren, blieben die Bücher, in die oft der Name und das Jahr der Konfirmation eingeprägt waren, ein Leben lang benutzte und gehütete Bücher. Bei dieser Benutzung in der Kirche, Schule oder zu Hause wurden sie förmlich zerlesen. Die Individualität von Gesangbüchern kann man an den besonderen Bindungen sehen, die je nach Vermögen und Interessen des Besitzers ausfielen.[4] Persönliche Eintragungen konnten das Buch zur Familienchronik werden lassen.

In den Gottesdienst wurden sie als „Kirchengesangbücher“ seit dem 18. - Jahrhundert mitgenommen. Aus Zoppoten (Reuß älterer Linie) wissen wir, dass die Frauen in folgender Haltung beteten: „den Oberkörper nach vorn“ gebeugt „und das Gesicht in das Taschentuch, das zusammengelegt auf dem Gesangbuch gehalten“ wurde.[5]

---

3 Irmgard Scheitler: Geistliches Lied und persönliche Erbauung im 17. Jahrhundert. In: Dieter Breuer (Hg.): Frömmigkeit in der Frühen Neuzeit. Studien zur religiösen Literatur des 17. Jahrhunderts in Deutschland (Chloe. Beihefte zu Daphnis 2), Amsterdam 1984, S. 129–155; Patrice Veit: Das Gesangbuch als Quelle lutherischer Frömmigkeit. In: ARG 79 (1988), S. 206–229, und Ders.: Das Gesangbuch in der Praxis Pietatis der Lutheraner. In: H.-Chr. Rublack (Hg.): Die lutherische Konfessionalisierung in Deutschland (SVRG 197), Gütersloh 1992, 435–459.

4 Vgl. Roland Bialek: Das Gesangbuch und sein Einband. In: JLH 39/2000, S. 191–211.

5 Heinrich Jahn: Die kirchlichen Sitten und Gebräuche im Fürstentum Reuß älterer Linie. In: Thüringer Kirchliches Jahrbuch 18 (1913), Altenburg 1912, S. 3–77, Zit. S. 18.

I. Der Kirchengesang bis zur Einführung des Geraer Gesangbuchs 1690

Einen Einblick in den Reußischen Gottesdienst nach der Reformation im 16. - Jahrhundert erhalten wir aus der Kirchenordnung Heinrichs IV. von 1552.[6] In den Frühgottesdiensten an Sonntagen soll „nach der gewöhnlichen intonation eine antiphonam und ein psalmen deutsch" gesungen werden.

> Darauf das responsorium de tempore lateinisch. (...) Auf solche lection sol gesungen werden te deum laudamus, das canticum Zachariae deutsch mit einer antiphon, einen chor umb den andern, darauf die collecten von derselben dominica (...) und zum beschluss das benedicamus, alles deutsch.

Für die Hauptgottesdienste mit Abendmahl sind folgende Gesänge verordnet:

> Der chor sol den introitum, kyrie eleison und et in terra de tempore alles lateinisch, so ferne es allenthalben rein, singen, darauf das gloriae in excelsis deo deutsch nach den noten de tempore. Do man aber lateinische messen helt, mag mans auch latein singen. Die collecten von der dominica mit ihrer melodia nach unserer kirchen. Die epistel deutsch gegen dem volk gelesen, darauf ein deutsch psalm-lied mit der ganzen kirchen. Alsdann das evangelion gegen das volk gelesen, darauf den gleuben, den singen etzliche in vier gesetzen, darinnen mag eine igliche kirche ihre ordnung behalten.

Weiter erfahren wir, dass nach der Predigt entweder *Verleih uns Frieden gnädiglich; Erhalt uns, Herr, bei deinem Wort* oder *O Herr Gott, gib uns dein Frieden* gesungen wird. Bei der Austeilung des Abendmahls ist Gesang möglich, so *Jesaja, dem Propheten, das geschah, Christe, du Lamm Gottes, Jesus Christus, unserer Heiland* oder *Gott sei gelobet und gebenedeiet*[7] Überblicken wir die Anordnungen der Kirchenordnung Heinrichs IV. in Bezug auf die gesungenen Lieder, so stellen wir fest, dass es mehrheitlich Lutherlieder sind, die den Gemeinden empfohlen wurden. Dies ist von Bedeutung, weil die genannte Kirchenordnung bis ins 19. Jahrhundert in Reuß Gültigkeit hatte. Von Gesangbüchern lesen wir 1552 noch nichts, dagegen aber von einem Chor.

Die Vorstellung, dass mit der Reformation eine flächendeckende Verbreitung von Gesangbüchern oder wenigstens Liedsammlungen stattgefunden hätte, ist ein Wunschbild. Tatsächlich war es so, dass „nur der Pastor, der Kantor (Küster) und die Chorknaben oder die sonstigen Mitglieder des Chores ein Gesangbuch" besaßen.[8] Der Kantor - zugleich Schulmeister - hatte die Aufgabe, die Lieder den Schülern, die meist den Chor bildeten, beizubringen. Da-

---

6 Vgl. Emil Sehling (Hg.): Die evangelischen Kirchenordnungen des 16. Jahrhunderts. Erste Abteilung: Sachsen und Thüringen, nebst angrenzenden Gebieten, 2. Hälfte, Leipzig 1904, S. 153–158.

7 Sehling, S. 153 f.

8 Paul Graff: Geschichte der Auflösung der alten gottesdienstlichen Formen in der evangelischen Kirche Deutschlands. 1. Band: Bis zum Eintritt der Aufklärung und des Rationalismus, Göttingen [2]1937, S. 255. Vgl. Ernst Koch: Das konfessionelle Zeitalter - Katholizismus, Luthertum, Calvinimus 1563–1675 (Kirchengeschichte in Einzeldarstellungen II/8), Leipzig 2000, S. 256, und Christhard Mahrenholz: Art. Gesangbuch. In: MGG 4. Bd., Kassel 1955, Sp. 1876–1889.

mit vermittelte er ihnen grundlegende Kenntnisse für ihr weiteres Leben, da sie die Lieder aus dem Kopf singen konnten. Der Besitz eines eigenen Gesangbuches war auch im 17. Jahrhundert noch die Ausnahme. Die Lieder mussten auswendig gesungen werden. Der Kantor oder der Pfarrer stimmten die Lieder im Gottesdienst an. Wenn es einen Schülerchor im Ort gab, so sang dieser die Lieder der Gemeinde vor. Man kann sich das an Johann Walters Chorgesangbuch „Geystliche Gesanck Buchlyn“ von 1524 verdeutlichen, das 43 Lieder enthielt und in Stimmheften gedruckt war.[9] Auch in Reuß sind solche Chöre belegt, z. B. für Gera oder Schleiz. In Gera gab es unter Heinrich Posthumus (1572–1635) Christmetten, bei denen Schüler als Engel verkleidet „in dem in der Kirche aufgebauten Himmel“ auftraten, „welche die Prophezeyhung von der Menschwerdung Christi nebst einem Weihnachtsliede“ sangen. Obwohl der „Himmel“ nach einiger Zeit wieder abgeschafft wurde, behielt man den Auftritt der Engel bei. Ein „guter Discant“ sang vom Pult aus

die Prophezeyhung (...) und (...) das Lied: Vom Himmel hoch, da komm ich her (...), dabey die dabey befindlichen andern Engel mit ein stimmen, auch manche Verse die ganze Gemeinde mit singet. Der Entzweck war, die Andacht zu erwecken, und bey der Einfalt und Jugend eine geistliche Freude zum Lobe Gottes und der Geburth Christi zu verursachen.[10]

In Schleiz erhielt der „Schülersingechor“ 1657 seine ersten Statuten. Es ist aber zu vermuten, dass es bereits vorher einen kleinen Chor gegeben hat. Der Schleizer Chor war zunächst aus „4 Bassisten, 6 Tenoristen, 6 Altisten und 10 Discantisten“ zusammengesetzt.[11]

Über Aufgaben und Leben der Schülersingchöre, aber auch über die sonstige Musik im Gottesdienst erfahren wir indirekt etwas aus folgenden Visitationsfragen:

Articul, Von der Music in der Kirchen / worüber der Cantor (...) zu vernehmen.
1. Ob die Music in der Kirchen wohl bestellet sei / und die Knaben darinne fleißig unterrichtet und exerciret werden?
2. Ob alle Praeceptores singen und dem Chor mit verstärcken können / auch was sonsten vor Adjuvanten zum Chor kommen?
3. Ob und wie viel Stadt=Pfeiffer gehalten werden / und ob diese fleißig die Sonn= und Fest=Tage in der Kirche aufwarten?
4. Ob Sie auch eine Currente haben / davon arme Schüler erhalten werden können, wie viel an der Zahl / und was ihre Verrichtung?
5. Was Sie vor Beneficia dabey zu geniessen haben?
(...)

---

9 Vgl. Christian Möller: Das 16. Jahrhundert. In: Christian Möller (Hg.): Kirchenlied und Gesangbuch. Quellen zu ihrer Geschichte (Mainzer Hymnologische Studien 1), Tübingen/Basel 2000, S. 75 f.

10 Wilhelm Vollert: Heinrich Posthumus als lutherischer Christ und seine Bedeutung für die Thüringische Kirchengeschichte, Gera 1908, S. 44 f. Vollert zitiert hier ausführlich die Geraische Stadt- und Landchronika von Felbrig von 1796.

11 Wilhelm Venus: Der Schleizer Schülersingechor. Gegründet 1657, aufgelöst 1923. Ein Kulturbild, Schleiz 1925, S. 8.

8. Ob solche Knaben ihre Beneficia wohl anwenden / auch sich dabey fleißig und fromm erweisen?[12]

Aufgrund der zunächst überschaubaren Menge an Liedern in den Gesangbüchern war es den Gottesdienstteilnehmern auch ohne Besitz eines Gesangbuchs möglich, sie auswendig zu singen, zumal sie sie in der Schule gelernt hatten. „Die Passivität der Gemeindeglieder beim Singen der Liturgie und der Lieder gab Anlass zur nie endenden Klage der Visitatoren, weil der Gesang offenbar gern den Chören und Kantoren überlassen wurde.“[13] Eine wachsende Zahl von Liedern machte es aber spätestens im ausgehenden 17. Jahrhundert notwendig, Gesangbücher zur Benutzung im Gottesdienst einzuführen. Das Singen aus dem Kopf konnte dazu führen, dass Texte vergessen oder verändert wurden. Dies führte zu verschiedenen Textvarianten und forderte eine Vereinheitlichung geradezu heraus.[14]

Auch in den reußischen Territorien ging diese Entwicklung vor sich. Das älteste reußische Gesangbuch erschien 1690 in Jena und war für Gera bestimmt. Es folgten etwas später die Gesangbücher für Greiz (1707), Schleiz (1713) und Lobenstein (1717). 1922 erschien die letzte Auflage des Gesangbuchs für beide reußischen Fürstentümer, das 1911 erstmals erschienen war. Keines der Gesangbücher aus dem 18. und 19. Jahrhundert enthält gedruckte Melodien. Dies ist durchaus üblich, weil der Notendruck sehr teuer war. In den meisten Gesangbüchern befinden sich aber Angaben, auf welche Melodie das jeweilige Lied zu singen ist. Erst das Gesangbuch von 1911 wurde in einer Notenausgabe ausgeliefert. Im folgenden sollen die reußischen Gesangbücher geordnet nach den Herrschaften, in denen sie galten, vorgestellt werden.

II. Reuß jüngerer Linie

1. Die Herrschaft Gera

Das erste reußische Gesangbuch wurde 1690 vom Geraer Magister Johann Caspar Zopf herausgegeben und Heinrich I. zu Schleiz (1639–1692) gewidmet[15], der ihm diese Aufgabe übertragen hatte:

Reußisches vollständiges Gesang= und Handbuch/ Darinnen der Kern schöner Geistreicher Gesänge aus denen besten und berühmtesten Gesang=Büchern verfasset und zu-

---

12 Staatsarchiv (= StA) Greiz, Mandate, Gesetze, Verordnungen, Nr. 32, S. 93–97, Zit. S. 96, ohne Jahr.

13 Ernst Koch, S. 245 f.

14 Vgl. Graff I, S. 255–257. Franz Dibelius: Zur Geschichte der lutherischen Gesangbücher Sachsens seit der Reformation. In: Beiträge zur Sächsischen Kirchengeschichte 1 (1882), S. 169–255.

15 Vgl. Berthold Schmidt: Die Reußen. Genealogie des Gesamthauses Reuss, Schleiz 1903, Tafel 11,35 und 12,2.

sammen getragen ist/ zu Beförderung des öffentlichen Gottesdienstes in der Kirche/ so wohl auch eines jedweden Privat=Andacht zu Hauße/ und auff der Reise/ bey allerhand Fällen nützlich zu gebrauchen/ mit einen dreyfachen Register/ sambt beygefügten Gebeth= und Hand=Büchlein/ auff hohe Verordnung verfertiget und herausgegeben. Jena/ Verlegts Tobias Oehrling/ 1690.[16]

Das Gesangbuch hatte insgesamt mit dem auf Seite 679 beginnenden Anhang 737 Seiten. Laut Vorrede lehnt es sich eng an Johann Crügers Praxis Pietatis Melica an. Die 590 Lieder waren in 37 Rubriken eingeteilt. Das erste Register enthielt die Rubriken, das zweite die Lieder in alphabetischer Reihenfolge und das dritte die Lieder nach den Sonn- und Festtagen geordnet:

I. Tägliche Morgen=Gesänge 1
II. Mittags=Gesänge 29
III. Abend=Gesänge 31
IV. Buß=Gesänge 56
V. Nach der Absolution 109
VI. Von der Rechtfertigung 118
VII. Advents=Gesänge 131
VIII. Weyhnachts=Gesänge 139
IX. Neu Jahrs=Gesänge 164
X. An Fest der Offenbahrung 201
XI. Von Christi Flucht/ und Wiederkunfft aus Egypten 211
XII. Paßions Gesänge 213
XIII. An fest Mariae Verkündigung 248
XIV. Oster Gesänge 249
XV. An Fest der Himmelfahrt 268
XVI. Pfingst=Gesänge 279
XVII. An Fest d. H. Dreyfaltigkeit 295
XVIII. An Fest der Rein. Maria 303
XIX. An Fest Joh. des Teuffers 306
XX. An Fest der Heims. Maria 309
XXI. An Fest Michaelis 313
XXII. Lob und Danck=Gesänge 321
XXIII. Catechismus=Gesänge 366
XXIV. Von Heil. Abendmahl 377
XXV. Dank=Lieder nach dem Heiligen Abendmahl 389
XXVI. Tisch=Gesänge 404
XXVII. Tauff=Gesänge 415
XXVIII. Von Wort Gottes/ und der Christlichen Kirchen 417
XXIX. Von Christlichen Leben und Wandel 429
XXX. Von CreutzAnfechtung/ und Trost dagegen 478
XXXI. Zeit- und Wetter=Lieder 531
XXXII. Umb Friede 558
XXXIII. Reise=Lieder 566
XXXIV. In Pest und Sterbens Läufften 572
XXXV. Sterbe=Gesänge 589
XXXVI. Von Aufferstehung der Todten und dem J. Gericht 644
XXXVII. Himmel= und Höhen=Lieder 653

Den ersten Teil dieses Gesangbuchs bildete die Liedersammlung mit einen Anhang. Angebunden wurde ein „Anderer Theil Des Reußischen Hand=Buchs“ mit 198 Seiten, „Darinnen enthalten“:

I. Morgen= und Abend=Gebete/ zu Hauß und auff der Reise
II. Kirchen=Gebete
III. Zeit= und Fest=Gebete
IV. Beicht und Communion=Gebete

---

16 Vgl. Heinrich Berthold Auerbach: Die Kirche in Reuß j. L. im 19. Jahrhundert. Kurze Rückschau auf ihr Leben nach Akten und Erinnerungen, Schleiz 1934, S. 30, und V. Berends: Die Reußischen Kirchenliederdichter, Gera 1872, S. 16–22. Das Gesangbuch ist vorhanden in der Bibliothek des Staatsarchivs Greiz (C IX 3).

V. Donner= und Wetter=Gebete
VI. Anweisung zu einer Beicht= und Communion=Beth=Stunde
VII. Vor Krancke und Sterbende.

Wie der Titel, so betont auch das Vorwort, dass das Gesangbuch zur Förderung des öffentlichen Gottesdienstes und zugleich der privaten Andacht zu Hause gedacht sei. Der angefügte Gebetsteil trägt dem Rechnung.

Über die Verwendung im Gottesdienst oder die Bedeutung des Zopfschen Gesangbuchs ist leider nichts bekannt. Einzig können wir vermuten, dass es zumindest auf das Schleizer Gesangbuch von 1713 einige Wirkung ausübte, da beide sehr ähnlich aufgebaut sind. Da Heinrich I. als Auftraggeber des reußischen Gesang- und Handbuchs Regent in Schleiz war, ist es wahrscheinlich, dass das Zopfsche Gesangbuch auch dort benutzt wurde. 1690 regierte er vormundschaftlich in Gera, da Heinrich XVIII. (1677–1735) noch nicht volljährig war. Es könnte also sein, dass er es tatsächlich als ein Gesangbuch für die ganze jüngere Linie gedacht hatte. Aus einer Nachricht über die Visitation in der Herrschaft Lobenstein aus dem Jahr 1706 wissen wir, dass auch dort das Geraer Gesangbuch verbreitet war. Im Gegensatz zum Gesangbuch von 1690 tragen spätere Gesangbücher aus Gera eine explizite Ortsangabe im Titel, z. B.:

Neu-vermehrtes Gerauisches Gesangbuch (…), J. G. Pertschen Gera, 1718.

Am 16. September 1721 erreichte das Konsistorium in Gera die Anfrage der Gerarer Buchhändler Michael Eberhardt und Christian Vogel, ob sie das Gesangbuch in einer Auflage von 2000 Stück nachdrucken dürften. Die Situation sei so, dass „fast kein Marcktag, geschweige Jahrmarckt vergehet, da nicht nur Einheimische, sondern auch frembde Leute nach dem hiesigen Gesangbuche Nachfrage halten." Sicher wäre eine Neuauflage für sie ein lukratives Geschäft gewesen. Der Landesherr, Heinrich XVIII. reagierte ablehnend, da er es sich vorbehalte, das Privileg zum Druck des Gesangbuchs zu vergeben.[17] 1725 erschien das gewünschte Gesangbuch im Verlag von Gottfried Winter in einer völlig überarbeiteten Gestalt:

Geistreiches neuvermehrtes Gerauisches Gesang=Buch, darinnen der Kern des seeligen Lutheri u. anderer gottseeligen Lehrer und frommer Christen Geist= und Trostreiche Gesänge enthalten, nach Ordnung der gewöhnlichen Jahrs=Zeit, hoher Fest=Tage und H. Catechismi, abgefasset, welches auf hohe gnädigste Verordnung, zur Ehre Gottes und Andachts=Aufmunterung des Nechsten, nebst einem nützlichen und kernhafften Gebet=Buch zusammengetragen und zum Druck befördert hat Jo. Avenarius, der Kirchen Hoch=Gräffl. Reuß. Pl. Herrschaften jüngerer Linien verordneter Consistorial-Superint. des Illustr. Gymnas. Inspector und Theol. Profess. Publicus. Gera, gedruckt und zu finden bey Gottfried Wintern. 1725.[18]

---

17 StA Greiz, Konsistorium Gera, Fach 105, Nr. 14: Acta die anderweitige Auflage u. Druckung des Gerauischen Gesangbuches, auf ansuchen Michael Eberhardt und Christ. Vogel betr. 1721.

18 Zitiert nach Berends, S. 23 f.; vgl. Auerbach, S. 30.

Johann Avenarius (1670–1739) war der Verfasser bzw. Bearbeiter des Geraer Gesangbuchs von 1725. Es enthielt 886 Lieder in 43 Rubriken und erlebte drei Auflagen (3. Auflage 1734). Er brachte als Sohn des Kantors von Schmalkalden und späteren Pfarrers von Steinbach-Hallenberg, Matthäus Avenarius, der auch selbst Lieder dichtete, die besten Voraussetzungen mit, um ein Gesangbuch zu bearbeiten. Gründlich setzte er sich mit der Geschichte und Theologie einzelner Lieder auseinander. So erschienen 1714 von ihm in Leipzig und Frankfurt a.M. „Erbauliche Lieder-Predigten oder gründliche Erklärung vier geistreicher evangelischer Sterbe- und Trostlieder“. Ab 1723 war er Superintendent in Gera.[19]

Ein neuer Abschnitt der Geschichte des Geraer Gesangbuches beginnt 1747:

Neuvermehrtes Geraisches Kirchen=Gesang=Buch, worinnen 1184 geistreiche alte und neue Lieder zu finden sind. Auf Hochgräfl. gnädigste Verordnung herausgegeben, nebst einer Vorrede des geistl. Ministerii zu Gera. Mit gnädigsten Privilegiis. Gera, druckts u. verlegts Joh. Georg Schrader, Hochgräfl. Reußpl. Hofbuchdrucker. 1747.[20]

Bis 1822 sollte dieses Gesangbuch mit 47 Rubriken in mehreren Auflagen mit zum Teil leicht verändertem Titel in Gebrauch bleiben. Es war von Superintendent Johann Christoph Pfeiffer (1705–1768) überarbeitet worden. Bei der Erstellung des Gesangbuchs halfen ihm die Mitglieder des Geistlichen Ministeriums in Gera: Archidiaconus Wendler, Hofprediger Gottlieb Friedrich Gschwend (1707–1771), Diaconus Laurentius Baumgärtel (1684–1753) und Diaconus Christian Friedrich Lentz (1692–1755), Prediger Paul Christian Liebhold (1692–1759), Hofdiaconus Friedrich Paul Jahn (1703–1758) sowie Prediger Johann Tobias Oberländer (1701–1769).[21] Pietistisches Liedgut nahm Pfeiffer verstärkt auf. Doch setzte er sich von Liedern der Brüdergemeine des Grafen Zinzendorf ab. 1746/47 war er als Mitglied des Konsistoriums an einer Untersuchung des im Dezember 1746 stattgefundenen Zusammenschlusses der Ebersdorfer Gemeine mit der Herrnhuter beteiligt. Pfeiffer reiste nach Ebersdorf und suchte das Gespräch mit Heinrich XXIX. und Zinzendorf. Seine guten Kenntnisse der Herrnhuter Lieder stammten aus der Beschäftigung mit dem 12. Anhang des Herrnhuter Gesangbuchs. In seiner Gesangbuchvorrede lesen wir:

Es möchte zwar rechtschaffenen Christen über der Vermehrung der Lieder und dem häufigen Dichten sogenannter geistlicher Gesänge, bei der zumal überhand nehmenden Sectirerei, fast bange werden. Man weiß es aber auch wirklich manchem Liederdichter und Sammler schlechten Dank, dass er der Kirche Christi mit Gedichten beschwerlich fällt, in welchen weder Kraft noch Saft anzutreffen ist. Ja, wenn sich sogar Leute, die sich eines schmutzigen Dichterrohrs, das nichts als unreine Töne von sich giebt, bedie-

---

19 Georg Brückner: Art. Avenarius, Johann. In: ADB 1 (1875), S. 699.

20 Auerbach, S. 31; Berends, S. 40 f.

21 Die biographischen Angaben verdanke ich Frau Anneliese Zapf im Landeskirchenarchiv der Evangelisch-Lutherischen Kirche in Thüringen. Das Pfarrerbuch Reuß, an dem sie arbeitet, erscheint voraussichtlich 2003.

nen, unter die anmuthigen Sänger des geistlichen Israel mischen wollen, so ist das Elend nicht genug zu beseufzen, und man sondert sich billig von ihnen ab, da man dem Herrn nur mit geistlichen lieblichen Liedern, die wohl lauten, singen soll. Mit der Poesie dieser Leute würde man endlich noch Mitleid haben und ihnen den Vorzug überlassen, dass sie es in derselben, was den Uebelklang und Aberwitz betrifft, zu unsern Zeiten auf das Höchste getrieben. Wenn man aber über die seltsame, ungesalzene, dunckle, niederträchtige und zweideutige Ausdrücke, solche anstößig, irrige und faule Redensarten in ihren Liedern lieset, durch welche die heiligsten Wahrheiten offenbar geschändet und verlästert - und die unschuldigsten Herzen geärgert werden, so möchte einem, der sich um den Schaden Josephs nur wenig bekümmert, die Haut schaudern. Mit dergleichen befleckten und ärgerlichen Liedern hat man unser Gesangbuch nicht vermehret und verunehret. Man verabscheut dieselben und warnt vielmehr den Leser vor solchen sauberen Gesangbüchern, Anhängen und Zugaben, wo vorgedachte Lieder befindlich sind, mit allem Ernst und mit aller Treue.[22]

Die zweite Auflage erschien 1753. Schon im Titel machten die Herausgeber deutlich, dass nun mehr Lieder enthalten waren:

Neuvermehrtes Geraisches Kirchen=GesangBuch, Worinnen 1200. geistreiche alte und neue Lieder zu finden sind. Auf Hochgräfl. gnädigste Verordnung herausgegeben. Nebst einer Vorrede des geistl. Ministerii zu Gera. Mit gnädigsten PRIVILEGIIS. Zweyte Auflage. GERA, druckts und verlegts Joh. George Schrader, Hochgräfl. Reußpl. Hofbuchdrucker. 1753.[23]

Im Vorwort der zweiten Auflage erhalten wir Einblick in die Bearbeitung des Gesangbuchs, dessen erneute Auflage Heinrich XXX. (1727–1802) angeordnet hatte. Als Vorlage wird das Hannoversche Gesangbuch von 1743 angegeben:

Zwey Glieder des Ministerii allhier haben daher unter der Aufsicht des zeitigen Superintendenten das Gesangbuch von der ersten Ausgabe, sorgfältig durchgangen, die zweymal vorkommende Gesänge, an den Ort, wo es am füglichsten geschehen konte, einmal ausgestrichen, und den leeren Raum mit solchen geistreichen und brauchbaren Gesängen, die vorher entweder gäntzlich vermisset wurden, oder nur in dem Anhange stunden, wiederum gefüllet.

Mit dem Geraer Gesangbuch von 1822 findet eine Wende in der reußischen Gesangbuchentwicklung statt. Zum einen ist es die Wende hin zu einem gemäßigt rationalistischen Gesangbuch, zum anderen hat das neue Buch eine große Ausstrahlungskraft besonders auf das Lobenstein-Ebersdorfische Gesangbuch von 1828:

Geraisches Gesangbuch nebst Gebeten. Auf landesherrlichen Befehl herausgegeben, Gera 1822.

22 Zitiert nach Berends, S. 40–42.
23 Weitere Auflagen von 1765, 1773 und 1783.

Zunächst kam der Anstoß zu einem neuen Gesangbuch aus Ebersdorf von dem dortigen Hofprediger Johann Heinrich Gottfried Neithart (1753–1818), der in einem Brief aus dem Jahr 1817 berichtet, dass er „stundenlang nach einem passenden Lied“ für den Gottesdienst suchen müsse.[24] Unter 818 Liedern im Gesangbuch befänden sich nur 218 „gute“. Aus seiner Sicht könne nur die Erarbeitung eines neuen Gesangbuches Abhilfe schaffen. Er fragt nun weiter: „Was gehört zu einem gutem und zweckmäßigen Gesangbuch?“[25] In einem großen Gutachten äußert er sich zu dieser Frage unter zwei Gesichtspunkten: „1. Wie muss es in Hinsicht auf seinen inneren Gehalt beschaffen seyn?“ und „2. Was gehört zum äußerlichen desselben?“ Die erste Frage beantwortete er damit, dass das neue Gesangbuch mit dem göttlichen Wort und dem christlichen Lebensbegriff übereinstimmen müsse. Es solle reichhaltig und vollständig sein, dabei verständlich und leicht zu fassen. Typisch für die Zeit ist das Argument, dass es dem Zeitgeist angemessen sein solle. Nichts dürfe die Andacht stören. Den Inhalt der zweiten Frage verkürzt Neithart auf den Umfang: „Wie stark soll es sein?“ Dabei kommt er zu dem Schluss, dass 800 bis 900 Lieder die nötige Reichhaltigkeit böten.

Einen weiteren Grund für die Notwendigkeit eines neuen Gesangbuches benennt das Vorwort der Ausgabe von 1822:

> Als das Jubelfest der Kirchenverbesserung [Reformationsjubiläum 1817] vor einigen Jahren die öffentliche Theilnahme erregte, war das zeitherige Geraische Gesangbuch schon so selten geworden, dass die Nothwenigkeit, dem eingetretnen Bedürfniß abzuhelfen, fast allgemein gefühlt und mehrfach angesprochen wurde.[26]

Wenig später wird eine Gesangbuchkommission eingesetzt, der neben Neithart Christian August Behr aus Gera und Johann David Friedrich Schottin aus Köstritz angehören. Der Superintendent Johann Zacharias Hermann Hahn (1771–1826)[27] war schon zu kränklich, um an den Arbeiten teilzunehmen. Auf ihn gehen wesentliche Teile der beigegebenen Gebetsammlung zurück. Das Gesangbuch enthält auch achtzehn Lieder, die Hahn dichtete. Darunter befinden sich drei Konfirmationslieder (Nr. 812–814), die für die unter ihm ab 1805 in Gera eingeführte Konfirmation nötig waren.

Während den Vorarbeiten starb Neithart, so dass die Konzeption auf den Schultern Behrs und besonders Schottins lastete. Schottin war einer der interessantesten reußischen Theologen des 19. Jahrhundert. 1789 in Heygendorf geboren, wo sein Vater Lehrer war, kam er nach seinem Studium und einem kurzen Aufenthalt in Apolda 1812 nach Köstritz. Durch verschiedene Publika-

24 StA Greiz, Konsistorium Gera, Fach 1, Nr. 371: Acta die Einführung eines neuen Gesangbuches in der Herrschaft Gera betr. de. ao. 1817, Vol. I, Bl. 4; ferner: Konsistorium Gera, Fach 1, Nr. 372; Konsistorium Gera, Fach 1, Nr. 37.

25 StA Greiz, Konsistorium Gera, Fach 1, Nr. 371, Bl. 6.

26 Geraer Gesangbuch 1822, III.

27 Vgl. Auerbach, S. 20 f. und 31.

tionen hatte er eine große Breitenwirkung. Jedoch schlug er mehrere Rufe auf andere Stellen aus. Unter seinen Schriften befinden sich auch zahlreiche religiöse Dichtungen und Lieder, von denen neun eigene und sieben Bearbeitungen in das Geraer Gesangbuch Eingang gefunden haben.[28] Als Bearbeiter ist Schottin insgesamt eher zurückhaltend, aber an entscheidenden Stellen verrät er seinen theologischen Standpunkt. So verändert er die letzte Strophe des Liedes *Lobet den Herren, denn er ist sehr freundlich*:

Anonym, Nürnberg um 1560 (EKG 199,6):

O Jesu Christe, Sohn des Allerhöchsten,
gib du die Gnade allen frommen Christen,
dass sie dein' Namen ewig preisen.
Amen.
Lobet den Herren!

Johann Schottin (920,8):

O Herr und Mittler, Sohn des Allerhöchsten,
gieb deinen Christen Gnade, Gott zu preisen,
und seinen Namen zu erheben. Amen.
Lobet den Herren.

Zunächst richteten sich Behr und Schottin bei der Ausarbeitung des Gesangbuchs nach dem Dresdner. Dies können wir noch an der Einteilung ablesen: „Erste Abtheilung. Glaube des Christen" – „Zweyte Abtheilung. Verhalten des Christen". „Glaubenslehre" und „Sittenlehre" heißen die beiden Teile im Dresdner Gesangbuch. Sie standen aber auch vor der Schwierigkeit, dass in den Gemeinden Köstritz und Gleina das Freylinghausensche Gesangbuch noch in Gebrauch war, das nun durch das neue ersetzt werden sollte.[29] Beide Orte gehörten zum Besitz Heinrichs XXIV. (1681–1748), der ein Freund August Hermann Franckes war.[30] Er muss den Freylinghausen in seinem Paragium eingeführt haben. „In den Veränderungen" der Texte folgten Schottin und Behr „den vorgefundenen Gesangbüchern", besonders dem von Johann Samuel Diterich aus Berlin, das erstmals 1765 erschien.[31]

Das Geraer Gesangbuch wurde 1850 in leicht überarbeiteter Form nochmals aufgelegt. An der Überarbeitung beteiligten sich neben Schottin Archidiakonus Carl Ernst Wittig (1802–1879) und Superintendent Jonathan Heinrich Traugott Behr (1786–1856), der Sohn Christian August Behrs. Die Auflage war mit 12'000 Exemplaren sehr stark, weil sie für 40 Jahre gerechnet war. Man plante also, 150 Stück pro Jahr abzusetzen.[32]

---

28 Vgl. ADB 32, S. 417 f. (von Franz Brümmer); Berends, S. 57–59. Zwei Schriften Schottins möchte ich nennen: Das Reich Gottes. Tägliche Andachten für ein christliches Gemüth nach den Bedürfnissen des Jahres. Ein Andachtsbuch für die Gebildeten aller Stände, Schleiz/Greiz 1844, und Natur und Menschenleben im Lichte des Glaubens. Predigten, Leipzig 1833.

29 Berends, S. 57 (Anm.) und Geraer Gesangbuch 1822, IV.

30 Vgl. Stefan Michel, Art. Heinrich XXIV. In: Thüringer Biographisches Lexikon. Lebenswege in Thüringen. Zweite Sammlung, Weimar 2002, S. 72–74. Das Lexikon wird ThBL abgekürzt.

31 Vgl. Geraer Gesangbuch 1822, V; vgl. zu Diterich: Koch, Kirchenlied, Bd. 6, S. 228–231.

32 Vgl. StA Greiz, Ministerium Gera 8110: Akten betr. die Veranstaltung einer neuen Auflage des Geraischen Gesangbuchs 1850, Bl. 3 f.; StA Greiz, Konsistorium Gera, Fach 105, Nr. 14: Con-

Auch nach der Einführung des „Gesangbuchs für das Fürstenthum Reuß j. L.“ von 1865 blieb das Geraer Gesangbuch im reußischen Unterland, d.h. im Gebiet um Gera in Geltung. Das Gesangbuch von 1865 konnte sich nur im Oberland, d.h. im Gebiet um Schleiz, Ebersdorf und Lobenstein durchsetzen. Das Geraer Gesangbuch wurde sogar 1874 und 1897 nochmals aufgelegt.[33]

2. *Die Herrschaften Lobenstein und Ebersdorf*

Von der Kirchen- und Schulvisitation vom 3. Juni bis zum 3. Juli 1706 in der Herrschaft Lobenstein wissen wir:

> Da man diesesmal ebensowie 1657 eine zum Erstaunen große Verschiedenheit fremder Gesangbücher in der Herrschaft beim Gottesdienste bemerkte, wie denn das saalfeldische, rudolstädtische, jenaische, geraische, arnstädtische, erfurtische, dresdenische, bayreuthische, gothaische, eisenachische, nürnbergische, schleusingensche, leipziger, und wie der Pastor in Harra Martinus Knörnschild schreibt: was von Gesangbüchern auf den Markt kommt, in den Kirchen und Schulen gebraucht wurden, und daher theils wenige Lieder, theils mit vieler Unbequemlichkeit gebraucht werden konnten, so kam jetzt in Vorschlag, ein eigenes reußisches Gesangbuch in der gesammten Herrschaft Lobenstein zu veranstalten und einzuführen.[34]

Erst zehn Jahre später wurde das Bedürfnis nach einem einheitlichen Gesangbuch für die Herrschaft Lobenstein gestillt:

> Geistliches Gesang-Buch, Vorstellend Einen guten Vorrath von alten und neuen Erbaulichen Liedern, Zu Beförderung christlicher Andacht (...) besonders in denen Kirchen u. Schulen der Gräfl. Reuß-Plauischen Herrschafft Lobenstein und Ebersdorff (...), Lobenstein, Simon, 1717.

Die zweite Auflage erschien 1723 in Schleiz in der Druckerei Sonntag, die dritte 1736 bei Heinrich Christoph Simon in Lobenstein. Diese dritte Auflage war 1136 Seiten stark. Die Lieder waren in alphabetischer Reihenfolge ohne Nummerierung angeordnet. Die alphabetische Einteilung sollte das Finden erleichtern. Vier Register dienten als Hilfe bei der Benutzung. Das erste Register

---

sistorialacten, die dritte Auflage des Geraischen Gesangbuchs betreffend 1850; vgl. auch Koch, Kirchenlied, Bd.7, S.74. Weitere Auflagen wurden 1873, 1886 und 1898 (10000 Stück) veranstaltet, vgl. dazu: StA Greiz, Ministerium Gera 8114, S.101f. Vgl. Paul Glaue: Das Kirchliche Leben der evangelischen Kirchen in Thüringen, Tübingen 1910, S.204.

33 Geraisches Gesangbuch nebst Gebeten. Neu gedruckt auf Beschluß der Kirchengemeinde vom 13. November 1872, Gera, Griesbach, 1874; Geraer Gesangbuch. Zweite unveränderte Auflage [der kleinen Ausgabe], Gera. C.B. Griesbachs Verlag. 1897. 1897 erschien auch die fünfte Auflage der großen Ausgabe. Es gab auch Verhandlungen über die Einführung eines eigenen Choralbuchs durch Musikdirektor Siebeck. Soweit ich sehe ist dieses Choralbuch nie erscheinen, da in Erfurt ein brauchbareres von Wilhelm Volckmar aus Homberg erschien. Vgl. StA Greiz, Ministerium Gera 8112: Akten betr. die Einführung eines Choralgesangbuchs in den Schulen und Kirchen des Fürstenthums Gera, 1851–1855.

34 Lobensteinisches Intelligenzblatt 1788, S.222. Zitiert nach Berends, S.23f.

enthielt die Lieder in alphabetischer Reihenfolge, das zweite die Lieder nach „Materien" geordnet – z. B. Morgen, Abend, Buße, Jesuslieder, Glaubenslieder, Kommunionlieder. Das dritte Register bot die Lieder, „so sich zu denen Sonn= und Fest=Tags=Evangelien und Episteln schicken". Im vierten Register waren die Lieder nach den 50 Melodien geordnet, auf die sie singbar waren. 1736 war auch ein Anhang nötig geworden, um neue Lieder aufzunehmen, damit aber weiterhin die beiden älteren Auflagen benutzt werden konnten, entschloss man sich, diesen separat zu drucken. Dieser Anhang zählte über dreihundert Seiten und hatte ein eigenes Register:

Nachlese zum Lobenstein= und Ebersdorffischen Gesang=Buch, von 200. theils neuen und noch nie gedruckten Auserlesenen Liedern. Lobenstein, zu finden bey Heinrich Christoph Simon, Buchbinder 1736.[35]

Obwohl Lobenstein und Ebersdorf nur wenige Kilometer von einander entfernt liegen, gab es seit der Landesteilung von 1678 zwei selbständige Herrschaften. Erst 1824 konnte dieses reußische Gebiet durch das Aussterben der Lobensteiner Linie wieder vereinigt werden. So ist es zu erklären, dass in diesem kleinen Territorium mehrere Gesangbücher entstehen konnten. Dass zu einem Gesangbuch ein jeweils eigener theologischer Hintergrund gehört, sehen wir an folgendem Beispiel sehr gut.

Seit 1696 bestand in Ebersdorf eine Schlossgemeinde, die sich um die fromme Gräfin Benigne (1670–1732) gebildet hatte. Hier wurde im Sinne der Spenerschen *ecclesiola in ecclesia* – des Kirchleins in der Kirche – christlicher Glaube gepflegt. Aus dieser Gemeinde sollte sich die spätere Brüdergemeine in Ebersdorf bilden. Der regierende Graf Heinrich XXIX. (1699–1747) war der Schwager von Nikolaus Ludwig Graf von Zinzendorf, der des öfteren in Ebersdorf weilte.[36] Ein wichtiger Schritt in die Richtung der Bildung einer Brüdergemeine war die Berufung des Württembergers Friedrich Christoph Steinhofer (1706–1761) als Hofkaplan i.J. 1734 . Er sorgte durch seine Ausstrahlung für ein Wachstum der Gemeine. Doch blieb die Ebersdorfer Gemeine bis Dezember 1746 selbständig, ohne sich an Herrnhut anzuschließen. Zunächst benutzte man das Herrnhuter Gesangbuch von 1737[37]. Doch schon 1739 begegnen wir dem ersten Wunsch nach einem eigenen Gesangbuch, der sich am 30. November 1742 erfüllte:

Evangelisches Gesang=Buch, In einem hinlänglichen Auszug der Alten, Neuern und Neuesten Lieder, Der Gemeine in Ebersdorf zu öffentlichem und besonderm Gebrauch gewidmet. Ebersdorf, Zu finden im Waysen=Haus, 1742.

35 Heimatmuseum Greiz (V 1589 R).

36 Vgl. Stefan Michel: Art. Heinrich XXIX· In: ThBL, S. 67 f.

37 Wilhelm Bettermann: Das Ebersdorfer Gesangbuch. In: Zeitschrift für Brüdergeschichte 10/1916, S. 145–151, hier S. 146. Beide Gesangbücher sind im Heimatmuseum Greiz greifbar: V 1571 R und V 1588 R.

Zwar war das Gesangbuch vornehmlich für Ebersdorf bestimmt, doch wurde es auch von befreundeten Kreisen benutzt. Die Auflage mit 1500 Exemplaren wäre für die kleine Gemeine viel zu groß gewesen. Das Gesangbuch enthielt in der ersten Auflage 785 Lieder. In der zweiten, ebenfalls anonym erschienenen Auflage von 1745 standen mit den Liedern aus den Anhängen 814. Eine Vorrede über Kol 3,16 ist dem Buch vorangestellt. „Nach Anlage und Inhalt unterscheidet“ es sich „wenig vom Herrnhuter Gesangbuch.“[38] So finden sich, wie auch in anderen Gesangbüchern mit Herrnhutischem Hintergrund, Lieder über Jesus als das Lamm – z. B. in den Rubriken „Vom Blute JEsu“ oder „Von der Anbetung Gottes und des Lammes“- oder über die Wunden Jesu – z. B. Nr. 116 *Ich schliesse mich zu allen Stunden in JEsu tieffe Wunden*. Die Anhänge der zweiten Auflage vermehren diese Lieder – z. B. Nr. 803: *Durchgrabene Füsse, die ich thränend küsse, heilget meinen gang*.

Am 4. März 1746 erschien ein weiterer Anhang, der die Zahl der Lieder auf 974 erhöhte. Die Lieder sind aus dem XI. und XII. Anhang des Herrnhuter Gesangbuchs genommen. Nach dem Zusammenschluss mit Herrnhut im Dezember 1746 kam das Ebersdorfer Gesangbuch aus dem Gebrauch. Dies hing möglicherweise mit dem Weggang Steinhofers aus Ebersdorf zusammen. Statt seines Gesangbuchs benutzte man nun das Herrnhuter. „In weiten Kreisen muss das Ebersdorfer Gesangbuch einen großen Einfluss ausgeübt haben und sehr geschätzt worden sein. (...) Belege dafür lassen sich allerdings kaum mehr finden. Dass es in den Kreisen der Frankfurter Erweckten nicht unbekannt gewesen ist, bezeugt Goethe in seinen Bekenntnissen einer schönen Seele.“[39] Eduard Emil Koch lobte das Ebersdorfer Gesangbuch als trefflich und viel bekannt.[40]

Selbst in den Herrschaften Ebersdorf und Lobenstein konnte sich das pietistische Gesangbuch nicht halten. Spätestens mit dem Erscheinen des aufgeklärten Gesangbuchs, das Superintendent Georg Adam Neithart (1721–1793) erarbeitete, geriet es in Vergessenheit:

Geistreiches Gesangbuch, Vorstellend ... Vorrath von Liedern Zu Beförderung Christlicher Andacht in den ... Kirchen u. Schulen der ... Herrschaften Lobenstein und Ebersdorf, Lobenstein, Simon, 1780.

Die zweite Auflage erschein 1788.[41]

Sein Sohn, Hofprediger Johann Heinrich Gottfried Neithart (*1753) setzte seine Arbeit fort, indem er sich um ein „modernes“ Gesangbuch bemühte, d. h. um ein Gesangbuch, das seinen mild rationalistischen Interessen gerecht wurde. 1818 begann er gemeinsam mit Vertretern aus Gera die Arbeit an einem

38 Bettermann, S. 148.

39 Bettermann, S. 149–151.

40 Eduard Emil Koch: Geschichte des Kirchenlieds und Kirchengesangs der christlichen, insbesondere der deutschen evangelischen Kirche, Bd. 5, Stuttgart ^{3}1868, S. 135.

41 Rudolf Hermann: Thüringische Kirchengeschichte, Bd. 2, Weimar 1947, S. 382, und Berends, S. 54.

neuen Gesangbuch. Doch konnte er sein Vorhaben nicht umsetzen, da er 1818 starb. Gera erarbeitete ein eigenes Gesangbuch. Der Mangel an verfügbaren Gesangbüchern war schließlich im Fürstentum Lobenstein so groß, dass der regierende Fürst Heinrich LXXII. 1826 den Befehl an Superintendent Christian Heinrich Haller und Hofprediger Georg Caspar Friedrich Bauer gab, ein neues Gesangbuch zu konzipieren. Man lehnte sich dabei an das Geraer von 1822 sehr eng an, ersetzte aber einige Lieder durch solche, die in Ebersdorf und Lobenstein gebräuchlicher waren.[42] So legten sie das

Lobenstein-Ebersdorfisches Gesangbuch nebst Gebeten. Auf landesherrlichen Befehl herausgegeben. Lobenstein und Ebersdorf 1828.

vor.

1843 wurde eine weitere Auflage erforderlich, die mit 1'0000 Stück gedruckt wurde. Erstmals findet sich im Zusammenhang mit dieser Neuauflage die Anfrage an die Superintendentur Schleiz, ob man das Gesangbuch auch dort einführen wolle. Superintendent Franz Eduard Schorch wies dies jedoch zurück. In einem Brief vom 20. April 1853 berichtet der Lobensteiner Oberpfarrer Reinhold an das Ministerium in Gera, dass die Auflage doch zu hoch gewesen sei. Der Absatz sei zu gering, weil das Buch zu teuer sei.[43] 1862 waren noch 6300 Exemplare der 2. Auflage vorhanden, die in der Stadtkirche in Lobenstein lagerten.[44] Am 12. Mai 1863 berichtete Reinhold an das Ministerium in Gera, dass durch den Brand am 3. Dezember 1862 in Lobenstein die meisten Gesangbücher verbrannt seien. Nur 400 Exemplare überstanden das Feuer. Er schlägt vor, das Geraer Gesangbuch in der Auflage von 1850 in der Diözese Lobenstein einzuführen. Das Lobensteiner Gesangbuch enthielt 950 Lieder, das Geraer nur 831, wobei im Geraer insgesamt 174 fehlten. So schlug er neben der Einführung des Geraer Gesangbuches noch den Druck eines Anhanges vor.[45] Doch die Entwicklung nahm eine andere Richtung hin zum „Gesangbuch für das Fürstenthum Reuß j. L.“ von 1865.

3. *Die Herrschaft Schleiz*

Die erste Auflage des Schleizer Gesangbuchs erschien 1713 wohl in einer Auflage von 800 Stück mit dem Titel:[46]

Schleitzisches Gesang=Buch, in sich haltend Den Kern der besten und Geistreichsten Lieder Des Seel. Herrn Lutheri, und Anderer / der GOtt geheiligte Lieder=Arbeit der

42 Vgl. Lobenstein-Ebersdorfisches Gesangbuch 1828, IV.

43 StA Greiz, Ministerium Gera 8107: Akten betr. die Ueberweisung der im Fürstenthume Lobenstein-Ebersdorf bestehenden Gesangbuchkasse auf die dasige Steuerkasse 1849–1864, Bl. 13.

44 StA Greiz, Ministerium Gera 8107, Bl. 41.

45 StA Greiz, Ministerium Gera 8107, Bl. 43–47.

46 Vgl. zu den Buchdruckern in Schleiz: Berthold Schmidt, Geschichte der Stadt Schleiz. Von der Burggrafenzeit bis zum deutsch-französischen Kriege, Bd. 3, Schleiz 1916, S. 255–257.

Gemeine Gottes erbaulich zuseyn erachtet worden / mit kurtzen Anmerkungen und Erläuterungen einiger denen Einfältigen dunckel=scheinenden Wörter und Redens=Arthen / auch beygefügten Sechsfachen Register / benebst einem Anhang gewöhnlicher Kirchen= und anderer Gebethe / Zuförderst / GOTT zu Ehren / vor die allhiesig = Hoch=Gräffl. Schloß=Capelle / Sodann auch andern Schleitzischen Stadt= Land= und Hauß=Kirchen zum besten / auf Hoch=Gräffl. Landes=Herrschafftlichen Gnädigsten Befehl ausgefertiget von Gottfried Lindnern, Gräffl. Reuß=Pl. Hoff=Predigern und Superintendenten. Schleitz, Druck und Verl. Christian Bittorffs. Gräffl. Reuß=Pl. Hoff=Buchdr.

Gottfried Lindner, seit 1708 Superintendent in Schleiz, bearbeitete noch die beiden nächsten, vermehrten Auflagen von 1719 und 1726.[47] Er beginnt seine Vorrede mit Überlegungen zur Musik. So unterrichtet er den Leser über die Harmonielehre des Pythagoras, dass unter den Sternen „eine liebliche und Herz=vergnügliche Music“ bestehe. Weitere Beispiele aus diesem Spektrum führt er an, modifiziert sie aber zugunsten biblischer Ansichten - z. B. Ps 19,1: „Die Himmel erzählen die Ehre Gottes“. Für Lindner sind es die Engel, die dieses Erzählen in Form von Musik aufführen. Ein Zitat aus Johann Konrad Dannhauers „Katechismusmilch“ unterstützte Lindners Position. Wie die Engel so sollen auch wir Gott loben:

Was sind wohl Christen anders/ als helleuchtende Sterne/ welche die Güte GOTTes deswegen von der Obrigkeit der Finsterniß errettet (Col. I,13) und an den Gnaden=Himmel seiner Kirche gesetzet/ dass sie sollen scheinen als Lichter in der Welt/ mitten unter dem unschlachtigen und verkehrten Geschlechte Phil. II,15.

Nach diesen Darlegungen kommt Lindner auf den Zweck seines Gesangbuchs zu sprechen: Es soll zur Nachfolge Christi anleiten in wahrer Andacht sowohl in der Kirche als auch zu Hause. Er ermahnt dazu, keine Textveränderungen vorzunehmen. Er ist sich wohl bewusst, dass das vorliegende Gesangbuch nicht vollständig ist. Wollte man alle Lieder in ein Buch bringen, „so würde man etliche Folianten anschaffen müssen.“ Lehrer und Hausväter werden gebeten, der Jugend Lieder beizubringen. In der Kirche soll dieses Gesangbuch benutzt werden, weil ein gemeinsames Gesangbuch für den einheitlichen Gemeindegesang und so die Andacht die Grundlage sei.

Wie denn auch/ was den öffentlichen Gottes=Dienst betrifft/ die Lieder/ so abzusingen sind/ allezeit an gewiße hierzu in der Kirchen angefügte Täfflein nach der Zahl der Blätter angezeiget werden sollen.

---

47 Vorwort der 2. Auflage vom 22. November 1719. Vorhanden im Heimatmuseum Greiz (V 1644 R): Das Exemplar enthält einen interessanten Eintrag auf dem Vorsatz: „Andreas Meiser habe das Buch gekauft vor 28 gl. den 6. Augustus in Schleitz An[n]o 1725“. Vorwort der dritten Auflage vom 24. Juni 1726. Widmung an Heinrich XI. und Auguste Dorothea; Heinrich I. und Juliane Dorothea (Heirat 1721), Heinrich XII. und Johanne Emilie Auguste (1722–1729).

Hiermit besitzen wir einen recht frühen Beleg für Lieder- oder Nummerntafeln, die in Schleiz benutzt wurden. Sie setzten sich im 18. Jahrhundert in den Kirchen durch.

Nach Lindners Tod wurde 1728 Johann Martin Alberti Superintendent. Er übernahm damit auch die Bearbeitung des Gesangbuchs, das in seiner Amtszeit bis 1761 viermal aufgelegt wurde:

Schleitzisches Gesang=Buch, in sich haltend Die besten und geistreichsten Lieder des sel. Herrn Lutheri, und vieler andern gottseligen Lieder=Verfasser, Mit kurtzen Anmerckungen über einige fremde oder dunckel=scheinende Wörter und Redens=Arten, Nebst einem Anhange gewöhnlicher Kirchen= und anderer Gebete, GOtt zu Ehren, vor die allhiesige Hoch=Gräfl. Schloß=Capelle, So dann auch andere Stadt= Land= und Haus=Kirchen, auf hohen Landes=Herrschafftl. Befehl ehedem zu dreyen mahlen ausgefertiget von Tit. Herrn Gottfried Lindnern, Hoch=Gräfl. Reuß-Pl. hochverordnet=gewesenen Hof=Predigern, Pastore Primario und Superintendenten hieselbst, Jetzo aber zum vierten mahl vermehrter heraus gegeben von Dessen Nachfolger im Amte Johann Martin Alberti. Schleitz, verlegts Joh. Christ. Weichberger, Gräfl. Reuß.Pl. (...)[48] [1735].

Alberti betont in der Vorrede, dass ein gutes geistliches Lied dem Inhalt nach mit der Heiligen Schrift übereinstimmen müsse. Ordnung, Deutlichkeit, Zierlichkeit – d. h. „feine geschickte Reime“ – und Ernsthaftigkeit zeichnen ein solches Lied aus. Die Melodien sollen „andächtig und erwecklich“ sein. Insgesamt beruft sich Alberti auf die gute Arbeit seines Vorgängers, die er mit seiner Überarbeitung weitergeführt habe, ohne grundsätzlich etwas zu ändern. Einzig die Anzahl der Lieder habe er vermehrt. Eine persönliche Erinnerung schließt das Vorwort ab:

Ich habe in meiner Kindheit sehr viele Lieder, so wohl zu Hause als in der Kirche von dem blossen Gehör gelernet; da ich aber nach der Zeit die Bücher vor mich genommen und nachgelesen, habe ich gefunden, dass ich hie und da falsch gesungen, und nicht die Worte und den Verstand gehabt, der eigentlich in dem Gesang zu finden gewesen. Weil dann solches vielen andern mit mir wird begegnet seyn, so lerne man es doch durch die fleißige Aufschlagung des Gesang=Buchs verbessern, und auch die Seinen dafür durch dieß Mittel bewahren, damit allenthalben ein vernünfftiger Gottes=Dienst unter uns gefunden werde.

Christian Friedrich Höfer war von 1762 bis 1790 Superintendent in Schleiz. Er betreute die achtete (1761), neunte (1767), zehnte (1775) und elfte und damit letzte Auflage des alten Schleizer Gesangbuches (1783):

Das vermehrte Schleitzische Gesang-Buch, in sich haltend die besten und geistreichsten Lieder des sel. Herrn Lutheri, und vieler andern gottseligen Lieder-Verfasser, Mit einigen Anmerkungen über die fremden oder dunckel-scheinenden Wörter und Redens-

48 Textverlust bei dem benutzen Exemplar im Heimatmuseum Greiz (V 7694 R), dessen Titelblatt leider unglücklich beschnitten ist. Am Ende der Vorrede findet sich das Datum 21. Februar 1735.

arten, Nebst einem Anhange und den gewöhnlichen Kirchen- und andern Gebeten, GOtt zu Ehren vor die allhiesige Hoch-Gräfl. Schloß-Capelle, So dann auch andere Stadt-Land- und Haus-Kirchen, auf besondern hohen Landes-Herrschaftlichen Befehl jetzo zum achten mahl verbessert heraus gegeben von Christian Friedrich Höfer, Archi-Diacono und Ephoriae-Vicario. Schleitz, verlegts Joh. Mich. Goderitschens hinterl. Wittib. 1761.

In den von Höfer betreuten Auflagen finden sich sechs Lieder, die der damals in Schleiz regierende Graf Heinrich XII. (1716–1784) selbst gedichtet hat.[49] Sie besitzen für uns einen besonderen Wert, weil von seinen zahlreichen Dichtungen durch Kriegsverluste 1945 fast nichts mehr erhalten ist. Unter den Nummern 183, 184, 196 und 197 sind vier Passionslieder abgedruckt: *Ewig sey dir Danck gesagt*; *Wohl mir, kan ich freudig sagen*; *Brich entzwey mein hartes Hertze* und *Tausend Danck nimm von mir Armen*. Das Morgenlied *Herr! Erhalter meiner Tage* (666) und das Abendlied *So ist mein Gott nun abermahl mit dir ein Tag geendet* (668) stammen ebenfalls aus seiner Feder. Alle Lieder zeichnen sich durch eine innige Beziehung zu Jesus aus. Das Abendlied – welches als einziges Lied Heinrichs XII. im Schleizer Gesangbuch von 1787 stand – und das zweite Passionslied haben noch in das reußische Gesangbuch von 1911 Eingang gefunden.

1787 erhielt die Grafschaft Schleiz ein neues Gesangbuch, in dessen Hintergrund sicher der Regierungswechsel im Schleizer Schloss steht. 1784 starb Heinrich XII., der eine pietistische Erziehung genossen hatte, die sich in seiner Regierungszeit z.B. im Bau der Jesuskirche in Kirschkau niederschlug. Sein Sohn, Heinrich XLII. (1752–1818) übernahm nun die Regierungsgeschäfte. Das neue Gesangbuch trug den Titel:

Neues christliches Gesangbuch auf Landesherrschaftlichen Befehl für die Hochgräfliche Schloßkapelle in Schleiz herausgegeben. Schleiz, 1787. gedruckt bey Johann Gottlieb Mauken, privil. Hofbuchdrucker.

Das Gesangbuch enthielt dreizehn Rubriken, die jeweils noch weiter untergliedert waren:

I. Von Gott
II. Von der Schöpfung, Erhaltung und Vorsehung
III. Von den guten und bösen Engeln
IV. Von dem Menschen und dessen Zustand vor und nach dem Falle
V. Von Christo dem Erlöser der Menschen
VI. Von dem heiligen Geist und seinen Gaben und Wirkungen
VII. Von den Gnadenmitteln
VIII. Von der christlichen Sinnesänderung
IX. Von der christlichen Kirche
X. Von der Seligkeit wahrer Christen in diesem Leben
XI. Von den zukünftigen Schicksalen der Menschen und der Welt

49 Vgl. Stefan Michel: Art. Heinrich XII. In: ThBL, S. 75 f.

XII. Von den Pflichten der Christen
XIII. Lieder bey besonderen Zeiten und Umständen des menschlichen Lebens

Galt dieses Gesangbuch zunächst für die Schlossgemeinde, so erschien die zweite Auflage 1788 „für die Stadt- und Landgemeinen der Herrschaft Schleiz“ und wurde am 23. März 1788 in der Stadt- und in der Bergkirche eingeführt[50]. Doch scheint die Einführung des neuen Gesangbuchs nicht ohne Schwierigkeiten abgelaufen zu sein. Insgesamt dreimal muss der Pfarrer von Schilbach seine Gemeinde ermahnen, das neue Gesangbuch anzuschaffen.[51] So heißt es in der „Abkündigung so am Lichtmesssonntag [2. Februar] und dann noch einmal vor Ostern auf dem Lande zu verlesen“ von 1788:

Ew. xl. Liebe ist bekannt, was maasen unserer regierender Graf und Landesvater sich aus christl. Regentenpflicht bewogen gefunden bereits vor einem Jahr ein neues Gesangbuch zur Beförderung eines thätigen Xtenthum bei Ihrer Hof- und Schloßgemeinde einzuführen, und wie dieselbe zugleich die übrigen Gemeinden ihrer Herrschaft zur willigen Annahme dieses christl. Erbauungsbuches durch uns Prediger haben ermuntern lassen. Es ist nunmehro von diesem Gesangbuch unter Gottes Beystand die zweyte unveränderte Auflage aus der Preße und wird unter dem Titul Neues Christl. Gesangbuch für die Stadt- und Landgemeinden der Herrschaft Schleiz ungebunden und um den veränderlichen Preiß von 6 gl. bey den Buchbinder in der Stadt und bey uns Predigern auf dem Lande zu haben seyn.“

In der Abkündigung kommt weiterhin die Hoffnung zum Ausdruck, dass in jedem Haushalt wenigstens ein Exemplar dieses Gesangbuchs angeschafft werden möge, das „unserer theuerster Landesherr selbst mit so vieler Sorgfalt und Mühe befördert“ hat. „14 Landgemeinden“ haben das Gesangbuch schon angenommen, nun soll die Gemeinde Schilbach diesen „nicht nachstehen“. Der Befehl des Landesherrn laute, dass das neue Gesangbuch am 1. Osterfeiertag 1788 in den Gottesdiensten und für die Schulen einzuführen sei

Die Kanzelabkündigung „Esto Mihi und dan[n] noch einmal vor Ostern 1788 in Schilbach“ enthält Angaben über die Beweggründe Heinrichs XLII., ein neues Gesangbuch einzuführen:

Sie [Heinrich XLII.] sind hierinnen dem reichlichen Beispiel anderer reußischen Herrschaften nachgefolget, welche das nämliche getan haben. Das so schöne vollständige und geistreiche Gesangbuch unter der Regierung des Herrn zu Gera ist bekannt. Lobenstein folgte diesem Beispiel und sorgte für ein neues Gesangbuch. Ebersdorf that das nämliche und noch nicht vor zwei Jahren ließen der durchi. und regierende Fürst Reuß zu Greiz auch ein neues Gesangbuch drucken.“

50 Vgl. Verordnung wie das Neue Gesangbuch am ersten Osterfeyertag den 23. Merz 1788. in der Stadtkirche zu St. Georgen und Bergkirche zu St. Marien feyerlich einzuführen.

51 Die Abkündigungen haben sich im Pfarrarchiv Tanna erhalten. Es steht nur auf einer der insgesamt drei Abkündigungen Schilbach. Die zweite Abkündigung trägt keine Ortsangabe. Die dritte „Tanna, Schilbach, Zollgrün“.

Nochmals weist der Pfarrer auf den niedrigen Preis von 6 Groschen hin. „Läße man es nun nicht kostbar binden, so wird es ohngefahr 10 bis 12 gl. schön eingebunden bei den Buchbindern zu bekommen seyn.“ Das Gesangbuch setzte sich schließlich durch. Von einem weiteren Protest der Gemeinde ist jedenfalls nichts bekannt.[52] Weitere Auflagen folgten 1793 (4.),1799 (5.) und 1813 (6.) im Verlag von Johann Gottlieb Mauke.

Mit der siebten Auflage von 1830 änderte sich nicht nur der Titel „Christliches Gesangbuch“, sondern es gab erstmals ein Vorwort in diesem Gesangbuch sowie einen separat gedruckten umfangreichen Anhang. 6'000 Exemplare dieses Gesangbuchs wurden aufgelegt. Drei Verlage hatten sich um den Auftrag beworben. Die Wahl fiel schließlich auf J. K. G. Wagner in Neustadt/Orla.[53] Im Vorwort hören wir bereits die Klage, die wir auch in der Auflage von 1850 wiederfinden werden:

> Das im Fürstenthum Schleiz eingeführte und zeither gebrauchte christliche Gesangbuch vereinigt zwar viele Vorzüge in sich, und enthält nicht wenige Liedet, denen man einfache Darstellung göttlicher Wahrheiten, Richtigkeit und Deutlichkeit der Sprache, dichterische Schönheit und wahre, für alle Zeiten wirksame, Erbauung nicht absprechen kann; aber eine beträchtliche Anzahl der in demselben enthaltenen Gesänge entspricht den Forderungen, welche in unsern Tagen an ein gutes und erbauliches Lied gemacht werden, nicht ganz, und lässt Manches zu wünschen übrig, was derjenige nicht in Abrede stellen wird, der mit dem Inhalt unseres Gesangbuches völlig vertraut, in der geistlichen Poesie nicht unerfahren und mit den Regeln und Gesetzen der deutschen Sprache nicht unbekannt ist.

Der Anhang enthielt besonders Festgesänge, die in der bisherigen Gestalt des Schleizer Gesangbuches unterrepräsentiert waren, sowie weitere Lieder aus der Rubrik „Pflichten des Christen“.

Die letzte Auflage erlebte das „Christliche Gesangbuch“ 1850, die bereits 1862 vergriffen war, so dass Überlegungen zu einem Gesangbuch für die ge-

---

52 Im Pfarrarchiv Tanna stehen auch einige Ausgaben des „Neuen Christlichen Gesangbuchs“. Die Streitigkeiten nahmen nicht den Verlauf, wie man ihn aus anderen bei der Einführung neuer bzw. aufgeklärter Gesangbücher kennt. Vgl dazu Hartmut Lehmann: Der politische Widerstand gegen die Einführung des neuen Gesangbuches von 1791 in Württemberg. Ein Beitrag zum Verhältnis von Kirchen- und Sozialgeschichte. In: Blätter für Württembergische Kirchengeschichte 66–67/1966/67, S. 247–263; Catherine Maurer: Aufgeklärte Gesangbücher und ‚gemeine Leute‘. Äußerungen und Inhalte der Gesangbuchstreite des ausgehenden 18. Jahrhunderts im protestantischen Deutschland. In: Hans Erich Bödeker / Gerald Chaix / Patrice Veit (Hg.): Le livre religieux et ses pratiques. Etudes sur l'histoire du livre religieux en Allemagne et en France à l'époque moderne / Der Umgang mit dem religiösen Buch. Studien zur Geschichte des religiösen Buches in Deutschland und Frankreich in der frühen Neuzeit (Veröffentlichungen des Max-Planck-Instituts für Geschichte 101), Göttingen 1991, S. 269–288, und Heinrich Schmidt: „Aufgeklärte“ Gesangbuch-Reform und ländliche Gemeinde. Zum Widerstand gegen die Einführung neuer Gesangbücher im Herzogtum Oldenburg und der Herrschaft Jever am Ende des 18. Jahrhunderts. In: Ernst Hinrichs / Günter Wigelmann: Sozialer und kultureller Wandel in der ländlichen Welt des 18. Jahrhunderts (Wolfenbütteler Forschungen 19), Wolfenbüttel 1982, S. 85–115.

53 Vgl. StA Greiz, Ministerium Gera 8108: Akten betr. die Veranstaltung einer achten Auflage des Schleizer Gesangbuchs 1849, Bl. 1 f.

samte jüngere Linie Reuß aktuell wurden.[54] Außerdem empfand man das Schleizer Gesangbuch als unaktuell. Den Wunsch zu einem neuen Gesangbuch sieht man dem Umfang an: Enthielt das Gesangbuch 1799 627 Lieder, so waren es jetzt 819. Sonst hatte man sich bei dieser letzten Auflage nur zu wenigen Verbesserungen - oft nur auf dem Gebiet der Rechtschreibung - entschließen können. Im Vorwort heißt es dazu:

> Bey der Veranstaltung einer neuen Auflage des Schleizer Gesangbuchs regte sich bey den mit dieser Arbeit beauftragten Geistlichen der Wunsch, dasselbe in einer völlig veränderten Gestalt; den Gemeinden unseres Fürstenthums übergeben zu können, da dieses Buch, sowohl was die Auswahl, als auch was die Zusammenstellung der darin befindlichen Lieder betrifft, Manches zu wünschen übrig lässt.

Im Gesangbuch von 1850 ist ein Erntefestlied Heinrichs XLII. abgedruckt, das sich in den vorherigen Auflagen noch nicht darin befunden hatte: *Lobet, Christen, lobet Gott* (628). 1911 wurde es auch ins reußische Gesangbuch aufgenommen (499).

4. Das Gesangbuch für die gesamte jüngere Linie Reuß

Wie schon erwähnt, machte sich Anfang der sechziger Jahre des 19. Jahrhunderts die Erarbeitung eines neuen Gesangbuches sowohl im Lobensteinischen als auch in Schleiz notwendig. Dies wurde durch die gemeinsame Regierung aller Gebiete der jüngeren Linie durch Heinrich LXVII. (1785–1867) gefördert. Er entstammte dem Haus Schleiz, das ab 1802 den Landesteil Gera und ab 1848 die Herrschaften Lobenstein und Ebersdorf mitregierte. Die beiden Häuser Gera und Lobenstein erloschen in der ersten Hälfte des 19. Jahrhunderts.

1864 begannen die Vorarbeiten zum neuen Gesangbuch durch die Ephorien Ebersdorf, Schleiz und Gera. Alle drei Superintendenten waren aufgefordert, Gutachten über das Meiningische Gesangbuch von 1863 einzureichen, das Grundlage des neuen reußischen werden sollte. Am ausführlichsten beschäftigte man sich damit in Schleiz, wo eine Kommission von Mai bis August in zehn Sitzungen die Vorlage untersuchte und sie für gut befand, weil sie der Einteilung des „alte[n] gute[n] Schleizer Ges[ang]B[uchs]“ entsprach.[55] Mit dem Verlag Tetibner in Leipzig wurde ein Vertrag über den Druck von 20’000 Exemplaren abgeschlossen. In einem weiteren Vertrag mit dem Buchhändler Hermann Kanitz in Gera verpflichtete sich dieser, den Vertrieb von 14’000 Stück zu übernehmen. Die restlichen 6’000 wurden der Ephorie Schleiz direkt

54 StA Greiz, Ministerium Gera 8108, Bl. 4 und 11.

55 StA Greiz, Ministerium Gera 8113: Akten betreffend die Einführung eines neuen Gesang- und Gebetbuches für das Gesamt-Fürstenthum Reuß J. L. ingleichen neuen Melodienbuchs. Vol. I., Bl. 11^{v}.

überstellt, die den Vertrieb selbst organisierte.[56] Das Gesangbuch erhielt den Titel:

Gesangbuch für das Fürstenthum Reuß j. L., Zum Gebrauch in Kirche, Schule und Haus, Leipzig, Druck von B.G. Teubner. 1865.[57]

Eine zweite Auflage wurde 1870 nötig, die Kanitz aus Gera diesmal auch drucken ließ. 17’000 Exemplare im großen Format und 3’000 in einem kleineren ließ er herstellen.[58] Weitere Auflagen folgten 1891 (4. Auflage mit 6’000 Stück), 1902 (6. Auflage mit 6200 Stück) und 1904 (7. Auflage mit 6200 Stück).

Doch scheint sich das Gesangbuch für das Fürstentum Reuß j. L. nicht gleichmäßig durchgesetzt zu haben, denn noch 1876 berichtet der Ebersdorfer Superintendent Adolf Meyer, dass in Schönbrunn noch das alte Lobenstein-Ebersdorfer Gesangbuch benutzt werde.[59]

Um eine Übereinstimmung im Gesang zwischen Unter- und Oberland herbeizuführen, führte man ein Choralbuch mit 164 Melodien ein. Da das neue Gesangbuch 30 neue Melodien enthielt, wurde eine solche Hilfe von den Kantoren gern angenommen. Die Auflage betrug 200 Stück:

Evangelisches Choralbuch zunächst für das Fürstenthum Reuss jüngere Linie nach den ältesten und neuesten Quellen bearbeitet für Orgel, Harmonium, Klavier und Sängerchöre, vierstimmig gesetzt und mit taktisch und rhythmisch verbundenen Zwischenspielen versehen von [Friedrich] August Helfer. Herausgegeben von Clemens Prüfer, Gera, Griesbach 1870.[60]

Weiterhin erschien 1906 ein „Melodienbuch zu den Gesangbuchliedern der evangelisch-lutherischen Landeskirche im Fürstentum Reuß jüngerer Linie“ im Verlag von Pöschel und Trepte in Leipzig in einer vierstimmigen Ausgabe mit Text (500 Exemplare) und einer einstimmigen ohne Text (3’000 Exemplare) mit jeweils 174 Chorälen.[61] Nach dreißig Jahren entsprach das Helfersche Choralbuch nicht mehr dem Zeitgeschmack, besonders deshalb, weil es Zwischenspiele zwischen den Strophen enthielt, die den Gesang verzögerten. Außerdem waren die Melodien unrhythmisiert. Dies beides war in Choralbüchern des 19. Jahrhunderts durchaus üblich. Schon 1900 empfahl Pfarrer Fink aus Dürrenebersdorf, auf die alten Melodien zurückzugehen und sich am bayerischen Choralbuch von Prof. Dr. Herzog aus Erlangen und Johann Zahn aus

56 Vgl. StA Greiz, Ministerium Gera 8113, Bl. 55, 66 f. und 80.

57 Vgl. auch Koch, Kirchenlied, Bd. 7, 106 f.

58 Vgl. StA Greiz, Ministerium Gera 8113, Bl. 173–176.

59 Vgl. StA Greiz, Ministerium Gera 8113, S. 198.

60 Vgl. Auerbach, 33. Vgl. StA Greiz, Ministerium Gera 8116: Akten betreffend die Einführung des evangelischen Choralbuches von A. Helfer.

61 Vgl. StA Greiz, Ministerium Gera 8122: Akten des Fürstl. Reuß.-Pl. Ministeriums zu Gera, betreffend Die Einführung eines neuen Choralbuchs für die evangelisch-lutherische Landeskirche des Fürstentums Reuss j. L.

Neuendettelsau zu orientieren.[62] Ein Choralbuch von Lotze folgte 1909 dem Melodienbuch. 1913 wurde ein Anhang zum Choralbuch gedruckt, da inzwischen das Gesangbuch von 1911 erschienen war.[63]

III. Reuß älterer Linie

Das erste Greizer Gesangbuch wurde von dem aus Zwickau stammenden Carl Friedrich Martini gedruckt, der 1705 ein Buchdruckerprivileg und den damit verbundenen Titel „Hofbuchdrucker" erhalten hatte:[64]

Gräitzisches vollständiges GesangBuch Darinnen alle bey öffentlichen Gottesdienst daselbst und andern benachbarten Orthen übliche Lieder zu finden/ mit allem Fleiß zusammengetragen/ Zur Beförderung der Ehre Gottes und Aufferbauung des Nechsten/ Nebst beygefugten Gebet=Büchlein/ Zu allen Zeiten und bey allen Gelegenheiten zu gebrauchen. Gräitz/ Gedruckt und verlegt von Carl Friedrich Martini. [1707].[65]

Das Buch ist eine Unternehmung des Buchdruckers selbst. Er widmet es Heinrich XIII. zu Untergreiz (1672–1733) sowie Heinrich XXIV. zu Köstritz und Henriette Amalie zu Obergreiz (1668–1732). In der Zuschrift betont Martini, dass die genannten Herrschaften viel zur Verbesserung des Gottesdienstes getan hätten, aber nichts speziell für die Verbesserung des Gesangs im Gottesdienst. Da die Anzahl der Lieder angewachsen sei, bedürfe man aber eines Gesangbuchs für den Gesang im Gottesdienst und zur „Anführung der kleinen Schuljugend zum Choralsingen". Viele „christliche Personen" hätten Martini zur Herausgabe eines Gesangbuchs gedrängt.

In der „Vorrede / An den Christlichen und nach Gottes Lobe begierigen Leser" erklärt Martini den Titel des Gesangbuchs. Zum „vollständig" merkt er an: „es ist das Absehen dahin! dass kein einziges Lied allhier [= Greiz] gesungen wird! welches nicht hier [= in diesem Gesangbuch] befindlich". Es sind also vorwiegend Lieder in das Gesangbuch aufgenommen worden, die sich in Greiz und „benachbarten Gemeinden" in Gebrauch befanden. Martini fordert dazu auf, Lieder einzuschicken, die gern gesungen werden, um sie in die nächste Auflage aufzunehmen.

Martinis Gesangbuch enthält in der ersten Auflage 340 Lieder, die über ein Register erschließbar sind. Ob seiner Aufforderung, Lieder einzuschicken, nachgekommen wurde, ist nicht mehr zu ermitteln. Jedenfalls wurde in späteren Auflagen – so 1711 – die Anzahl der Lieder erhöht und ein dreifaches Re-

62 Vgl. StA Greiz, Ministerium Gera 8122, S. 3f.

63 Vgl. Auerbach, S. 34.

64 Georg Herz: Das Greizer Gesangbuch. In: Der Heimatbote. Beiträge aus Greiz und dem thüringischen Vogtland, Nr. 40/1994, Nr. 4, S. 83–89, hier S. 84.

65 Ein Exemplar befindet sich in der UB Halle (AB B 3297). 1711 erschien die dritte, vermehrte Auflage in Duodez, 1722 die sechste Auflage.

gister beigegeben. Bemerkenswert ist das angebundene „Christliche Gebet=Büchlein/ Darinnen D. Joh. Haberman[n]s geistreiche Morgen= und Abend=Segen! Nebenst Anderer Kirchen= Beicht= Communion= Dank= Creutz= und Sterbe=Gebetlein enthalten“. Martini bietet darin einen Auszug aus Johann Habermanns (1516–1590) Gebetbuch, den er durch eigene Gebete ergänzt.

Heinrich XIII. von Untergreiz (1672–1733) erließ am 6. Oktober 1707 eine Verordnung zur Einführung des neuen Gesangbuchs, die von den Kanzeln verlesen werden sollte. Darin legt er dar, dass viele Menschen zum Gottesdienst ohne ein Gesangbuch kommen. Noch weniger sei hinnehmbar, dass etliche Männer während des Gesangs vor der Kirchentür stünden, sich unterhielten oder – was noch viel schlimmer sei – Weinbrand trinken würden. „... und alßo den Schulmeister mit den Schülern oder Jungen alleine singen laßen.“ Um diese Übel abzustellen, wird der Dorfschulze jedem vermögenden Haushalt ein Gesangbuch für 5 Groschen zum Kauf überreichen. Sie hätten 14 Tage Zeit, um das Buch zu bezahlen. Wer sich widersetzte, sollte gemeldet werden.[66] Leider wissen wir nichts vom Verlauf dieser Gesangbucheinführung.

Für den Buchdrucker Martini war das Leben und Arbeiten in Greiz durch verschiedene Spannungen schwierig. Da er ständig in Streitigkeiten zwischen den Grafen von Ober- und Untergreiz hineingezogen wurde, die aus der pietistischen Haltung Heinrichs XI. (1696–1722) herrührten, verließ er schließlich Greiz.[67] Seine Werkstatt übernahm Abraham Gottlieb Ludewig aus Ebersdorf, der anscheinend besser in das kirchliche Klima von Greiz passte.[68] Ludewig gab ein neues Gesangbuch mit 847 Liedern heraus[69]. Sein Sohn Traugott Leberecht führte die Werkstatt seines Vaters nach dessen Tod weiter.

Geistreiches Greizisches vermehrtes Gesang=Buch, alte und neue, zur Erbauung dienende Lieder in sich haltend, Deren sich evangelische Christen zur Andacht, und zum Wachstum im Glauben und gottseligem Leben und Wandel, sowol in öffentlicher Kirchen=Versammlung, als auch zu Hause bedienen können. Mit verschiedenen Registern und einem kurzen Auszuge der Lieder=Verfasser, nebst den gewöhnlichen Versen der Kirchen=Collekten, zu Gottes Ehren und Christlichen Gemeinden zum Dienst, Auf Hohen Befehl in diesem bequemen Format, von vorigen Fehlern gereiniget, hin und wieder verbessert, auch mit einer neuen Zugabe auserlesener Lieder versehen, Nebst einer Vorrede zum fünftenmal dem Druck überlassen. Greiz, gedruckt und verlegt von Traugott Leberecht Ludewigen, Hochgräfl. R. Pl. Hof-Buchdr. o.J. [1758].[70]

---

66 StA Greiz, Konsistorium Greiz (a. Rep. C), Cap. I b, Nr. 6 a: Acta die Einführung des neuen Gesangbuchs 1707 und zu verabfaßende neue KirchenAgenda 1708 betr

67 Vgl. Andres Straßberger: Art. Heinrich II. In: ThBL, S. 65–67.

68 So erschien unter anderem 1727 bei ihm „Theophili Pomerani gottgeheiligte Poesien, auch Freuden= und Trauergedichte“ von Ulrich Bogislaus von Bonin. 1735 (StA Greiz, B I 34) und 1749 erschien bei ihm Schöbers Geistreicher Liedersegen. Ebenso druckte Ludewig eine Ausgabe des Paradiesgärtleins von Johann Arndt, das man sich an das Gesangbuch anbinden lassen konnte.

69 Eine weitere Auflage erschien 1766 bei Sieghart.

70 StA Greiz, B I 20. Herzog (85) kennt auch eine Auflage von 1733.

Der Verfasser der Vorrede zur achten Auflage des Geistreichen Greizischen Gesangbuchs von 1733 unterrichtet die Leser darüber, dass Heinrich XIII. zu Untergreiz persönlich „aus hoher Sorgfalt“ „die hohe Mühwaltung auf sich genommen, aus anderen geistreichen und reinen Gesang=Büchern (...) viele erbauliche Gesänge auszuzeichnen, solche dieser neuen Edition mit einzuverleiben“ waren. Diese Vorrede zeichnet sich vor anderen Vorreden dadurch aus, dass sie einen Abriss des Gesangs in der Bibel gibt. Von David bis Paulus reichen die Beispiele, die durch die Feststellung zusammengefasst werden, dass Psalmen, Hymnen und geistliche Lieder die drei Arten von Liedern sind, die in der Gemeinde angestimmt werden sollen. Die Auflage des Greizer Gesangbuchs von 1758 war von Streitigkeiten im Vorfeld begleitet. Im Juni 1756 hatte Ludewig rechtzeitig darauf aufmerksam gemacht, dass die letzte Auflage verkauft sei. Je nach Papier würde die neue Auflage 7 oder 9 Groschen kosten, also soviel wie die vorhergegangene Auflage. Er teilte dem Konsistorium außerdem mit, dass er sich auf den Druck schon vorbereitet hätte, indem er neue Schriften gekauft habe. Im März 1757 beschwerten sich die beiden Zeulenrodaer Buchbinder Pfleumer und Götzelmann, dass das Papier der letzten Auflage schlecht gewesen sei. Sie boten sich an, die neue Auflage zu drucken. Das Konsistorium erteilte trotzdem Ludewig das Privileg. Der Druck verzögerte sich außerdem durch Korrekturen, da Superintendent Johann Benjamin Oswald (1696–1769) mit dem Korrektor nicht einverstanden war. Der Superintendent setzte sich schließlich gegen alle Verbesserungsvorschläge durch, so dass das Gesangbuch nach seinen Vorstellungen gedruckt werden konnte.[71]

Oswald dichtete auch verschiedene Lieder, darunter ein Passionslied, *O Gottes Sohn, Herr Jesu Christ*, das noch ins Gesangbuch für beide reußischen Fürstentümer von 1911 Eingang fand.

Das Greizer Gesangbuch von 1772 – in zweiter Auflage 1780 – steht in großer Kontinuität zu seinen Vorgängern, was deren weitere Benutzung im Gottesdienst ermöglichte. Schon durch Bezüge im Vorwort kann man dies erkennen. Sein Titel lautet

Greizisches Gesang=Buch zum erbaulichen Gebrauch in den Kirchen und Häusern auf Hohen Befehl. neu vermehrt und verbessert herausgegeben nebst einern geistlichen Beth-Opfer. Greiz 1772. Verlegts Matthias Sieghart, Hochgräfl. Reuß-Plauischer Hofbuchdrucker.

Es enthielt 876 Lieder, die nach dem Kirchenjahr und theologischen Themen geordnet waren. Einige Lieder, darunter lateinische, waren herausgenommen worden und durch 124 zeitgemäße oder erbauliche ersetzt worden. Superintendent Johann Benjamin Berner (1727–1772) hatte sich an der Arbeit beteiligt. Von ihm finden sich zehn Lieder in diesem Gesangbuch. Neben anderen Gesangbüchern zog man auch das Schleizer für die Bearbeitung heran. Beim

71 StA Greiz, Konsistorium Greiz (a. Rep. C), Cap. I b, Nr. 37: Acta Die neue Auflage des Greizer Gesang Buchs betr. 1757.

Buchdrucker waren folgende Anhänge separat zu erwerben: 1. „Zugabe zum Greizer Gesangbuche, enthaltend die hier eingeführten Kirchen=Gebethe“; 2. die sonntäglichen Episteln und Evangelien mit Luthers Kleinem Katechismus; 3. der Psalter Davids sowie 4. ein „Real=Register“ biblischer Begriffe. „Diese Stücke können gar füglich allein, oder, nach eines jeden Gefallen, zu dem Gesangbuche selbst gebunden werden.“

Neben Liedern anderer reußischer Gesangbuchdichter – wie Friedrich Eberhardt Collin (1684–1727) – enthält das Greizer Gesangbuch auch ein sonst unbekanntes Lied Graf Heinrichs XXIII. (1722–1787), einem Sohn Heinrichs XXIV. zu Köstritz:

Der Herr hat mich erkaufet, mit seinem theuren Blut;
ich bin auf ihn getaufet, er ist mein höchstes Gut,
und ich bin ganz sein eigen vom Vater ihm geschenkt;
mein Mund kan nicht verschweigen, was mein Herz von ihm denkt. (Nr. 664).

Pfarrer Johann Rudolph August Jaeneke (1745–1823) aus Möschlitz erarbeitete 1786 für ein neues Gesangbuch ein umfangreiches Gutachten, in dem er darauf hinwies: „Da das Gesangbuch eines der vorzüglichsten Erbauungsbücher, besonders bey dem gemeinen Manne, zu seyn pfleget; so scheint eine Verbesserung desselben allerdings nöthig und heilsam zu seyn.“ Das alte Gesangbuch dürfe aber nicht unbrauchbar gemacht werden, sondern könne durch einen separaten Anhang weiter benutzt werden. Erbauung soll das Motiv zur Änderung sein, wobei es nur wenige solcher Änderungen geben dürfe, weil sonst der Gemeindegesang zu einem „Uebelklang“ würde, wenn zu viele verschiedene Texte gesungen werden.[72] Das neue Gesangbuch erschien noch im selben Jahr und trug der theologischen Entwicklung des 18. Jahrhunderts Rechnung:

Neues Greizer Gesangbuch, C.H. Henning, Greiz 1786.[73]

Um die älteren Auflagen weiter benutzen zu können, ließ die Greizer Regierung wie durch Jaeneke empfohlen einen Anhang mit den neuen Liedern drucken:

Neue Lieder welche nach den dabey bemerkten Nummern in das im Jahr 1786 aufgelegte Neue Greizer Gesangbuch eingerückt worden sind. Greiz, gedruckt und verlegt von Carl Heinrich Henning.[74]

---

72 StA Greiz, Konsistorium Greiz (a. Rep. C), Cap. I b, Nr. 46 b: Acta die neue Ausgabe des Greizer Gesangbuchs betreff. 1786.

73 Hermann, Thüringische Kirchengeschichte, 381: Zwischen 1786 und 1813 gab es kaum Veränderungen im Greizer Gesangbuch. Vorhanden: StA Greiz, B I 24. Das „Neue Greizer Gesangbuch“ erlebte fünfzehn Auflagen im Verlag von C. H. Henning (2. Aufl. 1792, 4. Aufl. 1796, 5. Aufl. 1800, 6. Aufl. 1803, 7. Aufl. 1814, 8. Aufl. 1819, 9. Aufl. 1826, 10. Aufl. 1832, 11. Aufl. 1836, 12. Aufl. 1841, 14. Aufl. 1860, 15. Aufl. 1864).

74 StA Greiz, B I 26a.

Bereits ein Jahr später erschien die zweite Auflage dieses Gesangbuchs, die 875 Lieder enthielt, wovon 614 neu waren.[75] Das Gesangbuch ist in zwei Abteilungen eingeteilt. In der ersten finden sich „Festlieder" und in der zweiten „Lieder, welche die christliche Glaubens- und Tugendhaltung enthalten". Diese Einteilung wird bis zur letzten Auflage 1903 beibehalten, die allerdings auf 890 Lieder anwachsen sollte.

Dass der Druck eines Gesangbuchs ein Konkurrenzunternehmen war, haben wir schon gesehen. Am 16. Februar 1813 zeigen die Zeulenrodaer Buchbinder Gottlob Heinrich Pfleumer und Heinrich Gottlob Reißmann den Greizer Buchdrucker Henning an, weil er – obwohl er das Privileg und damit die Pflicht zum Druck neuer Gesangbücher hat – keine neue Auflage druckt. Ihr Broterwerb sei dadurch behindert. Sie fordern Schadensersatz. Bereits am 18. Februar wird Henning vor das Konsistorium geladen. Dabei gibt er zu Protokoll, dass die letzte Auflage von 1800/1803 mit einer Auflage von 2'000 Stück 12 Jahre gereicht habe. 1802 hätte es einen Brand in seiner Werkstatt gegeben. Dabei seien 175 Gesangbücher vernichtet worden. Der derzeitige hohe Papierpreis mache eine Neuauflage sehr teuer.[76] 1814 erschien schließlich eine neue Auflage, an der einige Veränderungen vorgenommen wurden.

Im 19. Jahrhundert gab es äußerlich an diesem Gesangbuch nur wenige Veränderungen, die vor allem eine Vermehrung der Lieder bewirkte. Innerlich versuchte man damit aber eine theologische Änderung vorzunehmen. War das Gesangbuch von 1786 der Aufklärung verpflichtet, so wurde es Mitte des 19. -Jahrhunderts an die veränderten theologischen Verhältnisse auf dem Hintergrund der Erweckungsbewegung durch Einschub neuer Lieder angepasst. Damit erhielt das Buch einen neuen Titel:

> Gesangbuch für die Fürstlich Reuß-Plauischen Lande älterer Linie. Zweite Ausgabe des groben Drucks in ganz neuen Schriften, mit höhem Orts verfügter Textesrevision und Nachweisungen über die Liederdichter, Greiz 1843. Druck und Verlag der Fürstlichen Hofbuchdruckerei. (C. H. Henning.).

Bald erschien auch ein Anhang mit den neuen konfessionellen Liedern, der Besitzern älterer Auflagen die weitere Benutzung ihres Gesangbuches ermöglichen sollte:

> Sammlung geistlicher Lieder. Anhang zur 1. bis 13. Auflage des Gesangbuchs für die Fürstlich Reuß=Plauischen Lande älterer Linie, die in der 14. Auflage neu eingereiheten Lieder enthaltend. 2. Auflage. Greiz, 1860. Druck und Commission der Fürstlichen Hofbuchdruckerei (Otto Henning). Verlag der allgemeinen Kirchenkasse.

---

75 Herzog, S. 87. Vgl. auch die leider fehlerhaften Angaben bei Paul Glaue, Das Kirchliche Leben (...) in Thüringen, S. 204.

76 StA Greiz, Konsistorium Greiz (a. Rep. C), Cap. I b, Nr. 47: Acta die Anzeige der Buchbinder Pfleumer und Reismann wegen Mangel an Gesangbüchern in der hiesigen Hofbuchdruckerey betr. 1813.

Die Kontinuität zwischen beiden Gesangbüchern kann man in der Auflagenzählung verfolgen. Erschien 1864 die 15. Auflage des Neuen Greizer Gesangbuches, so konnte man 1872 die 16. Auflage des Gesangbuchs für die Fürstlich Reuß-Plauischen Lande älterer Linie kaufen. Weitere Auflagen folgten 1888 (18. Auflage), 1893 (19. Auflage), 1897 (20. Auflage in Höhe von 8'000 Exemplaren) und 1903 (21. Auflage in Höhe von 8'000 Exemplaren).[77]

Da für die Benutzung des Gesangbuches ein Melodienbuch ein wichtiges Hilfsmittel war, gab Alfred Resch 1875 die erste Ausgabe des „Melodienbuch d. i. Sammlung der zum Landesgesangbuch des Fürstenthums Reuß ä. L. gehörigen Choralmelodien.“ heraus. Weitere Auflagen folgten 1889 und 1895 (Zeulenroda, Verlag von G. Merseburger).[78]

Zwei weitere Hilfsmittel für die Organisten wurden angeboten:

Choralbuch zu dem Gesangbuch des Fürstenthum's Reuss Aelt: Lin: bearbeitet und herausgegeben von W. Urban, Cantor und Musikdirektor. Greiz, Commissionsverlag v. H. Bredt, Nachfolger (Julius Müller) 1880.

Nachtrag. Vierstimmiges Choralbuch zu dem Gesangbuch der evangelisch-lutherischen Kirche in Reuß Ä.L. Im Auftrag des Fürstlich Hohen Konsistoriums bearbeitet von W. Köhler, Fürstl. Musikdirektor. Greiz, 1910. Verlag der allgemeinen Gesangbuchkasse.

IV. Das gemeinsame Gesangbuch für Reuß jüngerer und älterer Linie

Im Dezember 1905 begann die Kommission zur Revision des Gesangbuchs für das Fürstentum Reuß jüngerer Linie ihre Arbeit.[79] Mitglieder der Kommission waren Superintendent Heinrich Berthold Auerbach aus Gera, Superintendent Heinrich Aye aus Schleiz – ab 1906 sein Nachfolger Gotthold Schleich –, Friedrich Lotze aus Ebersdorf, Oberpfarrer Ernst Ludwig Hilbert (1859–1908) aus Gera, Pfarrer Ernst Fink (1847–1927) aus Dürrenebersdorf, Rektor Clemens Burkhardt aus Gera und Rektor Emil Otto aus Lobenstein.[80] 1907 stellten sie fest, dass im Gesangbuch von 1865 „einerseits zu viel Lieder“ enthalten sind, „die kaum jemals in kirchlichen Gebrauch gekommen sind und

77 StA Greiz, Ministerium Gera 8115: Akten des Fürstl. Reuss.-Pl. Ministeriums zu Gera betreffend das neue Gesangbuch für die Fürstentümer Reuß Bd. III, 1910–1921, 7.

78 Vgl. auch: Gotthold Resch, D. Alfred Resch. Ein Lebensbild. In: Beiträge zur Thüringischen Kirchengeschichte VI (Heft 12), Jena 1941, S. 33–104, hier S. 76 f. Bereits 1823 hatte der Schleizer Hoforganist Ebhardt dem Konsistorium ein Choralbuch zu Subskription angebotenen, an dem er mitgearbeitet hatte: StA Greiz, Konsistorium Greiz (a. Rep. C), Cap. I b, Nr. 48: Acta Des Hoforganist Ebhardt in Schleiz Antrag um Einführung eines neuen Choral=Buchs alhier betr. 1823.

79 StA Greiz, Ministerium Gera 8114: Akten des Fürstl. Reuss.-Pl. Ministeriums zu Gera betreffend die Einführung eines neuen Gesang-, Gebet- und Melodienbuches für das Fürstenthum Reuß j.L. Vol. II, 1903–1910, Bl. 31.

80 Vgl. auch Auerbach, S. 33.

auch schwerlich jemals der häuslichen Erbauung gedient haben (...) andererseits fehlen wertvolle Lieder." Es fehlten 32 der 150 Kernlieder des Deutschen Evangelischen Kirchen-Gesangbuchs von 1854. Außerdem befanden sich im Reußischen Gesangbuch 63 Lieder, die nur dort vorkamen, also genuin reußisches Sondergut waren. Ein neues Gesangbuch sollte statt bisher 690 nur noch etwa 500 Lieder enthalten.[81] In einem zweiten Beratungsgang begutachtete die Kommission die Gesangbücher von Sachsen-Altenburg (1900), Elsaß-Lothringen (1899), Mecklenburg-Schwerin und das Militärgesangbuch. Pastor Fink und Superintendent Auerbach erstellen die Rubriken. Ab dem November 1907 beteiligte sich auch Reuß älterer Linie an den schwierigen Beratungen. Ihr wichtigster Vertreter war Schulrat Berthold Schmidt aus Greiz. Seine Aufgabe war es, Traditionsgut der älteren Linie mit in das Gesangbuch einzubringen – neben besonderen Liedern vor allem Antiphonen. Da dies nicht ohne weiteres möglich war, drohten im Frühjahr 1908 die Verhandlungen zu scheitern. Wie geplant erschien dann aber doch das neue Gesangbuch mit 580 Liedern für beide reußischen Fürstentümer mit einem Titelblatt, das Rudolf Schäfer gestaltet hatte:

Evangelisch-Lutherisches Gesangbuch für die Fürstentümer Reuß, Greiz und Gera 1911. Verlag der gemeinsamen Gesangbuchkasse.[82]

In drei verschiedenen Ausgaben wurde das gemeinsame Gesangbuch ausgegeben, nämlich einer den Seiten und dem Druckbild nach identischen kleinen und großen Ausgabe ohne Noten und einer mittleren Ausgabe (Auflage: 6'000 Stück) mit Noten. Das Gesangbuch verkaufte sich so gut, dass bereits 1912 eine zweite Ausgabe gedruckt wurde (Auflage der Notenausgabe: 6'000 Stück).[83] 1916 erschien die vierte Auflage der großen Ausgabe, 1920 die fünfte. Die letzte Auflage erlebte dieses Gesangbuch 1922.

Das reußische Gesangbuch von 1911 erntete große Anerkennung. So schrieb Superintendent Wilhelm Nelle aus Hamm in einem Zeitungsartikel: „Ich halte das Gesangbuch für eines der besten, die im letzten Menschenalter hervorgetreten sind, und zwar nach Zahl, Anordnung, Auswahl der Lieder, ihrer Textgestalt, sowie Auswahl und Gestalt der Melodien."[84] Ebenso äußerten sich Wilhelm Tümpel und Julius Smend anerkennend über das Gesangbuch.

1919 schloss sich die Kirche Reuß jüngerer Linie der sich gründenden Thüringischen Landeskirche an. Die Kirche Reuß älterer Linie entschied sich aus

81 StA Greiz, Ministerium Gera 8114, S. 35–37.

82 Vgl. Thüringer Kirchliches Jahrbuch 17 (1912), Altenburg 1911, S. 143.

83 Ministerium Gera 8129: Akten des Fürstl. Reuss.-Pl. Ministeriums zu Gera betreffend die Correspondenz mit den Druckereien des neuen Gesangbuchs für die Fürstentümer Reuss; Ministerium Gera 8130: Akten des Fürstl. Reuß.-Pl. Ministeriums zu Gera, betreffend Abrechungen, mit der Gesangbuchkasse in Greiz; Ministerium Gera 8131: Akten des Fürstl. Reuß.-Pl.Ministeriums zu Gera, betreffend Drucklegung der Notenausgabe des Gesangbuches, 1911–1923.

84 Auerbach, S. 33.

Bekenntnisgründen, selbständig zu bleiben. Im Gebiet der jüngeren Linie gab es 1926 Kandidaten für die Synodalwahlen der Thüringer Landeskirche, die „in Versammlungen, Zeitungsartikeln und Flugblättern (...) mit dem Wider und Für eines neuen Gesangbuches für das reußische Kirchengebiet als Wahlparole kämpften.“[85] Dies konnte jedoch nicht das Erscheinen des Thüringer evangelischen Gesangbuchs 1928 verhindern. Das Thüringer evangelische Gesangbuch enthielt 505 Lieder – also 75 weniger als das reußische. Jedoch verdrängte dieses neue Gesangbuch das alte nicht so schnell. Ein Grund dafür war, dass § 35 der Kirchenverfassung festlegte, dass jede Gemeinde selbst bestimmen solle, welche Agenden oder Gesangbücher sie benutzt. So behielten einige Gemeinden das reußische Gesangbuch. Vermutlich brachte erst das Evangelische Kirchengesangbuch von 1950 eine Vereinheitlichung.

5. *Privatgesangbücher*

Abschließend sollen vier Privatgesangbücher vorgestellt werden, die in Reuß erschienen sind. Unter Privatgesangbüchern versteht man Gesangbücher, die nicht offiziell in Gemeinden eingeführt wurden oder durch ein obrigkeitliches Privileg gefördert wurden. Alle vier Gesangbücher enthalten keine gedruckten Melodien, sondern nur die Liedtexte unter Angabe der Melodien, auf die sie zu singen sind.

Das älteste bekannte Privatgesangbuch erschien leider ohne Jahresangabe. M. E. ist es ca. 1690 gedruckt worden. Im Duodezformat befinden sich auf 470 Seiten 261 Lieder. Vereinzelt findet sich die Angabe des Verfassers eines Liedes.[86]

Gesangbüchlein/ Darinnen der Kern schöner Geistreicher Gesänge aus denen besten und berühmtesten Gesang=Büchern zusam[m]en getragen ist. Gera/ bey Wolffg. Adr. Werthern.

Die „Ordnung der Titel in diesem Gesang=Büchlein“ ist folgende, dabei ist auffällig, dass die Sterbe- und Begräbnislieder fast 100 Seiten – von Seite 282 bis 379 – einnehmen:

---

85 Heinrich Berthold Auerbach: Das neue Thüringer Gesangbuch im Kirchengebiet R. j. L. In: Sonntagsgruß. Reußisches Kirchenblatt für Stadt und Land in Verbindung mit dem Stuttgarter „Christenboten“ hg. vom Evangelischen Preßverbande Reuß in Zeulenroda 9/1928, Nr. 15, S. 140.

86 Leider nicht komplett erhalten – es scheint eine Vorrede zu fehlen – im Greizer Heimatmuseum (V 1567 R). Auf dem Titelblatt befindet sich ein schönes Kupfer, das Christus als Gnadenbrunnen zeigt.

1. Von der Menschwerdung J.C.
2. Von der Geburt JEsu Christi [Vom neuen Jahr]
3. Vom Leiden und Sterben J.C.
4. Von der Auferstehung J.C.
5. Von der Himmelfahrt J.C.
6. Vom Heiligen Geist
7. Von der Heil. Dreyfaltigkeit
8. Von den Engeln
9. Von den Zehen Geboten
10. Vom Glauben
11. Vom Vater Unser
12. Von der Tauffe.
13. Von der Buß.
14. Von der Rechtfertigung.
15. Vom Abendmahl des HErrn.
16. Morgen= und Abend=Gesänge
17. Tisch=Gesänge
18. Dancksagung
19. Vom Christl. Leben und Wandel.
20. Vom Creutz Verf. und Anf.
21. Von der Christlichen Kirchen
22. Vom Kriege
23. Von der Eitelkeit.
24. Vom Sterben und Begräbniß
25. Vom Jüngsten Tage
26. Vom ewigen Leben.

Das zweite hier vorzustellende Privatgesangbuch stammt von dem Geraer Kaufmann David Gottfried Schöber, der von 1696 bis 1778 lebte. Schöber war Autodidakt, der „sich durch regelmäßig fortgesetzte Lectüre, auch der lateinischen und griechischen Schriftsteller, so wie durch den Umgang mit Gelehrten und durch Reisen in Deutschland, der Schweiz und Italien allmälig selbst zum Gelehrten herangebildet“ hatte.[87] Schöbers Interesse galt nicht nur dem Sammeln von Liedern. Er beschäftigte sich auch mit Hymnologie auf theoretischer Ebene. So veröffentlichte er 1760 und 1761 zwei Beiträge „zur Liederhistorie, betreffend die evangelischen Gesangbücher“ sowie 1760 einen Band über herrnhutische Gesangbücher.[88]

Sein Gesangbuch erschien in erster (1735) und zweiter Auflage (1749) in Greiz bei Abraham Gottlieb Ludewig. Hier sei der Titel der dritten und letzten Auflage mitgeteilt:

Geistreicher Lieder=Segen in sich haltend 1620. der besten und erbaulichsten Lieder welche mit Fleiß durchsehen, verbessert und nöthigen Orts mit Anmerkungen erläutert worden nebst einem Vorbericht von D. G. S. Dritte Auflage. Lobenstein, Gedruckt bey George Friedrich Authenrieth, Hoch=Gräfl. Reuß. Pl. Hof=Buchdr. 1769.

---

87 Vgl. Eduard Heyden: Gallerie berühmter und merkwürdiger Reußenländer. Eine biographische Sammlung, Frankfurt am Main 1858, S. 211–213, Zit. S. 211. Auf S. 212 f. befindet sich eine ungenaue, aber soweit ich sehe vollständige Bibliographie. Weitere Literatur: Art. Schöber. In: ADB 32/1891, S. 208; Albert Fischer: David Gottfried Schöber. In: Blätter für Hymnologie, Altenburg 1887, S. 124–128 und 130–135.

88 Beytrag zur Lieder-Historie, betreffend die evangelischen Gesang-Bücher, welche bey Lebzeiten Lutheri zum Druck befördert worden, Leipzig 1760; Zweyter Beytrag zur Lieder-Historie, betreffend die evangelischen Gesang-Bücher, welche bey Lebzeiten Lutheri zum Druck befördert worden, nebst einigen verbesserten, und hiezu dienlichen Nachrichten, Leipzig 1761; Die wahre Gestalt der sämmtlichen Herrnhutischen Gesangbücher, Anhange und Zugaben, dem unparteyischen Leser zur Prüfung, und den Freunden der Liederhistorie zum Dienst vorgeleget, Leipzig 1760.

Dem „Vorbericht an den Leser“ der zweiten Auflage ist zu entnehmen, dass 800 Exemplare des Gesangbuchs für die Gemeinde in Petersburg bestimmt waren. Schöber berichtet, dass durch einen Todesfall aber nur ein Teil dort ankam. Acht Jahre dauerte es, die „ziemlich starcke Auflage“ zu verkaufen. Interessant ist auch, dass Schöber ein Gesangbuch anregt, dass gleich dem „Hällischen Biebel=Druck“ von Theologen erarbeitet wäre. Dieses Buch sollte für ein großes Territorium gelten und über mehrere Jahrzehnte unverändert nachgedruckt werden. So könnte der Preis für ein Gesangbuch minimiert und die Einheitlichkeit im Gesang optimiert werden. Inklusive der Zugabe enthält Schöbers Gesangbuch 68 Rubriken, die zunächst dem Kirchenjahr folgen, dann aber nach theologischen Topoi geordnet sind, so z. B.:

XXX. Vom Christlichen Leben und Wandel überhaupt; XXXI. Von der Ubergabe des Herzens und Willens an Gott und JEsum Christum; XXXII. Von der Begierde und Liebe zu Gott und JEsu Christo; (...) XLI. Von der Keuschheit und Mäßigkeit; XLII. Von der Demuth, Sanftmuth und Freundlichkeit; (...) LVII. Vom Jüngsten Gericht; (...) LXI. Sonntags=Lieder; LXII. Wochen=Lieder.

Im Vorwort zur dritten Auflage bezeichnet Schöber seine Liedersammlung als „mein Privat=Gesang=Buch“. Er teilt mit, welche Gesangbücher er für seine Sammlung herangezogen hat. Neben der Praxis Pietatis Melica von Johann Crüger benutzte er auch das Magdeburger Gesangbuch von Abt Steinmetz, das wiederum das Freylinghausensche zu Grunde legte, die Seelen-Musik von Heinrich Müller (1684), die Geistliche Lieder Singe-Kunst von Johann Olearius (1672), Quirsfelds Harfen-Klang (1679), Christian Marbachs Evangelische Singe-Schule (1726), das Rudolstädter Gesangbuch (1734), den Lieder-Commentar von Schamelius (1737), Johann Georg Walchs Jenaer Gesangbuch (1737) und die Beyträge zu denen alten und neuen theologischen Sachen (1752). Seine Kenntnisse waren also breit und entsprachen der damaligen hymnologischen Diskussion.

Die drei Auflagen des Schöberschen Gesangbuches unterscheiden sich durchaus voneinander. Die erste Auflage von 1735 enthielt 1532 Lieder. Die zweite Auflage von 1743 ist völlig überarbeitet. Einige Lieder nahm Schöber heraus, ergänzte die Lücken und stellte neue Lieder ein, so dass 1621 Lieder in seinem Gesangbuch enthalten waren. Die zweite Auflage unterzog er der gleichen Überarbeitung, so dass die dritte Auflage 1769 wieder völlig überarbeitet mit 1620 Liedern erschien.

Das Schöbersche Gesangbuch gehört in den Kontext des Halleschen Pietismus. Ein Indiz dafür ist die Fülle von Liedern Freylinghausens. Bemerkenswert ist noch, dass sich in der dritten Auflage des Geistlichen Liedersegens auch Lieder Heinrichs XII. (1716–1784) finden, die Schöber dem Schleizer Gesangbuch von 1767 entnommen haben könnte.[89] Er selbst dichtete auch Lieder, die

89 Vgl. S. 1334, Nr. 1537: *Herr! Erhalter meiner Tage* oder S. 1374, Nr. 1591: *So ist mein Gott nun abermal*.

sich in der dritten Auflage finden: *Es ist ein einigs Wort auf Erden*; *Er der Herr der Herrlichkeit*; *Ihr alle meine Kräfte* und *Nunmehr da der Tag vergangen*.

Das dritte Gesangbuch führt uns nach Schleiz:

Gebete und Lieder für die häusliche Andacht. Zum Besten der Armen dem Druck übergeben. Schleiz, bei Johann Gottfried Mauken. 1782.

In der Vorrede findet sich folgender Hinweis auf den Verfasser: Das Buch habe „eine christliche Standesperson zum Verfasser" und es sei „eine Veranstaltung gutgesinnter Menschen für die Armen hiesiger Gegenden mit Vorwissen des Hohen Verfassers, (...) dem Druck überliefert worden".[90] Es ist nicht mit letzter Sicherheit möglich zu entscheiden, wer der Autor dieses Buches war. Zwei Verfasser kommen in Frage: Heinrich XII. und sein Sohn Heinrich XLII. Einzig der Kontext der Entstehung lässt sich erhellen. Heinrich XII. hatte 1750 die geheime Gesellschaft der Guten Leute in Oettersdorf bei Schleiz gegründet. Damit hatte er eine Sozietät in die Grafschaft Schleiz verpflanzt, die er bei seinem Aufenthalt in Dänemark 1742 kennengelernt hatte. Unter anderem hatte sich diese Sozietät zur Leistung wohltätiger Gaben verpflichtet. 1779 war die Leitung der Loge an Heinrich XLII. übergegangen, der sie nach Heinrichshain - heute Heinrichsruh - verlegte.[91] Obwohl sein Vater zahlreiche Erbauungsschriften geschrieben hat, ist es wahrscheinlicher, dass Heinrich XLII. der Verfasser des Buches ist. Da die Gebete aus Georg Friedrich Seilers Erbauungsschriften genommen sind und auch die Lieder von anderen Verfassern stammen, müssen wir eher Heinrich XLII. als Kompilator der Sammlung ansehen. Er war es, der um 1790 die Agende von Seiler in seiner Grafschaft – ab 1806 Fürstentum - einführen ließ. Sehen wir uns die 58 Lieder genauer an, so finden wir darunter „moderne" Gesänge z. B. von Klopstock. Für Heinrich XLII. als Verfasser spricht auch das Erscheinungsjahr 1782, in dem sein Vater bereits krank war und für das Verfassen von Andachtsbüchern kaum mehr Zeit gehabt haben dürfte. Wir können recht gut sagen, was mit dem Erlös des Buches geschehen ist, da sich in den Unterlagen der Sozietät ein Hinweis darauf findet:

Wurde beschlossen: Dass dasjenige Capital von Ein Hundert Rthlr., welches der Buchdrucker Maucke vor den Verlag eines Gebetbuches an die Gesellschaft zahlet, als ein Eißernes Capital von jeden Inspectori übernommen und mit 4 rthlr. jährlich verzinset werden soll, um davon Schul=Geld vor Arme Kinder zu geben.[92]

---

90 Ein Exemplar dieses Buches befindet sich im Heimatmuseum Greiz (V 1608 R).

91 Vgl. Ernst Paul Kretschmer: Die Antimassionianische Sozietät und die Logen Heinrichs XII. Reuß-Schleiz, zugleich ein Beitrag zur Geschichte des Pietismus, Leipzig 1919; Ders.: Neue Beiträge zur Geschichte der antimassionianischen Sozietäten 1741–1805. Auf Grund urkundlicher Forschungen bearbeitet. In: Erweiterter Sonderdruck aus der Festschrift der Großloge „Lessing zu den drei Ringen", Sitz Prag 1931.

92 Nach Kretschmer, Sozietät und Logen, S. 135.

Das als letztes Privatgesangbuch vorzustellende Gesangbuch ist eher eine Liedersammlung. Sie soll hier wegen ihrer Originalität mit aufgenommen werden. Der Verfasser war Schuhmacher und auch Sohn eines Schuhmachers:

Christliche Lieder über die jährlichen Sonn= und Festtags=Evangelia von Christian Friedrich Förster. Gera 1800. bei Carl Gottlob Haller und Sohn.[93]

Laut der Vorrede des Herausgebers, Mettenprediger Carl Friedrich Uhrland (III) ist bereits 1799 eine kleine Auflage einiger dieser Lieder abgedruckt worden. Über Förster berichtet er (IV): „Ueber seiner Berufsarbeit, die er als Gottesdienst verrichtet, dichtet er seine Lieder in mancher Woche zwey, drey und mehrere. Des Sonntags schreibt er sie auf, kann er aber eben nicht, so hat er auch die besondere Gabe, sie einen und mehrere Monate im Geiste und Gedächtnisse zu behalten und noch andere dazu zu machen.“ Ursprünglich sollte das Bändchen mit den 82 Liedern in Basel erscheinen, doch der Krieg verhinderte dies.

Aus der Vorrede des Verfassers erfahren wir mehr über den Autor und seine Motivation zum Liederdichten. So wie der Heilige Geist die Apostel und Propheten angetrieben hat, leitet er die Christen zur rechten Erkenntnis Jesu. Auch beim Junggesellen Förster war es so (IX): „Denn schon von meiner Jugend an leitete mich der Heilige Geist, so, dass es bald zu Entscheidung der wichtigen Frage kam: Was muss ich thun, dass ich selig werde?“ Weiter berichtet er, dass der Geist ihm den Glauben schenkte, aus dem er seine Lieder dichtete. Im Gebet kamen ihm die Gedanken, die er in Verse umsetzte (XIII): „Eigentlich ist mein ganzes Leben ein stetes Gebeth, weil mein Herz unverwandt auf Christum gerichtet ist, weil ich Ihm alles sage, und wir beyde so mit einander umgehen, wie ein Freund mit dem andern.“ Auch auf die Leser der Lieder soll der Heilige Geist kommen.

Die Lieder Christian Försters sind alle auf bekannte Melodien gedichtet, die immer mit angegeben werden. Durchschnittlich haben die Lieder, die eine gute Bibelkenntnis widerspiegeln, zehn Strophen. Hat man aus seiner Vorrede den Eindruck, dass die Lieder stark spiritualistisch seien, so wird man bei der Lektüre der Texte enttäuscht. Zunächst sind die Lieder auf die Sonntagsevangelien verfertigt. Einige haben das Abendmahl zum Thema. Alle weisen aber eine starke Bindung an Jesus, eine starke Jesusfrömmigkeit, auf. So heißt die erste Strophe des Liedes „Am 2 Sonntage nach dem Feste der Erscheinung Christi über das Evangelium Joh. 2,1–11“:

Nichts ist sonst wie du,
Jesu! sanfte Ruh!
du bist Quell der Seligkeiten,
Schöpfer und auch Herr der Zeiten,
Himmelsbrod dazu,
nichts ist sonst wie du.“

93 StA Greiz, C IX 29.

Zusammenfassung

Wir haben gesehen, dass sich in den Reußischen Grafschaften[94] Entwicklungen vollziehen, die die theologischen Wandlungen der Zeit widerspiegeln. Mit dem Freylinghausenschen Gesangbuch verbreitete sich pietistisches Liedgut. Dies fand in den Reußischen Gesangbüchern der ersten Hälfte des 18. Jahrhunderts Eingang. Um 1780 entstanden vielerorts aufgeklärte Gesangbücher. Auch in Reuß finden wir diese, die durch eine „rationalistische" Wende um 1820 abgelöst wurden. Den Einfluss der Erweckungsbewegung sehen wir in Reuß z. B. an den Greizer Gesangbüchern ab 1860. Schließlich entstand das Gesangbuch für beide Fürstentümer Reuß von 1911 auf dem Hintergrund der älteren liturgischen Bewegung um Friedrich Spitta und Julius Smend. Es spiegelt mit seinen Textfassungen, die Diskussion um möglichst unverfälschte protestantische Lieder wider.

Das Anwachsen der Anzahl der Lieder ist immer wieder bei den einzelnen Gesangbüchern zu beobachten, so dass sich die jeweiligen Auflagen oft stark von einander unterschieden. Neue Lieder wurden aufgenommen, um dem gewandelten Geschmack und den sich verändernden Bedürfnissen gerecht zu werden. Die Vermehrung der Lieder zeigt auch, dass ständig neue Lieder gedichtet wurden, die in jeder Generation die Heilstaten Gottes neu besangen.

Wie in anderen Gesangbüchern anderer Territorien, tauchten in den Reußischen Ende des 19. Jahrhunderts „geistliche Volkslieder" auf. Dazu zählen im Gesangbuch von 1911 nicht nur Julie Hausmanns Lied *So nimm denn meine Hände* oder *Harre, meine Seele, harre des Herrn* von Johann Friedrich Räder, sondern auch *Großer Gott wir loben dich*; *O du fröhliche* und *Stille Nacht, heilige Nacht*. Dabei dringt auch reformiertes Liedgut in das lutherische Gesangbuch des Reußenlandes ein. Lieder von Gerhard Teerstegen erfreuen sich im Gesangbuch von 1911 großer Beliebtheit. Neben einem verändertem Umgang mit Liedern anderer Konfessionen sehen wir daran auch mentale Wandlungen der Sänger von Liedern mit ihrem Liedgut. Tradition und Modernität sowie Innigkeit vereinen sich im Gesangbuch von 1911 – alte reußische Lieder von Heinrich XII. oder Johann Benjamin Oswald stehen neben Texten, die dem Gesangbuch Friedrich Spittas für Elsaß-Lothringen entnommen sind, oder den genannten geistlichen Volksliedern.

Auch wenn sich im 19. Jahrhundert viel in der evangelischen Frömmigkeit in der Folge der Aufklärung und des Rationalismus änderte, so blieb doch die Bedeutung des Gesangbuchs als Hausbuch ungebrochen. Eigene Traditionen verbanden sich damit. So wollten die Geraer nach 1865 ihr Geraer Gesangbuch nicht gegen das neue des Fürstentums Reuß jüngerer Linie vertauschen, sodass bis 1911 im Fürstentum Reuß jüngerer Linie aus zwei Gesangbüchern

94 Reuß älterer Linie wurde 1778 in den Fürstenstand erhoben, 1806 folgte Reuß jüngerer Linie.

gesungen wurde. Einen ähnlichen schwierigen Ablösungsprozess sahen wir 1928 bei der Einführung des Thüringer Gesangbuchs.

Wir sind zahlreichen Pfarrern und Superintendenten begegnet, die nicht nur ein Gesangbuch für ihren Amtsbereich erarbeiteten, sondern auch selbst Lieder dichteten und sie in die Gesangbücher hineinbrachten: Johann Benjamin Oswald und sein Nachfolger Johann Benjamin Berner aus Greiz, Johann David Friedrich Schottin, Johann Zacharias Hermann Hahn und Christian August Behr aus Gera oder Georg Adam und Johann Heinrich Gottfried Neithart aus Ebersdorf.[95] Die Mühe, die sie sich mit dem Dichten zeitgemäßer Lieder machten, spiegelt wieder, dass die Erarbeitung eines Gesangbuchs mehr als eine Dienstpflicht für sie war. Vermutlich sangen sie ihre Lieder auch im Familienkreis. Die reußischen Gesangbücher geben also auch kleine Einblicke in das Thema „Pfarrhaus und Musik“.

95 Unter den reußischen Dichterpfarrern dürfen wir Julius Sturm (1816–1896) nicht vergessen. Von ihm standen fünf Lieder im Reußischen Gesangbuch von 1911. Vgl. Paul Glaue: Art. Sturm, Julius, in RGG[1] V, Sp. 980 f.

Titelblatt des Gesangbuchs von 1911 von Rudolf Schäfer

Neues von Komponisten und Dichtern des Evangelischen Gesangbuchs (III)

Wolfgang Herbst

Corner, David Gregor: Der Mitautor der 7. Strophe von EG 7 *O Heiland, reiß die Himmel auf* ist entgegen neueren Lexikonangaben bereits im Jahre 1585 in Hirschberg/Schlesien (poln. Jelenia Góra) geboren. Im Benediktinerkloster Göttweig, dessen Abt er von 1631 bis zu seinem Tode war, ist er am 9. Januar 1648 verstorben, wie bereits in JLH, 38. Bd., 1999, S. 254 mitgeteilt. Das neue *Schlesische Musiklexikon* (Hg. Lothar Hoffmann-Erbrecht) 2001 schreibt über das Geburtsjahr „*1587 (nicht: 1585)" und gibt als Sterbeort Wien an. In der neuen MGG², Personenteil, Bd. 4, Sp. 1627 ist zwar das richtige Geburtsjahr 1585 angegeben, aber danach heißt es „† 9. Jan. 1648 in Wien". Die richtigen Lebensdaten Corners werden jedoch durch die Kirchenbücher des Benediktinerstiftes Göttweig (Professbuch) zuverlässig dokumentiert. Darin lesen wir: *„David Gregor I. Corner (1631–1648) aus Hirschberg, Schlesien, Diözese Breslau. Geboren 1585; Einkleidung 1625; Profeß 1626, 8.9.; Priesterweihe 1614; Abtwahl 1631, 15.7.; Gestorben 1648, 9.1."* Über Sterbeort und Begräbnis heißt es: *„Corner schuf 1638 in der Krypta der Stiftskirche eine eigene Mönchsgruft mit Gregoriusaltar, in der er selbst (gest. 1648, 9. Januar, in Göttweig) am 12. Januar 1648 bestattet wurde".*
Quelle: siehe JLH, 38. Bd, 1999, S. 254.

Gregor, Christian: Geburts- und Todestag des bedeutenden Textdichters und Musikers der Brüdergemeine werden in Nachschlagewerken unterschiedlich angegeben. Gregor wurde am 1. Januar 1723 in Dirsdorf (poln. Przerzeczyn-Zdrój) geboren, was durch verschiedene Quellen, darunter auch den Sterbeeintrag im Kirchenbuch von Herrnhut vom 6. Nov. 1801 bestätigt wird (Unitätsarchiv Herrnhut). Die Angaben des Geburtstages im neuen *Schlesischen Musiklexikon* S. 221 f. sind demnach unzutreffend.

Häussler, Gerhard: Der Kirchenmusikdirektor und Komponist der Melodie EG 418/GL 618 *Brich dem Hungrigen dein Brot* ist am 9. August 2001 in Erfurt verstorben.

Kucz, Gustav: Der Übersetzer des polnischen Liedes EG 53 *Als die Welt verloren, Christus ward geboren* ist nicht in Sorau (poln. Żary) geboren, das in der Niederlausitz liegt, sondern in Sohrau (poln. Żory), Kreis Rybnik in Oberschlesien. Dieser Sachverhalt wurde vom Landeseinwohneramt Berlin bestätigt. Die Angaben im Handbuch zum EG, Bd. 2, S. 188 bzw. in *Wer ist wer im Gesangbuch?* sind in den Neuauflagen 2001 korrigiert. Auf die Ortsverwechslung hat freundlicherweise Dr. Hartwig Benzler aus La Hulpe (Belgien) hingewiesen.

Michel, Josef: In mehreren EG-Regionalteilen finden sich Melodien oder Texte des Kirchen- und Schulmusikers aus Baden. Bekannt geworden sind unter anderem die Lieder *Nun werden die Engel im Himmel singen* und *Wir sitzen an gedeckten Tischen*. Josef Michel wurde am 28. 3. 1928 in Hamburg geboren und verstarb am 25. 3. 2002 in Radolfzell am Bodensee.

Reimann (Reymann), Johann Balthasar: Der Autor des Choralbuches, in dem die Melodie von EG 40 *Dies ist der Tag, da mir erschienen* zu finden ist, wurde bisher immer mit dem Todesjahr 1749 in Verbindung gebracht. Das *Schlesische Musiklexikon* gibt jedoch an, Reimann sei bereits am 22. Dezember 1747 verstorben. Eine Überprüfung hat folgendes ergeben: Das Todesdatum Reimanns ist der 22. Dezember 1749.
Quellen: *Denckmahl der Güte Gottes bey feyerlicher Begehung des Evangel. Jubel-Fests, wegen der unserm Hirschberg vor Funfzig Jahren verliehenen Gnaden=Kirche und Schule. am 7. May 1759* (= Jubelbüchlein zum 50jährigen Bestehen der Gnadenkirche). Dort wird über Reimann berichtet: *„A. 1729 wurde er nach Hirschberg verschrieben, um daselbst das von Johann Röder aus Berlin neuerbaute Orgelwerck zu untersuchen, bald darauf aber zum Organisten hieselbst beruffen, welches Amt er mit vielem Beyfall verwaltet, bis er 1749 durch einen plötzlichen Tod aus der Zeit in die Ewigkeit versetzt wurde." – Historisch-Topographische | Beschreibung | der Stadt | Hirschberg | in Schlesien | seit ihrem Ursprunge bis auf das Jahr 1797. | von Johann Daniel Hensel. | Hirschberg, | bey Wolfgang Pittschiller und Comp. | 1797.* S. 564–565. Dort heißt es bei der Aufzählung der Organisten: *„1) Johann Balthasar Reymann. Er ward 1702 den 14ten Jun. zu Breslau gebohren. Sein Vater war ein Töpfer. Er ward anfangs in der neustädtschen Schule, nachmals aber in der Musik vom Kantor Wiltsch bei der Elisabeth Kirche daselbst, unterrichtet. 1726 erhielt er das Amt eines Unterorganisten in der Maria Magdalena Kirche daselbst. 1729 ward er seiner Geschicklichkeit wegen nach Hirschberg gerufen, um die neue Orgel an unsrer Kirche zu untersuchen (oder wie man sagt: zu übernehmen;) bald darauf aber bekam er den Ruf als Organist bei derselben. Er war einer der besten Organisten seiner Zeit in Schlesien, gab auch ein eignes Choralbuch über das Hirschbergsche Gesangbuch heraus, und starb 1749, den 22ten December am Schlage."*

Teschner, Melchior: Für den Komponisten der Melodie EG 523 *Valet will ich dir geben* werden geringfügig von einander abweichende Geburtsdaten angegeben. In MGG, Bd. 13 (1966), Sp. 259 lesen wir den 28. 4. 1584. Siegfried Fornaçon hat 1957 in *Musik und Kirche* S. 231 jedoch darauf hingewiesen, dass Teschner am Sonntag Cantate 1584 geboren ist, und das war 1584 der 29. April. Dieses Datum wird bestätigt durch den Lebenslauf Teschners, der der

Leichenpredigt beigefügt ist (Herzog August Bibliothek Wolfenbüttel, Fürstlich Stolberg-Stolbergsche Leichenpredigten-Sammlung Nr. 22006).

Trautwein, Dieter: Der Schöpfer zahlreicher Melodien und Texte (z. B. EG 170 *Komm, Herr, segne uns* oder EG 56 *Weil Gott in tiefster Nacht erschienen*) ist am 9. 11. 2002 in Frankfurt a.M. verstorben.

Wagner, Johann Gottlieb: Der Melodienkomponist von EG 40 *Dies ist die Nacht, da mir erschienen* (siehe JLH, Bd. 40, 2001, S. 178) ist am 3. Februar 1711 wahrscheinlich in Holzkirch (poln. Kościelnik) Kreis Lauban (poln. Lubań) geboren. Dort war er auch als Lehrer und Kantor tätig, bevor er gemeinsam mit seinem Pfarrer Christoph Seliger in das 7 Kilometer entfernte Langenöls (poln. Olszyna) wechselte. 88 Jahre nach der Vertreibung des letzten evangelischen Pfarrers und der Übergabe der evangelischen Kirche an die Katholiken war in Langenöls 1742 die Wiedererrichtung einer evangelischen Gemeinde bewilligt worden. Seliger wurde für den 2. Ostertag 1742 zu einer Probe- und Gastpredigt in den Saal des Schlosses eingeladen. Danach bot man ihm sofort die neu errichtete Pfarrstelle an. Er stellte die Bedingung, seinen Kantor Wagner mitbringen zu dürfen. Bereits am 1. Mai 1742 zogen beide in Langenöls ein. Johann Gottlieb Wagner war damit zugleich der erste Lehrer in der neu gegründeten evangelischen Schule. Zwischen 1742 und 1747 wurden eine neue Evangelische Kirche und ein neues Schulgebäude erbaut. Bis zum Bau einer Orgel 1751–52 durch den Orgelbauer Johann Christoph Neumann in Bergstraß bei Messersdorf (Markgrafschaft Oberlausitz, Kreis Bautzen) hatte die schöne neue Fachwerk-Kirche in Langenöls nur ein sehr kleines Orgelpositiv („Orgeltisch"), deshalb ließ man im Gottesdienst einen Posaunenchor spielen. Mit dem Neuaufbau der evangelischen Kirchengemeinde hängt auch zusammen, dass Wagner ein handschriftliches Choralbuch angefertigt hat. Darin befand sich erstmalig eine Melodie auf den Text *O dass ich tausend Zungen hätte*, die in abgewandelter Form EG 40 unterlegt wurde (JLH, 40. Bd., 2001, S. 178). Die Kirchenbücher zitierend schreibt Kadelbach über Wagners Tod in Langenöls: *„Am 23. September 1779 rief ihn der Herr zur Ruhe. Er starb 68 Jahre, 7 Monate und 20 Tage alt"*. Amtsnachfolger wurde sein Sohn Ernst Liebegott Wagner.
Quellen: Archiv Stadt und Kreis Lauban, Niederschlesien/Oberlausitz (D-38154 Königslutter am Elm, Kiefelhorn 13) – *Rund um Lauban,* Bd. 1 Heimatwanderungen, Lauban 1929, S. 50 – Fritz Käbisch: *Langenöls. Die Geschichte eines schlesischen Industriedorfes,* Scheinfeld 1978 – Oswald Kadelbach: *Kurze Geschichte des Dorfes Langenöls nebst Kleinstöckigt und Gieshübel, (1440–1859),* Langenöls 1859, S. 105.

Witzke, Wilhelm: Ergänzend zu JLH Bd. 40, 2001, S. 179 ist mitzuteilen, dass Friedrich Ludwig Wilhelm Witzke, der Bearbeiter des Epiphaniasliedes *Der Morgenstern ist aufgedrungen* (EG 69) aus Nordschleswig stammt. Er wurde am 22. 3. 1877 in Sommerstedt (dän. Sommersted) bei Hadersleben (dän. Haderslev) geboren. Nach Ablegung beider Lehrerprüfungen (1897 und 1900)

in Bromberg (poln. Bydgoszcz) und der Rektorprüfung (1908) in Posen (poln. Poznań) war er im Schuldienst tätig. Am 1.4.1920 wurde er Lehrer an der Evangelischen 35. Volksschule in der Richardstraße Berlin-Neukölln, und von 1922 bis 1938 war er dort Rektor. Bis zu seinem Eintritt in den Ruhestand im Juni 1944 wirkte er an dieser Schule. Ende März 1945 zog er nach Bad Oldesloe. Dort verstarb er am 8.9.1954.
Quellen: Archiv der Bibliothek für Bildungsgeschichtliche Forschung, Berlin – Landesarchiv Berlin (Historische Berliner Meldekartei 1945–1960) – Bürgeramt Bad Oldesloe (Einwohnermeldeamt).

Hymnologie an der Jahrhundertwende

Andreas Marti

I. Postulate der Hymnologie im 20. Jahrhundert

Der nachfolgende Beitrag geht von einem Referat aus, das der Verfasser im hymnologischen Graduiertenkolleg Mainz am 26. April 2002 unter dem Thema „Hymnologie im 20. Jahrhundert" hielt. Es ging dort vor allem um die Rolle von Konrad Ameln und um seine Standortbestimmung von 1959, die zum Vergleich mit der gegenwärtigen Situation einlädt. Den biographischen Teil lassen wir hier weg, da er noch vertiefte Forschung verlangen würde. Eine Bibliographie der Werke Konrad Amelns bis 1974 findet sich in der zu seinem 75. Geburtstag erschienen Festschrift.[1] Eine Liste der Beiträge Amelns im JLH ist im Internet abrufbar unter *http://www.iah.unibe.ch/JLH%20Ameln.htm*

Die erwähnte Standortbestimmung trägt den Titel „Der gegenwärtige Stand und die vordringlichen Aufgaben der hymnologischen Forschung"[2] und ist die Aufsatzfassung des Vortrages, den Konrad Ameln zur Eröffnung der 1. Tagung der Internationalen Arbeitsgemeinschaft für Hymnologie (Lüdenscheid 1959) gehalten hat. Er ordnet dabei die Hymnologie in den weiteren Rahmen der Liturgik ein und definiert sie als „die Wissenschaft von dem Gesang, der zum Lobe Gottes in allen Zungen erklingt". Der ausdrückliche Einbezug von Ordinarium und Proprium Missae und der choralbezogenen Kirchenmusik macht allerdings die Abgrenzung zur Kirchenmusikwissenschaft im Gesamten fließend. Ähnlich umfassend definieren beispielsweise Walter Blankenburg[3] und Markus Jenny[4], wobei Blankenburg die Abgrenzungsproblematik ausdrücklich anspricht. Unbeschadet des von Blankenburg formulierten Anspruchs, das Ganze der christlichen Hymnodie in all ihren Formen und Ausprägungen zu reflektieren, ergibt sich ja in der praktischen Wissenschaftsorganisation eine Konzentration auf Kirchenlied, Gemeindegesang und Gesangbuch, jeweils mit den direkt angrenzenden Gebieten.

---

1 Gerhard Schumacher (Hg.): Traditionen und Reformen in der Kirchenmusik. Kassel 1974.

2 Konrad Ameln: Der gegenwärtige Stand und die vordringlichen Aufgaben der hymnologischen Forschung". In: JLH (6) 1961, S. 62–69.

3 Walter Blankenburg: Die Entwicklung der Hymnologie seit etwa 1950. In: Theologische Rundschau, Neue Folge (42) 1977, S. 131–170, 360–405 und (44) 1979, S. 36–69, 239–279, 319–349, hier v. a. 42, S. 136.

4 Markus Jenny: Art. Hymnologie in: TRE 15. Bd., Berlin 1986, S. 770–778, hier S. 773.

Diese Konzentration vollzieht auch Konrad Ameln bei der Aufzählung der Forschungsgebiete. Er nennt die folgenden:[5]

1. Theologie des Kirchenliedes
2. Ursprung und Geschichte des Kirchenliedes
3. Inhalt und Gehalt des Kirchenliedes
4. Form und Stil des Kirchenliedes
5. Theoretische Grundlagen der Kirchenliedweisen
6. Praxis des Kirchengesanges
7. Leben und Werk der Dichter und Melodieschöpfer
8. Geschichte der Hymnologie. Leben und Werk bedeutender Hymnologen und Theoretiker

Zusätzlich nennt Ameln als „dringende Sonderaufgaben“:

A. Systematische Erschließung der Quellen
B. Berichtigung und Ergänzung der Standardwerke
C. Möglichst schnelle Veröffentlichung neuer Funde und Forschungsergebnisse
D. Erschließung älterer Arbeiten, besonders der an schwer zugänglicher Stelle veröffentlichten

Anhand der aufgezählten Teilgebiete soll im Folgenden versucht werden, eine Bilanz über die letzten Jahrzehnte hymnologischer Forschung und die Aufgaben der Hymnologie am Beginn des 21. Jahrhunderts zu skizzieren.

II. Erreichtes und Offenes

1. Theologie des Kirchenliedes

Hier geht es nicht um theologische Interpretation von Liedtexten, sondern um jene des Gegenstandes „Kirchenlied“ selbst, des Phänomens „Kirchengesang“. Sie wurde bisher weitgehend im Bezug auf den liturgischen Gesang vorgenommen, meist auf der Basis einer mehr oder weniger ausgeprägt neukonfessionalistischen Theologie, gestützt auf Aussagen Martin Luthers oder auch Johann Walters. Die „humanwissenschaftliche Wende“ der Praktischen Theologie wurde von der Hymnologie kaum mitgemacht. Es fehlen pastoralpsychologische oder -soziologische Betrachtungsweisen, es gibt noch fast keine Rezeptionsforschung.[6] Es fehlt aber auch bereits eine Hermeneutik,[7] die den Abstand zwischen Kirchenliedautor und Gegenwart angemessen reflektieren würde.

5 K. Ameln, Stand, S. 66 f.

6 Eine neue Arbeit auf diesem Gebiet präsentiert Britta Martini: Sprache und Rezeption des Kirchenliedes. Analysen und Interviews zu einem Tauflied aus dem Evangelischen Gesangbuch.

Die „Bedeutung" von Kirchenliedtexten wird häufig geradlinig in die Gegenwart versetzt.

Fazit: Die Neuorientierung steht großteils noch aus, ist lediglich in einzelnen Fällen angebahnt.

2. *Ursprung und Geschichte des Kirchenliedes*

Konrad Ameln datiert in seiner Standortbestimmung den Beginn der historisch-kritischen Hymnologie ins 19. Jahrhundert. Sie setzt da ein, wo sich die Hymnologie von einem außerhymnologischem Auftrag (z. B. der liturgischen Diskussion) frei macht, wo sie „um ihrer selbst" willen betrieben wird und gerade damit der christlichen Gemeinde zum Nutzen gereichen kann. „Denn bei diesen Gelehrten ist die Gefahr weitgehend gebannt, dass ihr Blick getrübt wird durch die Rücksichtnahme auf das, was man als ‚gemeindemäßig' zu bezeichnen pflegt, oder durch andere Voreingenommenheit. ... mit dem Ziel einer möglichst objektiven Wahrheitsfindung."[8] Bei Ameln nicht diskutiert wird, was denn „objektive Wahrheit" beim Kirchenlied ist: Es ist kaum zu bestreiten, dass hier eine unreflektierte Verlängerung der aus dem 19. Jahrhundert stammenden historistischen Wertorientierung vorliegt, eine Haltung, „die die Bedürfnisse der Gegenwart ausblendet und sich insofern einseitig an der Vergangenheit orientiert, als sie überwiegend von daher ihre Maßstäbe gewinnt."[9]

Bei aller Kritik an solchen Reflexionsdefiziten ist die Leistung der bisherigen Hymnologie von großem Gewicht. Die historische Forschung bleibt ein Schwerpunktgebiet der Hymnologie und stellt eine Daueraufgabe dar. Nach wie vor ist viel historisches Material aufzuarbeiten und zu interpretieren, und in der Folge dieser Aufarbeitung müssen auch immer wieder allzu selbstverständlich gewordene historische Erkenntnisse in Frage gestellt werden. Als Beispiele seien die Fragen um den Beginn des Psalmengesangs in Genf oder Herkunft der „evangelischen" Melodiefassung im „Halleluja" von *Christ ist erstanden*[10] genannt.

Ein bisher noch eher wenig bearbeitetes Problem ist das der „fließenden"

Veröffentlichungen zur Liturgik, Hymnologie und theologischen Kirchenmusikforschung Bd. 38. Vandenhoeck & Ruprecht, Göttingen 2002.

7 Unter diesem Gesichtspunkt keinen Fortschritt bedeutet die Arbeit von Johannes Block: Verstehen durch Musik: Das gesungene Wort in der Theologie. Ein hermeneutischer Beitrag zur Hymnologie am Beispiel Martin Luthers. Mainzer hymnologische Studien Bd. 6. Francke, Tübingen und Basel 2002. Block berücksichtigt die grundlegende Schwierigkeit, die durch die Fremdheit eines aus einer anderen historischen und gesellschaftlichen Situation auf uns kommenden Textes entsteht, gerade nicht. Vgl. dazu im Literaturbericht S. 221.

8 Ameln, Stand, S. 63.

9 Ilsabe Seibt: Historismus im evangelischen Gesangbuch des 19. Jahrhunderts. In: Irmgard Scheitler (Hg.): Geistliches Lied und Kirchenlied im 19. Jahrhundert. Mainzer hymnologische Studien Bd. 2, Tübingen und Basel 2002, S. 123–138, Zit. S. 125.

10 Vgl. dazu den Beitrag des Verf. in JLH (41) 2002, S. 157–160.

Identität von Kirchenliedern angesichts von unterschiedlichen Fassungen, Melodiezuweisungen und regionaler Verbreitung.

Fazit: Vieles ist geleistet worden; die Aufgabe bleibt gestellt und ist in Kontinuität zur Arbeit der letzten Jahrzehnte zu verfolgen. Kritik ist – methodenimmanent – an Einzelergebnissen anzubringen, dazu im Blick auf das Ganze der Hymnologie auch an die Methode selbst und die damit verbundenen Kriterien.

3. Inhalt und Gehalt des Kirchenliedes

Ausführlich sind vor allem Kirchenlieder des 16. und des frühen 17. Jahrhunderts interpretiert worden. Noch zu wenig stattgefunden hat die Auseinandersetzung mit neueren Kirchenliedern und ihrem Bezug auf zeitgenössische Theologie; im Rahmen der im Aufbau befindlichen Kommentarkwerke zum Evangelischen Gesangbuch und zu den Deutschschweizer Gesangbüchern ergibt sich hier automatisch eine gewisse Korrektur.

Fazit: Eine Akzentverlagerung ist nötig und teilweise bereits im Gange.

4. Form und Stil des Kirchenliedes

Kirchenlieder wurden bisher vorwiegend auf der methodischen Basis der klassischen Literaturwissenschaft untersucht. Sie wurden (und werden nach wie vor) als Kunstwerke analysiert, für die ein hoher ästhetischer Wert vorausgesetzt wird, wobei die Kriterien einer solch normativen Ästhetik nicht immer explizit gemacht werden. Zu beobachten ist auch ein (zu) hoher Stellenwert der Metaphorik auf Kosten textstruktureller Kriterien. Defizite bestehen trotz verschiedener Einzelarbeiten nach wie vor in der Anwendung sprachwissenschaftlicher Methoden etwa aus der Textlinguistik. Die Suche nach Textstrukturen, Kommunikationszusammenhängen und Wirkungsweisen bedeutet einen deskriptiven Ansatz, der unabhängig vom ästhetischen Status des Objektes anwendbar ist.

Fazit: Die bisherige Arbeit ist weiterführen und um neue methodische Zugänge zu ergänzen.

5. Theoretische Grundlagen der Kirchenliedweisen

Bei der Suche nach einer Typologie der Kirchenliedmelodien kann an der Darstellung Walter Blankenburgs[11] angeknüpft werden, wobei jedoch der phänomenologische gegenüber dem historischen Aspekt verdeutlicht werden muss.

---

11 Walter Blankenburg: Geschichte der Melodien des Evangelischen Kirchengesangbuchs. In:

Musikwissenschaftlich gesehen fehlt eine auf das Kirchenlied anwendbare Melodietheorie, die auch analytisch fruchtbar zu machen wäre.[12] Gegenwärtig ist abgesehen von der intensiven Quellenforschung im Rahmen der Edition des Deutschen Kirchenliedes (DKL) die Musikwissenschaft im Rahmen der Hymnologie deutlich untervertreten.

Fazit: Der Anspruch ist noch wenig eingelöst und muss verstärkt umgesetzt werden.

6. Praxis des Kirchengesanges

Untersuchungen zum Kirchengesang in der konkreten Praxis sind bisher ausgesprochen schmal und dazu eher an präskriptiven Quellen orientiert (Liederordnungen, Kirchenordnungen, Gesangbücher). Wesentlich stärker einzubeziehen sind deskriptive Belege für den „real existierenden" Kirchengesang, etwa in Form der Auswertung lokalhistorischer Quellen (Ratsakten, Pfarrbücher). Angekündigt ist eine solche Arbeit von Joachim Roller.

Fazit: Diese Arbeit ist im Wesentlich noch zu leisten.

7. Leben und Werk der Dichter und Melodieschöpfer

Hier wurde viel akribische Arbeit geleistet, die in Kontinuität weiterzuführen ist, und zwar anhand ergänzter Quellengrundlagen auch im Sinne einer kritischen Aufarbeitung. Hinzuweisen ist besonders auf den Biographienband zum Evangelischen Gesangbuch[13] und Wolfgang Herbsts Ergänzungen dazu.[14] Ein Problem stellt die Rezeption dieser Ergebnisse in der breiteren Öffentlichkeit dar. Nach wie vor sind legendenhafte „stories behind the hymns" verbreitet und harren der „Entmythologisierung".[15] Noch zu leisten ist die Ausweitung über das deutsche Sprachgebiet hinaus bzw. die Vermittlung von bereits anderswo vorliegender Resultate. Ein eigener Schwerpunkt muss die Beschäftigung mit dichtenden und komponierenden Frauen vor allem in früheren Zeiten sein.

Christhard Mahrenholz u.a. (Hg.): Handbuch zum evangelischen Kirchengesangbuch Bd. II/2, S. 45–120.

12 Vgl. dazu den Versuch einer hymnologischen Melodieanalyse des Verf. in JLH (40) 2001, S. 147–173.

13 Wolfgang Herbst (Hg.): Komponisten und Liederdichter des Evangelischen Gesangbuchs. Handbuch zum Evangelischen Gesangbuch Bd. 2, Vandenhoeck & Ruprecht, Göttingen 2002.

14 Wolfgang Herbst: Neues von Komponisten und Liederdichtern. In: JLH (38) 1999, S. 253–262 und (40) 2001, S. 174–181.

15 Ein schönes Beispiel für eine gründliche Klärung der Sachverhalte bietet Wolfgang Herbst: Stille Nacht! Heilige Nacht! Die Erfolgsgeschichte eines Weihnachtsliedes. Atlantis, Zürich und Mainz 2002.

Fazit: Neben Kontinuität sind Verbreiterung der Fragestellungen und eine bessere öffentliche Kommunikation nötig.

8. Geschichte der Hymnologie

Außer den bereits genannten Beiträgen von Blankenburg ist vor allem Martin Rößlers Aufsatz über die Frühzeit der hymnologischen Forschung zu erwähnen.[16] Das Thema ist nicht sehr breit vertreten, begegnet aber auch in Einzelbeiträgen, die später einmal zu einem umfassenderen Bild zusammenzufügen sein werden.[17] Noch kaum geleistet ist eine methodenkritische Wissenschaftsgeschichte.

Für die von Konrad Ameln genannten zusätzlichen Aufgaben (Systematische Erschließung der Quellen; Berichtigung und Ergänzung der Standardwerke; Veröffentlichung neuer Funde und Forschungsergebnisse; Erschließung älterer Arbeiten) kann summarisch festgestellt werden, dass es sich hier um Postulate handelt, die trotz kontinuierlicher Arbeit ihre Aktualität behalten und die hymnologische Wissenschaft immer begleiten müssen.

III. Zusätzliche Arbeitsfelder

Einige Teilgebiete sind in Amelns Systematik nicht erfasst, sind jedoch für die zukünftige hymnologische Forschung von großer Wichtigkeit.

1. Rezeptionsforschung

Hier ist anzuknüpfen an die oben unter Punkt 6 genannten Fragestellungen nach der Praxis des Kirchenliedes. Rezeptionsforschung muss aber ein eigener Schwerpunkt werden und nach dem „Sitz“ des Kirchenliedes im weitesten Sinne auch außerhalb der Liturgie fragen. Die bisherige Liturgiezentriertheit bedeutet eine Sichtverengung, die bereits die Auseinandersetzung mit dem katholischen Kirchenlied und seiner Funktion für eine breit gefasste Frömmigkeitspraxis erschwert.[18] Ebenfalls ist an dieser Stelle das Gespräch mit empirischen Ansätzen in der praktischen Theologie aufzunehmen (ein gewichtiger Beitrag dazu ist die bereits erwähnte Arbeit von Britta Martini, vgl. Anm. 6).

Besonders bedeutsam in diesem Zusammenhang ist das Kanonproblem. Es

---

16 Martin Rößler: Die Frühzeit hymnologischer Forschung. In: JLH (19) 1975, S. 123–186.

17 Vgl. Werner Braun: Wolfgang Caspar Printz als Hymnologe (1690). In: JLH (41) 2002, S. 187–194.

18 Vgl. dazu Michael Fischer: Gekreuzigte Liebe. Das Grüssauer Kreuzwegbuch von 1682. In: JLH (41) 2002, S. 161–186.

müssen die Vorgänge reflektiert werden, die zur Rezeption oder Nichtrezeption eines Liedes führen, und zwar einerseits auf der institutionellen Ebene der Liederpläne und Gesangbücher, andererseits auf der Ebene des faktischen Gebrauchs. Die Hymnologie stand und steht in der Gefahr, Kanonisierungsvorgänge durch die Auswahl ihrer Untersuchungsobjekte unreflektiert zu bestätigen - dies besonders im Rahmen der jetzt in Gang befindlichen Kommentararbeiten, die sich aus naheliegenden Gründen auf die vorhandenen Gesangbücher konzentrieren und sich gar - wie im Falle des Deutschschweizer Liederkommentars - noch auf einen „Kanon in Kanon" (im vorliegenden Fall auf die den Deutschschweizer Gesangbüchern gemeinsamen Lieder) beschränken.

Diese Sichtverengung kann aus praktischen Gründen nicht ohne weiteres aufgebrochen werden (für eine ausführliche Kommentierung von Liedern, die niemand kennt und braucht, fehlen sowohl die Ressourcen als auch ein „Markt"), aber sie muss durch eine Kriteriologie des Kirchenliedes bewusst gemacht werden. Kirchenliedkommentare dürfen nicht nur ehrfürchtig-staunend den geistlichen Gehalt der Texte nachbuchstabieren (häufig auch noch unter Vernachlässigung des musikalischen Aspektes), sondern müssen auf einer Metaebene eine gewisse Distanz von ihrem Gegenstand einnehmen können.

2. Der neuzeitliche „Pluralismus"

Eines der dringendsten Probleme der Hymnologie im Rahmen einer umfassenderen Theorie kultureller Gestaltwerdung des Glaubens ist die Auseinandersetzung mit so genannt populären Musikgattungen. Es ist dabei auf die wohlfeile und nicht selten arrogante Abqualifizierung von „Neuen Geistlichen Liedern" aus der Sicht einer normativen Ästhetik zunächst einmal zu verzichten zu Gunsten einer Reflexion auf dem Hintergrund neuzeitlicher Kulturtheorien. Die Vorgänge und Mechanismen der Rezeption und des Gebrauchs geistlicher Gesänge aller Art müssen besser erforscht und reflektiert werden. An dieser Stelle ist die von Konrad Ameln postulierte „Objektivität" durchaus einzufordern, jedoch nun gerade nicht in der von ihm wohl gemeinten Verlängerung historischer oder historistischer Kriterien, sondern in einem Verzicht auf normative Setzungen. Das soll nicht auf die Rechtfertigung eines „anything goes" hinauslaufen; auf der praktischen Ebene müssen ja immer wieder Entscheidungen getroffen werden. Hingegen macht erst eine unbefangene Sichtweise die Hymnologie im interdisziplinären Kontext wirklich gesprächsfähig und holt sie aus einem traditionell-liturgizistischen oder einem schöngeistig-ästhetischen Ghetto heraus.

3. Didaktik der Hymnologie

Zwar ist etwa unter dem Titel „Hymnologie als Lehrfach“ in der Internationalen Arbeitsgemeinschaft für Hymnologie dieses Thema bereits bedacht worden (Deutschsprachige Regionaltagung 1986 in Schönberg/Taunus), doch fehlt nach wie vor eine eigentliche Didaktik der Hymnologie, die sich über Zielgruppen und Lernziele in ausreichendem Maße Rechenschaft ablegt. Inzwischen hat eine Arbeitsgruppe von Hymnologiedozierenden einen neuen Anlauf in diese Richtung unternommen. Bericht und erste Ergebnisse werden in diesem Band vorgestellt.

Hymnologie unterrichten

Hymnologiedidaktisches Symposium 26.–28. August 2002 an der Universität Bern

ANDREAS MARTI

Das Symposium vereinigte einen Kreis von Hymnologinnen und Hymnologen, die für unterschiedliche Zielgruppen Hymnologie unterrichten oder unterrichtet haben oder die unterrichtsrelevantes Material erarbeiten, dazu Teilnehmer des Mainzer hymnologischen Graduiertenkollegs. Nachstehend werden Auszüge aus den Gesprächsnotizen wiedergegeben.

Teilnehmerinnen und Teilnehmer:

Peter Ernst Bernoulli (Zürich), Beate Besser (Löderburg), Emma Elze Bongers (Reinsvoll/ Norwegen), Christine Esser (Zürich), Christian Finke (Berlin), Michael Fischer (Mainz), Dominik Fugger (Karlsruhe), Esther Handschin (Linz), Wolfgang Herbst (Heidelberg), Edzard Herlyn (Krummhörn-Canum), Barbara Lange (Mirow), Andreas Marti (Bern), Britta Martini (Görlitz), Matej Podstenšek (Maribor), Daniel Schmid (Zürich), Ilsabe Seibt (Schönwalde), Hans-Jürg Stefan (Zürich), Alexander Völker (Minden)

I. Zielformulierungen für unterschiedliche Zielgruppen

Als Oberbegriff für alle Gruppen kann gelten:

Die Lernenden sollen sprachfähig werden in Bezug auf das Kirchenlied.

Die Grundfragen lauten

- Was sollen die Lernenden nachher wissen (Basiswissen)?
- Was sollen sie tun können (Fertigkeiten)?
- Was will ich an Einstellung erreichen?

Im Vergleich zu traditionellen Konzepten soll weniger Wissen, dafür mehr Fähigkeiten und Fertigkeiten vermittelt werden. Bei den Fertigkeiten geht es z. B.

um Textanalyse oder um die Beherrschung eines Vokabulars, um überhaupt über eine Melodie sprechen können. Das Lernziel „Einstellung" kann heißen, sich ein eigenes Urteil über ein Lied bilden zu können, das Bewusstsein zu entwickeln, dass Lieder unterschiedlich gut sind, und auch begründen zu können, warum das so ist. Konkret können Abklärungsgespräche geübt werden, ob ein Lied für eine bestimmte Situation geeignet ist; dazu ist aber auch Wissen notwendig. Bei der Umsetzung ist zu überlegen, was die Studierenden für Erfahrungen mitbringen. Für die Zielgruppen werden die folgenden Lernzielformulierungen vorgeschlagen:

Kirchenmusiker, -musikerinnen

- Kanon von Wissen über das Kirchenlied, Verfügen über Grundinformationen; Fähigkeit, Informationen zu vernetzen.
- Bedeutung des Kirchenliedes über die gottesdienstliche Funktion hinaus erkennen und deutlich machen können; das Kirchenlied nicht auf Funktionalität verengen.
- Selbstbewusstsein und Verantwortungsbewusstsein in der kirchenmusikalischen Rolle aufbauen; kommunikative Fähigkeiten für die Weitergabe des Kirchenliedes und der Informationen darüber an die Gemeinde entwickeln.
- Öffnen von Perspektiven über konfessionelle und regionale Grenzen hinaus.

Pfarrer, Pfarrerinnen

- Studierende: Liedpraxis als Alternative zum intellektuellen Studium erfahren; Grundkanon von Kenntnissen über das Kirchenlied; Handwerkliches im Umgang mit dem Kirchenlied (Gesangbuch, Quellen, Kommentare, Konkordanzen).
- Vikare und Berufseinsteiger: Gesangbuchkenntnis, Liedfunktionen, Kriterien, selbstkritischer Umgang mit der eigenen Liedwahl, selber Zugänge zu Liedern eröffnen können.
- Routinierte: In der späteren Berufssituation ist meist nur punktuelle Information möglich.

Katecheten, Katechetinnen

- Praxisrelevanz des Kirchenliedes erkennen; das Kirchenlied als Unterrichtsmedium entdecken.
- Ermutigung zur Verwendung des Gesangbuchs, Gesangbuchkenntnis.
- Auseinandersetzung zwischen traditionellem Kirchenlied und aktuellem musikalischem Umfeld: Möglichkeiten und Kriterien für unterschiedliche Lied- und Musikgattungen; Einbezug der Schulmusiker.

Kulturwissenschafter, Historiker, Sprach- und Literaturwissenschafter, Musikwissenschafter und -innen

- Hymnologische Grundkenntnisse.
- Zugang zu Materialien und Forschung, Umgang mit Quellen.
- Das Kirchenlied als Quelle für Sozial-, Kultur-, Geistesgeschichte wahrnehmen.
- Diskussion zwischen autonomer Ästhetik und dem Kirchenlied als heteronomer Gebrauchsdichtung. Rezeptionsvorgänge.

Spezifisch für diese Gruppe ist die geringere Identifikation mit dem Gegenstand.

II. Gesichtspunkte zur globalen Unterrichtsplanung:

Wenn als Globalziel jedes Hymnologieunterrichtes die Gesprächsfähigkeit über Kirchenlieder im jeweils gegebenen Kontext postuliert wird, ist anschließend zu fragen, was es an Begriffen und Argumentationen für dieses Gespräch braucht. Gefordert sind sowohl materiale als auch formale Bildungsinhalte.

Gesucht sind insbesondere alternative Grundrisse zur traditionellen chronologischen Ordnung. Die Chronologie kann als Einzelthema kurz übersichtsmäßig behandelt werden, mit kurzen Charakterisierungen. Die übrigen Themen sind dann jeweils darauf zurückzubeziehen. Das Historische ist wichtig als Ordnungshilfe, darüber hinaus auch inhaltlich als Korrektiv für ein Übergewicht des Momentanen, an eigenen Befindlichkeiten Orientierten. Zu beachten ist aber, dass in manchen Zielgruppen die Lernenden wenig oder kein Bewusstsein von Geschichte mitbringen, an dem angeknüpft werden kann.

Prüfungsordnungen tragen dieser globalen Zielsetzung nicht überall genügend Rechnung. Zentrales Kriterium muss immer die selbständige Verarbeitung von Lehrinhalten sein.

In den Zielformulierungen wird auf der kognitiven Ebene ein Grundkanon hymnologischen Wissens verlangt. Worin besteht dieser Kanon? Nach welchen Kriterien wird ein Kanon zusammengetragen? Diese Kanonbildung ist selber schon ein Lehrinhalt (auch für hymnologische Anfänger!), und zwar sowohl hinsichtlich eines Kirchenlied-Kanons wie eines hymnologischen Stoff-Kanons. Faktisch bestimmt meist das Gesangbuch die Lied- und weitere Stoffauswahl, wenn es darum geht, Gesangbuchinhalte besser wahrzunehmen und sinnvoller anzuwenden. Dadurch bestimmt der durch den kirchlichen Kontext vorgegebene Liedkanon indirekt den Stoffkanon – die Kanonfrage muss in diesem Falle im Nachgang gestellt werden, darf aber nicht ausfallen.

Als neue Grobgliederung eines hymnologischen Grundwissens wird vorgeschlagen:

1. Phänomenologie (sprachliche, musikalische, formale Aspekte, Reichweite der Gattung „Kirchenlied").
2. Rezeption (Funktionen, Wirkungsgeschichte, Kanonbildung).
3. Geschichte.
4. Quellen.

Es geht dabei nicht um einen Unterrichtsaufbau. Vielmehr können die Inhalte je nach Zielgruppen in unterschiedlichen Curricula angeordnet werden (historischer oder phänomenologischer oder funktional-rezeptiver Aufbau).

Im historischen Bereich ist die Epochenbildung problematisch, da sich allgemeingeschichtliche, kirchengeschichtliche und im engeren Sinne hymnologische Kategorien oft überschneiden, so dass die meisten bisher angewandten Periodisierungen in sich unterschiedliche Kategorien verwenden. Eine allein aus der Geschichte der Gattung Kirchenlied zu gewinnende Periodisierung dürfte kaum erreichbar sein. Epochenbegriffe allgemeinerer Art sind unvermeidlich, müssen aber als „Zuordnung" problematisiert werden, welche die Wahrnehmung bereits leitet. Als günstig dürfte sich eine Grobgliederung in wenige Hauptabschnitte erweisen, in welche dann Einzelthemen als kleine Längsschnitte eingeordnet werden; hierhin gehört die Mitteilung von Namen und Daten. Als Gliederung in diesem Sinne wird vorgeschlagen:

- Alte Kirche und Mittelalter.
- Frühe Neuzeit ca 1500–1800.
- Bürgerliches Zeitalter (18. Jh. bis Mitte 20. Jh.).
- Pluralismus und Ökumene (ab ca. 1960).

In der Ausgestaltung der einzelnen Themen sollen geschichtliche, sozialgeschichtliche, biographische und genderbezogene Themen verbunden werden. Ein Problem ist, dass die faktische Kanonisierung überkommener Themenkreise zu einer allzu traditionellen Sichtweise in Auswahl und Gewichtung führen kann. Die Gefahr muss aufgefangen werden durch die Relativierung der historisch orientierten Stoffe im didaktischen Konzept.

III. Perspektiven

Im Internet soll eine virtuelle Bibliothek von didaktischem und methodischem Material zur Hymnologie aufgebaut werden, die von den am Symposium Beteiligten und darüber hinaus dann auch von den weiteren Benutzerinnen und Benutzern zusammengetragen wird. Sie wird der Website der Internationalen Arbeitsgemeinschaft für Hymnologie angehängt und könnte mit der Zeit Dokumente zu folgenden Bereichen enthalten:

- Ausbildungsziele nach Zielgruppen.
- Lernziele im Sinne von Fähigkeiten und Fertigkeiten.

- Inhalte: Basiswissen als Katalog und als Material.
- Literaturlisten unter Einbezug wichtiger Aufsätze.
- Arbeitswerkzeuge (z. B. Checklisten für die Liedanalyse nach Sprache, Melodie und Rezeption, Anleitungen für Quellenrecherche).

Die virtuelle Bibliothek findet sich als Link „Hymnologie als Lehrfach" auf der Homepage der Internationalen Arbeitsgemeinschaft für Hymnologie: *http://www.iah.unibe.ch/*

Erste Dokumente, v. a. eine ausführlichere Inhaltssystematik, eine knappe Liste mit Basisliteratur und einige Kurs-Scripts, sind bereits dort eingestellt.

Bibliographie deutschsprachiger Gesangbücher

Ein Forschungsprojekt an der Universität Mainz

Heike Wennemuth

„Welches Gesangbuch hat wohl N. N. zu seiner Zeit benutzt?" – „Welches Gesangbuch fand Verwendung bei der Konfirmation von N. N.?" – „Ab wann wurden Nummerntafeln benutzt?" – „Ich habe auf dem Flohmarkt ein Gesangbuch ohne Titelblatt erworben; wohl 19. oder 20. Jahrhundert. Um welches handelt es sich? Das 1. Lied heißt ..." – „Welche Auflage des ... Gesangbuchs hat eine Vorrede?" – „Welche Gesangbücher aus ... sind wohl pietistisch?" – „Wann erschien die 1. Auflage von ...?" – „Wann erschien die letzte Auflage von ...?" – „Welche Gesangbücher dienten als Vorlage für ..."?

Viele Anfragen erreichen das Team des Forschungsprojekts „Gesangbuchbibliographie". Manchmal gibt es dabei auch harte Nüsse zu knacken, so etwa welches der in Frage kommenden Gesangbücher einer Provinz offiziell eingeführt, welches „nur" für den Privatgebrauch bestimmt war. Vieles wird leichter zu beantworten sein, wenn die Erfassung in der Bibliographie deutschsprachiger Gesangbücher weiter fortgeschritten ist.

Seit Herbst 1999 läuft an der Universität Mainz unter der Leitung von Prof. Dr. Hermann Kurzke und Prof. Dr. Stephan Füssel das von der Deutschen Forschungsgemeinschaft geförderte Projekt „Gesangbuchbibliographie"; kürzlich wurde es erneut verlängert (bis Februar 2005). Vier wissenschaftliche Mitarbeiter und Mitarbeiterinnen verschiedener Fachrichtungen mit dem Schwerpunkt Hymnologie teilen sich die beiden bewilligten Stellen.

Ziel des Projektes ist es, sämtliche Drucke deutschsprachiger Gesangbücher von der Reformationszeit bis zum Erscheinungsjahr 2000 (mindestens) in einem Exemplar durch Autopsie zu erfassen. In dem aktuellen Bewilligungszeitraum wird jedoch nur ein repräsentativer Teil davon zu bewältigen sein.

Ohne hier auf Einzelheiten einzugehen oder eine weitere Definition von „Gesangbuch" zu versuchen, muss doch kurz erläutert werden, welche Sammlungen geistlicher Lieder im Sinne der Bibliographie unter „Gesangbuch" zu verstehen sind. Sollen grundsätzlich diese Sammlungen in ihrer ganzen Vielfalt und Unterschiedlichkeit berücksichtigt sein, so muss eine unabdingbare Voraussetzung bleiben, dass die betreffende Sammlung von Liedern (und Gebeten) der christlichen Frömmigkeit diente. Gottesdienstlicher oder privater Gebrauch, Verwendung in kirchlichen Gemeinschaften, Werken, Verbänden und Vereinen sind ebenso eingeschlossen wie Gesangbücher christlicher Minderheitenkonfessionen. Hierbei interessieren nicht nur der Liedteil eines Gesangbuches, sondern auch Gebetsteile, Evangelien und Episteln, Leidensgeschichte etc., Katechismus oder angebundene Teile aus der Bibel (um Bespiele aus dem evangelischen Bereich zu nennen). Da im Falle der Gesangbücher Konvolute nicht „zufällig" entstanden, sondern bewusst unter dem Gesichtspunkt einer bestimmten Nutzung (zur Ausübung der christlichen Frömmigkeit) zusammengebunden wurden, werden bei jedem autopsierten Exemplar sämtliche Teile aufgeführt.

Ausgeschlossen aus der Bibliographie müssen hingegen Liedersammlungen bleiben, die überwiegend eine profane Verwendung fanden oder nur einen geringen Teil geistlicher Lieder enthalten, ferner Sammlungen für einen ausschließlich (kirchen-)jahreszeitlichen Bedarf oder ein bestimmtes Ereignis (Reformationsjubiläum, Kirchentag etc.) zusammengestellt wurden. Auch Anthologien von Kirchenliedern, Liederhefte und Liedflugblätter müssen in der Regel unberücksichtigt bleiben; hier besteht jedoch die Möglichkeit, bei sachlicher Zusammengehörigkeit in einem (Gesangbuch-)Datensatz auf die entsprechende Publikation zu verweisen.

Für die Arbeit an der Gesangbuchbibliographie sowie für die spätere Publikation wurde eine auf Access basierende Software speziell entwickelt.

Ein einzelner Datensatz enthält auf einer ersten Ebene die Felder Titel, Ansetzungssachtitel, Erscheinungsjahr und -ort, Sigle, Ausstattung, Umfang, Lieder, Noten, Auflage, Datierung, Fundorte (mit Signatur), Repro (Scan oder Film), Privileg u.a., Urheber/Herausgeber, Vorrede, Verlag, Druck, Konfession und Stemma. Die Titelaufnahme erfolgt diplomatisch. Die beigebundenen Drucke bzw. Anhänge werden mit Sachtitel, Ort und Jahr wiedergegeben. „Hinter" den meisten Feldern der Eingabemaske befinden sich Memofelder. Das Feld *Ausstattung* beschreibt Format, Satzspiegel, Einband, Buchschmuck und typographische Besonderheiten. Die Felder *Umfang* und *Lieder* geben Auskunft zur Blatt-, Bogen- oder Seitenzählung, zur Anzahl der enthaltenen Lieder (bzw. Nummern) und zu besonderen Teilen oder Anhängen. Im Feld *Noten* findet man Angaben z.B. zu Ein- oder Mehrstimmigkeit oder Besonderheiten der Notation. Hier werden auch Choralbücher etc., die nur in besonderen Ausnahmefällen nachgewiesen werden, genannt. Das Feld *Vorrede* gibt (außer Verfasser, Ort und Datum) gegebenenfalls stichwortartig die behandelten Themen an; auf jeden Fall werden Angaben zum Stemma ausgewertet. Im Feld *Sigle* werden, soweit vorhanden, neben der eigenen Siglierung auch die Siglen einiger Standardbibliographien wiedergegeben (Wackernagel, Bäumker, Zahn, VD 16 und VD 17, Gesamtverzeichnis des deutschsprachigen Schrifttums, Küppers, Metzger usw.). Das Feld *Stemma* beschreibt die Einbindung des jeweiligen Exemplars in eine chronologische oder regionale Gesangbuchtradition (rückwärts verweisend auf erste Auflagen oder Vorläufergesangbücher, vorwärts verweisend auf Nachfolgeexemplare), gibt Auskunft zu Begleitmaterialien und wertet wichtige Sekundärliteratur aus. *Ansetzungssachtitel* und *Sigle* erschließen die Datenbank in Richtung allgemeine Suchbarkeit und Dokumentation in der Nachfolge des DKL (die Siglen werden nach dem DKL-Prinzip fortgeführt und erweitert). Die meisten Felder der Datenbank sind für Suchfunktionen zugänglich.

Derzeit (Frühjahr 2003) sind in der Datenbank ca. 20000 Datensätze enthalten, (darunter jedoch noch etliche Dubletten). Die Daten wurden vorwiegend durch Recherchen mittels ausgewählter Titelstichwörter oder Schlagworte in den Online-Katalogen deutscher Bibliotheken, durch Übernahme elektronischer Daten (Verzeichnisse), Auswertung von Bibliographien und Sekundärliteratur gewonnen. Die ca. 900 Titel der Lobwasser-Ausgaben sind durch einen Mitarbeiter am Projekt „Hugenottenpsalter" der Johannes a Lasco-Bibliothek Emden erfasst und mitgeteilt worden.

Autopsiert sind bislang ca. 3500 Drucke (16. Jh.: ca. 20; 17. Jh.: ca. 120; 18. Jh. ca. 1000; 19. Jh. ca. 1200; 20. Jh. ca. 1000; o. J. ca. 200) überwiegend aus folgenden Beständen: UB Augsburg, SUB Göttingen, USB Köln, UB Heidelberg, JALB Emden, Landeskirchliche Bibliothek Karlsruhe, Bibliothek des Konsistoriums der Evangelischen Kirche in Magdeburg, Priesterseminar Fulda, Bibliothek des Evangelischen Seminars Marburg, Martin-Opitz-Bibliothek Herne, Bibliothek des Herder-Instituts Marburg, Siebenbürgisches Institut Gundelsheim, Archiv des Herder-Verlages in Freiburg, Archiv des Bertelsmann-Verlages in Gütersloh, verschiedene Bibliotheken in Mainz. Viele Reisen sind nötig, um alte Drucke einzusehen; einige Bibliotheken erleichtern uns die Arbeit durch vereinfachte Ausleihverfahren bei Drucken des 19. und 20. -Jahrhunderts.

Ein Arbeitsschwerpunkt – vorgegeben durch die DFG – liegt in der Erfassung der Gesangbücher der (ehemals) deutschsprachigen Gebiete in Ost(mittel)europa. Durch die gezielte Auswertung relevanter Bestände in Deutschland konnte in weiten Bereichen eine Grundlage geschaffen werden, um auswärtige Korrespondenten mit gezielten Aufträgen zu betrauen; zahlreiche Kontakte bestehen bereits.

Bedauerlich ist, dass aufgrund der knappen personellen Ressourcen wichtige Bereiche mit funktionalen Spezialbeständen vorerst nicht bearbeitet werden können. Es wäre daher von großem Gewinn, wenn sich Korrespondenten fänden, die mit ihren spezifischen regional oder funktional ausgerichteten Fachkenntnissen Titelaufnahme und Autopsie sowie die Einordnung der Gesangbücher in Entwicklungs- und Traditionslinien unterstützen könnten. Auf dem Gebiet der Militärgesangbücher steht uns bereits kompetente Hilfe zur Verfügung.

Schon jetzt ist es möglich, die Datenbank in den Arbeitsräumen des Gesangbuchprojekts (bzw. des Gesangbucharchivs des Interdisziplinären Arbeitskreises Gesangbuchforschung) zur Recherche zu nutzen. Weitere Informationen finden sich unter www.uni-mainz.de/Organisationen/Hymnologie/bibl.htm.

Das folgende Beispiel zeigt den Stand nach der Autopsie und der Auswertung der angegebenen Sekundärliteratur:

Sammlung geistlicher Lieder für Gemeindegenossen der evangelisch-lutherischen Kirche

Erscheinungsjahr: [1843] Erscheinungsort: Riga / Moskau

Sammlung | geistlicher Lieder | für | Gemeindegenossen | der | evangelisch-lutherischen Kirche. | Z | Z | Riga und Moskau. | In Commission bei J. Deubner. | Gedruckt im Rauhen Hause zu Horn bei Hamburg.

Sigle:	Riga/Livland 1843
Fundorte:	+Marburg Herder-Institut ⟨Mb 50⟩ 44 XI G 40
Konfession:	lutherisch
Ausstattung:	8° 9,6x16 (S. 343) marmorierter Pappeinband, Gelbschnitt vor jedem Lied ein Bibeltext ausgedruckt
Umfang:	XVI, 516, (8) S. 494 ff. verschiedene Register. Anhang: 10 Sätze zu unbekannten Melodien.
Lieder:	768
Noten:	10 Melodien in 4 stg. Satz In der Tonangabe orientiert an dem in der „vaterländischen“ Kirche verbreitetsten ChB von J. L. E. Punschel. Die abgedruckten 10 Melodien fehlen dort. (Vorrede)
Auflage:	[1. Aufl.]
Datierung:	1844 (Herder-Institut)
Privileg u. ä.:	Genehmigung des Livländischen Evangelisch-Lutherischen Provinzialkonsistoriums Riga, 27. August 1843 August Döbner, als außerordentliches geistliches Mitglied des Konsistoriums. Druckerlaubnis, Riga 30. September 1843, C.E. Napiersky, Zensor
Urheber:	Ulmann, C.C., Prof. der praktischen Theologie in Dorpat, designierter Pastor zu Creman, nachheriger Rektor der Universität, Bischof und Vizepräses des Generalkonsistoriums in St. Petersburg. Ulmann hatte in den 40er Jahren auch ein lettisches Gesangbuch herausgegeben (Berkholz 1878, S. 57 f.). Ulmann wurde die Sammlung geistlicher Lieder von Prof. Julius Walter anvertraut; er ordnete und erweiterte sie jedoch. Mithilfe seiner Freunde: Pastor G. Schilling zu Schwaneburg, Probst und Konsistorialassessor Girgensohn zu Marienburg, Oberkonsistorialrat Walter zu Wolmar (Vorrede).
Vorrede:	Ulmann, Karl Chr. Engelhardtshof in Livland Vorwort. Zur Konzeption des Gesangbuches.
Verlag:	Deubner
Druck:	Hamburg: Rauhes Haus

Stemma: Berkholz 1878, S. 51–61:
Annahme war fakultativ. Gerade in Riga standen der Einführung „unüberwindliche Hindernisse" im Wege. In der Jakobikirche (bes. Stellung in Riga) wurde es eingeführt; auch in Livland fast durchgehend.
Vorgänger: Riga 1810
Nachfolger: Riga 1853
Kurz nach 1843 erschienen auch neue Gb in St. Petersburg und Reval, sowie eine in den Schulen eingeführte Sammlung mit 150 Kernliedern. Auch in den ref. Gemeinden St. Petersburgs und Rigas erschienen neue Gb. Also in Riga jetzt: 2 luth. + 1 ref. Gb in Gebrauch.
Ulmann benutzte Bunsen 1833, Knapp 1837, Lange 1843, Daniel 1842, Würt 1842, Elfd 1834, Stier 1835 u. a. (Vorrede).

Literaturberichte zur Hymnologie

Deutschsprachige Länder (2001) 2002

Andreas Marti

Zeitschriften-Sigel:
FKM Forum Kirchenmusik, München (früher: Der Kirchenmusiker)
GAGF Arbeitsstelle Gottesdienst. Informations- und Korrespondenzblatt der Gemeinsamen Arbeitsstelle für gottesdienstliche Fragen der EKD, Hannover
KMJ Kirchenmusikalisches Jahrbuch, Regensburg/Köln
MGD Musik und Gottesdienst, Basel
MuK Musik und Kirche, Kassel
MS(D) Musica Sacra, Regensburg
WBK Württembergische Blätter für Kirchenmusik, Stuttgart
SiK Singende Kirche, Wien
SMG Singen und Musizieren im Gottesdienst (früher Katholische Kirchenmusik), St. Gallen

I. Theologie und Kirchenmusik

A

Grundsätzliche Besinnung

Johannes Block: Verstehen durch Musik: Das gesungene Wort in der Theologie. Ein hermeneutischer Beitrag zur Hymnologie am Beispiel Martin Luthers. Mainzer hymnologische Studien Bd. 6. Francke, Tübingen und Basel 2002, 244 Sn.

Eine rein historisch-kritische Hymnologie wird dem Phänomen Kirchenlied nicht gerecht. Block postuliert über sie hinaus eine „hermeneutische Hymnologie" auf der Basis der „jüngeren hermeneutischen Theologie von Gerhard Ebeling, Ernst Fuchs und anderen. Dabei ist zentral, dass das Gegenüber von erkennendem Subjekt und erkanntem Objekt eine Umkehr erfährt, indem der Ausleger durch das Auszulegende zugleich selber ausgelegt wird. Dieses im Blick auf das Wort Gottes formulierte Ineinander von „verstehen" und „ergehen" wird auf das Kirchenlied angewendet, und zwar wird es im Vorgang des Singens direkt erfahrbar. Das unauflösliche Ineinander, die gegenseitige Teilhabe von Person und Wort (bzw. Lied) erhält gar eine Analogie zum christologischen Ineinander von Gott und Mensch. Das Singen erhält gegenüber dem Sagen eine theologische Qualität, die sich in Luthers bekannten Äußerungen über die Musik manifestiert. Hymnologie wird damit vom einseitig praktisch-theologischen Teilgebiet zu einer Disziplin der Fundamentaltheologie und erinnert die Theologie daran, dass Theologie erst als „scientia laudis", als Doxologie völlig bei ihrer Sache ist.

Blocks Konzept ist in sich konsequent. Die kritischen Rückfragen beziehen sich demnach nicht auf Einzelpunkte, sondern auf das Konzept selbst. Und dieses lässt eines der hymnologischen Kernprobleme unberücksichtigt, nämlich das Kanonproblem. Welchen Liedern soll sich der „ausgelegte Ausleger" denn da aussetzen? Taugt *Stille Nacht, heilige Nacht* ebenso wie *Gelobet seist du, Jesu Christ* - und wenn nicht: warum denn nicht? Viele Menschen würden ja gerade bei *Stille Nacht, heilige Nacht* eine solche sie ergreifende und verändernde Subjekt-Objekt-Umkehr erleben. Bei Block ist aber von solchen Liedern nie die Rede, wie überhaupt eine auch nur annähernd empirische Verifikation anhand einzelner Lieder vermieden ist: Wäre eine solche dem Konzept grundsätzlich unangemessen? Unbefragt gelten offenbar die Lieder Luthers als Protoypen des beschriebenen hermeneutischen Vorgangs; angesichts der gründlichen Auseinandersetzung mit Luthers Musik-Theologie (vor allem anhand der frühen Psalmenvorlesung) könnte das als implizite Legitimation gelten - aber was ist mit den Tausenden von anderen Kirchenliedern, die ja offensichtlich von unterschiedlicher sprachlicher, poetischer, musikalischer, theologischer und geistlicher Qualität sind? Eine kritische Distanz zum Objekt ist in Blocks Verfahren offenbar nicht möglich (es sei denn, er setze sie stillschweigend in einer dem „hermeneutischen" vorgelagerten „historisch-kritisch-analytischen" Schritt voraus - aber das wird nirgends diskutiert). Liedkommentare beispielsweise sind dann nur möglich als glaubend-staunendes Nachbuchstabieren, boshaft gesagt als „hymns about hymns", wie es Beispiele dafür auch in der neueren Kommentarliteratur gibt.

Nicht möglich auf der Basis von Blocks Konzept ist das interdisziplinäre Gespräch mit einer Praktischen Theologie nach der „humanwissenschaftlichen Wende", die sich nicht nur als kirchliche Handlungswissenschaft begreift, sondern das ganze Feld von Religion und Gesellschaft reflektiert. Hier ist schon das Literaturverzeichnis aufschlussreich, in welchem diese Aspekte - wie auch hymnologische Ansätze in dieser Richtung - völlig ausfallen.

Eine rein historisch-kritische Hymnologie wird dem Phänomen Kirchenlied nicht gerecht - das ist unbestritten. Aber auf die hier gezeigte Weise kommt die Hymnologie nicht aus dem Treibhaus einer Art neo-orthodoxer vor- oder gar antiaufklärerischen Lutherrezeption hinaus.

Linus David: Vom Elend der Musik in einer lendenlahmen Kirche. In: SMG (127) 2002, S. 145–153.

Konrad Klek: Unter dem Diktat der Eventkultur? Probleme und Chancen der Kirchenmusik in der Erlebnisgesellschaft. In: WBK (69) 2002, H. 1, S. 3–11.

Matthias Krieg, Gabrielle Zangger-Derron (Hg.): Die Reformierten. Suchbilder einer Identität. Theologischer Verlag, Zürich 2002.

Enthält neben einer großen Zahl historischer, biographischer, theologischer und gesellschafts- und frömmigkeitsgeschichtlicher Kapitel auch eine Reihe von Beiträgen über Kirchenlied und Kirchenmusik, so über Clément Marot, Théodore de Bèze, Claude Le Jeune, Jan Pieterszoon Sweelinck, Joachim Neander, Matthias Jorissen, Kurt Marti u. a.

Andreas Marti: Die geistliche Musik existiert nicht. Musik im Raum von Kirche und Liturgie. In: Zentrum für Medien Kunst Kultur im Amt für Gemeindedienst der Ev.-Luth. Kirche Hannovers, Kunstdienst der Evangelischen Kirche Berlin (Hg.): Kirchenräume – Kunsträume. Lit Verlag, Münster 2002, S. 164–172.

Andreas Marti: Theologie und Ästhetik kirchlicher Gebrauchsmusik. In: Annette Landau, Sandra Koch (Hg.): Lieder jenseits der Menschen. Das Konfliktfeld Musik-Religion-Glaube. Chronos, Zürich 2002, S. 143–151.

Robert Stratmann: Kirchenmusik als tragendes Element des christlichen Gottesdienstes. In: WBK (69) 2002, H. 4, S. 2–8.

Jörg Strodthoff: Zwischenruf. In: FKM (53) 2002, H. 1, S. 13–17.
Betr. die Kontroverse um Popularmusik in der Kirche. Diskussion dazu H. 3, S. 25–30 und H. 4, S. 11.

B

Kirchenlied und Musik in der Ordnung des Gottesdienstes

Friedhelm Brusniak (Interview): Gesungene Unverbindlichkeit. Über den Verlust der Inhalte in Neuen geistlichen Liedern. In: MuK (72) 2002, S. 92–95.

Jean-Michel Dieuaide: Orgel und Liturgie. In: SiK (49) 2002, S. 5–9.

Bernhard Leube: „You only sing when you are winning“. Über das Singen auf dem Friedhof. In: GAGF (16) 01/2002, S. 39–47.

Andreas Marti: Lied und Liturgie – evangelische Liedtradition im Katholischen Gesangbuch. In: Marco Brandazza, Bernhard Hangartner, Alois Koch (Hg.): Geistliche Musik und die Jesuitenkirche Luzern. Festschrift 20 Jahre Collegium Musicum. Raeber, Luzern 2002, S. 305–316.

Matthias Morgenroth: Weihnachts-Christentum. Moderner Religiosität auf der Spur. Kaiser / Gütersloher Verlagshaus, Gütersloh 2002.
Eine scharfsinnig und breit angelegte kultur-, sozial- und religionsgeschichtliche Studie, die Lied und Musik eher am Rande einbezieht, für diese Bereiche aber trotzdem wichtige Gesichtspunkte liefert.

Horst Nitschke: Lexikon Liturgie. Gottesdienst, Christliche Kunst, Kirchenmusik. Lutherisches Verlagshaus, Hannover 2001.
Ein knappes Handbuch, dessen Artikel von recht unterschiedlicher Tiefe und Präzison sind.

Chris Stadtlaender: Gesang und Musik im Gottesdienst. Gespräch mit Philipp Harnoncourt. In: SMG (127) 2002, S. 102–104.

II. Hymnologie

A

Hymnologische Forschung, Geschichte und Quellen des Kirchenliedes

Fred Büttner: Rhythmische Hymnenmelodien. In: KMJ (85) 2001, S. 93–126.
Betr. mensural notierte Quellen lateinischer Hymnen seit dem Spätmittelalter.

Arie Eikelboom: Die Entwicklung [sc. des Kirchenlieds in den Niederlanden] in den letzten 50 Jahren. In: MuK (72) 2002, S. 8–13.

Michael Fischer, Diana Rothaug (Hg.): Das Motiv des Guten Hirten in Theologie, Literatur und Musik. Mainzer Hymnologische Studien Bd. 5. Francke, Tübingen und Basel 2002.
Mit Beiträgen von Beate Hirt, Jochen Gindele, Christian Senkel, Christiane Schäfer, Lars Kessner, Diana Rothaug, Konstanze Grutschnig-Kieser, Michael Fischer, Johann Nikolaus Schneider, Ernst-Ulrich Kneitschel, Alexandra Scheibler, Frieder von Ammon.

Sabine Claudia Gruber: Clemens Brentano und das geistliche Lied. Mainzer Hymnologische Studien Bd. 4. Francke, Tübingen und Basel 2002.
Behandelt insbesondere Brentanos Nachdichtungen lateinischer Texte: *Jesu dulcis memoria / Jesus, wie süß, wer dein gedenkt*; *Stabat mater dolorosa / Bei dem Kreutz in Thränengüssen*; *Lauda Sion salvatorem / Lobe Sion deinen Heiland*, mit kritischer Edition der betr. Texte Brentanos.

Armin Hadamer: „German Melodies in American Songs". Beispiele populärer Revival-Lieder der USA mit Wurzeln im deutschsprachigen Kulturraum. In: Beiträge zur Popularmusikforschung (27/28) 2001, S. 119–135.
Beschreibt Einflüsse der deutschen Kirchenliedtradition, aber auch populärer Melodien wie „Loreley" oder „Krambambuli" auf das US-amerikanische geistliche Repertoire im 19. Jahrhundert.

Norbert Hopster, Petra Josting, Joachim Neuhaus: Kinder- und Jugendliteratur 1933–1945. Ein Handbuch. Band 1: Bibliographischer Teil mit Registern. Metzler, Stuttgart 2001, 32+2306 Spn.
Diese Bibliographie ist auch für hymnologische Teilgebiete relevant, so weit sie Gedicht- und Liedersammlungen, Bücher zu Festen und Feiern und Laienspiele enthält, und zwar sowohl die auf der offiziellen Linie liegenden als auch traditionelle, oppositionelle und jüdische. Ein Kurztitelregister, geordnet nach Erscheinungszeiträumen, nach der staatlichen Indizierung und nach Sachgebieten, sowie umfangreiche weitere Register (Personen, Titel, Reihen, Verlage, Sachgebiete) erschließen den Band.

Emmanuela Kohlhaas: Methodische Zugänge zur Analyse gregorianischer Gesänge. Möglichkeiten und Grenzen. In: KMJ (85) 2001, S. 55–74.
Erwägungen zur Methodik, die teilweise auch auf die Analyse von Melodien anderer Bereiche übertragbar sind.

Emmanuela Kohlhaas: Musik und Sprache im Gregorianischen Gesang. Beihefte zum Archiv für Musikwissenschaft Bd. 49. Steiner, Stuttgart 2001, 381 Sn.
Die Diss. behandelt die theologischen und musiktheoretischen Voraussetzungen anhand zeitgenössischer Quellen und führt Analysen unter den Stichworten „formu-

lae", „imitatio" und „similitudo dissimilis" durch. Beides führt zu dem Ergebnis, dass bereits in der Gregorianik eine rhetorische, affektmäßige Beziehung zwischen Text und Musik gesucht wurde, wie sie explizit meist erst für die Musik seit der Renaissance vorausgesetzt wird.

Andreas Marti: Das Kirchenlied als Ort kritischer Begegnung. Ziele und Methoden der Hymnologie im 21. Jahrhundert. In: Wolfgang Ratzmann (Hg.): Grenzen überschreiten. Beiträge zu Liturgie und Spiritualität Bd. 9. Evang. Verlagsanstalt, Leipzig 2002, S. 169–176.

Britta Martini: Ziele und Methoden der Hymnologie im 21. Jahrhundert. Korreferat zu Andreas Martis Beitrag. In: Wolfgang Ratzmann (Hg.): Grenzen überschreiten. Beiträge zu Liturgie und Spiritualität Bd. 9. Evang. Verlagsanstalt, Leipzig 2002, S. 177–182.

Britta Martini: Sprache und Rezeption des Kirchenliedes. Analysen und Interviews zu einem Tauflied aus dem Evangelischen Gesangbuch. Vandenhoeck & Ruprecht, Göttingen 2002.

Mit den Mitteln linguistischer und textlinguistischer Analyse wird das Lied *Kind, du bist uns anvertraut* untersucht. Dazu werden Interviews zu dem Lied analysiert, in welchen unterschiedliche Rezeptionsweisen deutlich werden. Mit dieser Arbeit ist für die Hymnologie ein neues methodisches Instrumentarium erschlossen, von dem zu wünschen wäre, dass es bei den zur Zeit entstehenden Kommentarwerken vermehrt eingesetzt würde.

Heinz Dietrich Metzger: Gesangbücher in Württemberg. Bestandsverzeichnis. Metzler, Stuttgart/Weimar 2002, 868 Sn.

In dieser umfangreichen Bibliographie ist der auf württembergischen Gebiet aufbewahrte Bestand an Gesangbüchern und vergleichbaren Drucken nach dem Muster der DKL-Bibliographie mit über 5000 Titeln erfasst. Da nicht nur die in Württemberg herausgegebenen oder verwendeten, sondern alle in dortigen Bibliotheken und Sammlungen aufzufindenen Ausgaben aufgenommen sind, reicht die Bedeutung von Metzgers Arbeit weit über Württemberg hinaus. Sie bildet für die gesamte hymnologische Forschung eine unentbehrliche Erweiterung der DKL-Bibliographie, weil sie im Unterschied zu dieser auch notenlose Drucke enthält und bis in die Gegenwart nachgeführt ist, zudem sind auch einige fremdsprachige Titel dokumentiert. Deshalb wird sie besonders für die Beschäftigung mit Liedern des 18. bis 20. Jahrhunderts zum Standardhilfsmittel werden. Folgende Verzeichnisse erschließen den Band: Titel, Personen, Drucker und Verleger, Personen, Körperschaften, Fundorte.

Wolfgang Miersemann, Gudrun Busch (Hg.): Pietismus und Liedkultur. Hallesche Forschungen 9. Niemeyer, Tübingen 2002.

Der Tagungsbericht (Halle, 29.9.–2.10.1999) enthält die folgenden Beiträge: Friedrich de Boor: Von den privaten „Singestunden" im Glauchaer Pfarrhaus (1698) zu den öffentlichen „Ermahnungs-Stunden" im Waisenhaus (1703). Forschungsbericht und Quellenüberblick. – Ulf Kühne: Zwei belanglose Zettel? Ein Beitrag zur Musikpraxis in den Glauchaschen Anstalten. – Kathrin Eberl: Hallesche Kantoren und Organisten zur Zeit Johann Anastasius Freylinghausens. – Dianne McMullen: Musikalische Beobachtungen an verschiedenen Auflagen des *Geist=reichen Gesang=Buches* (1704). – Christian Bunners: „O JESU / mein Bräut'gam / wie ist mir so wohl!" Heinrich Müller (1659) und das Lied Nr. 459 in Johann Anastasius Freylinghausens *Geist=reichem Gesang=Buch* (1704). – Suvi-Päivi Koski: Von den 683 „geist-reichen" zu den 815 „neuen geist-reichen" Lieder: Das *Neue Geist=reiche Gesang=Buch* (Halle 1714) und seine Beziehung zum *Geist=reichen Gesangbuch* (Halle 1704). – Rainer

Bayreuther: Pietismus, Orthodoxie, pietistisches Lied und Kunstmusik. Eine Verhältnisbestimmung. – Ada Kadelbach: Verloren und wieder entdeckt: *Lübeckisch=Vollständiges Gesangbuch,* Lübeck und Leipzig 1698/99. Ein „geistreiches" Gesangbuch? – Werner Braun: Christian Demelius und der „Schrifftmässige" Gesang in Nordhausen um 1700. – Hans-Joachim Kertscher: Johann Michael Uhlich und seine *Empfindungen eines Herzens in geistlichen Gesängen* (Halle 1760). – Oswald Bill: Christoph Graupners Choralbuch von 1728 im pietistischen Umfeld. Einflüsse des Gesangbuchs von Eberhard Philipp Züehl auf den Kirchengesang in Hessen-Darmstadt. – Christian Bunners: Wie Lieder aus dem Freylinghausenschen Gesangbuch nach Mecklenburg kamen. Ein Beispiel für territorialkirchliche Rezeption. – Steffen Arndal: Inspiration und Rezeption. Zum Weg „Neuer" Lieder des halleschen *Geist=reichen Gesang=Buches* nach Schleswig-Holstein, Dänemark und Norwegen. – Gudrun Busch: *Melodeien zu der Wernigerödischen Neuen Sammlung geistlicher Lieder* (Halle 1767). Teil II: Das Liedernetz der frommen Fürstenhöfe zwischen Sorau, Köthen und Wernigerode. – Dietrich Meyer: Johann Anastasius Freylinghausen und Nikolaus Graf von Zinzendorf. – Burkhard Dohm: Heiligkeit im Diesseits. Hermetische Konzepte im halleschen und im herrnhutischen Lied.

Dorothea Monninger (Red.): Neue Geistliche Lieder. Töne – Texte – Temperamente. GAGF (16) 02/2002.

Mit Beiträgen von Hartmut Handt, Richard Hartmann, Robert Lug, Gotthard Fermor, Ansgar Jerrentrup, Christa Reich, Wolfgang Bretschneider, Cornelis G. Kok, Annette Albert-Zerlik, Hartmut Naumann, Jürgen Henkys.

Bernhardt Schmidt: Lied – Kirchenmusik – Predigt im Festgottesdienst Friedrich Schleiermachers. Schleiermacher-Archiv 20. De Gruyter, Berlin / New York 2002, 656 Sn.

Jan Smelik: Psalmsingen. In: MuK (72) 2002, S. 14–17.

Betr. den Gemeindegesang in den Niederlanden seit der Reformation.

B

Leben und Werk der Dichter und Melodieschöpfer

(nach deren Namen alphab. geordnet)

Thomas Wilhelmi: Der oberschlesische Dichter Matthias Apelles von Löwenstern und das schlesische Kirchenlied. In: Oberschlesisches Jahrbuch (16/17) 2000/2001, Palatina, Heidelberg 2002, S. 193–203.

Ada Kadelbach: Matthias Claudius, Paul Gerhardt, Thomas Mann – verborgene Beziehungen. In: Jahresschriften der Claudius-Gesellschaft (10) 2001, S. 5–18.

Betr. neben den Beziehungen zwischen den Abendliedern *Der Mond ist aufgegangen* und *Nun ruhen alle Wälder* weitere Gerhardt-Zitate in Texten von Claudius, ferner die Bezüge auf Gerhardt in Manns Roman „Buddenbrooks".

Ralf Klotz: Zum 250. Geburtstag von Justin Heinrich Knecht (1752–1817). In: WBK (69) 2002, H. 5, S. 2–9.

Verena Friedrich: Arno Pötzsch (1900–1956). In: MGD 56. Jg. 2002, S. 54–56.

Jörn Kuschnereit: Mit Musik der Gemeinde dienen. Zum 100. Geburtstag von Hans-Friedrich Micheelsen. In: MuK (72) 2002, S. 166 f.

Andreas Deppermann: Johann Jakob Schütz und die Anfänge des Pietismus. Beiträge zur historischen Theologie 119. J.C.B. Mohr (Paul Siebeck), Tübingen 2002.

Diese Monographie ist nicht nur im Blick auf Schütz, den Dichter von *Sei Lob und Ehr dem höchsten Gut*, sondern auch auf Joachim Neander von Bedeutung.

Georg Luchterhandt: Von der Singbewegung zur neuen Musik. Zum 100. Geburtstag von Gerhard Schwarz. In: MuK (72) 2002, S. 246–249.

Matthias Reif: Das Dichterpaar Georg Thurmair und Maria-Luise Thurmair-Mumelter. In: SMG (127) 2002, S. 50–53.

C

Untersuchung und Auslegung einzelner Lieder

C.1 Kommentarwerke

Ernst-Dietrich Egerer: „... dass meine Seele singe“. Lieder aus dem Evangelischen Gesangbuch – ausgewählt und vorgestellt. Edition Sonnenweg, Aussaat Verlag, Neukirchen-Vluyn. Lieferungen 1–3, 1999/2000/2002.

Enthält Kommentare zu folgenden Liedern: *Agios o Theos*; *Bewahre uns, Gott, behüte uns, Gott*; *Christus ist König, jubelt laut*; *Das Volk, das noch im Finstern wandelt*; *Der Geist von Gott weht wie ein Wind*; *Der Himmel, der ist, ist nicht der Himmel, der kommt*; *Der schöne Ostertag*; *Du kannst nicht tiefer fallen*; *Du Morgenstern, du Licht vom Licht*; *Gelobt sei deine Treu*; *Gib Frieden, Herr, gib Frieden*; *Gott hat das erste Wort*; *Gott liebt diese Welt*; *Gott, heilger Schöpfer aller Stern*; *Gott, mein Gott, warum hast du mich verlassen*; *Gottes Ruhetag*; *Großer Gott, wir loben dich*; *Herbei, o ihr Gläub'gen*; *Ich lobe meinen Gott, der aus der Tiefe mich holt*; *Ich lobe meinen Gott*; *Ich steh vor dir mit leeren Händen, Herr*; *Im Lande der Knechtschaft, da lebten sie lang*; *Kommt mit Gaben und Lobgesang*; *Lass uns den Weg der Gerechtigkeit gehen*; *Lobt Gott den Herrn, ihr Heiden all*; *Menschen gehen zu Gott in ihrer Not*; *Morgenlicht leuchtet*; *O komm, o komm, du Morgenstern*; *Seht hin, er ist allein im Garten*; *Stern über Betlehem*; *Strahlen brechen viele aus einem Licht*; *Und suchst du meine Sünde*; *Vertraut den neuen Wegen*; *Voller Freude sehn wir, Gott, dein Wunder*; *Von guten Mächten treu und still umgeben*; *Wir haben Gottes Spuren festgestellt*; *Wir pflügen und wir streuen*; *Wir sind mitten im Leben zum Sterben bestimmt*; *Wisst ihr noch, wie es geschehen*.

Ansgar Franz, Dominik Fugger, Martina Haag (Hg.): Kirchenlied im Kirchenjahr. Fünfzig neue und alte Lieder zu den christlichen Festen. Mainzer Hymnologische Studien Bd. 8. Francke, Tübingen und Basel 2002, 679 Sn., mit Audio-CD.

Enthält Kommentare zu folgenden Liedern: *Intende, qui regis Israel* (Gebhard Kurz); *Gott hat das erste Wort* (Hans-Jürg Stefan); *Gott, heilger Schöpfer aller Stern* (Albert Gerhards); *Aus hartem Weh klagt menschlichs G'schlecht* (Beate Hirt); *Tauet, Himmel den Gerechten* (Rebecca Schmidt); *Gott, send herab uns deinen Sohn* (Ulrich Gabriel Heil); *Zu Bethlehem geboren* (Britta Martini); *Du wesentliches Wort* (Stephan Weyer-Menkhoff); *Jauchzet, ihr Himmel* (Gustav Adolf Benrath); *Mit Nichts von Nichts hast du begonnen* (Siri Fuhrmann); *Eine Streu aus Stroh* (Ute Hülsemann, Christina Sieger); *Es führt drei König Gottes Hand* (Dominik Fugger); *Nachdem dein Stern in Betlehem erschienen* (Bernhard Einig); *Tu auf, tu auf, du schönes Blut* (Hermann Kurzke); *Mir nach, spricht Christus, unser Herr* (Ilsabe Seibt); *O Herr, nimm unsre Schuld*

(Ernst-Ulrich Kneitschel); *Ein Mensch zu sein auf Erden* (Maria Pfirrmann); *Der Eselreiter* (Christa Reich); *Sohn Gottes, lass mich heute an Deinem Tisch* (Michael Pfeifer); *Wo die Güte und die Liebe wohnt* (Johannes Brosseder); *Heut bin ich meines Heilands Gast* (Jürgen Henkys); *Wer leben will wie Gott auf dieser Erde* (Michaela Borzymski); *Hört das Lied der finstern Nacht* (Ansgar Franz); *Des Königs Banner wallt empor* (Anne-Madeleine Plum); *O du mein Volk, was tat ich dir* (Christine Kreutz); *Da Jesus an dem Kreuze stund* (Martin Schmeisser); *Kyrie eleison* (Hansjakob Becker); *Im Lande der Knechtschaft, da lebten sie lang* (Gabriele Koch); *Das Lamm lädt uns zum Mahle ein* (Heike Wennemuth); *Erschienen ist der herrlich Tag* (Michael Fischer); *Nun freut euch hier und überall* (Elke Axmacher); *Christus ist erstanden* (Franz Karl Praßl); *Seele, dein Heiland ist frei von Banden* (Andreas Heinz); *Seht, der Stein ist weggerückt* (Annette Albert-Zerlik); *Der schöne Ostertag* (Ulrike Süß); *Die Erde ganz erfüllt* (Sytze de Vries); *Er schwebt hinauf, der Gottessohn* (Irmgard Scheitler); *Öffnet eure Tore, Fürsten, öffnet sie* (Franz-Rudolf Weinert); *An Christi Himmelfahrt schau an* (Peter Ernst Bernoulli); *Der Gottesgeist weht wie ein Wind* (Cornelia Müller); *Wind kannst du nicht sehen* (Mechthild Bitsch-Molitor); *Gottes Lob wandert, und Erde darf hören* (Helmut Kornemann, Dorothea Monninger); *Und unser lieben Frauen* (Martina Haag); *Christi Mutter* und *Der Dornenkranz* (Erika Heitmeyer); *Lasst uns erfreuen herzlich sehr* (Christiane Schäfer); *Ihr Freunde Gottes allzugleich* (Alex Stock); *Der Herr bricht ein um Mitternacht* (Wolfgang Bretschneider); *Jesus Christus, König und Herr* (Christoph Joosten); *Der Himmel, der ist, ist nicht der Himmel, der kommt* (Hermann Ühlein); *Herr, mach uns stark im Mut, der dich bekennt* (Andreas Marti).

Gerhard Hahn, Jürgen Henkys (Hg.): Liederkunde zum Evangelischen Gesangbuch. Ausgabe in Einzelheften, H. 4, Vandenhoeck & Ruprecht, Göttingen 2002.
Enthält Kommentare zu den folgenden Liedern: *Ihr lieben Christen, freut euch nun* (Oswald Bill, Markus Rathey); *Brich an, du schönes Morgenlicht* (Eberhard Schmidt); *Kommt und lasst uns Christus ehren* (Christian Bunners); *Dies ist die Nacht, da mir erschienen* (Eberhard Schmidt); *Jauchzet, ihr Himmel* (Christa Reich); *O du fröhliche* (Martin Rößler); *Hilf, Herr Jesu, lass gelingen* (Eberhard Schmidt); *Von guten Mächten treu und still umgeben* (Wolfgang Fischer); *Wie schön leuchtet der Morgenstern* (Joachim Stalmann); *O Welt, sieh hier dein Leben* (Joachim Stalmann); *Erstanden ist der heilig Christ* (Joachim Stalmann); *Heut triumphieret Gottes Sohn* (Alexander Völker); *O komm, du Geist der Wahrheit* (Ulrich Parent, Joachim Stalmann); *Geist des Glaubens, Geist der Stärke* (Ulrich Parent, Joachim Stalmann); *Wir wollen singn ein' Lobgesang* (Ingo Baldermann, Johannes Heinrich); *Wach auf, wach auf, du deutsches Land* (Inge Mager, Joachim Stalmann); *Wachet auf, ruft uns die Stimme* (Joachim Stalmann); *Der Himmel, der ist, ist nicht der Himmel, der kommt* (Hans-Jürg Stefan).

Gerhard Hahn / Jürgen Henkys (Hg.): Liederkunde zum Evangelischen Gesangbuch. Ausgabe in Einzelheften, H. 5, Vandenhoeck & Ruprecht, Göttingen 2002.
Enthält Kommentare zu den folgenden Liedern: *Er ist die recht Freudensonn* (Konrad Klek); *Gott, heilger Schöpfer aller Stern* (Siegfried Bräuer, Martin Rößler); *Es kommt ein Schiff, geladen* (Christa Reich); *Tochter Zion, freue dich* (Ulrich Parent, Joachim Stalmann); *Dein König kommt in niedern Hüllen* (Ulrich Parent, Martin Rößler); *Seht, die gute Zeit ist nah* (Henning Schröer); *Nun singet und seid froh* (Alexander Völker); *Der Heiland ist geboren* (Ulrich Parent, Martin Rößler); *Wisst ihr noch, wie es geschehen* (Udo Wennemuth); *O Bethlehem, du kleine Stadt* (Klaus Danzeglocke, Matthias Nagel); *Christus, der uns selig macht* (Gerhard Jüngst); *Wenn meine Sünd mich kränken* (Michael Fischer); *Ein Lämmlein geht und trägt die Schuld* (Elke Axma-

cher, Michael Fischer); *Du großer Schmerzensmann* (Dietrich Schuberth); *Christe, du Schöpfer aller Welt* (Ulrich Parent, Martin Grahl); *Gelobt sei Gott im höchsten Thron* (Diana Rothaug); *Freut euch, ihr Christen alle* (Matthias Werner); *Zieh ein zu deinen Toren* (Jürgen Henkys).

C.2 Einzeluntersuchungen (nach Liedanfängen alphab. geordnet)

Karlheinz Schlager: *Ave vivens hostia*. Von der Meditation zum Prozessionsgesang. In: KMJ (85) 2001, S. 127–134.

Anton Pomella: Ein „anderes" Osterlied. In: SMG (127) 2002, S. 54–56.
Betr. das Lied *Das könnte den Herren der Welt ja so passen* von Kurt Marti / Peter Janssens.

Erich Guntli: Der Lobgesang des Simeon. In: SMG (127) 2002, S. 10–12.
Betr. das Lied *Nun lässest du, O Herr* mit der Melodie des Canticum Simeonis aus dem Genfer Psalter.

Anton Pomella: *Die Nacht ist vorgedrungen*. In: SMG (127) 2002, S. 207–210.

Wolfgang Herbst: *Stille Nacht! Heilige Nacht!* Die Erfolgsgeschichte eines Weihnachtsliedes. Atlantis, Zürich und Mainz 2002.
Diese Liedmonographie unterrichtet u. a. über die Biographie der Autoren und behandelt ausführlich die Rezeption des Liedes im protestantischen Deutschland des 19. Jahrhunderts.

D

Gesangbücher und Liedersammlungen (Ausgaben und Sekundärliteratur)

Gesangbuch der Evangelisch-methodistischen Kirche, hg. von der Evangelisch-methodistischen Kirche in Deutschland, Österreich und Schweiz/Frankreich. Stuttgart 2002.
Das Gesangbuch vereinigt in 681 Gesangsstücken die spezifisch methodistische und weitere freikirchliche Tradition mit dem „klassischen" Kirchenlied der Großkirchen. Besonders hervorzuheben ist die Aufnahme und Kennzeichnung von Liedern und Gesängen aus dem ökumenischen Repertoire, das durch die Arbeitsgemeinschaft für ökumenisches Liedgut gesammelt und standardisiert worden ist. Mit der Aufnahme von Gesängen aus neueren freikirchlichen Strömungen versucht das Buch den schwierigen Brückenschlag zu musikalischen Wahrnehmungen, die sich stärker an popularmusikalischen Gewohnheiten orientieren; Gitarrenbezifferungen sind durchgehend angebracht, sowohl bei neueren wie bei älteren Liedern, auch wird durchgehend der mehrstimmige Satz verwendet. Etwa hundert Nummern betreffen Texte (Biblische Lesungen, Gebete, Bekenntnisse und Ordnungen). Unter den Verzeichnissen sind die Kurzbiografien der Autorinnen und Autoren und die Angaben zu den im Buch enthaltenen Schwarzweißillustrationen besonders hervorzuheben.

„rise up" – Ökumenisches Liederbuch für junge Leute, hg. vom Verein für die Herausgabe des Katholischen Kirchengesangsbuches der Schweiz und vom Verein zur Herausgabe des Gesangbuchs der Evangelisch-reformierten Kirchen der deutschsprachigen Schweiz. Rex, Luzern, Friedrich Reinhardt, Basel, Theologischer Verlag, Zürich 2002.

Dieses Jugendgesangbuch enthält in 252 Nummern eine repräsentative Auswahl aus dem Repertoire des Neuen Geistlichen Liedes, der Kirchentage, Taizé, Spiritual/ Gospel und aus anspruchsvollerer Popularmusik, dazu einige Texte zur Liturgiegestaltung. Bewusst wurde eine gewisse Überschneidung mit den beiden Deutschschweizer Gesangbüchern hergestellt.

Sigrid Gänzle, Hartmut Handt, Armin Jetter: Voller Hoffnung. Betrachtungen zu den Grafiken des 20. Jahrhunderts im Gesangbuch der Evangelisch-methodistischen Kirche. Strube, München 2003.

Erich Guntli: Brückenschlag zum Alltag. In: SMG (127) 2002, S. 57–59. Betr. das Jugendgesangbuch „rise up“ (s. o.).

Walter Klaiber: Das neue Gesangbuch der Evangelisch-methodistischen Kirche: Warum und wie ist es dazu gekommen? In: EmK Magazin, Europa-Ausgabe Nr. 1/2002, S. 12 f.

Hans-Otto Korth: Ein Straßburger Gesangbuch im Besitz der Wormser Stadtbibliothek. In: Der Wormsgau (21) 2002, S. 193–200.

Betr. den Druck „Psalmen/ geystliche Lieder vnd Gesänge/…“, Straßburg 1581 (DKL 1581^{08}) und die Offizin des Theodosius Riehel. Einige Melodien sind gegenüber früheren Straßburger Ausgaben stark verändert, z. B. *Allein nach dir, Herr Jesu Christ, verlanget mich*. Mit Faksimilia der Titelseite und des genannten Liedes.

K. Eberhard Oehler: Der neu eröffnete Andachtstempel. Ein württembergisches Gesangbuch von 1734. In: WBK (69) 2002, H. 3, S. 2–10.

Franz Karl Praßl: Ein Gebet- und Gesangbuch für das 21. Jahrhundert. In: SiK (49) 2002, S. 9–12.

Gesichtspunkte für das Nachfolgegesangbuch für „Gotteslob“, bes. die neuere liturgische Entwicklung (Stundenliturgie, Wortgottesdienst), die Qualität der Bibelübersetzung, die „theologisch-spirituelle Architektur der Liturgie“, das Verhältnis von Einheit und regionaler Vielfalt, die stilistische Breite der Melodien, die Rolle des „Neuen Geistlichen Liedes“, die Stellung in der Ökumene.

Heinz-Walter Schmitz: Zum neuen Gesang- und Gebetbuch. In: SiK (49) 2002, S. 82–84.

Betr. u. a. Urheberrechtsfragen.

E

Faksimile-Ausgaben und Nachdrucke

Franz Eler: Cantica sacra. Mit einer Einleitung von Klaus Beckmann. Hamburg 1588, Faks.-Nachdruck Olms, Hildesheim 2002, 386 Sn.

Elers Werk (DKL 1588^{14}) war der erste Hamburger Notendruck; es enthält nach dem Kirchenjahr geordnet die einstimmigen liturgischen Gesänge, großteils in lateinischer Sprache, dazu auf 85 Seiten deutsche Kirchenlieder, meist mit Noten. Das Vorwort orientiert über das Verhältnis der Ausgabe zu Hieronymus Praetorius' handschriftlicher Sammlung.

Johann Daniel Grimm: Handbuch bey der Music-Information im Paedagogio zu Catharinenhof besonders auf das Clavier applicirt, in vier Lehr-Classen und einem Supplement, nebst einer Beylage, die Zeichen und Aufgaben in sich enthaltend. Manuskript, Großhennersdorf bei Herrnhut 1758, hg., kommentiert und mit einer Einlei-

tung versehen von Anja Wehrend. Hallesche Quellenpublikationen und Repertorien Bd. 6. Niemeyer, Tübingen 2002, X, 202 Sn.
Grimms Handbuch gibt Einblick in Musikunterricht und -anschauung der brüderischen Tradition und widerlegt die Ansicht einer generellen Kunstfeindlichkeit des Pietismus. Erhalten ist es in einer Abschrift des Herrnhuter Organisten und Musiklehrers Christian Gregor, welche im vorliegenden Band ediert ist.

Joachim Neander: Einfältige Bundeslieder und Dankpsalmen, hg. von Rudolf Mohr. Kleine Texte des Pietismus Bd. 4, Evang. Verlagsanstalt, Leipzig 2002, 192 Sn.
Der Druck von 1680 liegt bisher in einem von Oskar Gottlieb Blarr herausgegebenen Nachdruck (mit Noten) von 1984 vor (Schriftenreihe des Vereins für Rheinische Kirchengeschichte Bd. 79). Die vorliegende Ausgabe verzichtet auf die Noten, liefert dafür aber einen detaillierten Textkommentar mit Bibelstellenverweisen, Begriffserklärungen und Literaturnachweisen.

(Gerhard Tersteegen, Hg.): Gott-geheiligtes Harfen-Spiel Der Kinder Zion; Bestehend in Joachimi Neandri sämtlichen Bundes-Liedern und Danck-Psalmen, Nebst einer Sammlung vieler andern auserlesenen alten und neuen Geist- und lieblichen Liedern: Andächtigen Hertzen zum Dienst und Gebrauch mit Fleiß zusammen getragen. Fünfte und vermehrte Edition. Cleve, Zu bekommen bey G. C. B. Hoffmann, 1768. Faks.: ß-Verlag Gruch, Köln 1997.
Bei dem Druck von 1768 handelt es sich um den in der Forschung so genannten „Großen Neander", dessen erste Auflage 1721 in Elberfeld erschien und an dem von der zweiten Auflage 1736 an Gerhard Tersteegen maßgeblich beteiligt war; von ihm stammt auch die Vorrede. Die Reprint-Ausgabe erschien zunächst unkommentiert; aus seiner Rezension in der Zeitschrift für Bayerische Kirchengeschichte hat Dr. Dietrich Blaufuß, Erlangen, einen erläuternden Text gestaltet, welcher vom Verlag der Ausgabe beigelegt wird und der auch daselbst nachbezogen werden kann. Herrn Dr. Blaufuß danken wir für den Hinweis auf diese Edition, die im damaligen Literaturbericht leider übersehen wurde.

Französischsprachige Länder 2002

Édith Weber

I. Liturgie und Musik

Guy Bovet: Répertoire de l'organiste liturgique. In: La Tribune de l'orgue, 2002/1. Betr. Musik zu Trauerfeiern.

Ensemble. Recueil œcuménique de chants et de prières. Bayard Éditions/Réveil Publications, Paris-Lyon 2002, 576 Sn.

Yves Kéler: Chorals et Cantiques pour l'Avent-Noël et l'Épiphanie. Selbstverlag, Sessenheim 1999, 51 Sn.

Yves Kéler: Chorals et Cantiques pour la Passion, Pâques et l'Ascension. Selbstverlag, Sessenheim 2/2002, 54 Sn.

Yves Kéler: Pentecôte, Trinité, Église, Culte. Selbstverlag, Bischwiller 2002, 63 Sn. Diese drei Lieferungen bestehen sowohl aus Melodien älterer Tradition als auch solchen des 20. Jh.; mit französischen Texten versehen.

Agnès Léderlé: Organistes et musique d'orgue dans le culte luthérien nord-allemand de 1600 à 1740. In: Édith Weber (dir.): Modus, revista do Instituto gregoriano de Lisboa, V (1998–2001), Lisboa 2002, S. 105–130.

James Lyon: La dimension paulinienne dans l'œuvre de Johann Sebastian Bach. In: Édith Weber (dir.): Modus, revista do Instituto gregoriano de Lisboa, V (1998–2001), Lisboa 2002, S. 59–88.

James Lyon: La place de l'hymnologie dans les pensées de Thomas Müntzer et de Martin Luther. In: LibreSens, Bulletin du Centre Protestant d'Études et de Documentation, n. 119, Paris, Novembre 2002, S. 10–16.

Alexandre Maral: La Chapelle royale de Versailles sous Louis XIV. Cérémonial, liturgie et musique. Mardaga, Liège 2002, 478 Sn.

II. Hymnologie

A

Lutherchoral

Olga Bluteau: Ludwig Senfl (ca. 1486–1543) et les débuts du choral en Allemagne. In: LibreSens, Bulletin du Centre Protestant d'Études et de Documentation, n. 119, Paris, Novembre 2002, S. 25–29.

Yves Kéler (Hg.): O Mensch bewein dein Sünde groß. „Die Passion oder das Leiden

Jhesu Christi, in Gesang gestellt" von Sebaldus Heyden um 1525. Selbstverlag, Bischwiller 2002, 10 Sn.

James Lyon: Christ lag in Todesbanden. In: Préludes, le Magazine de l'Assocation Nationale de Formation des Organistes Liturgiques [katholisch] (ANFOL), n. 38, Lyon, April 2002, S. 10 f.

James Lyon: Es ist das Heil uns kommen her: sources et signification d'un cantique luthérien. In: Studii de imnologie, Universitatea de vest din Timisoara, Facultatea de muzica, Editura Mirton, Timisoara (Rumänien) 2002, S. 116–123.

James Lyon: Hypothèses d'analyse en hymnologie: le cantique „Nun frewt euch lieben Christen gmein"Nun freut euch, lieben Christen gmein de Martin Luther (1523). In: Studii de imnologie, Universitatea de vest din Timisoara, Facultatea de muzica, Editura Mirton, Timisoara 2002, S. 156–168.

James Lyon: Matthias Claudius, Johann Abraham Peter Schulz, Der Mond ist aufgegangen. In: Cahiers d'hymnologie, 2002/2003, 1, 23 Sn. Beim Autor.

James Lyon: Nun komm, der Heiden Heiland (Viens, Sauveur des peuples), un cantique pour le temps de l'Avent de Martin Luther. In: Préludes (ANFOL), n. 40, Lyon, Octobre 2002, S. 10–11. Beim Autor.

James Lyon: Nun ruhen alle Wälder. In: Cahiers d'hymnologie, 2002/2003, 2, 10 Sn. Beim Autor.

James Lyon: Joseph Mohr, Franz Xaver Gruber, „Stille Nacht! heilige Nacht!"Stille Nacht, heilige Nacht In: Cahiers d'hymnologie, 2002/2003, 3, 10 Sn. Beim Autor.

Ingrid Pedersen: La raison d'être de la fugue vocale dans les Cantates d'église de Jean-Sébastien Bach, Magisterarbeit, Université Paris IV-Sorbonne, 2002, 177 Sn. Masch.

Édith Weber: Avant-Propos, Le Choral: étymologie, définition et typologie. In: LibreSens, Bulletin du Centre Protestant d'Études et de Documentation, n. 119, Paris, Novembre 2002, S. 7–9.

Édith Weber: Les Chorals dans la Messe allemande de Martin Luther (1526). In: LibreSens, Bulletin du Centre Protestant d'Études et de Documentation, n. 119, Paris, Novembre 2002, S. 17–21.

Édith Weber: Éléments bibliographiques [Choral luthérien] in: LibreSens, Bulletin du Centre Protestant d'Études et de Documentation, n. 119, Paris, Novembre 2002, S. 29–30.

Édith Weber: Une mélodie strasbourgeoise du XVIe siècle et son exploitation dans l'hymnologie allemande et française (1ère partie). In: Préludes (ANFOL), n. 40, Lyon Octobre 2002, S. 2-4.

Édith Weber (dir.): Le Patrimoine musical protestant: autour du Choral luthérien (Dossier réuni et présenté par…). In: LibreSens, Bulletin du Centre Protestant d'Études et de Documentation, n. 119, Paris Novembre 2002, S. 7–28.

B

Psalm und Hugenotten-Psalter

Philippe Chareyre: Antoine Lardenois et le chant des psaumes au XVIIe siècle. In: Psaume – Bulletin de la recherche sur le Psautier huguenot, n. 16, Genève automne 2001.

Carl-A. Keller: Calvin mystique. Au cœur de la pensée du Réformateur. Genève 2001.

Les Veilles afriquaines ou les Pseaumes de David Mis en Vers François [par Pierre Simon A Amsterdam Pour l'Auteur chés Cornelle de Hoogenhuisen, sur l'Eglantiers-Gragt. 1704]. Facsim. 2002.
Enthält: Vorrede, Ps. 1-51, 74, 79, 103, 130, 137, 143, Les Dix Commandements, Cantique de Siméon.

Philippe Mazé: Psaumes responsoriaux et acclamations évangéliques. Édition Schola Cantorum, 2002.

Édith Weber: Le Psautier de la Réforme (II). Sources mélodiques. In: Préludes (ANFOL), n. 37, Lyon, Januar 2002, S. 2–4 (à suivre).

Édith Weber: Le Psautier huguenot: sources littéraires et mélodiques. In: Studii de imnologie, Universitatea de vest din Timisoara, Facultatea de muzica, Editura Mirton, Timisoara (Rumänien) 2002, S. 100–115.

Édith Weber: Le Psautier de la Réforme (II) Sources mélodiques (suite). In: Préludes (ANFOL), n. 38, Lyon, April 2002, S. 2–4.

Édith Weber: Quelques perspectives d'analyse paléographique, littéraire et hymnologique: œuvres vocales de Paschal de L'Estocart (1539-après 1584). In: Studii de imnologie, Universitatea de vest din Timisoara, Facultatea de muzica, Editura Mirton, Timisoara (Rumänien) 2002, S. 129–149.

Robert Weeda: Le Psautier de Calvin. L'histoire d'un livre populaire au XVIe siècle (1551–1598). Brepols, Turnhout 2002, 220 Sn.
Behandelt v. a. die Ausbreitung des Psalters in der 2. Hälfte des 16. Jh. in Kirche und Öffentlichkeit; umfangreiche Quellenwiedergaben, dazu Kommentarskizzen zu wichtigen Psalmen.

C

Gregorianik

Olga Bluteau: Les Salve Regina de Pierre de La Rue. In: Édith Weber (dir.): Modus, revista do Instituto gregoriano de Lisboa, V (1998–2001), Lisboa 2002, S. 5–22.

Annie Dennery: Le Kyrie fons bonitatis et la polyphonie [exploitation dans l'hymnologie luthérienne]. In: LibreSens, Bulletin du Centre Protestant d'Études et de Documentation, n. 119, Paris, Novembre 2002, S. 22–24.

J.-F. Goudesne: Les Offices historiques ou „historiae“ composés pour les fêtes des saints dans la province ecclésiastique de Reims (775–1030). Bd 1: Étude, Bd II: Édition des textes et musique, Turnhout, Brepols 2002.

François Turellier: Des Messes en plain-chant inconnues de Guillaume-Gabriel Nivers (vers 1632-1714), dans le Processionnal pour l'Abbaye Royale de Chelles, établi par Jean-Baptiste Morin en 1726 et complété en 1739. In: Édith Weber (dir.): Modus, revista do Instituto gregoriano de Lisboa, V (1998–2001), Lisboa 2002, S. 23–44.

III. Kirchenmusik

A

Zur Geschichte und Bibliographie der Kirchenmusik

D. Hausfater, M. G. Soret, Chr. David (hg): Répertoire des bibliothèques et institutions conservant des collections musicales. AIBM, Paris 2001, 488 Sn.

Jean-Paul C. Montagnier: Le Te Deum de Jacques Morel et le Concert spirituel d'Alexandre de Villeneuve comme exemples de divertissements sacrés. In: Revue de Musicologie, Tome 88, N. 2, Société Française de Musicologie, Paris 2002, S. 265-296.

Bernard Reymond: Le Protestantisme et la Musique. Labor et Fides, Genève 2002, 173 Sn.

Stella-Sarah Roy: Musique et traditions ashkénazes, L'Harmattan, Paris 2002, 217 Sn. Betr. Ashkenasische Identität, Geschichte, Riten, Beschneidung, Hochzeit, Tod; Das Leben der Klezmorim, Instrumente, Tanz, verschiedene Gattungen von Liedern; Hassidismus, Mystik, Moralität und Musik der Niggunim. Mit Übersetzungen der Lieder, Hinweis auf Nachschlagewerke, Diskographie, Namenregister und Themenregister.

B

Zur Theorie der Kirchenmusik

Laurent Guillo: Les papiers à musique imprimés en France au XVIIe siècle: un nouveau critère d'analyse des manuscrits musicaux. In: Revue de Musicologie, Tome 87, 2001, n. 2, Société Française de Musicologie, Paris 2001, S. 307-369.

Illo Humphrey: L'influence du De arithmetica et du De musica du platonicien Boèce (†524) sur l'enseignement scientifique-philosophique et sur la pratique iconographique au IXe siècle entre 823 et 877. Dissertation, Université Paris I, 2002, masch.

C. Meyer: Les traités de musique. Turnhout, Brepols 2002, 200 Sn.

Suzy Schwenkedel: En classe chez Pachelbel, Bach ... et les autres (14-17). In: Préludes (ANFOL), n. 37-40, Lyon, Janvier-Octobre 2002.

C

Zur Aufführungspraxis der Kirchen- und Orgelmusik

Giordano Assandri: Pour le temps de l'Avent: répertoire. In: Préludes (ANFOL), n. 40, Lyon Octobre 2002, S. 6-7.

Jean Barraud (dir): Le Testament de Dom Bedos. Abbatiale Sainte-Croix de Bordeaux 1748-2001, La renaissance de l'orgue à Bordeaux. Bordeaux 2001, 233 Sn.

Henri Boyer: Les cantates sacrées de Jean-Sébastien Bach. L'Harmattan, Paris 2002, 388 Sn.

David J. Burn: Nam erit haec quoque laus eorum: Imitation, competition and the L'Homme armé Tradition. In: Revue de Musicologie, Tome 87, 2001, n. 2, Société Française de Musicologie, Paris 2001, S. 249-287.

V. Desarnaulds: Paroles et musiques: analyse de la durée objective des interventions durant les célébrations dominicales. In: Cahiers de l'I. R. P, n. 43, 2002.

Répertoire de Saint-Séverin. Lyon, Voix nouvelles, 2002, 180 Sn.
Betr. Gemeindegesang, Orgelmusik, Harmonisierungen von Heinrich Schütz, Johann Sebastian Bach, Jean Boyer, Michel Chapuis, André Isoir, u. a.

François Reynaud: Les enfants de chœur de Tolède à la Renaissance, les clerizones de la Cathédrale et le colegio de los infantes. Cahiers Mabillon, n. 2, Turnout, Brepols 2002, 183 Sn.

Édith Weber: Les maîtrises d'enfants en Allemagne et en France depuis la Réforme: historique et tendances. In: Édith Weber (dir.): Modus, revista do Instituto gregoriano de Lisboa, V (1998–2001), Lisboa 2002, S. 45–58.

D

Leben und Werk der Meister (nach Komponistennamen alphab. geordnet)

Martial Leroux: Guillaume Bouzignac vers 1587-vers 1643. L'énigme musicale du XVIIe siècle français. Les Presses du Languedoc, Montpellier 2002, 111 Sn.

Marie-Alexis Colin: Eustache Du Caurroy, un compositeur français aux confins du XVIe et de XVIIe siècle. In: Acta Musicologica, LXXIII, II/2001, Bärenreiter, Basel, Kassel, London, New York, Praha 2001, S. 189-258.

Édith Weber: Jacques Chailley (1910–1999) In memoriam. In: Édith Weber (dir.): Modus, revista do Instituto gregoriano de Lisboa, V (1998–2001), Lisboa 2002, S. 187–188.

Alain Bideau: Paul Gerhardt (1607–1676), Pasteur et poète. Bern, Berlin, Bruxelles, Frankfurt/M, New York, Oxford, Wien 2002, 380 Sn.

James Lyon: Paul Gerhardt (1607–1676). Chez l'auteur, Les Moriers 2002, 25 Sn, masch.

Jacqueline Cerquiglini-Toulet, Nigel Wilkins (textes réunis par): Guillaume de Machaut 1300–2000. Presses de l'Université de Paris-Sorbonne, collection Musique/Écritures, 180 Sn.

Jean-Louis Matthey: Le compositeur Bernard Reichel aurait 100 ans. In: L'Orgue 4/2001.

Édith Weber: . In: Stanley Sadie (Hg): The New Grove Dictionary of Music and Musicians, MacMillan, Londres 2001, S. 43.

IV. Zur Geschichte

Florence Alazard: Art vocal, Art de gouverner. La musique, le prince et la cité en Italie à la fin du XVIe siècle. Collection: Épitome musical, Minerve-Centre d'Études Supérieures de la Renaissance, Paris-Tours 2002, 371 Sn.

Romain Feist: L'École de Mannheim ou l'Athènes musicale des pays germaniques. Collection Les mélophages, Éditions Papillon, Drize (Suisse) 2001, 135 Sn.

Sylvie Granger: Musiciens dans la ville 1600–1850. Collection: Histoire et Société. Essais d'histoire moderne, Paris, Berlin 2002, 320 Sn.

Nicoletta Guidobaldi (Hg): Regards croisés. Musiques, musiciens, artistes et voyageurs entre France et Italie au XVe siècle. Minerve, Paris 2002, 188 Sn.

David Hennebelle: Nobles, musique et musiciens à Paris à la fin de l'Ancien Régime: les transformations d'un patronage séculaire (1760–1780). In: Revue de Musicologie, Tome 87, 2001, n. 2, Société Française de Musicologie, Paris 2001, S. 395-418.

Louis Jambou: La temporalisation verbale dans les traités musicaux: l'exemple de Bermudo (1555) et de Sancta Maria (1565). In: Lexique musical de la Renaissance: De la lexicologie à la théorie et à la pratique musicales, Kongressbericht (16.06.01), Universität Paris IV-Sorbonne, Paris, Éditions hispaniques, 2002, S. 11–23.

Frans C. Lemaire: Le Destin juif et la musique. Trois mille ans d'histoire, Fayard, Paris 2001, 767 Sn.

V. Ästhetik

Philippe Charru, Christoph Theobald: L'esprit créateur dans la pensée musicale de Jean-Sébastien Bach. Mardaga, Liège 2002, 311 Sn.

V. Desarnaulds: Acoustique des temples. In: Protestant, n. 6, 2002.

Antonio Lai: Genèse et révolutions des langages musicaux. L'Harmattan, Paris 2002, 252 Sn.

Patrick Ténoudji: L'harmonie perdue. Du madrigal polyphonique italien au mélodrame, et comment penser ensemble musique, société, monde. Presses Universitaires de Strasbourg, Strasbourg 2002, 327 Sn.

Verzeichnis der zitierten Strophen und Lieder

Verzeichnis der Personennamen

Ständige Berater

Anschriften der Autorinnen und Autoren

Autoren Liturgik

Pfarrer Dr. Reinhold Malcherek, Klostergasse 9, D-53844 Troisdorf – Bergheim

Studienleiter Dr. Thomas Bornhauser, Brunnäckerstr. 182, CH-5618 Bettwil

Prof. Dr. Wolfgang Ratzmann, Theologische Fakultät/Universität Leipzig, Otto-Schill-Str. 2, D-04109 Leipzig

Dr. Kai Horstmann, Waldhausweg 7, D-66123 Saarbrücken

Superintendent i. R. Alexander Völker, Rodenbecker Str. 102 c, D-32427 Minden

Pfarrer PD Dr. Joachim Conrad, Dasbachstraße 8, D-66346 Püttlingen

Pfarrer Dr. Jörg Neijenhuis, Jägerpfad 7, 69250 D-Schönau bei Heidelberg

Autoren Hymnologie

Dr. Gebhard Kurz, Hans-Böckler-Str. 70, D-55128 Mainz-Bretzenheim

Prof. Dr. Andreas Marti, Könizstr. 252, CH-2097 Liebefeld

Stefan Michel, Normannenstraße 25, D-42275 Wuppertal

Wolfgang Herbst, Kleinschmidtstraße 52, D-69115 Heidelberg

Heike Wennemuth, Margarete-Massias-Str. 8/1, D-69124 Heidelberg

Édith Weber: 10-16 rue Thibaud, F-75014 Paris

Grundwissen und Studien zur Liturgik

Christian Grethlein /
Günter Ruddat (Hg.)

Liturgisches Kompendium

2003. 480 Seiten mit 4 Abbildungen, kartoniert
ISBN 3-525-57211-5

Was geschieht, wenn wir Gottesdienst feiern? Dieses Kompendium vermittelt Basiswissen für eine reflektierte liturgische Praxis und bietet in begrifflicher und konzeptioneller Klarheit einen informativen Überblick über den gegenwärtigen Stand evangelischer Liturgik.

Gegliedert in die Abschnitte *Grundlagen – Menschen feiern Gottesdienst – Verschiedene Orte, verschiedene Zeiten – Praxis* gehen die Beiträge von einem aktuellen Problem aus, erinnern an Hintergründe aus der Geschichte der Kirche, beschreiben die gegenwärtige Situation und ermöglichen so eine bewusste Gottesdienstgestaltung. Literatur zur Weiterarbeit wird vorgestellt.

Veröffentlichungen zur Liturgik, Hymnologie und theologischen Kirchenmusikforschung

Herausgegeben von Martin Rößler und Jürgen Henkys.

38 Britta Martini

Sprache und Rezeption des Kirchenliedes

Analysen und Interviews zu einem Tauflied aus dem Evangelischen Gesangbuch

2002. 341 Seiten mit zahlr. Tabellen, kartoniert
ISBN 3-525-57207-7

Der neuartige, multidisziplinäre Ansatz verbindet Methoden aus Sprach- und Literaturwissenschaft, Theologie und Sozialwissenschaft.

37 Theodor Hering

Gottesdienst und Gotteserkenntnis

Dogmatische Entscheidungen im Hinblick auf das „Evangelische Gottesdienstbuch"

2001. 430 Seiten, kartoniert
ISBN 3-525-57205-0

36 Maria Pfirrmann

Freie Poesie und gottesdienstliche Lieder

Zum Verhältnis von Bibel, Liturgie und Dichtung im frühen Werk von Willem Barnard (Guillaume van der Graft)

2001. 324 Seiten, kartoniert
ISBN 3-525-57204-2